【第二卷】

湖南传统村落

何韶瑶　湖南省住房和城乡建设厅　编著

中国建筑工业出版社

本书由湖南省新型城镇化引导资金（湘财建二指[2018]2号）资助，
国家自然科学基金（51978250）资助，
国家艺术基金（18030120170920629431）资助。

编写委员会

主　　任　　鹿　山

副 主 任　　姚英杰　易小林

委　　员　　陈　华　吴立玖　郭　茜

主　　编　　何韶瑶

副 主 编　　张梦淼　李　欢　江　嫚　唐成君　屈　野

　　　　　　　吴　添

编　　委　　章　为　姜兴华　谭　鑫　孙　明　贺　鹏
　　　　　　　石凯弟　章恒伟　肖文静　曹宇驰　臧澄澄
　　　　　　　鲁　娜　张晓晗　王　俊　石伟佳　张　衡
　　　　　　　何必辉　李　芳　包　雪　唐红皙　冷　雄
　　　　　　　谢颖颖　连　琳　蒋文凯　张　帆　冯明博
　　　　　　　谢家钰　胡　珊　孙　鑫　王　荃　金　菲
　　　　　　　熊　威　陈思怡　罗诗惠　赵建民　李大利
　　　　　　　姜琳珂　杨厚维　崔冰琳　张彬瑶　杨　杰
　　　　　　　徐曼子　李光宇　胡安琪　朱俊霖　张万昕
　　　　　　　柴周茂　魏　欣　何雨露　乐　韵　李　晨
　　　　　　　李佳敏

前言

传统村落是指拥有物质形态和非物质形态文化遗产，具有较高历史、文化、科学、艺术、社会、经济价值的村落。传统村落承载着中华传统文化的精华，是农耕文明不可再生的文化遗产；凝聚着中华民族精神，是维系华夏子孙文化认同的纽带；保留着民族文化的多样性，是繁荣发展民族文化的根基。然而，随着工业化、城镇化的快速发展，传统村落衰落、消失的现象日益加剧，加强传统村落文化的保护、传承和利用迫在眉睫。

为促进传统村落的保护和发展，2012年，住房和城乡建设部、文化部、财政部下发《关于开展传统村落调查的通知》建村〔2012〕58号，在全国范围内进行第一次传统村落摸底调查，经传统村落保护和发展专家委员会评审认定并公示，全国共有646个具有重要保护价值的村落列入《中国传统村落名录》。同时，国家相关部委印发《关于加强传统村落保护发展工作的指导意见》建村〔2012〕184号、住房和城乡建设部等部门关于印发《传统村落评价认定指标体系（试行）的通知》建村〔2012〕125号、《关于切实加强中国传统村落保护的指导意见》建村〔2014〕61号和《关于做好中国传统村落保护项目实施工作的意见》建村〔2014〕135号等相关文件。2013年8月6日，第二批《中国传统村落名录》公示，全国915个村落列入其中；2014年11月17日，第三批《中国传统村落名录》公示，全国994个村落列入其中；2016年12月9日，第四批《中国传统村落名录》公示，全国1602个村落列入其中；2019年6月6日，第五批《中国传统村落名录》公示，全国2666个村落列入其中。进入名录的传统村落成为国家乡村文化保护的重要对象。

湖南省传统村落数量较多，截至目前全省已发现的传统村落有658个。为保护传统村落和传承湖湘文化，湖南省住房和城乡建设厅颁布《湖南省传统村落保护发展规划（2015—2030）》，并先后组织省文化厅、省文物局、省财政厅等部门及相关领域专家对本省传统村落进行评审并上报住房和城乡建设部。目前，湖南省已获批列入第四批《中国传统村落名录》的村庄共有166个。这166个传统村落空间分布不均：湘西地区最多，共有103个，主要分布在湘西土家族苗族自治州的凤凰县、花垣县、保靖县和古丈县等；湘中地区的益阳市和娄底市，共有5个；湘南地区共有53个，主要分布在汝城县、资兴市、祁阳县和耒阳市等地区；湘东地区2个；湘北地区3个。

《湖南传统村落（第二卷）》一书，由湖南省住房和城乡建设厅组织并提供相关资料，由湖南大学何韶瑶教授及其团队和湖南省建筑设计院有限公司李欢及其团队共同完成，全书收录了湖南省第四批列入《中国传统村落名录》中的113个传统村落。为顺利完成本书的撰写并真实记载反映这些传统村落的现状，编写团队先后3次共组织100余人（包括湖南大学在校老师、博士研究生、硕士研究生和本科生）进行调研工作。编写根据113个传统村落的申报资料、现场调研测绘收集有效信息，较真实完整地展现这113个传统村落的村落形态、空间格局、建筑数量与种类、历史遗存、景观价值、非物质文化遗产及其聚居状态，同时，系统阐述了湖南省传统村落的形成及其演化过程，以及传统村落的存续价值及其文化传承的重大意义。

传统村落兴衰的背后蕴藏大量经济社会变迁信息。本书编写的目的不仅是为了保护传统村落，更重要的是挖掘传统村落的历史文化、科学技艺、经济社会等价值，保护湖湘各民族的历史底蕴，传承湖湘文化的根与魂——这才是我们共同面对的全新课题。希望本书的相关研究成果，在未来人居环境营造中对湖湘传统文化内涵广度与深度的挖掘、对湖南省地域传统文化内涵的表达方式与构成等有所借鉴与启发，这也是本书的主旨所在。

在本书的编写过程中，得到各地、市、州和县、镇、村等各级相关部门的大力支持，在此表示衷心的感谢！

由于时间仓促，加之我们编写人员的水平有限，书内难免有挂一漏万之处，欢迎各位读者批评指正。

目录

前言

第1章 绪论　001–011

1.1 湖南省概况 /002
  1.1.1 自然环境与地理地貌特征 /002
  1.1.2 社会人文环境 /003
1.2 湖南传统村落特征与现状概述 /005
  1.2.1 湖南传统村落空间分布特征及影响因素 /006
  1.2.2 湖南传统村落选址原则及其影响因素 /007
  1.2.3 湖南传统村落空间格局特点 /008
  1.2.4 湖南传统村落保护与发展面临的问题 /011

第2章 湘北与湘东传统村落　013–029

2.1 岳阳市 /014
  2.1.1 平江县上塔市镇黄桥村 /014
  2.1.2 汨罗市新市镇新市村 /017
  2.1.3 汨罗市长乐镇长新村 /021
2.2 湘潭市 /027
  2.2.1 湘乡市壶天镇壶天村 /027

第 3 章 湘南传统村落

3.1 衡阳市 /032
- 3.1.1 衡南县宝盖镇宝盖村 /032
- 3.1.2 衡东县荣桓镇南湾村 /036
- 3.1.3 耒阳市太平圩乡寿洲村 /041
- 3.1.4 耒阳市上架乡珊鈿村 /046
- 3.1.5 常宁市西岭镇六图村 /050

3.2 郴州市 /054
- 3.2.1 北湖区鲁塘镇村头村 /054
- 3.2.2 苏仙区坳上镇坳上村 /058
- 3.2.3 苏仙区望仙镇长冲村 /062
- 3.2.4 桂阳县正和镇阳山村 /066
- 3.2.5 宜章县长村乡千家岸村 /069
- 3.2.6 嘉禾县石桥镇仙江村 /074
- 3.2.7 嘉禾县珠泉镇雷公井村 /079
- 3.2.8 临武县汾市镇南福村 /084
- 3.2.9 临武县麦市镇上乔村 /090
- 3.2.10 临武县大冲乡乐岭村 /094
- 3.2.11 汝城县土桥镇金山村 /097
- 3.2.12 汝城县卢阳镇东溪村 /101
- 3.2.13 汝城县卢阳镇津江村 /106
- 3.2.14 汝城县文明镇沙洲瑶族村 /111
- 3.2.15 汝城县马桥镇石泉村 /115
- 3.2.16 资兴市三都镇辰冈岭村 /119
- 3.2.17 资兴市三都镇流华湾村 /123
- 3.2.18 资兴市三都镇中田村 /126
- 3.2.19 资兴市程水镇石鼓村 /130

3.3 永州市 /134
- 3.3.1 零陵区大庆坪乡芬香村 /134
- 3.3.2 祁阳县大忠桥镇蔗塘村 /139
- 3.3.3 祁阳县肖家村镇九泥村 /142
- 3.3.4 祁阳县下马渡镇元家庙村 /146
- 3.3.5 东安县横塘镇横塘村 /149
- 3.3.6 双牌县江村镇访尧村 /153
- 3.3.7 道县清塘镇楼田村 /156
- 3.3.8 道县祥霖铺镇田广洞村 /161
- 3.3.9 宁远县湾井镇下灌村 /165
- 3.3.10 蓝山县祠堂圩乡虎溪村 /170
- 3.3.11 新田县三井镇谈文溪村 /173
- 3.3.12 江华瑶族自治县东田镇水东村 /177
- 3.3.13 江华瑶族自治县大圩镇宝镜村 /180
- 3.3.14 江华瑶族自治县大石桥乡井头湾村 /184

第4章 湘西传统村落

4.1 邵阳市/190
- 4.1.1 新邵县潭溪镇爽溪村/190
- 4.1.2 新邵县坪上镇仓场村/194
- 4.1.3 新邵县潭府乡小白水村/198
- 4.1.4 隆回县山界回族乡老屋村/202
- 4.1.5 城步苗族自治县儒林镇清溪村/204
- 4.1.6 城步苗族自治县蒋坊乡杉坊村/208

4.2 张家界市/212
- 4.2.1 永定区王家坪镇伞家湾村/212
- 4.2.2 永定区四都坪乡庙岗村/215
- 4.2.3 桑植县洪家关白族乡洪家关村/218

4.3 怀化市/223
- 4.3.1 中方县中方镇荆坪村/223
- 4.3.2 中方县铜湾镇黄溪村/227
- 4.3.3 中方县铁坡镇江坪村/231
- 4.3.4 中方县接龙镇桥头村/235
- 4.3.5 沅陵县明溪口镇浪潮村烧火岩/239
- 4.3.6 沅陵县明溪口镇胡家溪村/244
- 4.3.7 沅陵县荔溪乡明中村/248
- 4.3.8 溆浦县小江口乡蓑衣溪村/251
- 4.3.9 溆浦县九溪江乡光明村/255
- 4.3.10 溆浦县横板桥乡株木村阳雀坡村/259
- 4.3.11 会同县高椅乡翁高村/264
- 4.3.12 新晃侗族自治县天堂乡道丁村/268
- 4.3.13 靖州苗族侗族自治县甘棠镇寨姓村/270
- 4.3.14 靖州苗族侗族自治县寨牙乡岩脚村/274
- 4.3.15 靖州苗族侗族自治县寨牙乡大林村/279
- 4.3.16 靖州苗族侗族自治县三锹乡地笋村/282
- 4.3.17 靖州苗族侗族自治县铺口乡林源村/286
- 4.3.18 通道侗族自治县播阳镇上湘村/291
- 4.3.19 通道侗族自治县播阳镇陈团村/295
- 4.3.20 通道侗族自治县锅冲乡占字村/298
- 4.3.21 通道侗族自治县坪坦乡高步片/302
- 4.3.22 通道侗族自治县坪坦乡高团村/307
- 4.3.23 通道侗族自治县甘溪乡洞雷村/310
- 4.3.24 洪江市茅渡乡洒溪村/315
- 4.3.25 洪江市湾溪乡埂上古村/318
- 4.3.26 洪江市洗马乡古楼坪村/323

4.4 湘西土家族苗族自治州/326
- 4.4.1 吉首市寨阳乡坪朗村/326
- 4.4.2 泸溪县八什坪乡欧溪村/330
- 4.4.3 凤凰县山江镇东就村/333
- 4.4.4 凤凰县千工坪镇关田山村/336
- 4.4.5 凤凰县木里乡黄沙坪村/339
- 4.4.6 花垣县雅酉镇高务村/343
- 4.4.7 花垣县排碧乡十八洞村/346
- 4.4.8 花垣县排料乡芷耳村/351
- 4.4.9 花垣县排料乡金龙村/356
- 4.4.10 保靖县葫芦镇木芽村/359
- 4.4.11 保靖县清水坪镇魏家寨村/364
- 4.4.12 保靖县夯沙乡吕洞村/368
- 4.4.13 保靖县夯沙乡夯吉村/370
- 4.4.14 保靖县夯沙乡梯子村/373
- 4.4.15 古丈县默戎镇李家村/377
- 4.4.16 古丈县默戎镇中寨村/380
- 4.4.17 古丈县默戎镇九龙村/384
- 4.4.18 古丈县默戎镇毛坪村/387
- 4.4.19 古丈县默戎镇翁草村/391
- 4.4.20 古丈县红石林镇列溪村/394
- 4.4.21 古丈县岩头寨镇洞溪村/398

4.4.22 古丈县双溪乡宋家村 /402
4.4.23 永顺县灵溪镇爬出科村 /406
4.4.24 永顺县灵溪镇博射坪村 /409
4.4.25 永顺县泽家镇砂土村 /413
4.4.26 永顺县大坝乡大井村 /417
4.4.27 永顺县列夕乡苴州村 /421
4.4.28 永顺县列夕乡列夕村 /426
4.4.29 永顺县万民乡伍伦村 /430
4.4.30 龙山县苗儿滩镇树比村 /434
4.4.31 龙山县贾市乡街上村 /439
4.4.32 龙山县贾市乡巴沙村 /443

449
–
465

第5章 湘中地区

5.1 益阳市/450
 5.1.1 桃江县桃花江镇花园洞村 /450
5.2 娄底市/454
 5.2.1 双峰县荷叶镇硖石村 /454
 5.2.2 涟源市三甲乡铜盆村 /458
 5.2.3 新化县水车镇楼下村 /461

467
–
472

第6章 结语

6.1 湖南传统村落保护传承方法/468
 6.1.1 保护对象 /469
 6.1.2 保护原则 /469
 6.1.3 保护措施 /470
6.2 湖南传统村落发展与规划展望/471
 6.2.1 规划目标 /471
 6.2.2 规划任务 /471
 6.2.3 规划原则 /471
 6.2.4 规划发展方式 /472

473
–
477

附录

第 1 章 | 绪论

- 湖南省概况
- 湖南传统村落特征与现状概述

1.1 湖南省概况

1.1.1 自然环境与地理地貌特征

湖南省位于我国华中地区南部，属长江中游地区，是我国东南腹地，省会为长沙。地处洞庭湖以南而得名"湖南"，又因省内最大河流、长江支流湘江贯穿全境而简称"湘"。因湘江一带亦种植木芙蓉、繁花似锦、光辉灿烂，自唐代起，又被称为芙蓉国。

湖南省地处东经108°47′~114°15′，北纬24°39′~30°08′之间，东邻江西省，南靠广东省、广西壮族自治区，西毗贵州省、重庆市，北接湖北省。全省土地面积21.18万 km^2，占中国国土面积的2.2%，在各省市区面积中居第10位，中部第1位。

湖南省地级行政区单位14个，包括13个地级市、1个自治州，下辖县级行政区单位122个，其中市辖区34个、县级市16个、县65个、自治县7个。2013年年末常住人口6690.6万人，居全国第7位。

1. 地形复杂多样

湖南省地形以山地、丘陵为主，平原次之。山地面积占全省总面积的51.22%，丘陵及岗地占29.27%，平原占13.12%，水面占6.39%。全省三面环山，形成从东南西三面向北倾斜开口的马蹄形状。东有幕阜山、罗霄山脉，南有南岭山脉，西有武陵山、雪峰山脉。湘北为洞庭湖平原。湘中则丘陵与河谷相间。省内河网密布，水系发达，有湘江、资水、沅水和澧水四大水系，分别从西南向东北流入洞庭湖，经城陵矶注入长江。四大水域由东向西依次排列，以资、沅二水分水岭雪峰山脉为界，可以分为东、西两大部分。西部的沅、澧流域在地貌上属云贵高原，东部的湘、资流域大部分属江南丘陵，仅二水上游属南岭山地。

这样的地形，势必使得湘、资流域与沅、澧流域两大部分各自内部的经济文化交流较为便利，而彼此之间的往来相对困难，形成文化区域东、西两分的机制。

2. 四季温差大、雨量充沛

湖南为大陆性中亚热带季风湿润气候。省境距离海洋400km，受东亚季风环流的影响密切相关。气候变化较大，冬寒冷而夏酷热、春温多变、秋温陡降，春夏多雨、秋冬干旱，气候垂直变化最明显的地带为三面环山的山地，尤以湘西与湘南山地更为显著。

湖南年平均温度16~18℃，年日照时数为1300~1800h，以洞庭湖地区为最多。湖南无霜期长达260~310d，年平均降水量1200~1700mm，雨量充沛，为我国雨水较多的省区之一。

3. 资源丰富

湖南省矿藏丰富，素以"有色金属之乡"和"非金属之乡"著称。已探明储量的80多种矿藏中，锑的储量居世界首位，钨、铋、铷、锰、钒、铅、锌以及非金属雄黄、萤石、海泡石、独居石、金刚石等居中国前列。湖南省植物种类多样，群种丰富，是中国植物资源丰富的省份之一。主要树种有马尾松、杉、樟、檫、栲、青山栎、枫香以及竹类，此外有银杏、红豆杉、水杉、珙桐、黄衫、杜仲、伯乐树等60多种珍贵树种。野生动物主要有华南虎、金钱豹、穿山甲、羚羊、白鳍豚、花面狸等。

1.1.2 社会人文环境

1. 历史沿革

湖南在春秋战国时逐步纳入楚国版图。秦代分为两郡，沅、澧流域属黔中郡，湘、资流域属长沙郡。汉代改秦黔中郡置武陵郡，分长沙郡别置桂阳、零陵二郡，汉末除江永、江华二县外统归于荆州。晋永嘉元年（307年）分荆州、江州、广州立湘州，几经省废，到刘宋孝建元年（454年）才稳定，管有湘、资二水流域。这是历史上第一个以湖南省境之大半为主要辖区的高层政区。

开元年间设立作为监察区的道，湖南除沅水中上游属黔中道外都属江南西道。安史之乱后，方镇（道）成为事实上的高层政区，湘、资流域属湖南观察使，洞庭湖东岸属鄂岳观察使，澧水流域和沅水下游属荆南节度使，沅水中上游属黔州观察使。湖南观察使的设立具有重要的历史意义，它不仅是以今湖南省境的大部分作为主要辖区，而且还是"湖南"一名的起源。

宋代即以其辖区设立荆湖南路，湘、资流域仍设有作为监察区的湖南道宣慰司。明代湖南全境属湖广行省。清康熙三年（1664年）分湖广行省为左、右二布政使司，康熙六年（1667年）改右司为"湖南"，至此湖南才单独成为一省，沿袭至今。

上述高层政区的沿革表明，在建省之前，湖南一直分为两大区域，一是湘、资二水流域，自从秦代以后又在两晋南朝、唐宋设有独立的高层政区；二是沅、澧二水流域，自从南朝起便长期分属不同的高层政区，始终未能单独设立高层政区。

2. 人口迁移

近代湖南人中移民后裔所占比重相当高。古代湖南地区人本来治生不勤，经济方式较粗放，源源不断进入的移民促进了湖南经济的发展，因此移民对于湖南文化的影响也相当显著。

宋代是湖南历史上相当重要的一个时期。宋史专家漆侠先生说："宋代经济除在全国各地发展外，有一个较明显的趋势是向湘江以西的西南方向发展，湖南和广西两路人口都有了较大的增长，正是这一发展趋势的极好说明。"湖南地区在此时的发展正是与当时的大规模的人口迁移行为有关。移民主要来自两个方向，一是北方，二是东方的江西。尤以后者影响深远。谭其骧精辟地指出：作为湖南开发动力的移民，五代以前多来自北方，五代以后则主要来自东方，迁徙运动在明代时期达到高潮，一直延续到清代后期，即所谓人口迁移史上的"江西填湖广"。明代是湖南人口快速增长的一个重要时期，很多湖南地区的村落都形成于这个时期。

隋代以前的文献中出现的江南地区即为今湖南湖北一带。据《汉书·地理志》记载："江南地广或火耕水耨。民食鱼稻，以渔猎山伐为业，果蔬蠃蛤，食物常足""饮食还给，不忧冻饿，亦亡千金之家。"这条史料可以很好地反映当时湖南地区的生活情况。一方面，江南之地属亚热带季风气候，故生态系统中的自然生产力较高，食物链中环节较多，居民取食容易且品种较多；另一方面，"江南地广"，意即人稀，土地压力不大。

正是由于当时的湖南地区土地资源丰富、气候资源优越，吸引北方和东方人口或因战乱，或因赋税繁重带来的生存压力大量南迁，为当时生产力水平低下的江南地区补充了大量劳动力和中原地区先进的生产工具和经验。道州"州人皆不习手艺，一切匠事咸外境人为之"，虽"富商大贾云集辐辏，多江、浙邻境之人""本土绝少"；武冈"工无奇巧，器物取坚浑备用，其木工之稍精细者多自江右，本土绝少"；永绥"工役多有外至者，技艺较土人为巧，近日彼此相习，技艺渐精"。可见移民对于湖南的生产方式和经济发展具有相当重要的作用。同时移民作为文化载体，在迁徙的同时，也实现了文化的传播，与湖南地区的语言种类、艺术风格及宗教信仰等文化要素相互影响和融合，促进了现代湖南人文环境的形成。

3. 民族融合

我国历史早期各地文化异彩纷呈，经过几千年的发展，总体趋势是以中原华夏民族为主源的汉文化逐步向四周扩散。中国文化的发展过程从民族变迁上看，是一个他系民族源源不断地被汉化的过程。

湖南古代并非华族之地。考古成果已经证明，商周时期湘、资流域与沅、澧流域分布着两个不同的民族集团。前者属百越集团，商末周初，中原文化南下，但本地文化始终表现出强大生命力，经西周一代的融合，才形成包含两种文化因素的独特的地方文化。后者为濮人、巴人、楚人等古代民族杂居。澧水也是一条繁育了多民族的河流，流经湘西土家族苗族自治州，流经的少数民族地区占84%的张家界。在历史长期发展过程中，澧水流域土家族是巴人逐渐融合濮人、楚人等其他民族而形成的共同体。自西周至战国，普遍受到楚人的影响，春秋时渐次进入历史时期。

元代统治者进入江南后，对南方少数民族采取"招讨"措施，到处派兵征夫，烧杀掠夺。各族人民屡起反抗，大者数万人，小者数千人，斗争此起彼伏。例如元、明、清三代发生在湖南西南部，即今湘西土家族苗族自治州、张家界、沅陵、怀化等地的少数民族聚居地苗族、土家族、侗族等各少数民族人民不堪忍受封建统治者残酷压迫而发生的大规模起义事件，史称九溪十八峒各民族人民大起义。起义以苗、土家等少数民族人为主，爆发起义的次数较多等，在西南地区造成了较大的影响。在当时因战乱缘故毁坏和因避难原因迁移重建的村落数不胜数，是湖南地区村落的一次主要变动时期。

湖南是多民族省份，共有55个民族居于其中。截至2010年第六次人口普查为止，湖南人口约6570.08万人，少数民族占其中的10%左右。主要世居的少数民族有土家族、苗族、侗族、瑶族、白族、回族、壮族、维吾尔族、蒙古族、畲族和满族，共11个，占全省少数民族人口的99.69%，大多数居住在湘西、湘南和湘东山区。其中又以苗族和土家族人口最多，主要分布于湘西北，建立有湘西土家族苗族自治州。

4. 社会经济

2018年，湖南省完成地区生产总值36425.8亿元，比上年增长7.8%。其中，第一产业增加值3083.6亿元，第二产业增加值14453.5亿元，第三产业增加值18888.7亿元。按常住人口计算，人均地区生产总值52949元。全省一般公共预算收入4843亿元，地方收入2860.7亿元。其中，税收收入3941.9亿元，非税收收入901.1亿元。

湖南是一个农业大省，自古以来就享有"九州粮仓""鱼米之乡"的美誉。湖南农林特产丰富，盛产湘莲、湘茶、油茶、辣椒、苎麻、柑橘、湘粉等。湘莲是有3000多年历史的著名特产，湖南省的产量历来居中国首位。湖南为中国四大产茶大省之一，岳阳是中国黄茶之乡，其中最著名的茶叶品种"君山银针"，是中国十大名茶之一，岳阳君山独产。湖南的主要农产品在中国占有重要位置，粮食产量居中国第7位，稻谷产量居中国第1位，苎麻产量居中国第1位，茶叶产量居中国第2位，柑橘产量居中国第3位。畜牧业和养殖业以宁乡猪、武冈铜鹅、湘东黑山羊、临武鸭等最为著名。湖南水产品生产的天然条件较好，鱼类资源共160种，经济价值较大的水生植物有莲、菱、席草、蒲草和芦苇等。

2018年，湖南省农业实现增加值3265.9亿元，林业增加值287.4亿元，牧业增加值668.1亿元，渔业增加值271.5亿元。全省粮食播种面积474.8万hm^2，棉花种植面积6.4万hm^2，糖料种植面积0.74万hm^2，油料种植面积134.5万hm^2，蔬菜种植面积126.5万hm^2。全省粮食总产量3022.9万t。

1.2 湖南传统村落特征与现状概述

众多的传统聚落是研究湖南省历史文化、社会和经济特征的重要资料。有的以传统聚居文化为主要特征，如距今已有600多年历史但仍保存完好的永兴县板梁古村，秉承了湘南古代文化和宗族聚居传统的文化特征；有的体现了历史上具有的良好商贸与交通区位特征，如曾经成为湘西南的政治、经济、文化、宗教中心的洪江古商城。从湘北洞庭湖滨的张谷英村到湘南谢沫河畔的上甘棠村，从湘东井冈山麓的板壁屋到湘西沱江边的吊脚楼，这些以湖湘文化为底蕴的传统聚落都是珍贵的历史文化遗存。

2016年12月9日，住房和城乡建设部、文化部、财政部3个部门公示第四批中国传统村落名录，湖南省有166个村落进入该名录。充分表明湖南省的复杂地形、悠久历史，以及多样化的民族构成，使境内的传统聚落具有数量众多、类型丰富、形制奇特、建筑艺术高超的特点，是研究其历史时期经济和社会文化特征的"基因"宝库。加强对湖南省传统聚落的景观特征及其蕴含的社会、经济、文化价值的研究，对于促进传统聚落的保护与合理有效利用、挖掘传统聚落的内在文化特征、加强新时期新农村建设等都具有重要的现实意义。

传统村落空间格局由内部空间与外部空间两部分组成。外部空间格局决定了村落的整体形态及有机生长模式，其空间构成多与村落所在地块的自然环境联系紧密。内部空间肌理折射出村落传统文化特质，受地方礼制、风俗习惯、宗教及潜在人文思想的影响，外部空间与内部空间有机结合，形成古村落的完整空间形态。

传统聚落是人类活动与自然景观相互作用的产物，既具有鲜明的文化特征又深受自然地理环境的制约。一方面，不同地方自然资源禀赋的差异对聚落的建筑外形、用材等产生制约作用；另一方面，自然地理环境条件的不同又会对传统聚落生产生活、与外界的交通等产生深刻的影响。

自然地理条件、宗教信仰、礼制规范等社会文化因素都是影响村落空间的重要因素。拉普普特说："实质环境所呈现的形式和特征，一旦从其所处的环境、文化及其间发生的生活方式抽离出来，其形式的意义是难以被了解的。"

1.2.1 湖南传统村落空间分布特征及影响因素

1. 空间分布特征

根据湖南省 11 个市州各方面差异，可将湖南省分为湘北、湘南、湘中、湘东、湘西 5 大地理区域。湘北和湘东包括岳阳市和湘潭市，湘南包括衡阳市、郴州市和永州市，湘中包括娄底市和益阳市，湘西包括邵阳市、张家界市、怀化市和湘西土家族苗族自治州。统计表明，湖南省传统村落空间分布呈现明显差异，主要分布于南部和西部地区。最集中的地区为湘西地区，占总量的 62.05%；其次是湘南地区，占总量的 31.93%；湘中、湘北、湘东地区传统村落的数量较少，共占总量的 3.01%。此外，传统村落分布形成了 2 个高密度地区，湘西土家族苗族自治州和怀化市，以及郴州市、永州市及衡阳市等次级核心区。

2. 空间分布影响因素

1）地形因素

湖南省传统村落主要分布在南部和西部山区，北部洞庭湖平原地区则数量稀少。南部是由大庾、骑田、萌渚、都庞和越城诸岭组成的五岭山脉，也称为南岭山脉。山脉大体为东西向，海拔大都在 1000m 以上。西部有雪峰武陵山脉，跨地广阔、山势雄伟，成为湖南省东西自然景观的分野，北段海拔 500~1500m，南段海拔 1000~1500m。在南部和西部相对独立的环境里，形成相对险要的地形。环境独立、地形险要，这些山脉虽然致使当地交通发展相对落后，一定程度上阻碍了湘西和郴州的社会经济发展，但同时却使外界对传统村落的影响较小，干扰较少，有利于长期以来传统村落的形成和发展，为传统村落的形成和发展提供了重要的基础。因此，传统村落在险要的地形条件下，更能形成具有地方特色的风俗文化，并在历史的长河中较完整地保存下来。

2）社会经济因素

受到地形和交通等因素共同影响，湖南的西部和南部的经济发展在一定程度上受到限制。通过湖南省统计信息网公布的 2015 年湖南省各市州 GDP，湖南西部的湘西土家族苗族自治州和怀化市的 GDP 分别排在倒数第二位和倒数第三位，且湘西土家族苗族自治州的 GDP 增长率是全省最后一位。由此可知，相对落后的社会经济发展水平、相对较弱的开发强度、相对较低的城市化水平和相对较稳定的人地关系，在某种程度上使得该地区传统村落较为完整地保存下来。

3）民族因素

湖南是多民族省份，少数民族主要分布在湘西、湘南和湘东的边远地区。在湖南省现已进入名录的 91 个传统村落中，汉族聚居的传统村落有 35 个，少数民族聚居多达 56 个，其中苗族 24 个、侗族 10 个、土家族 7 个、瑶族 5 个，民族混居 10 个。由于少数民族在和汉民族以及各民族之间的融合过程中所特有的封闭性及排他性使其仍保留了极具民族风情的文化特色。

1.2.2 湖南传统村落选址原则及其影响因素

1. 选址特征

湖南传统村落由于地形丰富且山林小溪众多，拥有聚落产生和发展所需的优越自然条件。在基址选择上，充分体现了"多面环山，背山面水"的选址原则，湖南地区多山地丘陵，村落往往伫立于山体围绕的山谷之中，并沿河流、溪水等水域而建，并且由于山脉林地众多而平原地貌较少，为了保证村落农耕文明的生产和生活方式的正常运行，造就了当地特殊的梯田文化。

2. 影响因素

村落选址原则的影响因素就外在表现而言，渗入了我国古代传统风水的因素，而究其本质，正是因为人类有着对自然环境的天然需求，才会使这一因素得以存在。

风水之所以对中国古代村落选址影响深远，是基于生存需要、安全需要、精神需要这三个人类的基本需求。

1）生存需要

亚伯拉罕·马斯洛的基本需要理论认为："人的需要中最基本、最强烈、最明显的一种就是对生存的需要。"人与阳光、水源、空气风向、动植物、土壤组成的大气生物圈是一个动态变化着的整体，风水中关于地形、气候的模式，便是在历史地理环境条件下为求生存的最佳选择。

背面的高山和相对封闭的空间便于阻挡北方来的寒流，同时尽量避免将村落建在山顶及隘口等风速过大之处；前方空间开阔便于获得充分的光照，面水得以接纳南来夏日凉风；邻近水源可以方便取得生活和农田灌溉用水，发展水产养殖以及方便的水运交通；四周山丘的植被山林既能提供燃料和木材，获取经济效益，又能保持水土、免除洪涝之灾，更能形成适宜的小气候。这些"天人合一"的山水意象、人与自然协调的生态意象所达成的结果充分满足了人类的生存所需，是劳动人民智慧的结晶。

2）安全需要

一旦生存需要得到满足，人们就会开始对安全需要的追求。能使人获得安全依托的莫过于天然屏障——四周群峰屏列，前有门户把守，后有背山所倚的闭合式地形。水口作为聚落的门户和出入口，须建桥、台、楼、塔等，其中最为常见的关锁物则为桥。现代建筑理论家诺伯格·舒尔茨在《实存·空间·建筑》一书中对桥给予了高度重视："桥梁使得人之占有河流空间成为可能，在这里他同时感觉到外部及内部自由，且被保护在属于同一整体中的两个区域内来回移动。"

3）精神需要

以农业经济为主的中国自古以来就形成崇尚自然的思想，对自然中山水的热爱与向往，构成全体中国人的最高精神追求。孔子说："仁者乐山，智者乐水。"伫立于山水之间的传统村落正符合古代劳动人民的审美属性。当前"绿水青山"更是人们的价值追求。

1.2.3 湖南传统村落空间格局特点

传统村落的空间系统受村落所处的社会阶段、社会秩序、生产方式、产品结构、经济水平、传统文化和民族、地域元素的深刻影响。传统聚落的格局结构和空间肌理都是聚落景观重要的历史、文化、艺术特征，是村落的基因识别标志。

1. 街巷式结构

聚落形态随着人类生产力的发展和与之相适应的生产关系的变化而变化，村落空间布局也由从以社会政治功能为基础，仅满足城市交通功能的里坊制过渡到了以社会经济功能为基础，更能够体现村落人文功能的街巷制。街巷式村落形态适应了当时社会经济的发展和居民生产生活的需要，延续至今，在湖南省的传统村落中居于主流，其主要特点包括：

1）空间紧凑

村落巷道由主街与横跨其间的支巷构成，巧妙利用天井和巷道的采光和通风，布局紧凑，巷道狭窄，建筑布局严谨、内外分明。街巷空间、建筑群和院落空间形态十分类似，使空间震撼力和感染力增强。

2）布局多样

湖南省传统聚落在空间布局形态上呈现了顺应自然地形、有效适应环境、利用环境的特点。在街巷式结构的前提下，村落根据地势形态特点及村落功能需求，又衍生出众多布局模式，大致可分为对称式、棋盘式、干枝式、卦象式、阶梯式、中心组团式等。

3）开敞式结构

村落布局表现为开敞式，即村落道路直接通向外界，没有明显的界限，便于生产和生活，具有极大的灵活性和可变性，随着规模的扩大可以沿纵横两个方向延伸。这种结构在本质上是开放的、可发展的。所以小至住宅、大至城市，才会表现出明显的院落同构、轴线同构、中心同构关系。

4）人文需求

街巷式村落布局除满足了村民的生产生活条件外，还得以提供特殊的人文诉求。主街两侧的市肆店铺，村口附近和街巷的局部设置广场，为居民的文化生活提供便利，并形成丰富的街坊景观。

民居以天井为中心组成单元，使邻里关系更为贴近。

2. 防御性

湖南地区民族繁多、成分复杂，有众多外来人口因战乱迁徙到此地，而当地也曾发生过九溪十八峒各民族人民大起义等大规模战乱，因而防御体系往往作为村落建造的最初目的和发展方向。除了充分利用自然地理条件形成天然屏障外，外围线形构筑、内部街巷空间构成、民居的建造形式，都以一种从外到内的方式进行设防，形成一种防御的结构体系。

1）寨墙

村落中的门楼，四周的建筑外墙和围墙，加上周边的山峦，形成外围的整体防御。建筑外墙和围墙高大，对外开窗小而且很少，一旦流寇来犯，只要关闭村落的门楼，就可做好防御准备。而村落围墙同时还兼起防洪、抗风、阻野兽的作用。

2）巷道

村落中的街巷通过宽窄的变化、丁字路口的处理、尽端小巷的安排、街门与过街楼的设置等多种方式组成迷离莫测的气氛，纵横交错，迷宫式的巷道使人者难以确知方位，形成自然迷路体系，大大增强了村庄的防御系统。

3）民居

住宅是防御体系中最基本的单元。房屋外墙厚高而坚固，无窗或于较高处开小窗等。若是二层楼房，底层用作祭祖、会客、储藏或圈养牲畜，楼上部分才用于居住，且面积一般较小，很好地起到了家庭防御的作用。

4）村落防火设计

防御性除对敌人、野兽等的防御措施外，还包括对天灾的防御系统。表现在湖南以木材为主要建筑材料的传统村落中，对火灾的防护。

（1）设封火山墙。封火山墙把多进的建筑分隔成若干个防火分区，一般为青砖砌筑到顶，高达10余米。

（2）利用巷道。村落内以巷道地段划分聚居单位，巷道两侧多为防火墙，开门一般都是错位开设，而不正对。巷道对隔火起着重要作用，如遇火灾只需将巷道上的瓦撤开，火苗上窜，就很快截断了火路，不会出现一家失火，殃及四邻的局面。

（3）在屋前和院内置烟火塘。村落大都邻近河流或池塘等水源，离水源较远的民居则会在屋前设烟火塘以防火患。

3. 聚族而居

"聚族而居"是传统村落空间结构和空间形态的显著特征。湖南传统村落中有众多以姓氏为单位、以血缘关系为纽带的宗族聚居型聚落。村落内部按血缘关系设"坊"，以巷道地段划分聚居单位，此外，村落中的祠堂、堂屋等公共建筑常常表现为聚落的文化中心和精神空间。

4. 建筑特色

湖南省以丘陵山地地形为主，平地较少，四合院形制的变化有利于缩小占地空间以节约土地。因此，湖南省传统聚落的平面形态特征以四合院形态及其衍生变化出的各种围合式结构、天井式四合院结构为主，呈现了形式多样的特点：主要有四合院、长方形围合结构，单列、并列式围合结构，干栏式围合结构等。此外，还有单进型或多进型单层、双层、三层结构等富有特色的结构形态。且由于少数民族与汉族的混居，建造结构类型较为齐全，既有干栏式民居以及由其演变而来的吊脚楼，也有极具地域特色的窨子屋。

在建筑用材上，由于湖南地区盛产木材，木结构建筑最为普遍，但又由于地域树木种类差异而产生明显的木材使用区别，充分体现了就地取材的建造原则。

5. 多元信仰

湖南是多民族聚居之地，地处华中南北文化交界地带，本地的百越、南楚文化与北方移民文化兼容并蓄，儒释道文化与当地的世俗信仰交流融合，形成了丰富繁杂的多元信仰。

古代百姓对神佛的信仰大多并非出于宗教原因，而是源于对美好生活的向往，往往逢神必拜，有神必求，民间信仰不受正统教派的影响，民众各取所需，随意为之。因此大多数传统村落中庙宇林立，类别芜杂，有土地庙、梅山寺、保泰寺、田心庙、瑶王庙、岳王庙等，此外，还有梅山猎神张五郎雕像等非庙宇类祭祀场所。

这些祭祀场所大至由许多殿堂组成的建筑群，小至可以和乡间的路亭、凉亭相结合的土地庙，成为湖南传统村落的独特风景。

6. 景观要素种类丰富

传统村落的景观风貌总的说来具有统一的形态，但人们身处其中并不会觉得单调乏味，反而很有惊喜。主要是因为在风格、尺度一致的空间中穿插了一些节点和标志性空间景观，有画龙点睛之效，打破平淡格局，又彰显村落独特的个性和特征，展示出特有的文化追求。

1）庙宇

庙宇往往与实际防御的边界、出入口相结合，成为视觉上冷漠单调的堡门上的显著标志，是聚落的标志性建筑和视觉焦点。

2）戏台

戏台是村落中重要的娱乐性场所。在传统的祭祀中，除了向"神灵"供奉各种食物器皿之外，还要供奉令人赏心悦目的戏曲。

3）鼓楼

它是侗文化的象征，是侗寨的独特标志。鼓楼以高大、伟岸、稳重，巍巍挺拔见长。鼓楼楼檐层数为奇数，不管层数多少，均高于民居。古代鼓楼是侗族人民遇到重大事件击鼓聚众、议事的会堂，平时是村民社交娱乐和节日聚会的场所。

4）风雨桥

桥是环山绕水的传统村落中必不可少的景观要素，而风雨桥作为侗族最具民族特色的桥梁种类，多见于湖南省的侗族聚居村落中。风雨桥是一种集桥、廊、亭三者为一体的桥梁建筑，除石墩外，全部为木结构，用卯榫嵌合。

1.2.4 湖南传统村落保护与发展面临的问题

1. 村落风貌受损严重

传统村落民居建筑、环境要素以及村落的整体风貌格局，长期以来均遭到一定程度的破坏。民居建筑缺乏相关的维修措施，建筑主体存在破损，少量民居已严重倾斜，部分墙面存在开裂现象，2层楼板腐蚀严重，梁、檩条等已趋于腐烂。近年来村庄内新建房屋多为2层或3层砖混结构，表面为瓷砖贴面、不锈钢窗以及带有欧式建筑风格的栏杆等，导致建筑形象与村落古朴风貌氛围相违和，严重影响了整个村落的景观格局。此外，过度旅游开发导致盲目拆旧建新、拆真建假，也对传统村落整体风貌造成了破坏。

每个村落都是一个完整的生态形式。保护好传统村落的各类要素及其相应的生态环境，这个村落才具有独特的历史文化内涵，以及丰富的人文气息，才是理想的居住环境。

2."空心化"现象

在快速工业化、城镇化和新农村建设的大背景下，湖南传统村落保护与社会经济发展之间的矛盾日益突显，越来越多的村落居民不甘于当地贫穷落后的现状而离开村落向城市迁移。大量年轻劳动力外出务工导致的空心村现象加速了传统村落的凋敝和损毁。同时，由于当地村民保护意识的不足，见识了城市宽敞明亮的高楼大厦和方便快捷的现代生活后，急切地希望改变原有的居住条件，无序地新建与翻建住房，造成新建筑与历史建筑、乡土风貌极不协调，破坏了传统村落的古风古貌。

3."千村一面"

传统村落图景是源于祖辈基因的故乡图腾，而当前，湖南传统村落正面临"千村一面"的特色危机。人类对居住地的当地历史文化有着强烈的归属感，而各地新农村建设往往按统一、标准化模式推进，互相模仿、风格趋同，是在割断这种文脉与历史的归属，使现代人越来越多地产生一种对家乡的情感缺失。

缺乏对当地村落传统文化特色的挖掘和保护，具有差异化的农业传统、聚落传统逐渐没落，是目前湖南传统村落存在主要问题之一。

4. 产业发展乏力

首先，未能因地制宜地挖掘和利用传统村落的物质文化遗产价值，如商业旅游、建筑和考古价值等；其次，缺乏对传统村落历史人文价值的传承、宣传和推广，非物质文化遗产的价值未能有效体现；最后，未将传统村落的保护与地方产业的发展相互融合以实现保护与发展的良性循环。

第 2 章 | 湘北与湘东传统村落

- 岳阳市
- 湘潭市

2.1 岳阳市

2.1.1 平江县上塔市镇黄桥村

1. 村落概况

1）地理位置与村庄规模

黄桥村位于平江县北部，地理坐标为东经113°10′、北纬28°25′，距离平江县城约40km，交通十分便利，具有区位优势（图2-1）。

黄桥村村域面积14.19 km²，辖15个村民小组，户籍人口1620人，以叶、杨、李等姓氏为主。

2）自然环境

黄桥村位于幕阜山山脉北段，境内地质结构较为复杂，地貌类型多样，以山地和丘陵为主，平均海拔260m，处汨水、罗水上游，村内小溪零星点缀。村落属大陆季风气候区，春温多雨，夏秋干旱；严寒期短，无霜期长。山上树木茂盛、郁郁葱葱，有果树630亩，被当地人们称为"水果之村"。

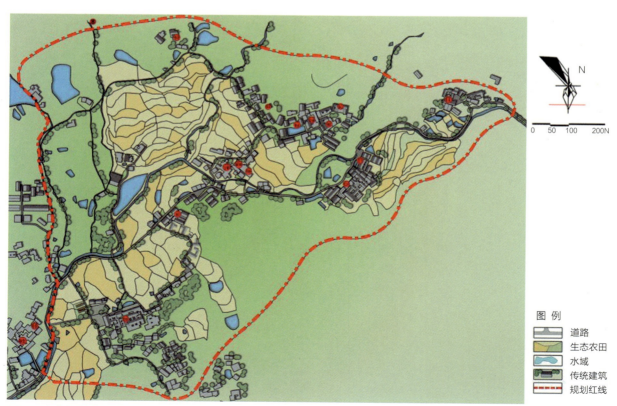

图2-1 黄桥村平面图

3)历史源流

1367年,即元朝末年,叶姓始祖中庸公从江西武宁廉村先迁至湖北蒲圻罗现村。他的儿子叶永寿于明洪武二十五年(1392年)转徙而至黄桥。此后,叶氏族人聚族而居,繁衍生息,至今已传至第27代,据叶氏族谱记载,明清此地已称叶家洞。

2. 村落布局与空间特点

黄桥村坐落在冬桃山下,对望张师山,三面群山环绕,坐东南朝西北,境内水源丰富,是汨罗江支流发源地之一。因地理位置特殊,易守难攻,抗日战争时曾作为部队驻军营地使用,战地临时医院也设置在此。村寨选址与布局体现了典型的山区聚落农耕文化特色。

3. 建筑特征与人文景观

1)建筑特征

黄桥村由湘东北村民聚族而居形成,百年老宅、民族民居,是民族社会生活的一个基本时空聚落。各类型建筑不但是居住生活的场所,而且延续着其初始的功能,既是社会生活的载体,同时也是遗产活态性的重要体现(图2-2)。

村内至今保留有杨寿屋场、叶家新屋(图2-3、图2-4)、黄泥湾大屋(图2-5)、叶氏宗祠

图2-2 黄桥村建筑群屋

图2-3 叶家新屋细部装饰

图2-4 叶家新屋

图2-5 黄泥湾大屋

（图2-6、图2-7）、富头上屋（图2-8）等典型传统民居。别具特色的院落式民居巧妙地适应了南方炎热潮湿的气候。一般规格不同而又相连的每栋门庭都由过厅、会面堂屋、祖宗堂屋、后厅四进与厢房、耳房等形成的三个天井组成。顺着屋脊望去，整个建筑就变成了无数个"井"字。厅堂里廊鳞次栉比，天井棋布，工整严谨，青砖花岗石为辅。一般一层明间设神龛放置神主牌位，成为活动与待客的堂屋。聚落格局基本保存完好，具有典型性和代表性，是传统汉族聚落文化的集中体现。

黄泥湾大屋建成于清代嘉庆年间（1796~1820年），距今已有200多年历史，为典型清代庄园式江南风格民居建筑群，有房间108间、大厅9个、天井16口，总面积达6820m²。房屋雕梁画栋、四进四出、左右对称、错落有致。作为南方不多见的至今保存较完好的清代古建筑群，目前已被列为县级文物保护单位（图2-9）。

图2-6 叶氏宗祠

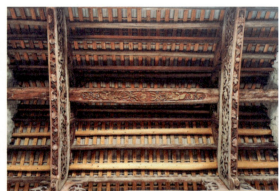

图2-7 叶氏宗祠细部装饰

图2-8 富头上屋

图2-9 黄泥湾大屋装饰

村落中虽现存部分清代及民国时期建筑，但总体仍以20世纪80年代以后建筑为主。清代建筑皆为1层，其余时期的建筑也以1层居多，兼有2、3层（表2-1）。

建筑年代、高度统计表　　　　　　　　表2-1

年代分类	比例（%）	层数	比例（%）
清代	6.37	1层	59.20
民国	8.90	2层	28.06
20世纪50~70年代	14.65	3层	12.74
20世纪80年代以后	70.08	总计	100
总计	100		

2）人文景观

黄桥村村内传统资源丰富，现保留有黄泥湾古井、富头古井、新屋古井等古井共15口，毫头林古官道1处，太平天国城墙1处，并留有1幅由知府赐字"后学津梁"的古牌匾。

4. 非物质文化遗产

"文公家礼"为儒家婚庆礼仪文化。该文化形态对后世文化遗存、生活习俗、人性百态等产生重大影响，并与乡贤文化和族规家训密切相关，保留完整，系原特征，是村落文化的重要组成部分（图2-10）。婚嫁中的"六礼"迎亲、辞祖、迎宾、庙见、拜堂、送洞房，极为庄重肃穆；殡葬中的儒礼成服，包括家祭、宾堂、绕棺三大内容，以古老诗歌章句吟唱形成，有别于道教、佛教祭礼，整个过程近6个小时。

图2-10　文公家礼

2.1.2　汨罗市新市镇新市村

1. 村落概况

1）地理位置与村庄规模

新市村位于汨罗市新市镇湄江和汨罗江交汇处，地理坐标为东经113°11′、北纬28°47′，距汨罗市区约10km，是北上岳阳，南下长沙，东达平江，西望湘江的核心枢纽，地理区位条件优越（图2-11）。

新市村村域面积约0.16km²，户籍人口3038人。

2）自然环境

新市村地貌以丘陵田地为主，西高东低、北高南低。村落属亚热带季风气候区，四季分明、雨量日照适中，无霜期263d左右，适宜农作物生长。境内水系全长1100m，水资源丰富。村落山清水秀，尤其是村落东北侧"卧龙岗"树木枝繁叶茂，青石板巷道直通江边码头，沿路分布着大小池塘，塘水清澈见底，塘边垂柳依依，风景迤逦，令人心旷神怡。

3）历史源流

唐太宗贞观二十三年（649年），大将尉迟恭从湖北来新市，选定观音寺兴建地址，并种下罗汉松，株林神古市从此形成（此地株木成林，俗称株林神）。北宋元丰年间（1078~1085年）设新市坊，新市古商街已初具规模。明代时期（1368~1644年），新市凭借优越的水运交通条件，成为湘北地区的商贸重镇，建有"三街九巷十码头"，各地商会林立、商贾云集、百业兴旺，与商业相适应的厘金局、青楼、戏院等应运而生。因此，新市被喻为"小南京"。

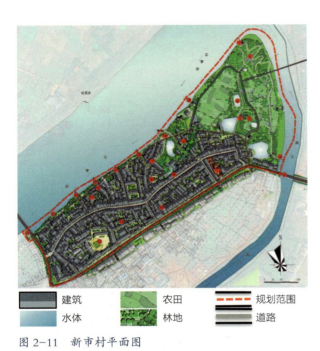

图2-11 新市村平面图

2. 村落布局与空间特点

新市村建于河口三角洲，临水而居，场地坡度较小，地势平坦，村内巷道、石板路四通八达，宜居宜耕宜商。村内道路纵横交错，又脉络清晰；各店铺相互共墙而建，又独自经营，井然有序。前店后宅式的建筑风格既满足经营之需，又无损生活其中的舒适。合理的设计使新市老街得到延续，"三街九巷十码头"的街巷格局除张家巷因修新市大桥而损毁外，其余均保存完整。

新市各巷道均由麻石板铺设，石板下沿街两侧建有排水暗沟，各住户排水经自家排水暗沟注入街道排水系统，汇入汨罗江；三街成"工"字形结构修建，各巷道错落有致连接三街，往南即达陆上交通，自北接轨水上运输，既单独存在，又相互联系，使整个新市村似一张路网，四通八达（图2-12）。

3. 建筑特征与人文景观

1）建筑特征

村内传统建筑以2层居多，高度6~7m。新建筑多为20世纪80年代前后所建，一般2~3层（表2-2、表2-3）。

新市村建筑多为前店后宅式，常为二、三进，后进建筑多为住宅，仓储功能多集中于第一进店铺阁楼之上。建筑青砖或红砖布瓦，店面红漆门板，整体风貌较为完整。传统建筑以砖木结构为主，青砖黑瓦木板门，主要分布在中街及各街巷沿线，是村落建筑群体的主要构成部分。临河部分建筑多成"凹"字形组合布局，可扩大院落景观视野。村落传统建筑是具有集商住于一体的综合功能，

图 2-12 新市村全景图

建筑年代统计表　　　　　　　　　　　　　　　　　　　　表 2-2

年代	建筑面积（m²）	比例（%）
明清	2419.88	3.14
民国	6085.91	7.92
20 世纪 50~70 年代	36443.22	47.42
20 世纪 80 年代以后	31910.62	41.52
总计	76859.63	100

建筑高度统计表　　　　　　　　　　　　　　　　　　　　表 2-3

层数	建筑面积（m²）	比例（%）
1 层	41319.93	53.76
2 层	23840.87	31.02
3 层	11698.83	15.22
总计	76859.63	100

挨家挨户共墙搭接。在保存较好的建筑中还可看见明清风格的雕花门窗。

新市中街是湘北传统的商业古街，其两侧建筑多为街屋形式存在。街屋按其自身功能布局又可分为前店后宅或仓储、前店或前坊后宅类型。作为物资集散地，沿街建筑均采用窄面宽、大进深的建筑布局，开间与进深的比例一般为 1∶5~1∶7，少数建筑甚至更狭长。街巷性质和土地使用决定了建筑纵向发展的趋势，建筑的排列见缝插针，充分利用空间，体现了村落沿街店面的商业价值。

此外，沿街立面和背街立面形成反差。街屋沿街立面大致统一，底层全开间设置商铺木排门，阁楼设置亮窗及模板，外部形象呈现轻盈明快的效果。这与沿街店铺作坊的商业功能需求相吻合。而背街立面则更多的是为安全考虑，显得相对封闭厚重，采用青砖或红砖垒砌（图 2-13）。

除街屋以外，新市村还留有许多公共建筑，例如原为观音寺的中街白云禅寺，其采用天井布局，二进一天井或三进二天井等。建筑有明确的纵主轴线，堂屋是该建筑的核心，房廊为次轴线。整个建筑群通过房廊等过渡空间联系起来。建筑采用穿斗抬梁式木结构，屋顶为硬山搁檩式（图2-14、图2-15）。

新市村的聚居形态和空间格局是历史发展、延续和传承的产物，它与人们的生活、自然地理环境、生态体系的运行、居民的行为心理等有着密切的联系，符合当地人们的生活习惯，也符合地域环境特征，其特有的店宅空间形态，为乡土民居研究提供了现实参考价值。

2）人文景观

城隍庙：又称城隍司，庙内遗址有一块清道光年间重刊的《灯彩公续修》碑，其碑文记载："新市上城隍庙由古株林神分迁，盖以祀社神也。"清光绪县图志记载："新市城隍庙之建实始明景泰年间（1451~1456年），谓之城隍行庙。"

卧龙岗：原名"株林岗""马林岗"，相传明代正德年间皇帝朱厚照南巡曾在此朝拜观音古寺，因此当地百姓便将其改名为"卧龙岗"。东有湄江环绕，北有汨水流过，洲上绿树成荫、风景秀丽。现保存有一条石板路直通江边毛家码头，江上清波粼粼、白帆点点，视野景观极好。

三街九巷十码头：村落至今仍较完整地保存着"三街九巷十码头、码头连巷巷连街"的街巷格局。三街为上市街、下市街、档扒街，九巷即游、黄、宋、徐、缪、杨、张、葛、谭等九姓定名的九条小巷，以及毛家、游家等10个码头（图2-16），规模宏大。街巷路面均由青石板或条形麻石铺置而成。

古树：村落现存古树1棵，即位于档扒街北部城隍庙东侧的罗汉松。相传为唐代尉迟恭修建观音寺时亲手所栽，树龄已500年以上，属于国家二级保护植物，至今仍枝繁叶茂，四季常青。

图2-13　建筑背街立面

图2-14　白云禅寺

图2-15　江西会馆（吴添 摄）

图2-16　古码头

赵公桥：明代正德年间，湄江东岸一富户赵仁寿，为方便湄江两岸的交通往来出资修建，历经两年落成，两岸百姓由此将其取名为"赵公桥"。

4. 非物质文化遗产

龙舟竞渡：龙舟祭祀和竞渡活动的聚散之地在宋家巷和宋家码头。农历五月初一，择吉时设香案、燃香烛、放鞭炮。主持人诵读祭文，内容通常是歌颂上天和屈原的功德，祈求上天和屈原大夫在未来的时日里给当地人赐福，保佑一方平安，生意兴隆。五月初五所有龙舟停泊在沿江码头开始竞渡。

烧宝塔：元代至正年间（1341~1368年），为了反抗元朝蒙古统治者的残暴压迫，朱元璋等密约八月十五造反，人们在交通要道利用碎瓦堆砌成宝塔，里面装满干柴，一旦得到军情，便燃烧宝塔，聚集军民，一致抗敌。在新市村，这种反抗外来民族统治压迫的习俗一直传承到清代及抗日战争时期。民国至中华人民共和国成立初，烧宝塔的习俗演变成了挡灾祛病、祈福求财的节日风俗（图2-17）。

打倡：一种娱神的巫舞，源于2000多年前。主要目的是请天地水阳四界神，驱赶格杀本地流域的妖孽灾神，并保佑社稷安宁，使六畜兴旺、五谷丰登。打倡的舞蹈动作刚劲有力、节奏欢快。步伐有丁八步、喜鹊步、梅花步、高桩、矮桩、完桩、空翻等，唱法有合唱、轮唱、对唱、独唱。

高故事：又称高彩故事，是故事会的分支。用木料制成长、宽、高均为1m的基台，由4人肩扛，同样可置于车上推着行走。用圆钢管根据所需表现的内容弯曲成形。下端固定在基台中央，由上下两人装扮（图2-18）。

图2-17 烧宝塔

图2-18 高故事

2.1.3 汨罗市长乐镇长新村

1. 村落概况

1）地理位置与村庄规模

长新村位于汨罗市东北部，是长乐镇镇区所在地，地理坐标为东经113°29′、北纬28°85′，距离汨罗市区约29km。

沿麻石街两厢的传统建筑所形成的区域是长新村，其范围为南起回龙门、北至上市街故事会馆，西、东侧以麻石街两厢历史建筑轮廓线为界线，总面积3.2km²。村落内户籍人口2775人，是一个纯汉族聚居自然形成的古街巷（图2-19）。

2）自然环境

长新村地处湘北丘陵地带，属于汨罗市中北岗地带，整体地势自东南向西北微斜，以高岗地形为主，垅岗、浅坳谷相间分布。村落内地势平坦，四周丘陵多处于岗地与低山过渡地带或山地余脉末梢，周边山脉主要为东边幕阜山余脉智峰山，西边海螺山，海拔为43~46.8m。

村落内雨量较充沛，年均降水量1317.5mm。村南有汨罗江南支汨水经过，除村落外围水系网外，村落内部也有水塘等水体，水资源丰富。

3）历史源流

长新村的形成可追溯到南朝梁、陈时期（502~557年），迄今1500余年，那时其为古岳阳郡治，郡治在今长南村。明初战乱，相传有江西移民至此安居，取"长久安乐"之意，古称"长乐"，旧称长乐街，也就是现今的长新村。

2. 村落布局与空间特点

长新村基于"攻位于汭"的选址原则，坐落于汨罗江凹岸，依偎在幕阜山南麓与海螺山之间，南侧汨罗江自东向西绕村而过，背山面水，左右围合。

村落由于生产生活方式的影响，长新村在发展过程中逐渐形成了以麻石街与十字街为主轴的村落格局，沿四周放射性发展。主街由垂直汨水河道以及平行于古驿道而居的居民点聚居而成，上市街、下市街由南至北贯穿，宽约4.5m；巷道纵横交错，连通村落各角落，宽1~2m不等。

3. 建筑特征与人文景观

1）建筑特征

老街现存建筑140余栋，其中约60%是始建于明清时期（1368~1911年）的传统建筑。传统建筑以砖木结构为主，青砖黑瓦木板门，主要

图2-19　长新村平面图

图 2-20 上市街

图 2-22 封火墙

图 2-21 下市街

图 2-23 雕花窗

分布在上市街、下市街（图 2-20、图 2-21），是村落建筑群体的主要构成部分。这些建筑在过去大部分具有集商住为一体的综合功能，挨家挨户共墙搭擦。为配合商业空间的需要及增加室内光线，多建有"类天斗"，屋面有亮瓦，卧室则配以"亮斗"采光。在保存较好的建筑中还可见明清风格的雕花门窗（图 2-22、图 2-23）。

老街上的建筑主要有传统建筑和新建筑两类。传统建筑以 2 层居多，高度 6~7m；新建筑多为 20 世纪 80 年代前后所建，一般为 2~3 层（表 2-4、表 2-5）。

建筑年代统计表　　　　　　　　　　　　　　　　　　　　　　　表 2-4

年代分类	建筑面积（m²）	比例（%）
明代以前	1264.43	0.93
清代	1778.88	1.30
民国	7842.38	5.75
20 世纪 50~70 年代	53183.32	38.96
20 世纪 80 年代以后	72429.19	53.06
总计	136498.20	100

建筑高度统计表　　　　　　　　　　　　　　　　　　　　　　　表 2-5

层数	建筑面积（m²）	比例（%）
1 层	26560.13	19.46
2 层	60789.33	44.53
3~4 层	44637.73	32.70
5~6 层	4511.01	3.31
总计	136498.20	100

下市街郑家大屋建筑采用天井布局，属于四进天井建筑。建筑有明确的主轴线，堂屋是该建筑的核心，房廊为次轴线。整个建筑群通过堂屋、房廊这些过渡空间联系起来。第一进店铺采用的是穿斗抬梁式及硬山搁檩混合结构，在第三进与第四进建筑之间采用 4 个天井，其中两个天井在当地被称为"虎眼天井"，两天井之间的建筑（堂屋）采用穿斗抬梁式木结构，其余建筑屋顶均采用硬山搁檩（图 2-24）。

2）文化景观

古街巷：村内现保存一条 720m 长的麻石街，自南向北贯穿全境。旧时与主街的垂直方向发展了 9 条宅间巷道，形成似"丰"字形道路骨架，但因年代久远，现巷道仅有照壁巷空间形态保存良好（图 2-25）。

古门楼：村内现有的一座保存完好的古门楼——回龙门，回龙门始建于唐代（780 年），耸立于下市街端，是长新村保存最完好的重点古建筑之一，现为省级文物保护单位。该建筑为正四方形古亭式，其基础与门槛下部均由花岗石砌成，主体部分为青砖，上部为木结构，飞檐斗栱，四角飞龙翘首，上盖琉璃瓦，尖顶，檐下西、南、北各有一个拱形门洞（图 2-26）。

急递铺：位于村内照壁巷。急递铺为中国古代邮驿组织之一，肇始于宋，迄元朝普遍推开。十里或十五里、二十五里设一铺，每铺设铺司一人，铺兵四五人至十人。凡遇官府公文至，即行递送，不分昼夜，风雨无阻。但时至今日已失去其原有功能，改为土地供奉（图 2-27）。

图 2-24　郑家大屋

图 2-25　照壁巷

图 2-26　回龙门

图 2-27　急递铺

4. 非物质文化遗产

长乐山歌：长乐山歌是长乐人民在劳动中创造出来的一种艺术形式，可上溯到诗经中的"风"和"古乐府"中的一些诗歌。后来，慢慢地在巫傩文化，特别是元曲的影响下，长乐人民将一些民俗风情、爱情故事编写成歌词，在田间地头劳作时随口唱出来，便演变成了长乐山歌。这些山歌既表现了他们丰富的想象力和强烈的思想感情，又反映了他们对美好生活的向往和追求。长乐山歌的演唱形式分为独唱和多人联唱，亦存在一些说教式的，其唱腔有高腔、平腔和哼腔三种，节奏自由，唱法多用假唱，每个唱句都带有较长的拖音。长乐山歌的体裁绝大部分为七言五句，但也有唱歌形式的，一首几百字甚至几千字。在修辞方面，长乐山歌运用了比喻、拟人、夸张、对偶、排比、反复等多种手法，同一首歌也有几种不同唱法，有的开头不同，有的结尾不同，"千头万尾"。长乐山歌歌词口语化，通俗易懂易记、其曲调丰富、形式多样、种类齐全、极具湘楚文化特点。

长乐抬阁故事会：2011年5月23日，长乐抬阁故事会被国务院办公厅收录在第三批国家级非物质文化遗产保护名录中。长乐抬阁故事会源于隋唐，盛于明清，历史悠久，传承千年，是一项集表演、彩绘、历史、天文、地理、文学、民俗、时代精神等为一体的独特、古老而又神秘的民间行为艺术。每逢春节，从初一到十五，村民便自发分成上市街和下市街两个团体，举行故事会竞赛，内容为历代忠孝节义和民间传说故事，其核心是"比"，通过上市街、下市街故事会一来一往的故事对垒，表现爱憎与忠奸，渗透幽默与讽刺，显示技巧与新奇，传递友谊与祝福，祈求吉祥与和平。长乐故事会分为地故事、地台故事、高彩故事、高跷故事四大类；再以会旗、彩旗、横竖牌匾、彩灯、油桶、威风锣鼓、乐队等为辅，并配以玩龙、舞狮、采莲船等（图2-28、图2-29）。

长乐甜酒：其起源是一个孝亲故事。北宋真宗年间，

图2-28　20世纪50年代长乐故事会表演

图2-29　上市街故事会

长乐街有个陈玉昆,幼年丧父,和慈母相依为命。有一天,母亲想吃糯米饭,玉昆赶紧做了一碗,不料,母亲突发胃疼。玉昆要去请医生,放下盛了糯米饭的碗,用棉被包裹,放置火炉边保温,想给母亲随时吃。第三天,房里飘荡着浓郁的酒香味。玉昆才想起糯米饭,揭开一看,只见洁白如玉的米饭变得粒粒晶莹剔透,周围还有清水荡漾。母亲也觉得惊讶,品尝后发

图 2-30　长乐甜酒

现是甜的,口感好,还提神。玉昆记起自己藏米饭时,曲花子不小心掉在里面。传说元顺帝登位前,曾经过长乐,喝了甜酒后说:长饮此酒,乐而忘忧。清乾隆帝三下江南时,也路过长乐,饮罢甜酒龙心大悦,御笔亲题:长乐甜酒(图2-30)。

2.2 湘潭市

2.2.1 湘乡市壶天镇壶天村

1. 村落概况

1)地理位置与村庄规模

壶天村位于湘乡市壶天镇区,地理坐标为东经112°02′、北纬27°51′,距娄底市区仅约12km,是湘、宁、娄的交界点,地理位置优越(图2-31)。

壶天村村域面积约1.5km²,户籍人口1350人,以汉人为主。

2)自然环境

壶天村坐落于云盘寨与张家山之间的狭长盆地,平谷和丘陵成为村落自然环境的典型特征。村落三面环山,河水东西向绕村而过,流入涟水,汇聚湘江。村落自然植被丰富,两棵位于半边街北侧的古银杏树已有200多年。壶天村属季风湿润性气候、四季分明、阳光充足、雨量充沛、农业发展基础条件好。

3)历史源流

壶天村因地形和所处位置而得名。壶天村所在地为壶状,由省道209从湘乡方向进入壶天的较宽地段似为壶身,由壶天去娄底的狭长山谷似为壶把,向北去宁乡的公路似为壶嘴,而村落所在位置则似壶肚,即"置身壶中,别有洞天",由此被称作"壶天"并沿用至今。壶天村曾是湖南、湖北通往云南、贵州的重要交通节点。地理之要造就了它的繁华,宋代时便有人在此经商,清末时达到鼎盛,20世纪30~40年代,壶天村是长沙和邵阳商人来往的必经之地。

图 2-31 壶天村平面图

图 2-32 壶天村建筑群

图 2-33 传统民居

2. 村落布局与空间特点

壶天村依山而建，坐落在两山之间的盆地地带，西北方江家山、东北侧海马山，以及东南部云盘寨将村落合围，城江河自西沿街蜿蜒向东，流经街旁，延伸田野。村落聚集地较为集中，坐落于平缓坡地，通过道路、水系相连，以溪、谷为界分为两个片区，周边均有特色分明的农田和鱼塘，整体格局和景观风貌可以概括为"一街两片良田间，一水三山怀中抱"。

3. 建筑特征与人文景观

1）建筑特征

壶天村民居有传统建筑面积 5800m²，占总建筑面积的 70%，基本保持着清末民国初期（1840~1949 年）的建筑风格和布局（图 2-32）。

村民住宅建筑的特征主要包括：整个街道相互交错，相互连接，上街头、下街头与横街头形成"人"字形，给人"天人合一"之感。主街宽敞，次街略窄，全以青石板铺就，两侧为商贸店铺和居民住宅，排列有序、错落有致。街道两边都有排水沟，以条石砌沿，青砖铺底，城江河经过老街的部分，均以人工用料石砌成护河堤岸，上有 4 座石拱桥，沟通古道。

全街民居平行排开、土木结构、青瓦屋面、檐牙交错、别致成序、门面相对、利于买卖，多为三进五间式楼房，房屋内的天井是房屋唯一的光源。西边街为三进直屋，第一进墙高 5m、宽 4m、长 6m，有木板楼，此进都设为铺面做生意，屋中有天井；第二进中间为厨房，两边为卧室；第三进为仓储室。东边街也是三进，一、二进与西边街相似，第三进为吊脚楼，楼上作仓储用，楼下喂养禽畜（图 2-33）。

2）人文景观

壶天村人文景观主要包括古祠堂、古桥、古街巷、古墓群等。

古街巷：壶天村现存青石板路414m，均为古时居民就地取材的青石板铺建而成，部分已硬化（图2-34）。壶天老街，始建于宋代，是目前长株潭地区唯一的古建筑群，分上街、下街和横街。"青石板路吊脚楼，白墙灰瓦酱色门"，颇具特色的建筑群，泛黄陈旧的积木房梁，让老街透着古老的历史气息。老街两旁，繁体字的"客栈""药铺"等门牌，成为壶天古镇曾经繁华的见证。

古井：村落现存2处古井，分别位于远江桥和下江桥附近，其表面铺装、结构等风貌均保存较好（图2-35）。

古墓群：位于村落东侧田间，是清代光绪年间提台傅商南和镇威大将军傅士松及夫人的墓地，其碑文等原真风貌均保存较好。

4. 非物质文化遗产

壶天火龙灯：舞火龙灯是壶天村多年来最驰名、最具民族民间韵味的文化活动，具有悠远的历史渊源和浓厚的文化底蕴。火龙灯由龙珠、龙头、龙节、龙尾、龙被构成。龙珠单挽，逗龙开路，用绳索连接龙头、龙节、龙尾成一整体，每节距8~9尺不等，上披龙被，总长80~90尺，用40多支烛光插入珠、头、节、尾处，主体火龙灯插烛多，宽度大，故称火龙灯。舞火龙队伍由指挥、先行、火龙主体、配套辅体、乐队等组成，共计280人左右，集美学理念、音乐舞蹈要素、礼仪方式及民俗文化于一身，立体地、艺术地、形象地展示了当地人民的聪明才智和对美好生活的期望（图2-36）。

烧宝塔：烧宝塔时用青瓦片建成宝塔，用石头做成临时灶台。主体宝塔高2m、宽2.8m。烧宝塔在中秋晚上举行，活动开始后，烧宝塔、偷南瓜、煮南瓜、吃南瓜等活动将一个接一个进行到午夜。

图2-34 古街巷

图2-35 古井

图2-36 壶天火龙灯

第 3 章 | 湘南传统村落

- 衡阳市
- 郴州市
- 永州市

3.1 衡阳市

3.1.1 衡南县宝盖镇宝盖村

1. 村落概况

1）地理位置与村庄规模

宝盖村位于衡南县东部，地理坐标为东经112°39′、北纬26°48′，距衡阳市约45km，距衡南县城约50km，交通便利，区位条件良好。

宝盖村村域面积约4.3km²，辖20个村民小组，户籍人口2987人，以汉族为主（图3-1）。

2）自然环境

宝盖村位于衡阳盆地东麓，地形地貌以丘陵为主，背靠高坳山，南邻沙河，地势西北高，东南低。

村落属亚热带季风性湿润气候区，降水丰富，生态环境优越，有国家重点保护珍稀植物达20多种，包括两棵位于镇政府南侧树龄约400年的古樟树，以及有湖南省第一大有"活化石"之称的银杏群。

3）历史源流

宝盖村位于古驿道上，过去设有驿站，自古以来水运发达，是衡南边域重镇。村落以廖姓人口聚居为核心，其历史可以追溯至北宋末年，当时衡州知府廖汉依，途经此地，见此处山水宜人，环境优雅，故筑舍定居，垒起了一座巍巍的7层高楼——保家楼。后因此地物产丰富，遂易名"宝盖楼"。

2. 村落布局与空间特点

宝盖村坐北朝南，北部高坳山和南侧沙河对村落呈负阴抱阳围合之势，月池正前而置，潺潺溪流环绕村落自北向南流去，村前田垄开阔，大小池塘点缀其中，风景视野极佳；纵横交错的青石板街巷，串联起各传统民居，整体风貌保存较好。

3. 建筑特征与人文景观

1）建筑特征

宝盖村中现存许多古民居建筑，如牌楼屋、安里屋、大屋场等屋场建筑，多为砖瓦结构，主要材料为青砖、青瓦和木窗门。屋顶坡度较大，建筑两端立封火山墙，并粉以白色装饰带和彩绘，

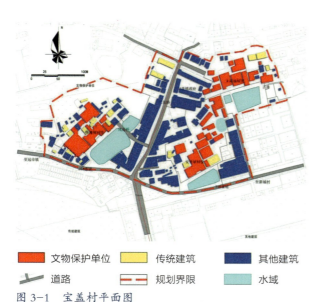

图3-1 宝盖村平面图

层次分明。墙内天井采光，墙头叠以小青瓦，翼脚配以不同图案的起翘雕饰，造型生动优美。墙上还留有抗日战争时期和中华人民共和国成立初期的标语（图3-2～图3-5）。

宝盖村传统建筑风貌保持较为完好，清代民居占建筑总数的34.86%，其余多为20世纪80年代以后所建，其中2层所占比例最高（表3-1、表3-2）。

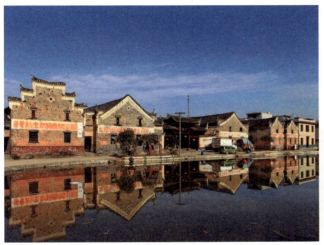

图3-2 宝盖村传统建筑群

图3-3 廖春魁宅

图3-4 建筑雕刻

图3-5 封火墙雕刻

建筑年代统计表　　　　　　　　　　　　　　　　　　　　　　　　表 3-1

年代分类	建筑面积（m²）	比例（%）
清代	9235.60	34.86
20 世纪 50~70 年代	2140.34	8.08
20 世纪 80 年代以后	15119.59	57.06
总计	26495.53	100

建筑高度统计表　　　　　　　　　　　　　　　　　　　　　　　　表 3-2

层数	建筑面积（m²）	比例（%）
1 层	1508.38	17.02
2 层	12416.92	46.98
3~4 层	9540.23	36.00
总计	26495.53	100

宝盖村古建筑群里，以廖家大屋气势格外恢宏，大门呈八字形，有半月形的检阅台、紫荆阶、大石鼓；两侧矗立着 7 根木质坚硬的大圆柱，屋檐高翘，瓦当上刻有福禄寿禧之类的字，门楼翘檐上 99 个木雕龙头昂首远眺。龙头之下门顶正中悬挂着用朱漆写成的巨型匾额，上刻"世承先泽" 4 个鎏金大字（图 3-6）。

2）人文景观

古街巷：宝盖村青石板巷道约 30 余条，呈"网状"分布，部分青石板已被毁坏，但整体格局仍保存较好，全长约 1000m。

古井：村落现存古方井 2 处，位于大屋场池塘东西两侧。古井均为沿路平铺，井口至井底约 50cm，水质清澈（图 3-7）。

古宝塔遗址：宝塔平面为六边形，仅保存有遗址，位于宝盖卫生院东侧。

标语：村落历史悠久，民居外墙上保留了多处抗日战争时期、中华人民共和国成立初期的宣传标语（图 3-8）。

古塘：村落现有古塘 3 处，分别位于牌楼屋、安里屋、大屋场前。古塘约 30m²，筑夯土塘坝，池塘水量充盈。

4. 非物质文化遗产

唱渔鼓戏：其唱腔分为平腔、悲腔、鱼尾腔、琵琶腔、杂花腔五类。演唱者使用真假嗓音，

图 3-6　廖家大屋（吴添　摄）

图 3-7　古井

图 3-8　标语

图 3-9　衡南花鼓戏

图 3-10　皮影戏

音阶跳度大、音域宽、音色美，高亢、婉转，传情达意、气势雄浑、节奏明快、声情并茂、分外悦耳动听。

衡南花鼓戏：其音乐以活泼、开朗、高亢和粗犷著称，热情奔放，山歌风味非常浓厚。衡南花鼓戏的表演，过去常用一些舞台化了的日常生活动作和表现劳动过程的成套身段，至清末民初，才开始向大戏剧种学习，逐步形成今天的戏曲风格（图3-9）。

皮影戏：又称"影子戏"或"灯影戏"，是一种以兽皮或纸板做成的人物剪影以表演故事的民间戏剧，发源于我国西汉时期的陕西，明代传入衡阳，距今已有1000多年的历史，是世界上最早由人配音的活动影画艺术。剧目、唱腔多同地方戏曲相互影响，由艺人一边操纵一边演唱，并配以音乐（图3-10）。

唢呐祈福：在宝盖镇，上至80岁的老人，下至10岁的孩童，大部分都会吹唢呐，到处可闻唢呐声。过去，他们对唢呐并不熟悉，后来为丰富业余文化生活，受几位老艺人的影响，便以文化庭院为基础,一传十、十传百地吹了起来,将宝盖镇吹成了湖南"唢呐之乡"。宝盖村每年也都会举行"龙灯闹春、唢呐祈福"的传统活动,以传承非物质文化遗产。

3.1.2 衡东县荣桓镇南湾村

1. 村落概况

1)地理位置与村庄规模

南湾村位于衡东县中东部,地理坐标为东经113°16′、北纬27°08′,距离衡东县城直线距离约20km,交通便利。

南湾村村域面积约为4km²。全村现有户籍人口1300人,主要为汉族(图3-11)。

2)自然环境

南湾村属于典型的湘南丘陵盆地地形,村落周围全是水田,且有小桥、流水分布其中。南部为桐子山,整个村落水系纵横,视域特别开阔,是传统意义上"藏风聚气"的宝地。

村落周边自然山体整体保护状况较好,周边景观资源主要依靠桐子山。村内植被生态景观较为良好,植被种类丰富,生长茂盛,十分宜居(图3-12)。

3)历史源流

南湾村始建于清末,布局由南向北依地形而建。1914年罗荣桓的父亲罗国理先生为纪念黑田罗氏十二代祖先异三公,亲自以湘中南传统建筑样式在南湾街口主持建造了异公享祠。1915年罗荣桓随父迁居该祠,从此步入革命,目前该祠为省级文物保护单位,2012年被国务院列入全国重点文物单位。2002年值罗荣桓元帅诞辰100周年之际对南湾村进行全面的修复,并成立了罗帅故居管理处,设专人进行管理及保护。

2. 村落布局与空间特点

南湾古街周边镶嵌着自古饮誉荆楚的"南湾八景",古街南来北往的游客和商人络绎不绝,促进了该地商贸的发展,至清代晚期,一条宽4m、长300m由南向北依地形而建的商贸街道成形。

图3-11 南湾村平面图

图3-12 南湾村建筑群

村落结构简洁合理。村内主街一条，街口靠主公路旁是一个空旷的平地，适合村里举行大的祭祀或庆典活动，村内有一条水流穿行而过，而后再绕村注入池塘，有护城之效。古井建于古桥和流水旁，便于村民汲水和洗涤。

村内重要传统街巷走向及重要公共建筑的布局均与周边山水环境存在较精准的轴线对位关系：南湾古戏台作为古街的中心，形成南北向视觉通廊，西侧留出空地，形成西侧景观视廊。这些景观视廊及轴线关系集中体现了中国古代村落轴线根据山水等大地坐标确定的思想。

3. 建筑特征与人文景观

1）建筑特征

村内传统建筑大致始建于清、民国两个时期，按时间轴线分布。大部分保存较好，其中部分还在满足村落的日常生活需求。南湾村历史建筑主要分布于古街南部，且全部为清代建筑，保存完好。南湾村具有重要价值的历史建筑形式种类繁多，且多建于清代，它们是南湾村历史文化名村的重要组成部分，是村落风貌与价值的重要载体。建筑的整体特征除了其他传统建筑的特征以外还具有保存完好、建筑格局完整、建筑造型独特等特征，具有非常高的传承价值（图3-13、图3-14）。

清代建筑主要沿古街分布，古街始建于清末年间，布局由南向北依地形而建，长约300m、宽4m，街面采用青石板拼铺，建筑均为砖木结构，房屋风格为典型的湘东南民间传统样式。

图3-13 传统建筑外形　　图3-14 传统建筑细部

20世纪50~70年代的建筑是村落中具有传统风貌的建筑,部分为砖混结构。

20世纪80年代以后按照清代格局在南湾古戏台以北修建村民住房,长度约为180m,整体建筑风貌、体量与清代建筑相协调,在一定程度上再现了南湾古街以戏台为中心的空间格局(表3-3、表3-4)。

建筑年代统计表　　　　　　　　　　　表3-3

年代分类	建筑面积(m²)	比例(%)
清代	9235.60	34.86
20世纪50~70年代	2140.34	8.08
20世纪80年代以后	15119.59	57.06
总计	26495.53	100

建筑高度统计表　　　　　　　　　　　表3-4

层数	建筑面积(m²)	比例(%)
1层	1508.38	6.49
2层	12416.92	53.44
3~4层	9310.23	40.07
总计	23235.53	100

村落文物建筑主要有:全国重点文物保护单位——罗荣桓故居(图3-15),省级文物保护单位——壶山公祠(图3-16)、令德公祠、胜庵公祠(图3-17)、古戏台(图3-18)。

罗荣桓故居,又名异公享祠,建于民国3年(1914年),坐西朝东,砖木结构,单层两进五开间;硬山顶,小青瓦,翘脊飞檐,施封火山墙(图3-19)。第一进为门厅,前出廊,门厅两旁有耳

图3-15　罗荣桓故居

图3-16　壶山公祠

图 3-17 胜庵公祠　　　　　　　　　　　　图 3-18 古戏台

房,原为"永隆杂货铺"和"永隆药铺";第二进为正厅,置神台,台前为罗荣桓元帅半身塑像,厅堂两旁为侧屋;两进之间为过厅,施八角藻井,井壁彩绘八仙,过厅与门厅间设八角门,过厅两侧施天井(图3-20)。中轴线两侧厢房,分别为卧室和书房、烤火房、会客室、健身房等。故居大门、梁枋及两厢牌楼窗上浮雕、彩绘门神、二龙戏珠、麒麟抛球和"文王访贤""桃园结义"等人物故事以及各种人物花鸟图案,翘脊与埠头亦有堆塑装饰。主体建筑后面为杂屋,有碾米房、厨房、猪栏、牛栏等。

2)人文景观

南湾村人文景观十分丰富,有古井、古树(图3-21)、古桥(图3-22)、古巷道(图3-23)等。

古井:作为村民饮用水源,为南湾八景之一。

沟渠:东西向贯穿村落,供村民汲水和洗涤之用。

古桥:为青石砌成,跨在溪水之上,连接罗荣桓故居与古戏台。

图 3-19 罗荣桓故居翘脊飞檐

4. 非物质文化遗产

皮影戏:南湾村虽不是皮影戏的原创诞生地,但皮影戏在南湾村这片土地上长成了南湾村特有的模样。多年来一直在南湾古街盛行,家里有婚嫁、寿宴、乔迁新居等大小喜事,都会请上一个皮影戏班子,在古戏台前或是自家门口,唱上几本。皮影戏这种中华传统民间文化在那些质朴的民间艺人的唱腔中得以永久流传。

图 3-20　罗荣桓故居八角藻井井壁彩绘八仙图

图 3-21　古树

图 3-22　古桥

图 3-23　古巷道

图 3-24　剪纸

剪纸：南湾村的剪纸名气虽不及大桥镇，但当地的村民百姓也很热衷于这一爱好。剪纸内容丰富，花样繁多，题材广泛，大多在春节或是其他喜庆的日子里剪上喜字、福字、花草、喜鹊、凤凰等祥和喜气的图案，贴于窗户或门上，这是南湾村一种非常朴实的文化风俗（图3-24）。

3.1.3 耒阳市太平圩乡寿洲村

1. 村落概况

1）地理位置与村庄规模

寿洲村位于耒阳市太平圩乡西南部的山区，地理坐标为东经112°76′、北纬26°20′，距离太平圩约7km，距离耒阳市区约36km（图3-25）。

寿洲村村域面积2.1km²，辖6个村民小组，户籍人口998人。

2）自然环境

寿洲村属丘陵地貌，海拔为340~440m。村落四面环山，属中亚热带季风湿润气候区，全村具有热量丰富、光照充足、雨水充沛、四季分明、无霜期长、严寒期短、酷热期长、干湿季节明显等地域性气候的基本特点。

村落水资源比较丰富，村东北面有太平水库，境内山塘丰富，有小溪穿村而过，地下水资源丰富，可满足农业生产和生活用水。

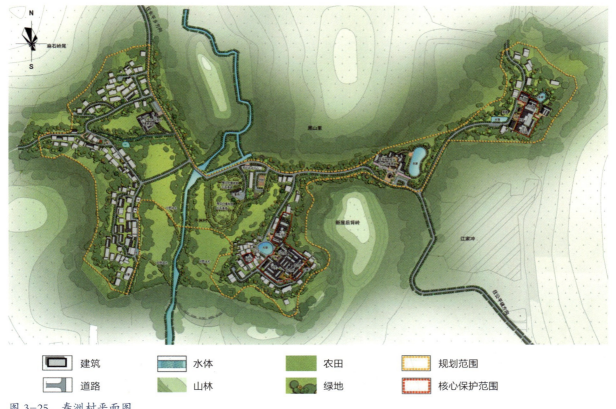

图3-25 寿洲村平面图

3）历史源流

明洪武年间（1368~1398年），祖先百公为逃避战乱，背井离乡从江西莲花县搬迁到现在的寿洲村，距今已有600多年历史。当初，因逃战乱，祖先百公陷于深山之中，意外发现此处景色绮丽，植被繁茂，气候宜人，于是就在此安家。

据族中声望较高的老人讲，寿洲村有山有水，是人才辈出，祖辈就曾出了多位举人。

近现代史上，寿洲贺氏族人也人才辈出。济时（二十一世），曾任耒阳县议员及县立通俗教育讲演所所长；贺恕（二十二世），就读于湖南省立三师时，与同窗毛泽东建立深厚友谊，是中国共产党耒阳县地方组织的创建人，曾任中共江西省委书记等职，为革命事业作出了重大贡献。

祖先百公于明洪武元年搬入寿洲，后有梦琪（十七世）、寿昌（十八世）曾被官府选为贡生、孝子，其母亦曾获清朝廷的"旌表节孝"匾额。寿昌生有三子：长子传薪（献书），岁贡生；次子传萱（烦勋），优廪贡生，补用中书科中书，曾任城步县训导、郴州道正；三子传兰（献琛，1815~1879年），清代学生，直隶州分州。后有金章（二十世），任县丞。

2. 村落布局与空间特点

寿洲村坐落在后龙山脚、上湘河上游，是典型的田园平坝型村落，其具有丰足的水源，河水冲积成肥沃的土地，是寿洲村居民休养生息的良田；四周的山脉在冬季能抵挡住西北面的寒流，在夏季又能引入东南面的凉风。这种藏风聚气、负阴抱阳的格局创造了一个与山、水、天、地融为一体，注重生活环境、聚落景观以及自然和谐的人居环境（图3-26）。

图3-26 寿洲村全景图

村寨入口序列以寨门、风雨桥、木桥、古树林荫道等为线索,与寨外的山、水、田、路相呼应,连接村寨内部的鼓楼、学校、大礼堂。

村寨内部在竖向空间上形成以鼓楼为中心的最高点,其他建筑在高度上低于鼓楼的空间序列,是侗寨村落社会传统文化的体现。

村落中的街巷多数是房屋先行,后形成街巷,因此,街巷的空间形态、比例尺度受到两侧建筑的极大影响。街巷走向随意、自然而富于变化,同时显得封闭、幽静。

3. 建筑特征与人文景观

1）建筑特征

寿洲村的建筑具有非常典型的地方特色,以其历史悠久性可以分为清代、民国和20世纪80年代后的建筑风格(表3-5、表3-6),建筑片区分区比较明显,建筑风格以地域风格为主,尤其是其重细节的装饰性手法,给建筑增添了风味。寿洲村古建筑以木材、砖瓦为主要建筑材料,以木构架结构为主要结构,由立柱、横梁、顺檩等主要构件建造而成,各个构件之间以榫卯相吻合,构成富有弹性的框架(图3-27~图3-29)。

建筑年代统计表　　　　　　　　　　　　　　　　　表3-5

年代分类	建筑面积（m²）	比例（%）
清代	19742.00	29.28
民国	2069.00	3.07
20世纪50~70年代	6233.00	9.25
20世纪80年代以后	38859.00	57.64
在建	511.00	0.76
总计	67414.00	100

建筑高度统计表　　　　　　　　　　　　　　　　　表3-6

层数	建筑面积（m²）	比例（%）
1层	15587.00	20.13
2层	50892.00	65.74
3~4层	10424.00	13.47
在建	511.00	0.66
总计	77414.00	100

文忠第:"第"是古代为王侯功臣或科举及第取得功名的官员建造的大宅院。"鉴湖第""文忠第"的存在,说明寿洲村人祖上曾有人封过官、中过举(图3-30)。

转角石雕:每栋房屋的转角处,都用一整块大石镶嵌着。如此建造不仅是出于功能性的考量,利用岩石的整体性和坚硬度以防被撞击,同时也提升了房屋建造的美感。大多屋角巨石皆经过人工精心雕刻,上面雕刻的有各色各样的花卉图案、飞禽走兽、书法等,内容各异,精彩纷呈,却又绝无雷同,其精美程度,可与今日的电脑雕刻相媲美(图3-31)。

图 3-27 寿洲村建筑

图 3-28 古民居

图 3-29 传统建筑特征

图 3-30 文忠第

图 3-31 转角石雕

花格窗：房屋窗户都是用木制的花格窗，形体构造美观，做工复杂，符合中国人的审美观，是中国传统文化中的一种吉祥图案（图3-32）。

八方门：门是中国古代建筑中最重要的一个组成部分。它不仅是人出入的通道，而且是建筑等级的象征之一。寿洲八方门是指东、西、南、北、东南、西南、西北、东北八个方向。

2）人文景观

寿洲村的人文景观形式非常丰富，有古巷道、古匾、古祭台、古石阶（图3-33）、古井（图3-34）等，均保留良好，有文化传承意义。

古巷道：寿洲村现存古巷道约240m，处于纵横传统民居之间，起到连接传统民居的作用（图3-35）。

图3-32 花格窗

图3-33 古石阶

图3-34 六角井

图3-35 古巷道

图 3-36 塑墀头、檐口施工工艺

图 3-37 烤红薯酒

4. 非物质文化遗产

灰塑墀头、檐口施工工艺：寿洲村百姓把石灰经过特殊的加工提炼、干燥定型以后，就会变得密实、坚硬，雨水不会渗入，而且在抗压强度、韧度、寿命以及黏结力方面均可与水泥媲美，具有很强的实用价值。早期的灰塑可能是从实用的建筑形式中演变过来的，人们为了掩饰屋顶瓦面的接驳缺陷，防止风沙、雨水的渗入，就用灰浆填补，形成覆竹形的屋脊，后来人们觉得这样过于单调，便将它加高加大，并在上面塑形赋彩以求装饰。灰塑强度高、耐酸、耐湿、耐高温，可以保持一二百年之久。如今日晒雨淋，突显出其历史的沧桑感（图3-36）。

烤红薯酒：过去像寿洲村这样的高寒山区，水稻、小麦这些主粮只能种上一季，根本吃不饱饭。耐寒性强、产量较高的红薯，就成了人们的主食。丰收年份，因为没有别的可以发挥，人们想到了用红薯酿酒，犒劳自己，相互庆祝。经历多年，太平圩乡尤其是寿洲村红薯酒的美名渐渐传了开来（图3-37）。

3.1.4 耒阳市上架乡珊钿村

1. 村落概况

1）地理位置与村庄规模

珊钿村位于耒阳市上架乡，地理坐标为东经113°13′、北纬26°36′，距离市区约39km，对外交通相对便利。

珊钿村村域面积约为0.90km²，户籍人口462人（图3-38）。

2）自然环境

珊钿村属岗地、丘陵地貌，海拔为110~190m，地势东西两侧高中间低，起伏较和缓。珊钿村

图 3-38　珊钿村平面图

属亚热带季风性湿润气候区，气候温和、雨量充沛、光照充足、四季分明。

村内水资源比较丰富，西面有洣江河，北面有三里冲水库。境内山塘与地下水资源也丰富，村内有 2 口古井。

3）历史源流

珊钿村，当地老百姓习惯称它"三里冲湾"。据宗谱记载，始建于宋代，陈氏开山祖陈延海，宋朝时在福建莆田平叛有功，被授宁海军节度使，受封于耒阳，镇守"耒、永、安"三地，其后在珊钿村三里冲湾建宅立村，生育儿女，代代繁衍生息，经过宋、元、明、清、民国及近现代新建、改建和扩建，建成了上湾、中湾、下湾和下庄 108 百柱屋，逐渐形成一个较大的村落。村湾由代表三房（陈其森、陈其楷、陈其棣三兄弟）的三个家族为核心的三大板块组成三个村组。下庄 108 百柱屋建于清代，是由珊钿村的一房兄弟分家，择址选中下庄村 4 组而建，建筑风格与珊钿村三里冲湾相似，建筑功能有祠堂、宅第、戏台等。

2. 村落布局与空间特点

珊钿村三面靠山，毗邻洣江河，北侧"紫竹林"前还有三里冲水库，为典型的依山傍水的古民居村落。

图 3-39 珊钿村建筑群

村落位于中间的平地，建筑由中间农田向两边山体排开，主要建筑沿正山山脚呈狭长形一字排开，依据地势高低错落有致，以巷道连通，首尾相连。周边的山峦连绵起伏，形成珊钿村的天然屏障（图 3-39）。

珊钿村西临泗江河，是一级支流耒水的分支。河两岸形成开阔平坦的田园风光，享有灌溉、养殖之利；周围植被郁郁，涵养水源，保持水土，又能调节小气候。山环挡风，气不散；有水为界，气止住，符合"山环水抱必有气"的定律。

3. 建筑特征与人文景观

1）建筑特征

珊钿村大部分古建筑为砖木结构，建筑结构体系属于抬梁式。村内传统民居建造的五大特色为马头墙、青砖黛瓦、文字彩绘、转角石雕和门庭木雕，有着典型的清代和民国时期的建筑特征（图 3-40，表 3-7、表 3-8）。

建筑年代统计表　　表 3-7

年代分类	建筑面积（m²）	比例（%）
清代	16130.00	54.83
民国	3150.00	10.71
20 世纪 50~70 年代	3693.00	12.55
20 世纪 80 年代以后	6444.00	21.91
总计	29417.00	100

建筑高度统计表　　表 3-8

层数	建筑面积（m²）	比例（%）
1 层	1922.00	6.53
2 层	26324.00	89.49
3 层	1171.00	3.98
总计	29417.00	100

图 3-40 清代建筑

图 3-41 近代西洋式建筑

村落古建筑为典型的湘南古民居风格，独立分栋，结构简单、朴实，多以三进三开间为主体，以天井为中心，以堂厅为轴线，纵横连接，结构严谨，对称布局，由主厅、门厅、天井、坎门、中扇门、台阶、上房、下房、厢房等构成。建筑为砖木结构，抬梁式木构架，青砖灰瓦，白灰勾缝，清水墙，内墙白灰抹面。建筑装饰上，色调素雅淡秀，自然古朴。突出的马头墙异彩纷呈，彩绘、砖雕、石雕、木刻交相辉映，斑驳的灰墙黛瓦，隐现出村落昔日的辉煌。建筑主屋前面一般都有一个开敞空间，可以作为劳作后小憩、红白喜事宴请、晾晒粮食等场地用。

在村内还发现遗存有近现代西洋式风格的建筑，如"钟楼"，旧时用来做大院门岗，配有持枪门卫放哨，立面简洁、色调朴素，方正的石柱装饰，窗户上绘椭圆形苍穹花纹，两侧墙体竖立挂钟饰石雕，凝聚着浓郁的欧式风格。"钟楼"是我国 20 世纪 20~30 年代，西方舶来文化在耒阳乡村传播的物证，是极为珍贵的实物资料，其足可显示珊钿村陈氏家族当年的显赫地位和雄厚财力（图 3-41）。

青砖墙：水磨青砖白灰勾缝，内壁白灰抹面，抬梁式木构架，檩条椽皮布小青瓦，檐口下采用青砖叠加出檐，封闭、安静而舒适（图 3-42）。

门庭木雕：木雕上有"八卦"图案，也有"福禄寿喜"等文字。木材是湘南民居建筑中的主要构造材料，木材施以雕刻既实用又美观，外表施以油彩金粉，不但可以保护木材，而且具有防腐、防潮、防火的功效，不仅体现出绚丽多彩的风貌，还弥补了民居灰色一统的不足（图 3-43）。

2）人文景观

侯憩仙：因诸葛亮率兵收长沙、零陵、桂阳、武陵四郡时，曾在此屯兵而改名侯憩仙，因此而远近闻名。山上有武侯阅兵台、侯憩亭、井、计兵殿、卧龙居、观音阁，山顶有孔明演兵场、帅旗石墩等，历代不少文人骚客来此登山览胜，吟诗作赋，盛赞秀美风光。

紫竹林尼姑庵：位于三里冲水库旁，修建于清朝时期，在当地香火旺盛。

图 3-42 青砖墙

图 3-43 门庭木雕

石拱桥：跨水架桥，石筑圆拱，加以简单地雕琢，意境之美，凝聚了珊珊人民智慧。

古井：水质清澈，青山环绕构成天然屏障，也被誉为"古村之源"。

4. 非物质文化遗产

扎草龙、狮子：狮子的制作，是用泥土塑成狮头的模型，待其干后，再用纸在模型上叠成厚厚的硬壳，最后用彩纸在硬壳模型

图 3-44 扎字灯

上按眉眼口鼻，形成狮头的形象。狮腰（又称狮被）用布缝制，腰面用红黄色布，狮肚用白布，狮头则缝在狮腰首部，狮尾用丝条或宁蘑（上色）扎成系在狮腰后面，构成整个狮子的形象。

扎字灯：舞龙的形式排场先是由一位在湾村有声望的老人举"三字灯"为先导，接着是小孩举着4~8盏木柄方灯——扎字灯，跟在"三字灯"后面（图3-44）。

辖神庙会：为纪念开宗始祖陈延海，每年农历四月二十七辖神诞辰日，举办辖神庙会。人山人海，热闹非凡，至今仍是耒阳兴盛的大庙会之一。

3.1.5 常宁市西岭镇六图村

1. 村落概况

1）地理位置与村庄规模

六图村位于常宁市西岭镇内，地理坐标为东经112°57′、北纬26°33′，地处大义山风景区东麓。村级公路四通八达，交通十分便捷（图3-45）。

六图村村域面积 4.8km²，村落户籍人口 1000 人。

2）自然环境

六图村有著名的八景，如仙牛踏印、七渡飞瀑、十万油茶、美湖垂钓、溪源溶洞（图 3-46）、华山峡谷、五门牡丹等优美的旅游景点。这里有梅步桥水库、欧阳海灌区左干渠等丰富的水利资源及西南宽阔的田洞。

六图尹氏古民居群四周田野开阔，景色宜人，属丘陵地带，河岸地势平缓、土地肥沃、日照充足，村落属亚热带季风气候，年平均气温 20℃~21℃，冬无严寒、夏无酷暑，夏季多阵雨，雨过天晴后，视野清晰、色彩分明、视线良好；秋天晴朗温和，是一年中最好的季节。

3）历史源流

明洪武十三年（1380 年）明俊翁后裔齐公、德公、仲公、瑶公、享公、云公由江西泰和县迁居来邑，插标为地，相聚在果子树下繁衍生息。

清初，鼻祖云公定居果子树下，其余另分迁西岭、荫田、白沙、盐湖、烟洲、三角塘、柏坊、宜潭、逢塘等地。

民国时期，尹氏后裔在此大兴土木，尹氏人口增加 200 多户。

20 世纪 50 年代，这里属东方红公社，民居住房重新分配，但仍为尹氏村民居住。

2. 村落布局与空间特点

整个六图村民居群布局如同一个超大的簸箕，以尹氏宗祠为中心环拥而建，三面环山，西部地下水源丰富，自西向东从古建筑群西侧流过（图 3-47）。西南部地势平坦，处在峡谷田洞之中，东北有祖山龙脉相依，西南视野开阔，尹氏民居犹如口袋将天下财气广纳其中。这里古青石巷相互交错贯通，成为村落的交通经脉。

图 3-45　六图村平面图

图 3-46　溪源溶洞

3. 建筑特征与人文景观

1）建筑特征

六图村建筑群是典型的湘南地方特色古民居群，保存状况完整。古建筑大多依地势而建，选址讲究，结构严谨。以院落布局为主体，按建造年代分为清代早、中、晚至民国几个时期。砖木结构，小青瓦，硬山顶，进深三进、面阔三间，山墙呈"金子屋"形制，装饰美观大方，室内空间充分利用，建筑材料均取自当地。按建筑类型分为一字墙无檐式、前檐廊式、洞口屋式。门口塘、祠堂、民宅、古井均严格按照中国传统建筑布局。宅第色彩简洁，以黑、红、粉、白、青砖色、黛瓦色为主要基调。装饰多使用木雕、石雕和灰塑工艺，造型表现出典型的地方特征，砖雕、木雕均雕刻精美（图3-48）。村落清代早期建筑外形多以简朴适用为主，民国建筑外形多高大宏伟、气势雄伟，与清代建筑形成鲜明对比（图3-49、图3-50）。民居、祠堂、古井、古树、古塘、丘陵、农田融为一体（图3-51、图3-52）。

2）人文景观

至圣寺：1944年，日本侵略军南下，县政府为避难，搬迁至寺中办公，国军54师也驻扎于寺中待命。日寇过后，寺中文物被劫一空，以后寺宇逐渐衰败。1984年底，由尹自玉于原址附近组

图3-47 六图村建筑群

图3-48 六图村传统民居

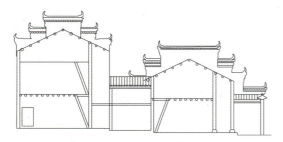

图3-49 清代民居剖面图（罗诗慧 绘）

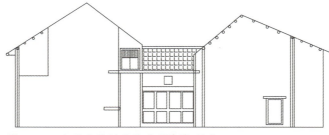

图3-50 民国民居剖面图（罗诗慧 绘）

图 3-51 尹式四合院

图 3-52 马头墙

图 3-53 至圣寺

图 3-54 寸金糖

织筹建，经十余年建起三座佛殿及僧寮等。1996年释怀龙接手复建（图 3-53）。

文星桥：文星桥始建于清乾隆二十四年（1759年），后经清光绪二十七年（1901年）大修，现存桥中亭题梁铭文可鉴。占地面积 150m²，桥为无墩、无拱券不跨溪河而立于平地的亭阁式木结构廊桥。桥长 17.3m、宽 4.2m，桥廊为四柱三间排架，桥东头建双肩庑殿顶，开扇形门坊为入口；桥西端建单檐庑殿顶，以八字门坊作出口，沿青石踏步直登南岳庙；桥中部建重檐歇山顶阁楼，屋面覆以青瓦，桥廊临村一侧用打制成形的规格青石干砌成墙。

4. 非物质文化遗产

寸金糖：一种熬糖手工工艺。当地每逢大年三十，都有吃寸金糖的习俗，至今已有几百年的历史。此地的寸金糖色泽好，入口甘甜，深受当地村民喜欢（图 3-54）。

3.2 郴州市

3.2.1 北湖区鲁塘镇村头村

1. 村落概况

1）地理位置与村庄规模

村头村位于北湖区鲁塘镇，地理坐标为东经112°77′、北纬25°64′，距郴州市城区约45km，距鲁塘镇约13km。

村头村村域面积4.1km²，户籍人口1420人（图3-55）。

2）自然环境

村左前方的池塘日月映辉，村前是潺潺溪水，灌溉良田，村前远方的仙岗岭，宛若造型天成的一尊笔架。村头村有古八景：龙渡旗云、五马归槽、三星拜月、犀牛洗澡、筒管滴豆、燕子含泥、乌鸦戏水、廿四云梯。

图3-55 村头村平面图

3）历史源流

据大塘何氏族谱记载，早在宋朝淳熙初期（1174年），何氏世祖广东连州籍人，任朝散大夫郴知军州事都统，后定居于此，至今已有800多年历史。

宋淳熙八年（1182年），都统公之子三九郎公，择址建村，遂卜居永宁乡大塘坊，逐步将坊前池塘填土建房。明正德年间，皇帝见大塘坊地形图，即曰："该是村子头！"后更名为村头村，沿用至今。

2. 村落布局与空间特点

村头村位于后垅山下，五座山岭像五匹骏马围绕全村，左右的山峦盘守两边，古人称为"五马归槽""三星拜月"。村落虽然坐南朝北，属阴，但村庄中央有一口溢流古井，水属阳，因此仍然阴阳平衡。村庄东南和西南均有山泉水溪，汇流至村前，呈"金城环抱"状，因此村头村具有"山环水抱"的经典山水格局。村头村最大的特点是水多，村内水沟纵横，东南山泉水溪水量大，形成了规模较大的燕泉湖、紫阳湖，从而奠定了"湘南第一水村"的形象和地位（图3-56）。

3. 建筑特征与人文景观

1）建筑特征

村头村人才辈出，他们为后人留下了公祠、官邸、豪宅、民宅等百多幢，占地面积约3万 m^2。这些古建筑大多数建于明清时期，都是青砖黑瓦、飞檐翘角、封火鸡冠跺的建筑风格，至今保存完好，尤以何氏宗祠、尚书第豪宅、南阳古庄为代表（图3-57~图3-61）。

何氏宗祠：宗祠位于村中，占地 $1600m^2$，现作村民祭拜与红白喜事及公共活动娱乐场所。内有横屋门楼，宗祠分上、下两厅，古刻碑竖立两边，门两侧有石鼓石狮；青砖、黑瓦、红梁柱、雕龙画凤、题联题匾（图3-62）。

图3-56 村头村全景图

图 3-57 村头村建筑群

图 3-58 窗

图 3-59 木雕

图 3-61 马头墙

图 3-60 石雕

图 3-62 何氏宗祠

尚书第豪宅：位于村中，占地约300m²，明代建筑。石大门前是一条整齐的青石板路，石门槛与石柱均刻有二龙戏珠，大门槛上刻制精致花纹，神龛上方题有"尚书第"匾额，两边题木制楹联，雕花天花板，木柱上梁雕刻一对兽狮为梁栓，别致高雅。石天门内有一石墩、石盆用于来人洗尘接风。

木牌楼：这里的每幢古民居之间的巷道两头，都有一个木牌楼，雕工精细，遍布花鸟虫鱼（图3-63）。据了解，这个木牌楼就是村头村村民古时用来防盗的。一入夜，居民就将木牌楼的门从里锁上，这样整个村子就等于是锁住了，外人根本进不来。

2）人文景观

节寿亭：位于村前1km处，是村内一寡妇长寿高龄，贞节一生，由当时政府赐封而建"节寿亭"。该亭建于民国初年，其建筑雄伟、独特，是目前郴州市罕见的石刻雕艺，为典型的湘南清代建筑（图3-64）。节寿亭于2012年被公布为第三批市级文物保护单位。

路心井：村落正中心是一口古井，井水清凉甘甜，清澈见底，是全村的饮用水源（图3-65）。古井虽然处于道路中央，但自古以来即使在夜晚走路也从来没有人跌落井中，可谓神奇。

三线路：村落中巷道整齐，且全部用青石板铺路，中间用大块方形青石铺设，两边用条形青石压边，颇像甬道（图3-66）。

4. 非物质文化遗产

名人轶事：村头村人杰地灵，自古以来出了不少人才，尤其是明代尚书何孟春一家有"三代进士五代科甲"之美誉，给民族给国家留下了许多宝贵的非物质文化遗产。浚明，宋淳熙初（1174年）任朝散大夫郴知军州事都统。义坚，中举人，历政刑部，授四川重庆府忠州垫江知县，并升合州同知。友俊，又名何俊，义坚之子，明成化四年（1468年）戊子举于乡，己丑中张升榜进士，官至吏部左侍郎。礼说，又名何说，何俊之子，明成化年间中王华榜进

图3-63 木牌楼

图3-64 节寿亭

图 3-65 路心井

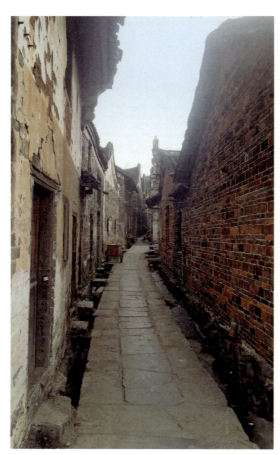

图 3-66 三线路

士,官至刑部郎中、吏部左侍郎,且擅长中医。孟春(1474~1537年),何说之子,字子元,号燕泉先生,明弘治六年(1493年)举进士,先后任兵部主事、吏部侍郎、河南参政、太仆少卿,后追赠礼部尚书,谥号"文简"。仲方,孟春之子,明嘉靖年间中举人。

郴阳对子调：源于郴县和桂阳交界（现鲁塘镇村头村一带）的民间，在清朝年间已盛行，当时在桂阳叫花灯调，郴县叫草台小调。由地方的民歌、情歌、小调演变发展成地方小戏。作为一种艺术的过渡形式，是一种有说有唱、载歌载舞、热闹风趣的表演艺术，取材大多源于民间的日常生活、劳动生产、爱情生活和社会现象等。

3.2.2 苏仙区坳上镇坳上村

1. 村落概况

1）地理位置与村庄规模

坳上村位于苏仙区坳上镇西南部，地理坐标为东经113°03′、北纬25°69′。郴江河从村域北面自西南向东北蜿蜒流过。

坳上村（图3-67）村域面积约6.2km²，户籍人口1610人。

2）自然环境

坳上村为丘陵地貌，有的形如方山，有的似锣槌，丘坡密林葱葱，山上植被丰富，景色奇特。村落属于大陆性中亚热带季风性湿润气候，气候温和、四季分明、雨量充沛，是较明显的小盆地气候。

3）历史源流

坳上村初建于清康熙年间（1662~1722年），迄今已达300多年的历史，村西面有一条45km的千年骡马古道，旧时，坳上村村民依托湘粤古道进行通商往来，促使村内产生许多"大户人家"，并逐步成为"地主"之都。

明清年间，坳上村的财力逐渐强势，对外影响力扩大。民国时期，粤汉铁路在谭家后山（羊角岭山下）修建了火车站，并命名为"坳上火车站"，沿用至今。郴县秀才乡政府也因其影响力设在坳上塆，并且为了扩大和维护坳上村的赫赫名声和门族威望，于民国早期组建了一支"自卫队"。20世纪20年代末到30年代大革命时期以及解放战争时期，坳上村成为政治军事宣传必争之地。

2. 村落布局与空间特点

坳上村村西塘水清澈，倒映着岸边的树木及远处的山峦，古建筑依山而建，其建筑是典型的湘南建筑风格。坳上村整个村庄呈龙形，上头塆是"龙头"，下头塆是"龙身"，卧于"两水"（指东河和郴江河，形象地叫"两水夹金"）腹地。村庄内建筑顺应地势的高低起伏，错落有致。

坳上村可称为"青石阡陌古巷道"，村落通过街巷、水系等线形空间及广场、水口等节点串联、围合和发散，把大量的独立的建筑"细胞"表现为"群"的形式，使整个村落空间井然有序，形成动静交替、和谐有序的聚落空间（图3-68）。

图3-67 坳上村平面图

图3-68 坳上村全景图

3. 建筑特征与人文景观

1）建筑特征

坳上村坐西朝东北，为清代风格的古建筑群（图3-69、图3-70），砖木结构，有马头墙（图3-71）、硬山顶、小青瓦等。院落间的青石板路回转折叠，建筑布局合理。砖雕、石雕、木雕精美，颇具湘南民居建筑特色（表3-9、表3-10）。

图3-69　坳上村传统建筑群

图3-70　传统建筑

图3-71　马头墙

建筑年代统计表　　　　　　　表3-9

年代分类	建筑面积（m²）	比例（%）
清代	7620.00	49.48
20世纪50~70年代	6774.00	43.96
20世纪80年代以后	1014.00	6.56
总计	15408.00	100

建筑高度统计表　　　　　　　表3-10

层数	建筑面积（m²）	比例（%）
1层	3778.00	24.52
2层	11497.00	74.62
3层	133.00	0.86
总计	15408.00	100

图 3-72　石雕

图 3-73　木雕

图 3-74　"文忠世第"门楣

坳上村建筑为青砖瓦屋鸡冠垛，概括为："青、雕、轴、连"。青，即房子为青砖青瓦，外砌"鸡冠垛"，有的用草木灰调制的青色石浆粉刷；雕，有看不完的彩绘漆雕，有难以计数的石雕（图 3-72）、木雕（图 3-73），雕刻的刀工、人物形象、动植物，工艺均堪称一绝；轴，即每栋房子有中轴线，两边对称，形成图案美；连，即每栋房子有巷子和"井"字形的排水系统相连，外砌围墙，巷子内有内外闸门，闸门上有两个枪眼，以防盗贼。

2）人文景观

"文忠世第"门铭：建于清代，建筑高度 2 层，以砖木为材料，保存较好。大门眉头题"文忠世第"四字，书法画艺，堪称一绝（图 3-74）。

青石板巷道：青石板巷道贯穿整个村落内部，建于清代（图 3-75）。

护宅塔：俗称"字纸塔"，建于清代。

4. 非物质文化遗产

坳上村的节日食品是其非物质文化遗产中的重要组成部分。春节食用的饭茶类有套环（图 3-76）、麻花梗、麻脆、冻米糖花、油瓜片、毯皮、红薯皮等，菜类主要有走油肉、腊肉、香肠、扎肠、扎脚、多种豆制品等，酒类主要有红薯酒、高粱酒、糯米甜酒等。

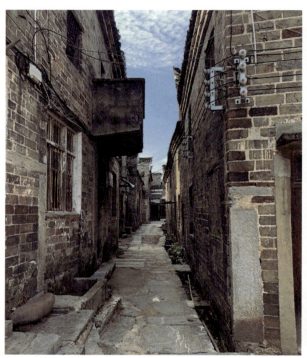
图 3-75 青石板巷道

图 3-76 套环

3.2.3 苏仙区望仙镇长冲村

1. 村落概况

1）地理位置与村庄规模

长冲村位于苏仙区望仙镇中部，地理坐标为东经25°51′、北纬113°10′，距望仙镇政府约3km，距郴州市中心城区约12km，交通十分便利（图3-77）。

长冲村村域面积1.07km²，户籍人口381人，主要民族为汉族。

2）自然环境

长冲村村域地形地貌以丘陵为主，平、冈、山地兼有。全镇森林覆盖率85.8%，以阔叶林、原始次森林为主。植物以杉木、楠竹为主，森林资源丰富，青山绿水。村落属亚热带季风性湿润气候区，光照、雨量充沛，温暖湿润，冬无严寒，夏无酷暑。

3）历史源流

长冲村始建于清雍正年间（1723~1735年），已有290多年的历史。长冲村内的户主基本为黄姓，其始祖为黄日智，清朝举人，由兴宁迁永丰乡长冲，后又到秀才乡，现已传23世。

2. 村落布局与空间特点

长冲村的选址模式是一种"背山面水、左右围护"的格局。建筑基址背后有座山称"来龙"，以连绵高山群峰为屏障，左右有低岭岗阜"青龙、白虎"环抱围护，前有池塘与河流婉转经过，水前又有远山近丘对景呼应，基址恰处山水环抱的中央。村落内山林葱郁，河水清澈。这种"天人合一"的观念讲究人类与天地自然、宇宙万物的和谐与平衡，尽量减少和大自然对抗、与自然规律冲突，以求生存安宁，生活快乐，家族长盛不衰（图3-78、图3-79）。

村落背后的山峦可作抵挡冬季北来寒风的屏障，而溪流、池塘可提供生活与生产用水以及灌溉庄稼等。缓坡可避免洪涝之灾，左右围护，植被茂盛，封闭空间有利于良好的生态环境和局部小气候的形成。

3. 建筑特征与人文景观

1）建筑特征

图 3-77 长冲村平面图

长冲村内的建筑主要包括大量兴建于清代雍正年间（1723~1735年）的历史建筑和传统建筑。历史建筑主要为大体量的古汉民居，其他少部分小体量的古汉民居为传统建筑（表3-11、表3-12）。

图 3-78 长冲村选址格局

图 3-79 长冲村全景图

建筑年代统计表　　　　　　　　　　　　　　　　　　　表 3-11

年代分类	建筑面积（m²）	比例（%）
清代	4233.90	63.80
民国	435.20	6.56
20世纪80年代以后	1967.20	29.64
总计	6636.30	100

建筑高度统计表　　　　　　　　　　　　　　　　　　　表 3-12

层数	建筑面积（m²）	比例（%）
1层	2182.90	32.89
2层	3865.90	58.25
3层	587.50	8.86
总计	6636.30	100

村落内的古汉民居依山傍水，有着合理的平面布局，在青山绿水间高低错落，呈现出一种整齐、均衡、和谐的美感。青砖、青瓦、青石板路、清水墙、高耸上翘的马头墙、附属于建筑上的装饰物是湘南古民居中的精髓。木雕、浮雕、彩绘等精美绝伦，其艺术表现手法既有中华民族的传统文化特色，同时在题材和用材方面又有强烈的地方色彩，如大量采用青石、杉木、樟木以及用柴火烧制的青瓦、青砖等（图 3-80、图 3-81）。

图 3-80　木雕

图 3-81　石雕

民居中广泛使用有顶无墙的出檐、柱廊、过厅等作为房屋与大自然的联系物。建筑的平面布局，以开间为基本单位。在恰当的地方安插天井，组成空间群。有的采用"隔墙花厅"构成新的空间系统，以内天井作为住宅平面布局组合中枢的建筑形式。

2) 人文景观

古井：长冲大湾祖章淑，号洲清，称洲公，建造祖宅前先勘察水源，建成水井，代代传承，风云沧桑400余年。后人定名为洲公古井，以感恩祖德。井深约2m，四周以块石砌，清澈见底，井水纯正甘甜，饮后沁人心脾，通体舒畅。井水冬温夏凉，常饮此井水可保胃润肠、益寿延年（图3-82）。

八角门：以往进入村落的唯一入口，被损毁一边，现保存门的另一边（图3-83）。

古街巷：据资料记载，长冲村古时由南、西、东三面入口进入古民居内部，由多条主要街巷构成了村寨的主要交通格局。如今，古街巷格局保存较好，全长约1000m，均为石板铺面（图3-84）。

4. 非物质文化遗产

花鼓戏：长冲村内的花鼓戏是由民间歌舞"二小"戏、花灯、对子调演变而成。采用当地方言，观众易懂；剧目多以农村生活为题材，具有浓厚的生活气息；音乐源于民歌、小调；曲调粗犷、高亢、乡土风味浓，为群众喜闻乐唱（图3-85）。

图3-82 洲公古井

图3-83 八角门

图3-84 古街巷

图3-85 花鼓戏

传统雕塑：村落内的民居浮雕集中体现了长冲民间传统美术的独特性。每件具体作品的形式、风格、审美趣味、工艺技法上，又有它鲜明独特的风格。建筑木雕的题材内容十分广泛，除了少量的抽象装饰图案外，大多表现当地村民熟悉的喜闻乐见的事物，集中反映了人们热爱生活、乐观、健康、真诚、淳朴的精神品质以及对美好生活的向往。

3.2.4 桂阳县正和镇阳山村

1. 村落概况

1）地理位置与村庄规模

阳山村位于桂阳县正和镇内，地理坐标为东经112°49′、北纬25°41′，距桂阳县城约13km，距正和镇政府约3km。

村域面积为3km²，户籍人口480人，主要民族为汉族（图3-86）。

2）自然环境

阳山村为丘陵地貌，村民们聚族而居。山上植被丰富。属于亚热带季风湿润气候，雨量充沛，光照充足，村落年均降水量1474.7mm。常年主导风向冬季为东北风，夏季为东南风。

村内小河绕传统村落西侧蜿蜒而过，水资源丰富。村内古树名木众多，均有300余年树龄，包括银杏、柏树、椤木、枫树、桂花树、重阳木树等。

3）历史源流

阳山村古民居群，始建于明代弘治年间（1488~1505年），成于清代康乾盛世，盛于清道光年间（1821~1850年）。

据家谱记载，始祖何臣，江西南昌人，为元朝大德年间进士，曾是柳州通判，任职期满后移居桂阳城蓝衣巷。七世祖何天禄于明嘉靖年间（1522~1566年），想过世外桃源的生活，便迁居阳山。

2. 村落布局与空间特点

阳山村坐西朝东，村后是两座大山，山上树木林荫，村前有一条小河，小河流水潺潺，自南绕村向北而过，在北面汇聚成泓山塘，塘水清澈，倒映着岸边的树木及远处的山峦。古建筑坐落在两山山脚的平坦之处，是典型的客家建筑格调，巷道是用石板或大块的河石嵌铺而成。通风、采

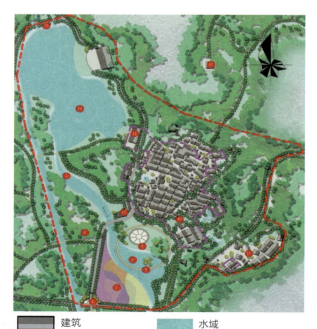

图3-86 阳山村平面图

图 3-87 阳山村全景图

图 3-88 村前河流

光、防火等功能完善，建筑风调别致，保持良好（图 3-87、图 3-88）。

阳山村通过街巷、水系等线形空间及广场、水口等节点串联、围合和发散，使整个村落空间井然有序，形成动静交替、和谐有序的聚落空间。

3. 建筑特征与人文景观

1）建筑特征

村庄现存明清时期单体建筑 60 栋。整个古民居群布局合理，结构科学严谨，纵布五巷，横排四阶梯，以宗脉世家分立，几座房屋组成一体，并以街巷、墙壁与其他家族分隔，各置街门。整座古民居用青砖围住，一扇总朝门依旧，部分围墙拆毁（表 3-13~ 表 3-15）。

建筑年代统计表 表 3-13

年代分类	建筑面积（m²）	比例（%）
明清	7098.00	63.13
20 世纪 50~70 年代	216.00	1.92
20 世纪 80 年代以后	3930.00	34.95
总计	11244.00	100

建筑高度统计表 表 3-14

层数	建筑面积（m²）	比例（%）
1 层	2914.00	25.92
2 层	8330.00	74.08
总计	11244.00	100

阳山村传统建筑类型分类一览表 表 3-15

传统建筑类型	代表
建筑物	何氏祠堂（图 3-89）、槽门（图 3-90）、东厢花房、学海渊源
构筑物	古擂台、古墙遗址、恩德婆婆古墓

图 3-89 何氏祠堂

图 3-90 槽门

图 3-91 传统民居

图 3-92 梅阁浮雕

古民居为砖木结构，内无木质抬梁，全以砖墙承檩，硬山式屋顶盖小青瓦。正堂左右两端为封火墙，外部造型美观大方，内部雕刻栩栩如生，保存着明清时期建筑风格（图 3-91）。

学海渊源：这栋民居约建于清嘉庆年间（1796~1820年），是举人何富莲的故居。其于道光八年（1828年）乡试中举，任宁乡知县，后调任衡州学正，道光二十四年（1844年）夏，湖南学政赐予他"学海渊源"的匾额，以表彰其学识渊博。

东厢花房：俗称"小姐绣楼"，绣楼飞檐翘角，窗明几净，玲珑雅致，在众多阳山民居中别具一格。

雕刻：门坊、石额、墙裙、柱础、斗栱、屏风、窗棂和门楣等都有着精美的雕饰（图 3-92）。马头墙与飞檐上有砖雕，天井和台阶上有石雕，门窗和屏风上有木雕。人物鸟兽栩栩如生，多为祥瑞之意，"一个图腾一个意境，一组雕刻一个故事"。门槛石雕、门边石雕、泰山石石雕形式居多，且保持方块外形，有体现高贵贤德的龙凤雕，有寓意贤士云集的凤凰双飞雕，有体现阳山先人崇尚耕读文化的人物雕，有寓意权威、富贵的双龙雕，有寓意平安、多子多福的公鸡、莲花、瓜果组团雕。这些均显露出当地居民祈求天地仁和、健康长寿、子孝孙贤、家庭和睦、五谷丰登、家族兴旺的民俗意愿。

2) 人文景观

古巷道：村中巷道纵横交错，村前巷、村后巷和村中巷长度共计约800m。古巷道由明清居民用青石块铺建而成，每个院落内一条至多条青石板路，连通各个房间，串联大院以及各个小院子（图3-93）。

古排水系统：阳山村古建筑群大多设有"天井"。它的表面功能是通风、采光、排水。逢大雨后，雨水、污水由天井汇入用石条砌成的明沟流出，再汇聚到村前池塘，水满再溢排到小溪。

4. 非物质文化遗产

从阳山的宗源会、重九会、义学会、禁戒会、救婴会、女儿会、保路会等民间团会中，可以非常直观地感受到

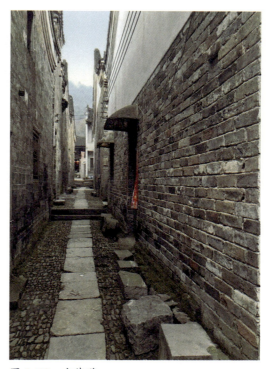

图3-93 古巷道

中华传统的文化精神与道德规范。阳山人的救婴会与女儿会，全力拯救女婴，维护妇女儿童的权利，客观上维持了男女性别比例平衡，这在男尊女卑的封建时代是难能可贵的。由此看到阳山客家人的思想根基其实就是中原华夏传统文化——儒家思想的贯彻始终，从形式到内容都是华夏文明的结晶。

3.2.5 宜章县长村乡千家岸村

1. 村落概况

1) 地理位置与村庄规模

千家岸村位于宜章县长村乡南部边陲，地理坐标为东经112°79′、北纬25°19′，距长村乡政府驻地约3km，距县城约38km。

千家岸村村域面积15km²，户籍人口683人，主要民族为汉族（图3-94）。

2) 自然环境

村落属亚热带季风气候，四季分明，日照充足。地形是典型的丘陵地貌，平均海拔高度约330m。

3) 历史源流

村落始建于明永乐八年（1410年），至今已有600多年历史。在明朝初年，一个叫曹原明的智者，在农商之余发现了一个山青、水秀、石奇、林茂、洞幽的极好所在，于是便来到这里破土筑巢，

开山凿地，繁衍生息。又因此地有狮山象山锁水，清澈河流旺族，曹原明便豪气倍增，起村名为"千家两岸"。用了200多年时间，他的子孙们繁衍成了一个极大的村落，鼎盛时期达到了608户。后来，人们去掉"两"字，改名为千家岸村，沿用至今。

2. 村落布局与空间特点

村落依南面和西面山脚、缓坡和空旷地带而建，东面田野阡陌，乐水河在村庄东面向东延伸。村落地势南高北低，西高东低，坐南朝北。古建筑、古巷道、古民居保存完好，农田、青山、池塘、河流、建筑完全融为一体，彼此映衬。

村落因为地形的限制，采用集中布置的空间模式。村落以自然山水为基底，建筑依山就势，围绕村头的古池塘呈簸箕状布局，形成"一村两片临水建，一山一水绕村庄"的整体格局。通过巷道等线形通道将广场、宗祠、民居等串联在一起，使整个村落空间形成开合有序、和谐自然的聚落空间形态（图3-95）。

图3-94 千家岸村平面图

图3-95 千家岸村全景图

村内有 3 条纵向主巷道，宽约 1.5m，6 条横巷道，所有道路均为麻石铺就，道路平整，便于通行。排水系统依道路修建，通往村前大塘，汛期防涝，旱时防火救灾。

3. 建筑特征与人文景观

1）建筑特征

千家岸村传统建筑基本上与常见的湘南古民居类似：麻石砌筑的墙角，青砖或土砖垒墙，清一色的厅屋和道寺，两侧为卧室。有钱的人家，厅屋里还有一个天井，让阳光雨露充盈住舍，以便使自己的蓬荜能增辉添彩。屋顶以硬山屋顶居多，山墙以垂脊墙居多，局部为马头墙（图 3-96，表 3-16~ 表 3-18）。

图 3-96 传统建筑群

建筑年代统计表　　　　　　　　　　　　　　　　　　　　　　　表 3-16

年代分类	建筑面积（m²）	比例（%）
清代	6128.95	16.89
民国	5323.69	14.66
20 世纪 50~70 年代	3428.61	9.44
20 世纪 80 年代以后	21420.19	59.01
总计	36301.44	100

建筑高度统计表　　　　　　　　　　　　　　　　　　表 3-17

层数	建筑面积（m²）	比例（%）
1层	11970.79	32.98
2层	15315.52	42.19
3层	7734.17	21.3
4层	1136.51	3.13
5层	144.45	0.40
总计	36301.44	100

千家岸村传统建筑类型分类一览表　　　　　　　　　　表 3-18

传统建筑类型	代表
建筑物	贡元宗祠（图 3-97）、琅公祠堂（图 3-98）、瓒公祠堂
构筑物	古塘、古井

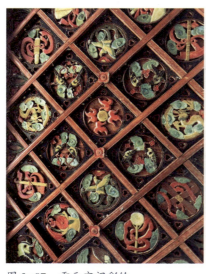

图 3-97　贡元宗祠彩绘　　　　　图 3-98　琅公祠

马头墙：千家岸村的马头墙风味独特，以斜线形的马头墙为主。封火山墙两头微微起翘，极具古风，是当地民居的特色。马头墙的变化集中体现在屋角、卷云等细部的做法，结合体量与其他构件的配合变化，展现了千家岸建筑千变万化的形态（图 3-99）。

窗：千家岸村的窗形式多样，砌块是对传统的砌上漏明形式的演绎，体现了民居的灵活性。窗的开启方式以及与其他构件的关系都将成为非常细小且极具文化的表述方式（图 3-100）。

瓒公祠堂：祠堂建于清代末年，建筑现状保存完好，房屋基础由青石砌成，墙体由青砖砌成，使用传统木质门窗（图 3-101）。

图 3-99 马头墙

图 3-100 窗

图 3-101 瓒公祠堂

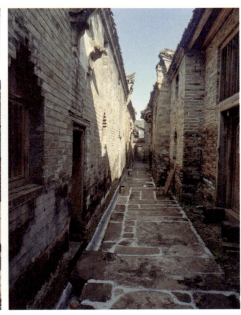

图 3-102 古巷道

2）人文景观

村内人文景观非常丰富，村内现有古井1处、古巷道9条（图 3-102）、门楼1处（图 3-103）、古庙1座（图 3-104）、古祠堂3处。

图 3-103 门楼

图 3-104 古庙

4. 非物质文化遗产

《曹氏族谱》（图 3-105）：千家岸村《曹氏族谱》的栏目有"家礼仪节""表服总图""宗族九族五族正服图""妻为夫族义服图""出嫁女为本宗降服图""外之服图""二父八母服制图""家训十四条""八劝歌""八戒歌"等。此族谱已传承上百年。

图 3-105 曹氏族谱

祁剧：祁剧是千家岸百姓非常喜欢的地方戏剧，一般在年会或村里大的聚会、红白喜事时村民自演。

3.2.6 嘉禾县石桥镇仙江村

1. 村落概况

1）地理位置与村庄规模

仙江村位于嘉禾县北面，地理坐标为东经112°23′、北纬25°42′，三面临江，处于"南方丝绸之路"古道，距离石桥镇约 3.3km，距离嘉禾县城约 13.7km（图 3-106）。

图 3-106 仙江村平面图

仙江村村域面积 6.0km²。辖黄边桥、桥头、新村、双下里、婆婆山、渡船头、姊妹山等 19 个村民组，户籍人口 3243 人，主要为汉族。

2）自然环境

仙江村属于丘陵平面相间的砂岩地貌；山清水秀，水田、旱地连绵起伏，形成丘陵地区自然环境生态平衡。村落属于亚热带季风湿润气候,气候温和,雨量充沛,光照充足,四季分明,严寒酷暑期短,无霜期长,常年主导风向冬季为东北风,夏季为东南风。

3)历史源流

仙江村是一座有着千年历史的村落。罗氏始祖由江西迁徙而至,子子孙孙在此繁衍生息,形成今日3000余人的昌盛之貌。仙江村处于"南方丝绸之路"古道,明朝参政陈尚伊在《仙人桥石梯碑文》描述:"此地北通京阙,南贯交广……"仙江村是红军长征突破国民党军队湘江三道防线古战场,为历代兵家必争之地,至今保留有练兵场、聚义堂、古联等。

2. 村落布局与空间特点

仙江村120多栋明清古民居聚族萍水而居,规模宏大,古埠头交错,商铺繁华古驿道穿村而过,石板路连通大街小巷。仙江村风光秀丽,春陵江由南至北,绕村而过,将村庄环抱,使其呈乌龟背形的半岛古堡村结构,天然石桥仙人桥与村庄形成对景(图3-107)。

图3-107 仙江村全景

3. 建筑特征与人文景观

1)建筑特征

村落内古建筑结构简约不简单,建筑装饰色调上素雅淡秀。村落在外观上给人的第一印象是:青瓦、灰墙、屋角突起的马头墙异彩纷呈,檐饰彩绘、砖雕、石雕、雕花格窗交相辉映,斑驳的灰墙黛瓦,隐现出村落昔日的辉煌(图3-108~图3-113、表3-19、表3-20)。

八角亭:建于明万历年间(1573~1619年),古亭石柱上有古联"津舜水,枕巍山,灵钟河岳;焕银桥,雄荆楚,秀启龙门",村落有很高的历史传承和民间文化内涵(图3-114)。

涵聚义堂:仙江村在民国时期曾出过几位军官,他们常年驻守在外,为了增进交流,集资修建了该建筑(图3-115)。

图 3-108 仙江村建筑群

图 3-109 古民居建筑

图 3-110 马头墙

图 3-111 砖雕

图 3-112 雕花格窗

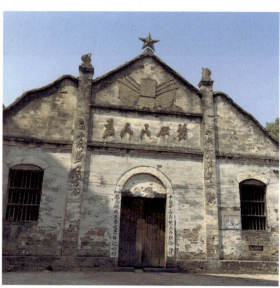
图 3-113 礼堂

建筑年代统计表　　　　　　　　　　　　　　　　　　　　　　　　表 3-19

年代分类	建筑面积（m²）	比例（%）
明代	60.00	0.17
清代	11924.00	33.42
20 世纪 50~70 年代	16979.00	47.58
20 世纪 80 年代以后	6720.00	18.83
总计	35683.00	100

建筑高度统计表　　　　　　　　　　　　　　　　　　　　　　　　表 3-20

层数	建筑面积（m²）	比例（%）
1 层	7744.00	21.70
2 层	24286.00	68.06
3 层	3653.00	10.24
总计	35683.00	100

图 3-114　八角亭

图 3-115　涵聚义堂

2）人文景观

仙人桥：于水路而言，它曾经是古代人们乘舟出行必经的地理障碍，因为这道天然石桥的阻隔，大船只能到此止步，船上人货转小船或陆路。于陆路而言，仙人桥堪称地理奇观，它是横亘于春陵江上的唯一一座天然石桥。该桥在两山夹峙，下视深百丈，中间凌空巨石横卧，它横空而出，宛如巨龙，又如长虹当空，气势雄伟，仙人桥隐见于云雾间，穹隆如卧蛇，非人力所创，实天然

图 3-116 仙人桥

图 3-117 古戏台

构成。该桥身是一块灰色含砂岩石块，全长 28m、宽约 2.5m、厚 4.5m。桥面开始处光洁平整如刀切，再到中间段时，有一个大的倾斜坡，桥两侧的石壁上长满凤尾草和茂密的杂树，草中流淌着泉水，使过桥者闻声心悸，桥拱下面青藤攀援，秀丽壮观（图 3-116）。

古戏台：据记载，仙江村是嘉禾民歌的发祥地，歌仙罗四姐就是仙江村人。这座古戏台见证了当年对歌的盛况。据村民介绍，仙江戏台是当地最大的演出场所，只要有戏班唱戏，就像过大节日一般，方圆数十里的村民都来看戏听歌。古戏台建于清道光二年（1822 年），临水而建，仙人桥作屏，与明朝古亭遥相对映，戏台上有古联"仙去多时，观遗痕却在此；江环如带，奏流水以何惭"（图 3-117）。

古渡口：仙江村选址于湘江河畔山水之间，为湘江原航道古渡口，是历史上商贾云集，豪侠聚义之地（图 3-118）。

古巷道：村内 6000 余米的巷道纵横交错连接其间，多用青石板或鹅卵石砌成，平整、坚硬、耐磨（图 3-119）。

4. 非物质文化遗产

龙舞：是用竹篾和绸布扎成龙头、龙身（3~10 节）和龙尾，彩绘龙鳞，每节龙身中都装有烛灯。龙灯多在节庆之夜舞弄，以锣鼓、唢呐伴奏，同时施放烟花爆竹，蔚为壮观。

倒缸酒：以纯香"醉脚不醉头"闻名的倒缸酒在仙江村已有约 600 年的历史，仙江村每户人家都会酿倒缸酒，乡亲们称呼它"土茅台"（图 3-120）。

凌云豆腐：作为嘉禾豆腐的杰出代表，凌云豆腐细腻洁白，其油炸后，外表金皱皱，像"81 岁"的老太太，内里水灵丰满，似"18 岁"的姑娘，外焦里嫩，被称为"8118 豆腐"。

嘉禾民歌：嘉禾民歌用本地方言演唱，形成音乐化、方音化，形象生动地反映了生活本质。通过几千年来的传承，目前嘉禾有 2000 多首民歌在传唱。

伴嫁歌：嘉禾伴嫁歌是女伴陪出嫁姑娘以歌表情的一种惜别活动，它最突出的是围绕新娘出

图 3-118 古渡口

图 3-119 古巷道

嫁，倾泻出她们的离情别绪，其中又以表现她们对封建婚姻制度、伦理道德的怨恨、愤怒与抗争为主。其代表作《半升绿豆》这样唱道："半升绿豆选豆种，我娘养女不择家。妈妈呀，害了我。千家万家都不嫁，偏嫁给财主做三房。妈妈呀，害了我。嫁鸡随鸡，嫁狗随狗，嫁根木头背着走。妈妈呀，害了我。是谁订出恶规矩，吃人不把骨头吐。"

3.2.7 嘉禾县珠泉镇雷公井村

1. 村落概况

1）地理位置与村庄规模

图 3-120 倒缸酒

雷公井村位于嘉禾县珠泉镇，地理位置为东经 112°20′、北纬 25°34′，位于嘉禾县城西南面 2.5km，距珠泉镇镇政府所在地不足 3km，距离郴州市市区约 70km（图 3-121）。

雷公井村村域面积 1.28km²，辖 8 个村民小组，户籍人口 1066 人，主要民族为汉族。

2）自然环境

雷公井古村位于县城西南面，山清水秀，水田、旱地连绵起伏。

村落属于亚热带季风湿润气候，气候温和，雨量充沛，光照充足，四季分明，严寒酷暑期短，无霜期长，但降雨集中，易遭干旱。常年主导风向冬季为东北风，夏季为东南风。

3）历史源流

古村雷公井始祖脉系根在陇西，是历代军事文化中心，丝绸之路必经之地，祖源遍布五湖四海。名人辈出，秦朝李斯，汉将李广，唐代开国皇帝李渊，传24代。

李千护公是平溪忠武王八世孙，生于后唐天复二年（公元902年）二月十八日，殁于宋淳化五年（公元994年）三月十八日。公元945年定居嘉禾大塘头，曾在桂阳任职。李千护公后裔，李贵夫定居禾仓堡。李贵夫次子李钧义之四子李嗣应分居雷公井，为雷公井开村先祖，距今已有约600年的历史。

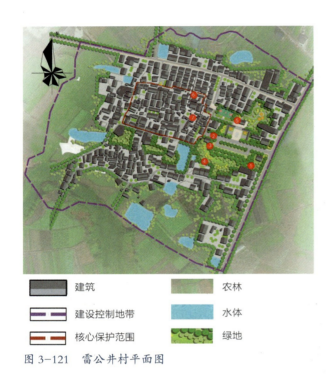

图3-121 雷公井村平面图

2. 村落布局与空间特点

雷公井古村选址遵循"枕山、面屏"的理想模式，村落整体背山朝阳，负阴抱阳，随波就势，藏风聚气，与九老峰遥相呼应，村落依清泉而建，水绕村而流，在获得充沛自然日照和开阔视野的前提下，又可获得灌溉、洗涤、防火等便利。

古村后山龙脉源自南岭山脉，面临千顷良田，视野开阔。"左青龙、右白虎、前朱雀、后玄武"四向相合的古建筑，连接成片，浑然一体，占整个行政村1/3的面积，是现存为数不多的古民居集中区域（图3-122）。

3. 建筑特征与人文景观

1）建筑特征

雷公井村有古建筑200多栋，明清古建筑86栋（表3-21、表3-22），有祠堂、学堂等风格独特的建筑，大部分古建筑，保存尚好。村内巷道，多为青石板或鹅卵石铺成，平整、坚硬、耐磨，石板上凿有小凹槽和各种图形，人在上面走，既能防滑，又能欣赏自然美感。水沟绕建筑群而建，溪水不断。建筑多为青瓦屋面，翘角飞扬，其雕刻技艺精湛，柱础、窗花、彩绘等多姿多彩，特色鲜明（图3-123）。

巷道两旁是井然有序的古建筑，古建筑分为群体连贯和单体组合。群体里有一个院

图 3-122　雷公井村建筑群　　　　　　　　　　　　图 3-123　柱础

建筑年代统计表　　　　　　　　　　　　　　　　　表 3-21

年代分类	建筑面积（m²）	比例（%）
明清	857.00	2.30
民国	5274.00	14.00
20 世纪 50~70 年代	5609.00	14.90
20 世纪 80 年代以后	25889.00	68.80
总计	37629.00	100

建筑高度统计表　　　　　　　　　　　　　　　　　表 3-22

层数	建筑面积（m²）	比例（%）
1 层建筑	19626.00	52.20
2 层建筑	8929.00	23.70
3 层建筑	5461.00	14.50
4 层建筑	3455.00	9.20
5 层建筑	158.00	0.40
总计	37629.00	100

子，周围有围墙，围墙有大门，大门上头写有"德晖第"。里面排列有序，又稍稍错开的 2~3 栋大厅屋，厅屋旁有侧屋，南北一一对应巷道旁的水沟单体为单立式、并排式散形组合（图 3-124~图 3-126）。

应公祠：位于古村东面，是嗣应公的曾孙于1628年修建，青砖灰墙，四根巨大雕龙画凤的栋梁，每根有250多公斤，托起"人"字梁，瓦顶四角伸出凤尾，屋脊塑起飞龙。祠堂古墓建于明代。上堂与下堂，两间中凹处，又见南北水流，使上下堂连起更大空间。祠堂上方书"应公祠"三字。祠堂靠北竖着两条贡石，是清光绪年间李运宝考取贡生的荣耀之石。

2）人文景观

回峰亭：位于古村东南角，有主亭和拴马铺，清道光八年（1828年）建。是嘉禾通往广东的茶马古道的必经之处。此亭高9m左右，木瓦结构，八角圆形，从上到下，纯用木料建成。

石雕：门槛石雕、门边石雕、泰山石石雕以浮雕形式居多，且保持方块外形，有体现龙凤高贵贤德的龙凤雕，有寓意贤士云集的凤凰双飞雕，有体现雷公井仙人崇尚耕读文化的人物雕，有寓意权威、富贵的双龙雕，有寓意平安、多子多福的公鸡、莲花、瓜果组图雕。这些无不显露出当地居民祈求天地仁和、健康长寿、子孝孙贤、家庭和睦、五谷丰登、家族兴旺的民俗意愿（图3-127）。

木雕：本地有丰富优质的木材资源，寺庙道观等对木雕有大量需求。清中晚期以后，西风东进，湖南地区的雕刻造型艺术也迅速向写实风格转化。但由于雷公井村所在的湘南地区山高林密，交通不便，民风质朴，所以湘南地区的雕刻造型艺术保持了中华民族自秦汉以来独立形成并发展起来的质朴的艺术风格（图3-128）。

4. 非物质文化遗产

伴嫁歌：曲调短小，节奏鲜明、风格多样、结构灵活的耍歌；曲调舒缓、忧伤悲惋的叙事性

图3-124 民居建筑

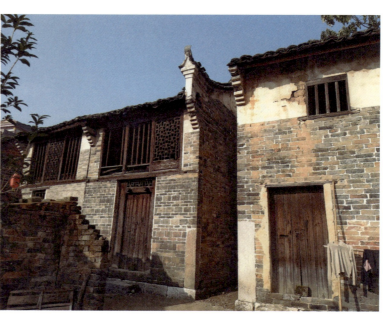

图3-125 群体连贯的古建筑

图 3-126 古巷道

图 3-127 石雕

图 3-128 木雕

长歌；热烈欢快、诙谐风趣的伴嫁舞；以哭化唱、回味中有哭的哭嫁歌。雷公井村现有一支约20人的传承队伍。2006年伴嫁歌被列入第一批省级非物质文化遗产名录（图3-129）。

米豆腐：早稻米又早又香，"六月六"尝新节吃的主食就是石羔乡浅泥田的"雷公井米"。雷公井村制作米豆腐的米就是用的这种具有特殊香味的大米，口感柔软且富有弹性。

角粽：雷公井人把粽子称为角粽，粽子是端午节汉族的传统节日食品，由粽叶包裹糯米蒸制而成。一直到今天，每年农历五月初五，雷公井家家都要浸糯米、洗粽叶、包粽子（图3-130）。

图3-129 伴嫁歌

图3-130 包角粽

3.2.8 临武县汾市镇南福村

1. 村落概况

1）地理位置与村庄规模

南福村位于临武县汾市镇内，地理坐标为东经112°68′、北纬25°30′，海拔268~395m，距离汾市镇镇区约3.4km，距离临武县城约20km（图3-131）。

南福村村域面积8.7km²，户籍人口2300人，主要民族为汉族。

2）自然环境

南福村地处山岭中央形成的一个小型盆地中，周边地势开阔，农田阡陌，风景优美。

村落属中亚热带季风性湿润气候，光热充足，雨量充沛，冬无严寒，夏无酷暑，四季宜耕，对农业发展有利。村落是全省风能资源最丰富的地区之一，且是楠竹、油茶、果木等经济林的生产地。

3）历史源流

南福村建村于宋代时期（960~1279年），距今约有750年的历史。先人从武水上游牧鸭至汾市一带，见武水两岸地势开阔，古道交通发达，

图3-131 南福村平面图

适应放鸭业扩大，于是从临武骡溪村分迁定居于此。

从明成化二十二年（1486年），陈士纲自创南福陈氏族谱开始，《序》中即有"置庄金三乡南福"二字，但官方文书——清康熙二十七年（1688年）纂修的《临武县志》还写作"南富"，直到雍正以后，才开始用"南福"这个名称。

2. 村落布局与空间特点

南福村坐南朝北，四面环山，村落处于群山围绕的中心，为"槽"位。其以祠堂为基准，向两翼及其后发展，祠堂对面是作回龙或照壁布局的，因此形成两纵一横三条主道。村内巷道交错，各大院内外巷道户户相通。因村后地形偏高，整个村落的排水系统自上而下由网络状的大小排水沟组成，排至村外田野、水渠和沟之中。

村落基本集中在三片院落形式的古民居群体中，分别是美善堂、余庆堂、九儒堂，坐落于村中和两侧，均呈椭圆形。

3. 建筑特征与人文景观

1）建筑特征

村落现保存有明代以来各个时期的传统风貌建筑200余栋（表3-23、表3-24）。村落内部建筑布局则包含有上下厅组合式民居、成片单栋式民居和庭院式民居三种类型（图3-132）。

图3-132 南福村建筑群

建筑年代统计表		表3-23
年代分类	建筑面积（m²）	比例（%）
明代	6294.47	9.24
清代	1280.23	1.88
20世纪50~70年代	6275.91	9.21
20世纪80年代以后	54259.86	79.66
总计	68110.47	100

建筑高度统计表		表3-24
层数	建筑面积（m²）	比例（%）
1层	2914.00	25.92
2层	8330.00	74.08
总计	11244.00	100

村落内传统风貌建筑多为青砖灰瓦,四墙三间或三墙两间。在建筑形象和细部装饰方面均有其独到之处,如其建筑形象特点主要体现在其封火山墙、屋顶、大门及窗户上,而在建筑细部装饰方面,则主要体现在其精湛的木雕、石雕、彩绘等技艺上(图3-133~图3-135)。

美善堂:位于村口西南,该建筑以十余栋古民居为主,由廊式大屋、门楼等单体建筑组合成群体建筑群,占地面积近1000m²。建筑群呈方形,建筑结构以山墙硬山顶、小青瓦、四墙三间或三墙二间等为主,门窗、顶棚、檐梁均为木雕花卉、动物图案等,大小巷道均铺设青石板(图3-136)。

余庆堂:位于村中央,是清朝中叶陈姓两兄弟所建。其以十余栋古民居为主,建筑为上下厅组合,单体建筑大小不一,各具特色,形成院落式大宅;建筑呈长方形,占地面积约1200m²,多以马头墙、硬山顶、小青瓦及四墙三间的形式为主,内外均有大小扎楼门,门窗、檐、梁架等木质构件多以木雕花卉、动物图案装饰,大小巷道铺设青石板,为湘南古建筑格式的典型代表。

九儒堂:位于村东南边缘,为陈立宝九个儿子所建,是家族式的古建筑群体大院落。该建筑由20栋房屋组合成纵横排列,台阶式上下群体形成散形群居式建筑群,单体建筑大小不一,房屋多为上下厅对称和廊式大屋,占地面积约3000m²。

图3-133 窗

图3-134 门

图 3-135 马头墙

图 3-136 美善堂古民居群

图 3-137 朝泉阁

图 3-138 陈氏宗祠

朝泉阁：建筑平面呈四方形，长 14.5m、宽 13.7m，占地面积 185m²。阁楼整体如印鉴竖立，5 层、高 20 余米，砖木石结构，围式护风墙封顶不见瓦面，四壁内外墙体厚达 80cm，除正面有门、窗外，其余三面为封闭式墙体，四面墙体表面由上而下布满了 80 余个排列有序的枪炮射击孔。2011 年 1 月湖南省人民政府将临武碉楼群列为第九批省级文物保护单位（图 3-137）。

陈氏宗祠：祠堂前有池塘，象征着水能聚财。陈氏宗祠建筑造型别致精美，祠堂上的如意斗栱特别显眼。建筑装饰上采用琉璃瓦、青瓦灰墙、砖木结合和三叠马头墙的形式（图 3-138）。

李氏宗祠：始建造于清代，庄严大气。建筑采用砖木结构，琉璃瓦和三叠式马头墙相结合，飞檐翘角，气势不凡（图 3-139）。

图 3-139　李氏宗祠　　　　　　　　　　　　　图 3-140　溯古庙

溯古庙：为全村村民祭祀神灵之用。建筑采用一叠式马头墙，青砖墙面和青瓦屋顶，石板铺地（图 3-140）。

2）人文景观

牌楼：作为村落区域的分界标志，坐落在村落东南部，省道214的北侧。牌楼为普通的"四柱三间三楼式"。牌楼入口正面上书"南福村"三字，因现今陈氏大多以"颍川"为祖，故牌楼背面书有"颍川郡"三字。牌楼两侧设有石狮两座，作为村落看守门户的吉祥物，配以红、黄双色彩漆，牌楼上屋脊以琉璃瓦片堆砌而成（图 3-141）。

古井：位于陈氏宗祠右侧附近，井水清澈甘甜、冬暖夏凉，现如今古井内仍留有取水管道。古井呈长方形，用不规则的石头砌成夯实。位于两幢建筑之间，前后砌有砖墙围住，中间有一圆拱形入口，为拱券型水井（图 3-142）。

龙泉亭（龙泉井）：位于村落内南侧后龙山山脚，始建于明代末年。古井外围亭子以六根砖柱为支撑，外以白色瓷砖贴面，四面坡屋顶，屋顶以红色琉璃瓦镶嵌。龙泉井在亭下，古井为长条形，井台周边以水泥夯实，便于行走。井内井水长流不断。

古巷道：村庄内除古建筑群外，大部分道路均为水泥巷道。村内共有4km的环村巷道（图 3-143）。

古柏：位于朝泉阁右前方，已600岁高龄。古柏树高约7m，分枝稠密，小枝细弱众多，树冠完全被枝叶包围，从一侧看不到另一侧（图 3-144）。

4. 非物质文化遗产

舞狮子：集神话性、民间性和娱乐性于一身，综合了中国古代多种艺术形式，经过南福世代相传、精心雕琢，成为赏心悦目的优秀民俗艺术。

打八音：又称土班子、登板戏，8个人分别手持小锣、大锣、鼓、钹、二胡、笛子或箫管、唢呐等，又分别扮演各种角色进行自拉、自打、自唱的一种表演形式。演奏内容大部分以民间小曲、

图 3-141 牌楼

图 3-142 古井

图 3-143 古巷道

图 3-144 古柏

图3-145 跑竹马

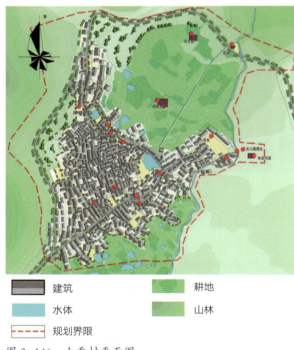

图例：建筑、水体、规划界限、耕地、山林

图3-146 上乔村平面图

传统大曲为主。

跑竹马：又称竹马舞、竹马戏，是我国汉族民间庆贺新春的习俗，多在元宵节前后举行，明清时期盛行于我国大江南北。约明末清初时，竹马戏传入湘南临武，当地人称"秧歌灯"（图3-145）。

特色饮食：套花——郴州传统过年的特殊年货。团子肉——南福村一般家宴中的大菜、主菜。

3.2.9 临武县麦市镇上乔村

1. 村落概况

1）地理位置与村庄规模

上乔村位于临武县县城北约25km处，地理坐标为东经112°28′、北纬25°29′，距麦市镇政府约5km。

上乔村村域面积4.23km²，辖12个村民小组，户籍人口2050人，主要民族为汉族（图3-146）。

2）自然环境

上乔村地形地貌以丘陵为主，平、岗、山地兼有，海拔高度约407m。村东部为丘陵山区，南侧为自然山体凤凰岭，北侧为上头岭，西侧多为农田耕地，局部有小山包。

村落气候属中亚热带大陆湿润季风气候，境内热量丰富，光照充足，雨量充沛，四季分明。

3）历史源流

上乔村族姓郭，其始祖郭妥公，系唐代汾阳郡王郭子仪19代子孙。古村源于南宋开禧年间（1205~1207年），郭妥官任临武，定居乔溪（今上乔村）至今800多年，其强盛于明清。千百年来，上乔村郭姓四十八村总祠堂里，一直供奉着他们的先祖唐代名将郭子仪的塑像和皇帝御赐"再造鸿猷"牌匾。

2. 村落布局与空间特点

村落呈依山半圆坡台阶式，坐西南朝东北，占地面积约3万m²。除东北面地势较低外，其余均由较高地势的山坡环绕。古人在村庄东北面建设了下首遗址，四方台、圆台与原上乔村石灵庙

图 3-147 上乔村全景图

遗址处的一棵古松柏树,构成了"三点一线"。乔溪河水横贯全村中部,村内沟渠交错,连接有序,另有水塘多处点缀其间(图 3-147)。

村庄古有四方位总门,隔离村庄内外,内部建筑呈网络迷宫格局,据传是按古代排兵阵法修建,兼顾防卫和消防两大功能。村庄东北向村门外沿,依山就势修建有密集的古塘,形似当今叠水景观处理,集防卫、种养、理水、景观等功能。东北、东南、正北方向为古时进出村庄的三条主要道路,上乔村颇有特点的凉亭均依附于这三条道路修建。

3. 建筑特征与人文景观

1)建筑特征

上乔村连片保存的古建筑有 350 余栋,其中明清建筑 140 余栋,民国建筑 200 余栋。古建筑分为群体连贯和单体组合两类。群体建筑多为以上下厅、天井、对称式住宅为组合的形式;单体建筑分为独栋式、并排式组合(表 3-25、表 3-26)。

建筑年代统计表　　　　　　　　　　　　　　　　　　　表 3-25

年代分类	建筑面积(m²)	比例(%)
清代	8813.86	12.15
民国	3336.72	4.60
20 世纪 50~70 年代	4869.86	6.71
20 世纪 80 年代以后	55524.23	76.54
总计	72544.67	100

建筑高度统计表　　　　　　　　　　　　　　　　　　表 3-26

层数	建筑面积（m²）	比例（%）
1层	32306.03	44.53
2层	28772.04	39.66
3~4层	7333.22	10.11
在建	4133.38	5.70
总计	72544.67	100

古建为青砖墙体、硬山顶或马头墙硬山顶、小青瓦、青石围角和石砌门槛，四墙三间、三墙两间不等（图3-148、图3-149）。古建筑大门两侧墙都有石灰抹墙永久性对联诗词，内部结构多为木柱梁架、窗式隔房、大小窗户、神台、隔门、檐翘梁等，木质结构多为木雕花卉、动物图案，外部檐下墙壁书画、花卉石灰浮雕图案装饰（图3-150）。古建青石围角、门槛石、天井石均有浮雕八卦、动物图案石刻。部分古民居保留有清、民国时期的家具。

郭氏大宗祠：建于明代，为郭姓四十八村总祠。祠堂占地面积约1560m²，内分三阁，阁内雕龙画栋，厅中天井别具一格，四檐积水聚于宝盆中，井中整块巨石寓意团结一心，各栋天井磐石中的石刻图案寓意有别。

枕泉书屋：清光绪年间（1875~1908年）的私塾，坐落在上乔村的东北方向。私塾保存完整，墙外的石刻铭牌详细记载了私塾建设的年代、缘由以及资助建筑的村民等，室内水墨装饰壁画尚有保留（图3-151）。

2）人文景观

昭德王庙：重修于清顺治十八年（1661年），为上乔村纪念唐代大将军武陵侯黄师浩而建，建筑占地面积约400m²，有清康熙元年（1662年）"石金山昭德王庙"青石碑一块，横梁书有"皇清顺治十八年某某重建"墨书字迹。整体建筑保存尚好（图3-152）。

图 3-148　马头墙

图 3-149　上乔村古建筑

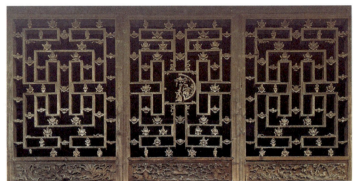

图 3-150 窗户

图 3-151 枕泉书屋

图 3-152 昭德王庙

图 3-153 下首遗址

下首遗址：据遗址内几棵松柏树树龄推算，该遗址为明代早中期建筑，是当地风俗习惯的代表性公共建筑。下首遗址分为四方台和圆台两个部分，从方位上讲，四方台偏内，圆台偏外，推测古人是依据为人处世"外圆内方"的理念修建。四方台前有利用天然岩石雕刻的鱼龙石雕，对称安放有石耳。下首遗址的具体功能被推测为祭祀、防御等（图 3-153）。

茶凉亭：始建于清道光九年（1829年），为上乔村郭姓族人荣昌等在临武至嘉禾的古盐道上兴建，呈长方形，长 11.3m，宽 7m，占地面积 80m^2。清光绪二十年（1894年）荣昌公子孙又对该亭进行了维修，现主体建筑保存良好（图 3-154）。

4. 非物质文化遗产

传统傩戏：傩，是远古时期的先民们无法解释自然、社会和思维科学而产生的原始宗教信仰。上乔傩戏，据传由油湾村传入。上乔傩戏的表演内容大体分为傩祭（傩仪）、傩舞（傩技）、傩歌、傩戏。傩戏是傩事仪式程序中的一个重要环节。由于傩戏富有戏剧情节、表演程式、角色行当和舞台砌末等戏剧特征，因此，表演性、趣味性强，易于吸引观众（图 3-155）。

上乔雕刻、泥塑：郭姓四十八村（现已发展为九十六村）总祠，祠堂供奉先祖——唐代名将汾阳郡王郭子仪塑像，祠堂戏台背后有按皇帝御赐牌匾雕刻的"再造鸿猷"。在村中街巷内还有动物、铜钱等石刻、木雕，工艺精美。

图 3-154 茶凉亭

图 3-155 傩戏面具

3.2.10 临武县大冲乡乐岭村

1. 村落概况

1)地理位置与村庄规模

乐岭村位于临武县大冲乡境内,地理坐标为东经112°31′、北纬25°21′,距离临武县城约15km,距大冲乡政府所在地约2km(图3-156)。

乐岭村村域面积6km²,户籍人口568人,主要民族为汉族。

2)自然环境

村庄海拔为205~245m,地处中低纬度区,气候温和,光热充足,年均气温为17.9℃,属于特殊的高山气候。

3)历史源流

乐岭村自清代由小湾村迁居此地以来,家园面积不断扩大。

2. 村落布局与空间特点

乐岭村是一个典型的山地村落,选址于群山间的低洼地,地势四周高中间低,是一处四面环山的窝形地形。村落结构呈圆形,村后双峰为屏,意为后龙山,以保佑全村人才兴旺,家族发达(图3-157)。

图 3-156 乐岭村平面图

图 3-157　乐岭村全景图

建筑年代统计表　　　　　　　　　　　　　　　　表 3-27

年代分类	建筑面积（m²）	比例（%）
清代	1812.66	13.41
民国	2856.33	21.14
20世纪50~70年代	4751.90	35.17
20世纪80年代以后	4091.38	30.28
总计	13512.27	100

建筑高度统计表　　　　　　　　　　　　　　　　表 3-28

层数	建筑面积（m²）	比例（%）
1层	3432.04	25.40
2层	9442.85	69.88
3层	637.38	4.72
总计	13512.27	100

村落内有古建筑100余栋（表3-27、表3-28），呈"井"字形分布，有大小青石板巷道20余条。古建民居主要以单立房屋为主，排立于两条主巷之间，房屋间穿插小巷道。村中大小、主次街巷均以青石和麻石铺成，纵横相连，户户相通。户与户之间水沟相接，延至村外小溪。

3. 建筑特征与人文景观

1）建筑特征

村内建筑多以四墙三间为主，外表装饰以山墙式防火墙为多（图3-158）。不少民居大门两侧

图 3-158 民居建筑

图 3-159 唐镜海故居

墙角门槛均为精美细雕，动物花卉石雕，栩栩如生。内部装饰有吊顶、神台及简单的木质结构隔墙等。

唐镜海故居：建筑正面大门和正中部 1/3 墙面内凹，整体呈"凹"字形。建筑大门为木质结构，并设有两个圆形门簪，木门上方为整片镂空雕花木窗，屋檐下设置有木质卷帘连接木窗，大门下方设有青石板门槛，正面墙转角处用青石板作为根基，正面墙体两侧一、二层均设有对称的正方形木质窗户，上方木窗小于下方木窗，侧墙上设有马头墙，檐角上翘（图 3-159）。

窗：乐岭村古民居的窗格，一般加工美化成菱纹、步步锦、各种动植物及具有伦理意义的人物等千姿百态的窗格花纹。长方形雕花窗及六边形花窗雕刻着祥龙瑞兽、仙鹤灵禽纹饰。

2）人文景观

双凉亭：又称"马侯岭亭"，因汉代曾有马援将军驻此防务。双凉亭位于马侯岭半山腰间，古时供来往行人休憩之用。现双凉亭只剩四面青石墙体，墙体表面已被青藤布满，正中设有石拱门（图 3-160）。

古官道：官道乃旧时公家为了让外地官员顺利办事，而修建的道路。乐岭村古官道始建于清代，石板堆砌而成，宽 0.85m，现存 2km 长（图 3-161）。

舂米对：一种古代简单机械。使用这个装置时，人在一端用力踩下后立即松脚，另一端就会立即下落，打在石臼内的谷物上，从而把谷物打碎。

4. 非物质文化遗产

舞草龙：流传于大冲乡的乡间。每年的元宵节，全村都要动员起来，举行舞草龙游行，以祈求人畜兴旺，五谷丰登（图 3-162）。

临武小调：当地最重要的曲艺表达方式，每当有大喜事或重大节日时，村里都会组织唱小调。

扎纸马：村落内丧葬习俗历史悠久，过程复杂，其间需要扎纸马，追煞。扎纸马是丧葬时的必需品。扎纸艺术取材，用当地的竹子削成竹条扎制成纸马的骨架，再用糨糊贴上纸，然后就用颜料彩绘，最后用彩色剪纸来装饰。完工的扎纸马栩栩如生。

图 3-160 双凉亭

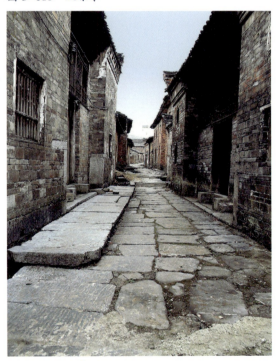

图 3-161 古官道

图 3-162 龙舞

3.2.11 汝城县土桥镇金山村

1. 村落概况

1) 地理位置与村庄规模

金山村位于汝城县土桥镇，地理坐标为东经113°72′、北纬25°60′，距离县城7km（图3-163）。

村庄村域面积5.63km²，户籍人口2300人，村民均为汉族。

2) 自然环境

金山村地形地貌主要以丘陵田地为主，海拔在611~631m之间，地势北高东低，土壤以石灰岩发育的红壤土和黄壤土为主，土层厚60cm，平坦肥沃。

村落属亚热带季风湿润气候，气候温和，雨量充沛，光照充足，四季分明。村落北面源山上有源山水库，是赣江水系源头，水库中流出的溪水大石

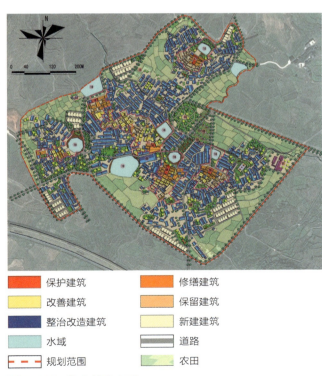

图 3-163 金山村平面图

从村落中间蜿蜒流过，之后往东流入龙潭桥村。村落内部水塘丰富，均种植有荷花。

3）历史源流

金山村又称为"荆山"。先后由李氏田心、卢氏、叶氏迁聚一起，距今已有820多年的历史。三姓先辈在此勤劳耕作，艰苦创业，繁衍生息。

田心自然村，南宋庆元年间（1195~1200年）由江西古亭迁入桂阳九塘龙，后迁入金山。

卢屋自然村，南宋乾道年间（1165~1173年）从江西上游迁入桂阳左江，明嘉靖年间（1522~1566年）又迁居金山。

叶家自然村，该姓氏源于叶县（今河南），始祖沈诸梁110世孙广信公于明景泰年间（1450~1457年）由广东雄州迁居金山。

2. 村落布局与空间特点

金山村选址在山脉环绕的平地上，利用地形，遵循五位四灵的模式，顺坡就势而建，村落坐西朝东，主要的祠堂除达德堂外均为东朝向。朝向上极为讲究，背山面田，近观一马平川，全是良田沃土；远眺重峦叠嶂，满目秀丽景色。村落前有朝山君子岭，形似笔架山主文运。后倚王家岭、源山，来脉悠远，村前大石江蜿蜒而过。左有麻花垅，右为旱山坡、旱山塘，符合"前朱雀、后玄武、左青龙、右白虎"的四灵模式（图3-164）。

村落内以李、卢、叶三姓为主，以父族系血缘关系为主发展形成多个聚落组合，包括田心李家、井头李家、卢屋、叶家、上叶家5个组，每个聚落内均有1个或2个宗祠。

全村95栋古民居以宗祠为中心，围绕宗祠及主巷道整齐排列；巷道用青石板、鹅卵石铺砌，并砌筑排水沟，古民居的朝向、平面布局基本保持一致，并遵循"前栋不能高于后栋，最高不能超过祠堂"的旧习。从整体布局来看，巷道、沟渠构成了村落的基本骨架，祠堂等公共建筑成为村落中最重要的公共活动中心和精神中心，井台、朝门、广场是人们日常交往的活动空间，庙宇、楣杆石是文化旌表性物质载体。

3. 建筑特征与人文景观

1）建筑特征

金山村的传统民居青砖青瓦，以青灰色为主调，色彩清淡朴素，是"儒家布衣白屋"思想体现。冲出屋面的马头墙，形成块面与线条的强烈对比，既简洁又明朗，中心突出，规划严整，布局严谨。

民居平面构成以单座房屋为基本单元，采用"一明两暗"三开间或五开间的平面形式。中间一间为堂屋，是住宅中最主要的房间，一般位于住宅的中轴线上，是会客、就餐、祭祀的地方。堂屋开间一般为4~5m，进深7m。堂屋楼面稍高，后隔出一截作为后堂，设有楼梯上堂屋阁楼。连接堂背与堂屋一般以木板相隔，也有用砖墙相隔。堂屋两侧为侧屋，侧屋各隔成两部分，后半部分作卧室，前半部分为厨房，也为杂物间（图3-165）。

叶氏家庙：国家级重点文物保护单位。又称敦本堂，始建于明代弘治至嘉靖年间，整座建筑

图 3-164 金山村建筑群（张佳姆 摄）

图 3-165 民居建筑

图 3-166 叶氏家庙

图 3-167 叶氏家庙细部

由朝门及家庙构成，均为砖木结构，朝门坐西南朝东北，占地面积69.9m²，建筑面积178m²。金山叶氏朝门为汝城县有名的三座朝门之一，顶板施彩绘图案，柱、门、壁、瓦做工考究。门楼上端鸿门梁用巨木雕琢，图案结构对称，三层镂雕使双龙戏珠曲折蜿蜒，云水纹内外相通，线条纤巧而富有张力。梁枋上悬挂着"叶氏家庙"匾额，家庙大门为四对落地槅扇门，雕刻工艺精致（图3-166、图3-167）。

卢氏家庙：国家级重点文物保护单位。又称叙伦堂，亦称"南楚名家"，始建于1606年，建筑面积366.8m²，楼、柱、梁以及各处彩绘、浮雕独具匠心。直耸屋顶的封火墙做工精细，歇山式屋顶，青砖勾缝墙体（图3-168）。

李氏家庙：又称陇西堂，坐落于金山村偏东方向，由进村主巷道往右拐约10m便可抵达。其始建时间与叶氏、卢氏大致相同，李氏后裔不断修缮，庙堂砖瓦得以加固，主楼飞檐如彩凤展翅，门梁枋等处雕绘各种戏剧人物，梁枋正中"李氏家庙"四个大字着金铺绿。

图 3-168　卢氏家庙　　　　　　图 3-169　别驾第

别驾第：又称田心李氏，位于金山村田心组，始建于明朝晚期，由朝门、大厅、明堂组成。朝门坐西南朝东北，宽 7.8m，进深 5.5m，面积 43m²，砖木结构，硬山顶饰落翼式鸿门楼，三重封火墙；大厅三开两进一天井，宽 8.5m，进深 16.85m，面积 143m²，硬山顶砖木结构，上厅设木榍扇门神龛，神龛供奉李氏祖先神主牌。其石柱础雕刻成竹节状，具有明代祠堂典型特征（图 3-169）。

上叶家叶氏咸正堂：位于金山村上叶家组，其右边是入村便道，祠堂前有两棵 300 多年的古树。始建于清初，建筑形制为砖木结构，硬山顶高平屋饰两重封火墙，三开两进一天井，面积 145m²。

金山村至今保留历史建筑以明、清时期建筑为主（表 3-29、表 3-30）。

建筑年代统计表　　　　　　表 3-29

年代分类	建筑面积（m²）	比例（%）
明清	20580.00	18.15
民国	2069.00	1.82
20 世纪 50~70 年代	7161.00	6.32
20 世纪 80 年代以后	83564.00	73.71
总计	113374.00	100

建筑高度统计表　　　　　　表 3-30

层数	建筑面积（m²）	比例（%）
1 层建筑	43623.00	38.48
2 层建筑	67717.00	59.73
3~4 层建筑	2034.00	1.79
总计	113374.00	100

2）人文景观

戏台：紧邻叶氏家庙，以砖砌台基，约 0.6m 高，戏台建筑为全木结构，屋顶形式为歇山顶，上覆以小青瓦，屋檐带起翘和出翘，屋脊中央设宝顶。戏台表演区宽敞而视线开阔，戏台后有厢房作为准备间，戏台前有青石坪，便于观看节目。

青石坪：青石坪建于明代，面积约 670m²，地面由卵石铺成，青石坪边上有 2 个旗杆石。位于叶氏家庙前方，是村民重要的公共活动空间，也是村内非物质文化遗产的重要展示空间。

古井：位于李家李德清宅前，有两口井并列，始建于明代，是村落内重要的饮用水源之一，目前仍供村民取水饮用及在井旁洗衣洗菜等。水井旁边有一块石碑，刻造井碑记，碑上刻云纹装饰。

"风水门"：原为清代修筑，因当时李家人口较少，在聚落南面修建一座"风水门"，以旺人丁，因此一直保存下来。

4. 非物质文化遗产

金山村历史悠久，人杰地灵，保留着许多的民间习俗，至今在当地还流传着"一月龙灯，二月风筝，三月冷得冷，四月清明，五月端午，六月扛菩萨，七月中元，八月赏月，九月登高，十月下元，十一月寒又寒，十二月送灶王爷"这样的顺口溜，还有祭山神、晒龙王、舞龙灯等传统习俗。

香火龙：香火龙是一种造型威武、结构精美、技艺精湛、场景壮观、气氛热烈、独具特色的汉族民俗综合表演艺术活动，也是特定在元宵节期间举办的一项民俗娱乐活动（图 3-170）。

相传汝城香火龙最早起源于祀龙止雨、祀龙止水，其形象主要来源于当地寺庙中有关龙的壁画和雕塑。制作材料以当地所产的稻草、粽叶、楠竹、向日葵秆、特制的龙香为主，所用工艺也是当地传统的扎制工艺。据汉族民间传说，宋代，汝城连年水灾，民不聊生，乡民扎草龙烧掉，以求消除水灾。制稻草龙便成为习俗沿袭下来，成了一种民俗娱乐活动。

祁剧：祁剧是湖南省传统地方戏剧种之一，又称祁阳班子，民国初年称"祁阳戏"，祁阳祁东民间称"大（dai）戏"。清末又名"楚南戏"，中华人民共和国成立后，因形成于祁阳而得名祁剧。始称祁剧。祁剧的流布区域较为广泛，除湖南的衡阳、零陵、怀化、邵阳、郴州等地区拥有祁剧演出班社之外，不少祁剧班社还到外省演出，曾一度形成"祁阳弟子遍天下"的鼎盛局面。2008 年，祁剧入选第二批国家级非物质文化遗产名录。

金山村在节庆和寿宴时会经常表演祁剧，表演曲目有《包公赔情》《绣鞋记》等。村落内有老人会表演祁剧，目前正在教村内年轻人，以期将此传统戏剧传承下去。

3.2.12 汝城县卢阳镇东溪村

1. 村落概况

1）地理位置与村庄规模

东溪村位于汝城县卢阳镇，地理坐标为东经 113°40′、北纬 25°33′，距县城的中心城区 2km，国道 106 紧邻村落西侧（图 3-171）。

图 3-170 香火龙（谢锦树 摄）

东溪村村域面积 8.6km²。辖 11 个自然村,其中水东自然村为传统村落所在地,是一个以汉族为主的村落,均为朱姓,共有 131 户,户籍人口为 512 人。

2)自然环境

东溪村位于卢阳镇中部平坦的山间盆地之中,村落地形平坦,海拔在 605~615.5m 之间,周边地形以田园和微丘为主。

村落内土壤多为红黄壤、黄棕壤、黄壤,是亚热带湿润季风气候区,气候温和、四季分明、雨量丰沛、日照充足。村落内有 2 口水塘、2 条溪渠,1 口古井,作为村落内的饮用、消防及灌溉水源,无大型河流。

3)历史源流

水东村以朱氏为姓,是唐代名士,人称"五经先生"朱诚之后裔。唐代年间,其次子朱田比北归过卢阳,喜其地物华天宝,民风淳厚,遂卜居汝城之得靖。传之甘霖公,其三子利潢、利涉、利济分居南街、水东、津江,成为此三地之始祖。

2. 村落布局与空间特点

村落四周地势平坦,建筑整体较为集中,因建设时间不同而形成东南部集中的古民居群和西南部相对分散的现代建筑群(图 3-172)。

古民居始建于清代,至康熙年间,村落始成规模,18 栋主体建筑同时奠基窖脚,占地约 8 亩,朝门前一半月形明塘,远处是缓坡地山丘林地,呈环抱之势。古民居群整齐而富有韵律,中间正栋皆为统一的开间设计,序列感较强,四周围房回廊稍加错落体现整体的韵律感,整体形成以水东塘—大朝门—祠堂为主体轴线,以中部 12 栋正栋为核心的古民居群。

村落西北部有一大面积水塘,水塘周边分散着小部分现代民居,南向则集中分布了大片现代民居,其建设相对随意,或五六栋成组,或数十栋成群,朝向各异。

村落内部的传统街巷为棋盘式,卵石路,巷道宽度由其功能而定,一般是公共空间处略宽,如大朝门后巷道约达 4m,民居处略窄,而具体在民居建筑中,建筑前后巷道略宽,可达 2m,

图 3-171 东溪村平面图

图 3-172 东溪村建筑群

山墙处巷道略窄，一般为 1.2~1.6m。

3. 建筑特征与人文景观

1）建筑特征

东溪村传统村落内的传统建筑由大、小朝门、十八栋古民居、一栋祠堂、私塾、武校、后花园构成，占地约 5333m²，正院坐西朝东、跨院朝南，主轴线顶端为该村祠堂——五桂堂，前端为大朝门，对称平行三条线，纵深五进四排正栋，跨院两排并列三正栋，古民居门窗、藻井及槅扇等处皆饰以花鸟、人物、器具、格言图案，并采用浮雕、透雕、镂空、圆雕成形（图 3-173）。

私塾：整体有两栋条状主体建筑，间以院墙、大门相连，形成围合院落空间；主体建筑均为悬山式山墙，山墙上上下对齐有两个木质直棱窗；两并列山墙间设院门，门楣以橙色彩漆绘矩形边框修饰，门楣上方有叠涩状屋檐，屋檐上以青瓦铺设（图 3-174）。

大朝门：六柱牌楼式，是汝城闻名的三条半朝门之一，主文运。大朝门门楼装饰华丽，门楼、柱础饰以砖雕和石刻。屋顶脊梁两端以一雄一雌的金色兽头鱼身铸像装饰，名为螭吻，在民间被视为祈求降雨和避火消防的饰物。屋脊正中以红色琉璃釉面葫芦作为装饰，具有福禄之意（图 3-175）。

乃吾庐：乃吾庐坐落于上水东古民居群的右回廊之中，坐北朝南，土木结构，青砖瓦房。原为朱毂故居，后由国画家朱志元所居住，朱志元当时的书画作品大多是在乃吾庐内完成。因其原为书斋，供文人雅士吟诗作画之用，其大门屋檐处以精细彩绘装饰，绘画内容是鸿儒夺魁，门榜上书"世乃吾庐"三个大字，字体考究雅逸，又以红漆绘矩形边框修饰。20 世纪 20 年代，汝城县委机关曾转移至此，秘密领导全县的革命斗争；20 世纪 30 年代，村落内乃吾庐传至朱善猷家，其与朱书诚、朱志元等组织"乃吾庐"读书会，购置进步书籍创办图书馆，并将其作为革命基地，为中共汝城县委组织进步人士学习党的理论知识，传播党的抗日民族统一战线主张（图 3-176）。

民居建筑：平面构成以单座房屋为基本单元，采用"一明两暗"三开间的平面形式。整体采用木穿斗构架形式，以硬山式屋顶为主。18 座正栋每栋三开间，地面宽 10.8m，进深 10.5m，平面接近方形；

图 3-173　五桂堂

图 3-174　私塾

图 3-175　大朝门正立面

图 3-176　乃吾庐

图 3-177　古民居建筑

布局紧凑，建筑主体外围无院落相围，从大门直接进入建筑内部，室内主要通过一处小巧的四角天井和四周墙上的窗户来满足采光通风需要（图 3-177）。

东溪村至今保留的历史建筑以清代为主，少部分为民国时期建筑（表 3-31、表 3-32）。

2）人文景观

古井：在村落北部石坡塘以南。该水井在清朝凿成，有 3 眼，"品"字形排列。一口作为饮用水，另外两口是村民洗衣、洗菜所用。

建筑年代统计表　　　　　　　　　　　　表 3-31

年代分类	建筑面积（m²）	比例（%）
清代	4709.58	25.82
民国	1141.65	6.26
20 世纪 50~70 年代	1884.00	10.33
20 世纪 80 年代以后	10505.72	57.59
总计	18240.95	100

建筑高度统计表　　　　　　　　　　　　表 3-32

层数	建筑面积（m²）	比例（%）
1 层建筑	10611.96	58.18
2 层建筑	5040.36	27.63
3~4 层建筑	2014.61	11.04
5~6 层建筑	574.02	3.15
总计	18240.95	100

古水渠：从东面田园中引入，环绕村落南侧、西侧后流入石坡塘。水渠挖于清代康熙年间，是村落格局的重要组成部分，同时也是村落内部生活、消防及周边农田灌溉的重要水源。水渠宽0.8~2.5m不等，上游是村民浣衣洗菜场所。

古巷道：因其路面卵石形似龟背纹理，且其两厢带有较浅的排水沟，形似龟壳边缘，故村民将此巷道称为"龟背形"巷道。巷道不仅是重要的出入通道，也是村落内排水的重要通道，村落内保留有十余条古卵石巷道。

石板桥：在村落核心区南侧，为了方便村民出行，村落先祖在水东古渠上架设了十余座小石板桥。石板桥由单块或2~3块石板构成。

影壁：也称照壁、萧墙，是汉族传统建筑中用于遮挡视线的墙壁，即使大门敞开，外人也看不到宅内。

4. 非物质文化遗产

东溪村到目前为止还保存着许多具有传统特色的生活习俗，也保留着一部分传统工艺，如香火龙、拜神龛、木雕和石雕等（表3-33）。

非物质文化遗产一览表　　　　　　　　　　　　　表3-33

类型	主要内容
民俗活动	香火龙、拜神龛、祭祖
表演艺术	唱山歌
传统技艺	木雕和石雕、彩绘
传统食物	豆豉辣椒和辣椒炒豆腐干

木雕和石雕：东溪村古民居中有各种木雕装饰，门、窗等多是由各种花草纹理雕饰的木质门窗。古民居室内装修精美，尤其左右两栋及朱炳元旧居，门窗、藻井及槅扇等均饰以花鸟、人物、器具、格言图案，并采用浮雕、透雕、镂空、圆雕，构图严谨、刀工精绝，堪称雕刻中精品，虽经几百年风雨烟尘，仍透现红丹、绿漆、金饰的辉光（图3-178）。

彩绘：在中国自古有之，又被称为丹青。常用于中国传统建筑上绘制的装饰画。建筑上的彩绘主要位于梁和枋、柱头、窗棂、门扇、雀替、斗栱、墙壁、天花、瓜筒、角梁、椽子、栏杆等建筑木构件上，以梁枋部位为主。成语"雕梁画栋"由此而来。东溪传统村落民居内清朝的建筑物大部分都覆盖了精美复杂的彩绘（图3-179）。

豆豉辣椒和辣椒炒豆腐干：豆豉辣椒和辣椒炒豆腐干是东溪村的传统名菜，属于湘菜系。大豆富含蛋白质，而豆豉是以黑豆或黄豆为主要原料，利用毛霉、曲霉或者细菌蛋白酶的作用，分解大豆蛋白质，达到一定程度时，通过加盐、加酒、干燥等方法，抑制酶的活力，延缓发酵过程而制成。豆豉辣椒营养丰富、味道鲜美，因而深得东溪村民的喜爱，是村民家家户户待客、节庆必不可少的一道美食。辣椒富含维生素，东溪村村民自制豆腐干鲜嫩而富有营养，辣椒炒豆腐干也是村民最为喜爱的一道传统美食。

3.2.13 汝城县卢阳镇津江村

1. 村落概况

1）地理位置与村庄规模

津江村隶属汝城县卢阳镇，距离县政府不到1km。地理位置为东经113°72′、北纬25°60′（图3-180）。

村域面积2.39km²。村落内户籍人口3354人，主要民族为汉族。

2）自然环境

津江村位于海拔650m以下的中部平原地区，地形地貌以山地为主，山冈盆地相间。水系呈树枝状，向东西南辐射。

村落属亚热带季风湿润气候区，主要特点是温暖湿润，热量丰富，雨量充沛，光照充足，夏无酷热，冬少严寒。

3）历史源流

津江村传统村落距今已有近1600年历史，村民以朱氏为姓，村里人都自豪地称自己为"五经世第"后代。据津江《朱氏族谱》记载，津江朱氏源于江苏砀山，是唐朝名士朱诚之后裔。朱诚之操守高洁，学问渊博，通晓五经，以经义教授乡里，时人尊称其为"五经先生"。朱诚之生三子，长子朱全昱乃梁广王，次子朱存乃梁朗王，三子朱温后废唐朝皇帝自立称帝，即梁太祖。广王朱全昱生长子友谅，梁末帝朱友贞封朱友谅为衡王，衡王之子朱坝在后唐天成年间任广州节度使，朱坝次子朱毗北归过汝城，见此地物产丰富，风景秀丽，民风淳厚，于是定居于此。自此，朱氏一家繁衍至今。

1927年11月中旬，朱德、陈毅等率领南昌起义保留下来的一部分军队到达汝城县，与国民党

图3-178 石雕

图3-179 彩绘

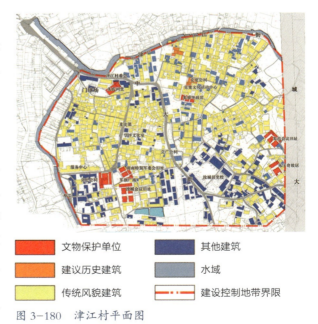

图3-180 津江村平面图

第十六军军长范石生合作，并秘密与湘南特委联系，积极策划，准备武装起义，史称"湘南起义"。湘南起义旧址群——湘南中共驻汝城特别工作委员会旧址位于津江村坪下组，始建于民国初期。

2. 村落布局与空间特点

津江村选址在山丘环绕的河流盆地内。西部有通天窝—寒山—东岭—带山岭，东南至东部则为东岭—集龙山地，整体为西北高、东南低，因此，村落的主要朝向为坐南朝北，讲究"青龙压白虎，多禄又多福"。寿江与津江水交汇在此，"曲水环抱""明堂开阔"，是典型的传统村落的选址模式。

村落主要以一大宗庙（即朱氏祠堂）和四大家族的祠堂为中心，公共建筑以祠堂为中心呈簇状布局。中大街将古村一分为二，沿途通达各门各户，连接每一条巷口，巷道纵横交错，通达每个厅堂，最长的巷道有153m，数十座风格各异的古民居院落，由数十条纵横相织的鹅卵石古道相互连通（图3-181）。

图3-181 津江村全景图

3. 建筑特征与人文景观

1）建筑特征

津江村传统村落是典型的湘南古民居建筑风格，村落内的传统建筑主要包括大量兴建于从清代至今的各类砖木结构建筑，含有各类公共建筑及民居建筑（表3-34、表3-35）。祠堂是族人供奉和祭祀祖先，办理婚、丧、寿、喜的聚会场所，因此祠堂建筑一般都比民宅规模大，其规模显

建筑年代统计表		表3-34
年代分类	建筑面积（m²）	比例（%）
清代	34782.22	53.10
民国	2915.17	4.45
20世纪50~70年代	11606.37	17.72
20世纪80年代以后	16198.23	24.73
总计	65501.99	100

建筑高度统计表		表3-35
层数	建筑面积（m²）	比例（%）
1层建筑	10161.59	15.51
2层建筑	42470.65	64.84
3~4层建筑	11482.52	17.53
5~6层建筑	1387.23	2.12
总计	65501.99	100

示着家族的权势和财势，高大的厅堂、精致的雕饰、上等的材料，成为各个家族光宗耀祖的一种象征，所以构筑时比民宅讲究，在建筑檐口处通常采用石青、石绿、石蓝为主色的材料进行修饰。津江村内的主要公共建筑为一大宗庙和四大祠堂。

一宗庙指的是津江朱氏祠堂，为全村总祠，位于村口西北，依津江水而建。始建于明代，占地逾千平方米，坐西朝东却于东北角面北而立。门梁雕龙画凤，两侧马头墙，祠堂内为两厅两天井，天井铺青石，厅铺青砖。上厅、下厅的天井正中有一块巨型的鲤鱼跃龙门雕刻（图3-182）。

四祠堂分别为克宽公祠、克广公祠、克绍公祠和克纪公祠，均为三开间两进一天井，严格遵守礼制，其中克纪公祠为中西合璧式建筑，为明代清官朱海所建的专祠，厅内有一匾额弥足珍贵，是20世纪40年代由蒋介石题赠的"热心教育"匾（图3-183）。

民居建筑：属南方汉族地区的天井式合院建筑，有着基本的平面布局，即单元建筑、中轴对称、主次分明等，外部都有高高的封闭围墙。院落内大都是鹅卵石铺路，两朝门进出，正栋建筑，二层青砖木瓦房因地就势，辅以花丛草木点缀，同时讲究阴阳协调，通光透气。建筑色彩淡雅，无论是灰色的瓦、古铜色的木格栅，构成的建筑内部空间都反映着和、淡、清、古、恬、逸、雅等审美取向，用建筑色彩语言述说着和谐之意。建筑整体之中也会出现醒目的色彩，如对联、年画等细部软装饰（图3-184~图3-186）。

2）人文景观

湘南起义汝城会议旧址：是朱德、陈毅和湘南特委在汝城策划"湘南起义"的革命旧址，在建党历史中有特殊的地位和价值。原为当地乡绅朱雄万之庭院，由2座朝门、4座正栋、2座偏房建筑组成。

图3-182　朱氏祠堂

图3-183　克绍公祠

槽门：主要分为街巷槽门和院落槽门，具有防御作用。街巷槽门关闭后，整个村落形成一个封闭的大院落；街巷槽门打开后，各个街巷四通八达通至村落外面。而院落内部的槽门除了包含一部分防御的功能外，还能分割院落：当槽门关闭，各门各房独自成户；当槽门打开，同一房族又成一大家庭。

古桥：津江桥位于寿江和津江水交汇处以北220m处，是古津江村通往县城的必经之路。始建于津江村建村之时，最近一次于21世纪初翻修，现称为津江新桥。桥宽3.5m，桥面为水泥材质，桥两侧设置有大理石栏杆。

文塔始建于明代成化年间，为八方七级青石基楼阁式文峰砖塔，形如一支矗立的毛笔，坐西朝东，是当时本地乡绅为促进汝城文运在此修建的，建成后明首辅大学士李东阳曾为此作序，清道光年间被拆毁，光绪六年（1880年）重建。文塔通高38.5m，塔座用青石砌成，塔座的平面为八角形，面积43m²，第二层以上用青砖，外部采用了长身丁头砌法，内部采用乱砌法修建，每层饰青绿如意燕翅板相隔，塔身饰券门和假券门相间，塔刹饰宝葫芦，为汝城标志性建筑（图3-187）。

4. 非物质文化遗产

香火龙：津江村舞香火龙的历史悠久，据传最早起源于祀龙止雨、祀龙止水，其形象主要来源于当地寺庙中有关龙的壁画和雕塑。制作材料以本地所产的稻草、棕叶、楠竹、向日葵秆、特制的龙香为主，

图3-184 民居建筑

图3-185 民居建筑细部

图3-186 民居建筑细部

图3-187 文塔

所用工艺也是本地传统的扎制工艺。舞香火龙的招龙仪式在每年正月的元宵节前后夜间进行,有圆龙、扁龙还有特制的磺龙,长度分为7m、9m、11m不等,最高4m,最矮2.5m。制作工艺精巧、工艺流程复杂,舞龙活动群众参与性强,具有典型的地域标志性。香火龙于2008年由国务院公布为全国第二批非物质文化遗产保护项目(图3-188)。

装故事:"装故事"是汝城县独特的民俗文化,迄今已有数百年的历史,具有浓厚艺术品位。津江村一般在元宵节前后举办"装故事",寓意着广大群众期盼新的一年五谷丰登、风调雨顺。

整台"故事"主要反映古代戏剧和现代生活中所发生的典故、传奇或具有诗情画意的事情,属于脸谱化、服装化的娱乐戏,每台"故事"都能完整地表现一出传奇故事情节。每台"故事"设一个"故事"架,须由4个成年男人方能抬起走巷游街。"故事"架平台中由1~3个年龄在2~13周岁的小孩穿着各式各样的戏服,扮演古今各种角色,依角色编写故事名称立于"故事"架上,把传奇故事里的情节活灵活现地装扮出来,深得广大人民群众的喜爱。

整台故事一般由数十个"小故事"组成,有画着关羽、武松、孙悟空等各种古代传奇人物脸谱的武松打虎、天仙配等历史文化故事,也有装扮为神舟七号发射、保卫钓鱼岛等时事或典故的。"故事"由数百人参与轮流抬拱,上千人的队伍浩浩荡荡,在鼓乐声中,按预先规定的路线行走,沿途观赏的村民高兴得不时燃放鞭炮、烟火,人们不断向"故事"架上奉送糕点、果品、红包等,以表赞赏,同时渴望沾上"故事"灵气,实现新年风调雨顺、五谷丰登、阖家幸福安康的美好愿望(图3-189)。

图3-188 津江村舞香火龙

图3-189 装故事

3.2.14 汝城县文明镇沙洲瑶族村

1. 村落概况

1）地理位置与村庄规模

沙洲瑶族村位于汝城县文明镇，地理坐标为东经113°36′、北纬25°34′，村庄距县城45km（图3-190）。

沙洲瑶族村村域面积0.92km²，辖4个村民小组，现有农户142户、户籍人口518人，其中瑶族占60%，朱姓村民占总人口的95%。

2）自然环境

沙洲瑶族村村庄地形地貌主要以丘陵田地为主。村内水系水量丰沛，四季流淌，文明溪汇入滁水河，形成二水相汇，是沿线村落主要生产灌溉用水。

村落属亚热带季风气候区，四季分明，雨量日照适中，适宜发展农业生产。

3）历史源流

沙洲瑶族村经历了400多年的历史，逐步形成了规模较大的传统建筑群落。

村民以朱姓为主，朱氏十九世祖攀麒公长子思谅公于明洪武二十五年（1392年）随父宦游过此地，见这里"文经武纬，山明水秀"，俗朴人醇，遂卜居于此。明嘉靖元年（1522年），沙洲双泉祖由附近的秀水迁居于此。

1934年11月，红军长征曾经过这里，3位女红军送给当地百姓半条被子的故事，如今已经广为流传。当时红军军纪严明，红军战士们绝对不能随便进入老百姓家中。沙洲村村民徐解秀看到这些红军战士夜宿街头很心疼，虽然家里只有一张床，但还是把卫生部的3位女红军请到了家里一起住，军队要离开的时候，她们看到徐解秀家连一床像样的被子都没有，在当时行军环境极其恶劣、物资条件极度匮乏的条件下，女红军仍执意将自己的行军被剪开，送了一半给徐解秀。半条被子不仅温暖了那段艰苦的长征岁月，也道出了红军和群众同呼吸、共命运、心连心的使命担当（图3-191）。

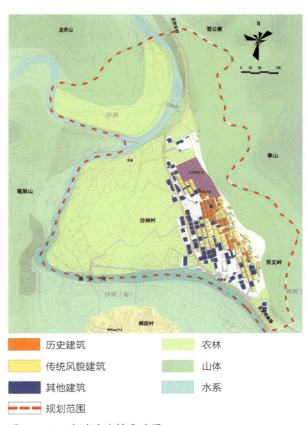

图3-190 沙洲瑶族村平面图

图 3-191 红军赠被雕塑

图 3-192 沙洲瑶族村建筑群

图 3-193 朱氏宗祠

图 3-194 沙洲瑶族村民居建筑

2. 村落布局与空间特点

沙洲瑶族村背依青山，对面良田千顷，远处山峦环绕，山脚与田畈之间穿行潺潺溪水，山如屏障，水似玉带。

全村 30 栋古民居以朱氏宗祠为中心，围绕朱氏宗祠及主巷道整齐排列（图 3-192、图 3-193），巷道宽度为 1.5m，用青石板、鹅卵石砌排水沟。建筑走向、平面布局都保持一致，并遵守"前栋不能高于后栋，最高不能超过祠堂"的规定。村庄北面建有财神庙，南面建有天子庙。从整体布局来看，巷道、沟渠构成村落的基本骨架，祠堂等公共建筑成为村落中最重要的公共活动中心和精神中心，朝门、广场是村民日常交往的活动空间。

3. 建筑特征与人文景观

1）建筑特征

历史建筑以清代建筑群为主（表 3-36、表 3-37），建筑以单座房屋为基本单元，采用"一明两暗"三开间的平面形式（图 3-194）。青砖"金包银"硬山顶一重封火墙为主；体量均以宽 11m，

建筑年代统计表 表3-36

年代分类	建筑面积（m²）	比例（%）
明代	2269.87	11.85
清代	2220.72	11.59
民国	127.43	0.67
20世纪50~70年代	7256.40	37.88
20世纪80年代以后	7283.09	38.02
总计	19157.51	100

建筑高度统计表 表3-37

层数	建筑面积（m²）	比例（%）
1层建筑	2810.50	14.67
2层建筑	13964.58	72.89
3层建筑	2382.43	12.44
总计	19157.51	100

进深7.0m为主；朝向均坐东朝西。建筑中间房间为堂屋，是住宅中最主要的房间，一般位于住宅的中轴线上，是会客、就餐、祭祀的地方。堂屋开间一般为4~5m，进深7m。

屋面一般是双坡木屋架，加盖小青瓦。屋顶大多是悬山式，在山墙内除墙外，一般不设木构架，而把砖墙一直砌到檐口，在檐口上铺瓦，并做砖封檐，屋顶脊尾一般用砖或瓦叠成高高翘起的样子（图3-195）。

图3-195　建筑细部

图 3-196　窗户细节　　　　　　　　　　　　　　　图 3-197　朝门

沙洲古民居一般有一重马头墙，既防火，又美观，马头墙一般做成"卷草"向上翘起，马头墙垛头有人物雕像，使整个建筑轻巧灵动。

古民居大门门仪上方有讲究的门罩，用青砖叠涩外挑几层线脚做成，加以垂柱，雕刻梁枋，饰以鳌鱼花脊；书香门第则在门梁上的墙面嵌上镶边的字牌或书写字牌，衬以彩画、砖雕花板，显得非常华丽。

古民居的窗大多是直棂窗，简洁、明快。窗檐常用砖做成叠涩状或半圆形。后期的窗檐受西洋建筑的影响，窗檐饰以圆形的曲线山花，曲线两端分别挂着一个柱头"灯笼"，美丽秀观，建筑风格中西合璧。有一栋"人"字形倒"蝠"窗檐，别有一番风味（图 3-196）。

2）人文景观

朝门：位于村落的重要位置或者重要节点，称之为朝门。村落朝门位于朱氏宗祠广场入口，双重防火墙，青砖砌筑（图 3-197）。

土地庙：位于村落北部，滁水河畔，古庙两开间，庙后有一株 400 年古松柏树。古庙至今仍保存其使用功能。土地能生五谷，是人类的"衣食父母"，因而人们祭祀土地。人去世之后，道士举行超度仪式时，都会去其所属土地庙祭祀。或者是新死之人的家属，到土地神庙，禀告死者姓名生辰等资料，以求土地神为死者引路。

4. 非物质文化遗产

沙洲瑶族村历史悠久，人杰地灵，朱氏及其后人在这里安居乐业，怡然自足，传承下来很多节日活动和民俗。至今在当地还流传着"一月龙灯，二月风筝，三月冷得冷，四月清明，五月端午，六月扛菩萨，七月中元，八月赏月，九月登高，十月下元，十一月寒又寒，十二月送灶王爷"

图 3-198 舞狮

图 3-199 木雕

的顺口溜,在这里节日有大节日和小节日之分。大节日主要有盘王节、封鸟节、清明节、尝新节、端午节、鬼节、中秋节、重阳节、春节等。每月均有小节日,其中盘王节、封鸟节是瑶族特有的节日。有香火龙、舞狮子(图 3-198)、放龙炮、花炮、打锣鼓、祭土地、晒龙王、载米树、洗禾镰、刻木雕(图 3-199)等民俗。

3.2.15 汝城县马桥镇石泉村

1. 村落概况

1)地理位置与村庄规模

石泉村位于汝城县马桥镇,地理坐标为东经 113°36′、北纬 25°34′,距县城 14km。一条宽仅 3.5m 的水泥硬化村道东西向穿境而过与县道联系(图 3-200)。

村庄村域面积 5.91km²,共 17 个村民小组,712 户,户籍人口共 2587 人,以汉族为主。

2)自然环境

石泉村地势南北高、中部低,村域内地貌有平原、岗地、丘陵、山地和溶洞等。村落属于亚热带季风湿润气候,四季分明,夏无酷暑、冬无严寒,气候条件较优越。

村内水资源丰富,有多个水库及河流,水量较多,常年不枯,极大便利了村内农业浇灌,另有水塘数处散布于村内。

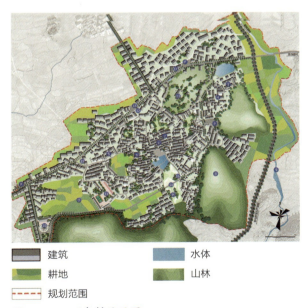
图 3-200 石泉村平面图

3）历史源流

石泉始建于宋朝末年，是三塘胡氏家族聚居地，因"胡氏先祖淑政公号石泉"，所以村以其号名之。根据《胡氏族谱》记载，淑政公也是经由江西吉安府胡氏辗转多处，经若干代传下来的。他居下湾，上湾住的是其弟淑行，如今二者相连，都归属石泉村。

2. 村落布局与空间特点

石泉村布局似一卧虎形。其尾从乾方伸至坤方，两后爪伸至离方，两前爪伸至巽方，头卧艮方，左、右、后三方民居布局整齐有序，就像老虎的五脏六腑，胡氏宗祠位处老虎的心脏部位。

古村落青山秀美，保存了农耕社会原生态古典聚居完整的历史风貌。上湾、下湾相连，其来脉自村背羊石尖高峰东下，逶迤至金星岭。东过井前岭，西向为上湾，西下山头园，南向为下湾。各立祠堂，以下湾祠堂为大宗。左为矛台山，山下为塘门口；右有虎榜山，山下为竹山脚；两山对峙，中开如门，外横一障为平半山，与祠堂对，形若屏风。村西稍散而泻，培以新界堤、真武阁、回澜书屋，山环水抱，蔚然成一乡望族（图3-201）。

3. 建筑特征与人文景观

1）建筑特征

该村落坐北朝南，保留有明清至民国建筑200多栋，分住宅、宗祠两大部分，总建筑面积约31000m^2（表3-38、表3-39）。

这些古民居以胡氏宗祠为中心，因地制宜，就地取材，自成一体。石泉古建筑群雄伟古朴，有的飞檐翘角，有的古朴典雅，画卉雕花，古香古色（图3-202）。

建筑年代统计表　　　　表3-38

年代分类	建筑面积（m^2）	比例（%）
明代	426.00	0.79
清代	17232.00	32.33
民国	3872.00	7.27
20世纪50~70年代	13377.00	25.11
20世纪80年代以后	18386.00	34.50
总计	53293.00	100

建筑高度统计表　　　　表3-39

层数	建筑面积（m^2）	比例（%）
1层建筑	26770.00	50.23
2层建筑	25023.00	46.95
3~4层建筑	1500.00	2.82
总计	53293.00	100

图 3-201　石泉村全景图

图 3-202　石泉村民居建筑

　　胡氏宗祠：坐北朝南，砖木结构，由朝门和宗祠组成。朝门单檐硬山式，二重封火墙，下施五跳如意斗栱。鸿门梁雕刻双龙戏珠，并彩绘以金色。宗祠三间二进一天井，堂号"忠简堂"。门楼宏伟，撑栱、梁枋等处彩绘花鸟瑞兽纹饰。后厅设神龛，供奉先祖神位，神龛门为镂雕，共7对，每个槅扇门都雕有"福、禄、寿"三个字。（图3-203）。

　　九胡湘大院：建于民国时期，由东、西、南、北各一栋3层楼组成了一个封闭的独立空间，建筑欧式风格浓厚，极富特色，门罩、雕花窗、转角石雕刻精美，在其墙壁还保存有大量红军标语，极其珍贵。

　　胡凤璋旧居：六幢民国时期欧式风格的建筑，围成一个院落，"湘南王"胡凤璋，曾任蒋介石国民革命军第一游击中将司令、汝桂警备团团长，是当时湘粤赣边界武装力量最强的割据势力。20世纪30年代修建住宅，六幢规模相差无几，装饰考究，水磨青砖净水墙，青瓦覆盖硬山顶，正门前安有门簪，雕有精美纹饰。栋与栋之间既独立又有木制走廊相连，并在每栋楼房的角落都设有枪眼（图3-204）。

　　2）人文景观

　　真武阁：坐西朝东，为双层楼阁，攒尖顶，覆青瓦，四角飞檐，由朝门、庭院、阁楼组成。其墙体采用鹅卵石砌就，开拱形门，两侧各开一扇窗。真武阁为一进深，有两对立柱，观内保留有五通碑记，记载着真武阁的兴亡衰败。

　　铁山桥：位于村东面的大同江上，是古时村民为方便上县城所建，始建于明嘉靖四年（1525年），桥以青石所筑，分三截，全长9.7m，宽0.85m，厚0.4m。据说，此桥自建成时便未建护栏，却从未有村民、动物失足落水过，因此，这里也成为祈福求安之地（图3-205）。

图 3-203 胡氏宗祠

图 3-204 胡凤璋旧居

图 3-205 古桥

图 3-206 上古寨城墙

上古寨：坐落在村东南，位于村宗祠左前 300m 左右，是一座孤峰，四面峭壁，怪石嵯峨，地形非常险峻。石寨依山而建，护寨城墙全用大青石、青砖砌成。从山脚到寨顶仅有一条狭窄的青石板阶梯可通，计有 400 余级。沿上山石阶和寨顶四周筑有 9 座炮楼，有大小炮眼 400 多个，并建有庙宇、军火库、公园、营房、民房、水井、炮楼，房屋累计有 100 多间。上古寨东南两头筑有木质碉堡，是民国时期湘南匪首胡凤璋的巢穴（图 3-206）。

4. 非物质文化遗产

石泉特有的民俗文化遗产众多，村落内至今传承较好非物质文化遗产有：祭土地、晒龙王、载米树、尝新、洗禾镰、舞狮子、化龙（图3-207）、放龙炮和花炮等。

3.2.16 资兴市三都镇辰冈岭村

1. 村落概况

1）地理位置与村庄规模

辰冈岭村位于资兴市三都镇，主要包括黄昌岭、三元和石头圫三个古村，是目前资兴市内保存较为完整的湘南古民居群之一。地理坐标为东经113°16′、北纬26°02′。村落主要对外交通为省道213。

辰冈岭村村域面积18.6km²，户籍人口400人，共100户，主要民族为汉族（图3-208）。

2）自然环境

辰冈岭村传统村落内地形地貌主要以丘陵农田为主，地势较平缓开阔，村落北部为辰冈岭山脉，东、南、西三面为广阔的荷塘，海拔122~159m。属亚热带季风性湿润气候，四季分明，阳光充足，春夏多雨，秋冬少雨干旱。

图3-207　化龙

图3-208　辰冈岭村平面图

3）历史源流

辰冈岭村包括黄昌岭、三元和石头圫三个古村，黄昌岭村的开宗祖系木瓜塘始祖袁显章第十三代孙袁道达。黄昌岭原名寺山冲，袁道达从木瓜塘迁此之后，寓村庄昌盛发达之意，改名黄昌岭。道达一生聪明大度，且胆大敢为，重视文化和经济，至四十岁，已有雄厚经济实力，18世纪40年代即建成一个具有宋代风格、整齐划一的大村庄，接着又在村西，村北各建一蒙馆和熟馆，供子孙课读。

石头圫古村建于清代，现有房屋20余栋80余间，有1个80m²的公厅。其开宗祖系木瓜塘始祖袁显章第31代后裔袁振铃。据《袁氏族谱》记载，村庄奠基开挖时，发现神龛之处一块巨大青石，大喜，谓之天然奠基石，故取名石头圫。

图 3-209 辰冈岭村建筑群

2. 村落布局与空间特点

村落选址遵循"天人合一"的自然格局，体现了古代风景园林学的建设理念。龙凤江蜿蜒全村而下，形成水抱地，有"腰前锦玉带"之贵，背倚长条象山，面临万顷粮田，视野开阔，突显中庸仁和之气度。

村落内以袁姓为主，以父族系血缘关系为主发展形成多个聚落组合，主要包括黄昌岭、三元和石头坯三个古村，三者之间大致呈倒"品"字状分布，在辰冈岭山脉与辰南河围合的平缓地带，三元和石头坯古村均为黄昌岭古村始祖袁道达子孙后辈所建，每个古村内有一个公厅，供奉先祖牌位。辰冈岭传统村落内的街巷采用的是枝状组织形式。街巷纵横交织，蜿蜒曲折，串联起村落内主要民居，便于村民出行。村落内巷道宽 1~2m 不等，通常为公共建筑处宽，民居小巷处窄（图 3-209）。

3. 建筑特征与人文景观

1）建筑特征

辰冈岭传统村落内栋宇众多，且风格一致，构成有机整体。至今保留历史建筑以清代建筑为主（表 3-40、表 3-41）。

建筑多为 2 层楼，下为伙房和农具存放之地，二楼为睡房和仓库。大门门槛青石雕花构筑，横梁、窗花均刻龙描凤，花草虫鱼应有尽有，雕工精细，栩栩如生。村落内古建筑大多为砖墙、木梁架和青砖铺地，建筑材料多为木材、砖石、青石板，属生态环保型低能耗建材；房屋以木构架抬梁式穿斗式为主，大厅内部分隔也大都是木质（图 3-210）。

建筑年代统计表　　　　　　　　　　　　　　　　　表 3-40

年代分类	建筑面积（m²）	比例（%）
清代	5530.36	50.33
20 世纪 50~70 年代	1985.93	18.07
20 世纪 80 年代以后	3471.50	31.60
总计	10987.79	100

建筑高度统计表　　　　　　　　　　　　　　　　　表 3-41

层数	建筑面积（m²）	比例（%）
1 层建筑	4804.05	43.72
2 层建筑	6127.00	55.76
3~4 层建筑	54.74	0.52
总计	10987.79	100

图 3-210　古民居

阁楼：湘南地区因其气候原因，多为青砖青瓦两层砖木结构的古民居。因一楼较为潮湿，村民多居于 2 层阁楼之中，既防潮又利于防范虫害侵袭。

公厅：辰冈岭传统村落内共有 3 处公厅，分布在黄昌岭、三元和石头圫，每个公厅各具特色，其中以黄昌岭公厅最为大气和精美（图 3-211）。

2）人文景观

古桥：青石板桥横跨于辰南古河道上，起着联系三元与石头圫古村的作用。该桥始建于清代，因历史因素等遭受破损，后由村民自发组织复建。

古河道：辰南河自黄昌岭古村修建之前就有，先祖袁道达在选址建村之时，觉得若在此地临水而居，既便于生产生活，又利于防御。

天井石雕：湘南汉族砖石民居多设天井，其中位于黄昌岭公厅的天井池，矗立着一块方形的、

图 3-211 黄昌岭公厅

图 3-212 天井石雕

图 3-213 米粉鹅

图 3-214 爆火肉

图 3-215 团散

厚大的青石板，上面雕着三个圆形的图案，技艺精湛，正中间稍大的图案里雕着鱼和龙，两边各雕着龙，寓意鲤鱼跳龙门和双龙抢珠，寄托了先人期盼村里多出人才的愿望（图 3-212）。

4. 非物质文化遗产

民俗活动：冈岭村民俗活动包括香火龙、家庙祭祖、舞狮、舞龙、晒龙王等与沙洲瑶族村（本书 3.2.14 节）、石泉村（本书 3.2.15 节）相同。

传统美食：米粉鹅（图 3-213）、爆火肉（图 3-214）、辰南米面、糕片、团散（图 3-215）、白露酒等。

3.2.17 资兴市三都镇流华湾村

1. 村落概况

1）地理位置与村庄规模

流华湾村位于资兴市三都镇，隶属三都行政村。地理坐标为东经113°72′、北纬25°60′。村落距离资兴城区约7km（图3-216）。

流华湾村村域面积8.6km²。流华湾传统村落属于三都行政村第一至第三村民小组，户籍人口410人，约130户。以汉族为主，主要为袁氏明选公南徙资兴的后族。袁姓人口占全村90%以上。

图3-216 流华湾村平面图

2）自然环境

流华湾村境内大部分为低山丘陵盆地，地势为东高西低，地面高程一般在海拔118~155m之间，最高点在村后龙脉山山顶，海拔155m，最低处为流华湾南部河滩，海拔118m。

流华湾属亚热带季风湿润气候，四季分明、夏秋多旱、冬无严寒、夏无酷暑、雨水充沛。夏季盛行南风，冬季盛行北风。

3）历史源流

村落最早建村于明代。明末清初，流华湾先祖明选公从刘家手中买地开山取名流华湾，开始了村落建设，村落早期建造上边厅、老厅等历史悠久的民居院落，后来随着人口经济增长，村落又继续向北、向东扩展，相继形成户户相连、院院相通的古民居建筑群。及至当代，形成有百户规模的大村落。明清时期，流华湾村一直属桂阳郡兴宁属地，民国以来，废府废道。中华人民共和国成立后至20世纪60年代，郴县、资兴合并，流华湾村为郴县三都乡公社。改革开放后至20世纪80年代，隶属于资兴市三都乡。20世纪90年代，撤乡设镇，流华湾则隶属于三都镇至今。

流华湾人杰地灵，出过12个秀才、5个进士，它还是红色革命摇篮，村内苏维埃旧址是湖南省级文物保护单位。2016年流华湾被评为AAA级旅游景区。

2. 村落布局与空间特点

流华湾临水背山而建，水网密布，村前百米有流华河从东向西穿过。在村南河流以北的开阔段，同样分布有成串大小池塘、池塘广植荷花。

流华湾古村选址遵循"天人合一"的自然格局，体现了古代规划选址的建设理念。古村坐北朝南，北靠原资兴八景之一。前有流华河蜿蜒全村而下，面临万顷粮田，视野开阔，为典型的天然良地。

流华湾古民居从外观上一字排开，连成一片，整齐并列，内有纵横街巷。全部民居为青砖碧

图 3-217 流华湾村建筑群

瓦，所有大门横梁雕龙画凤，古色古香，整个古村内石板路连通大街小巷，古井、石板路、排水等布局机巧（图 3-217）。

3. 建筑特征与人文景观

1）建筑特征

流华湾村内民居为典型的湘南传统建筑，主要承袭徽派建筑、客家建筑的造型元素，屋宇较为张扬，装饰丰富。建筑艺术丰富讲究。村落现有传统民居 120 余栋，为资兴地区保存最为完整的古民居建筑群，距今约 600 年历史（表 3-42、表 3-43）。

建筑年代统计表　　　　　　　　　　　　　　表 3-42

年代分类	建筑面积（m²）	比例（%）
明代及以前	5347.13	54.60
清代	899.61	9.20
20 世纪 50~70 年代	2127.75	21.70
20 世纪 80 年代以后	1421.89	14.50
总计	9796.38	100

建筑高度统计表　　　　　　　　　　　　　　表 3-43

层数	建筑面积（m²）	比例（%）
1 层建筑	1273.41	12.80
2 层建筑	8656.28	87.20
总计	9929.69	100

古民居：流华湾古民居建筑外观多为青砖黛瓦，多为 2 层，砖木结构（图 3-218）。房屋山墙筑有鸡冠垛样式的马头墙。建筑工艺方面，有雕刻精细的大门格栅与花格窗棂，雕刻工艺非常精湛，以高浮雕手法雕刻多种图案（图 3-219、图 3-220）。

古厅屋：流华湾厅屋即俗称的"家祠"。它是资兴古民居建筑中十分重要的公共空间。各家族门户日常重大的公共事务，都会在厅屋举行。村落代表性的厅屋有上边厅、老厅屋等四大厅屋建筑。民居厅屋都建有天井，村落先祖认为天井与"财禄"相关。营造天井，使得天降雨露与财气都归入家族明堂。厅堂门口一般都有精细木雕，建筑前面坪场则建有旗杆石、勒马墩等构筑物（图 3-221）。

2）人文景观

古河道：流华湾古河道位于村南的玉带水——流华河，流华河自东向西穿村而过，水源来自村北辰岭岗山脉，河道宽约 2m。古村依水而兴，数百年来是古村落重要的农田灌溉水源及天然生态资源。

图 3-218　流华湾村古民居

图 3-219　木窗　　　　图 3-220　石窗　　　　图 3-221　流华湾村古厅屋

古街巷：流华湾传统村落街巷数量众多，村中街巷均以青石与麻石铺成，石板古巷连接各厅，纵横相连，排水良好，自古就有"雨雪出门不湿鞋、没客五十不出村"之称。整个民居村落因街相连，因巷相通，石阶铺地随地而上，特色丰富。

旗杆石：村落现分布有旗杆石4处，旗杆石直径约20cm，高约1m。为旧时富贵人家门前用于树旗的重要构筑物（图3-222）。

古井：村内共有古井2口，为石制方井，分布于后山龙脉山山腰，井深约1m，建成于200年前的清代中晚期。古井水质甘甜，百年不断水，现今仍为村民重要饮用辅助水源。

古桥：古桥位于流湾河西南侧，为单拱石沟桥，始建于清代，全部为青石铺砌，保存相对完整（图3-223）。

4. 非物质文化遗产

流华湾村民俗文化遗产众多，村落内至今传承较好的非物质文化遗产有先祖开村、振文公捐

图 3-222 旗杆石

图 3-223 古桥

图 3-224 中共资兴县苏维埃政府旧址

图 3-225 舞龙狮民俗活动

饷等名人轶事，有"资兴苏维埃政府成立"等重大红色历史遗迹（图 3-224），同时还有舞龙狮（图 3-225）、"偷青"等本地特色民俗活动。

3.2.18 资兴市三都镇中田村

1. 村落概况

1）地理位置与村庄规模

中田村位于资兴市三都镇北部，地理坐标为东经 113°27′、北纬 26°05′。距市中心城区 15km，距三都镇镇区 5km，交通便利（图 3-226）。

中田村村域面积 2.67km²，行政村户籍人口 820 人，210 户。村民均为汉族，以李姓为主。

2）自然环境

中田村内地形地貌主要以丘陵田地为主，海拔131~138m，地势东高西低，地形平坦，土壤肥沃。

3）历史源流

据2011年修订的《李氏三俊堂族谱》记载，北宋年间，中田村李氏始祖李玉与李金、李元、李亨三兄弟从江西兴宁县迁至此处各立基业，距今已有600多年了。中田村整体坐东朝西，东卧龙门口山，西望辰冈岭，北靠郴侯山，南面是广阔的千亩稻田，李氏子孙在这片土地上生息繁衍、代代相传。中田村住宅密集、栋栋相邻，整个古村原本是一个庞大的整体，整个古民居群落巷街相间，过道相连，总建筑面积约6000m²。

20世纪50年代，由于修建从三都火车站到湘盛煤矿的铁路，铁路穿村而过，从而把中田村

图3-226 中田村平面图

分成了两部分，南边大部分被称为"大屋图"，北边的小部分被称为"新屋图"。在"大屋图"的最前排古宅里，有三栋相邻的厅屋各具特色，最为显眼。

2. 村落布局与空间特点

中田村内的公共空间散布在各个角落，主要包括各个祠堂及其周围空间、井台、健身空间、入口游园等。

村落入口序列以中田村西部广场为线索，该线索与村落外部的田园、河流、山林相呼应。一进入村落是宽敞广场，走进村落内部，看到明清时期的古民居建筑青砖灰瓦，形制方正，古老的青石板或麻石巷道古朴宁静。每座祠堂均雕梁画栋，工整细致，古风古韵，是村落内最重要的公共活动中心，也是村落的精神中心。欧式古楼在村落北部，与村落由农田隔开（图3-227）。

3. 建筑特征与人文景观

1）建筑特征

中田村建筑始建于明代末期、清代早期，布局整齐，古巷以经纬线布局，保留了明清时代的建筑风格（表3-44、表3-45）。巷道铺以石板，街道商号林立，铺面的后面多为深宅小四合院，规划整齐，无廊无檐，多为进深三进、面阔三间布局，砖木结构，青砖砌墙，硬山顶，屋面覆小青瓦。梁架大多为通天柱与穿柱造结构，厢房与过厅均以木板相隔。清代晚期至民国大多以砖墙替代，左右厢房、正房均为上下两层，木质槛窗的木雕图案、吊檐柱的荷花瓣造型等，均雕刻精美、寓意深刻（图3-228）。

建筑年代统计表　　　　　　　　　　　　　　　　　　　　　表 3-44

年代分类	建筑面积（m²）	比例（%）
明清	17749.26	77.99
民国	381.08	1.67
20 世纪 50~70 年代	567.93	2.50
20 世纪 80 年代以后	4060.62	17.84
总计	22758.89	100

建筑高度统计表　　　　　　　　　　　　　　　　　　　　　表 3-45

层数	建筑面积（m²）	比例（%）
1 层建筑	5790.77	25.44
2 层建筑	16968.12	74.56
总计	22758.89	100

图 3-227　中田村全景图

图 3-228　古民居

2）人文景观

宗祠：中田宗祠坐落于村庄中间，大厅设有天井，大厅门口有精细的木雕、对联，门前有空坪，房屋端头有鸡冠垛子，房屋采光用的是雕花的石窗和木窗，村中各条巷子相连可通全村，村中房屋基本连在一起。房屋外观是青砖黑瓦，两层结构，村中有暗沟排水，门前有大池塘围绕在村前禾坪边上。建筑装饰色调素雅淡秀，布局合理、科学严整，房屋错落有致，屋角突起的马头墙工艺独特，砖雕、木雕、石雕，匠心独具，手艺精湛，隐现出村落昔日的辉煌（图 3-229、图 3-230）。

公厅：公厅位于村庄北面，三栋厅屋正中间这栋最高大，有 5 层马头墙梯次翘起，显得气势恢宏，而最东边那栋最有特色，2 层楼，中间是厅屋，两边是厢房，厅屋正大门上有一个雕刻生动的八角蝙蝠木窗，寓意为八面玲珑，福气环绕（图 3-231）。楼的正面两边靠近顶端处，各有一个小石窗，石窗的窗棂是蝙蝠图案中间分别簇拥着一个"日"和"月"字，这"日月窗"象征着与

图 3-229　中田村木雕

图 3-230　木窗

日月同辉，可见建造此宅的李氏先人心气之高。整个建筑的布局、中轴线、体量、装饰讲求和谐统一，以天井为中心，祠堂、客厅、厢房、吊楼等居室环绕布置，体现了祠堂至高无上的地位。这也是湘南古民居的典型做法。

欧式古楼：据民国初期修订的《李氏族谱》记载，李郁楼，为清朝贡生，湖南公立法政学校最优等毕业生，曾担任过耒阳县县长、山东益都县县长等职。李郁楼是当时资兴最大的地主，家财万贯，村里现存的古民居有好几

图 3-231　中田村公厅

图 3-232 欧式古楼

图 3-233 民间坐唱班

栋都是由他所建。而他的侄子李永和，年轻时在省城长沙读书，毕业于湖南岳云中学，受西方文化的影响，李永和在家乡斥巨资兴建欧式风格的楼房。整栋建筑后面的大半部分早已损坏倒塌，只有最前面的一排房子还耸立着，房子四周被爬山虎等藤本植物覆盖，古楼正前面高墙上镶嵌着一块石匾，匾的四周雕刻着花纹图案，正中间是四个篆书大字"受天之佑"，大字两边是一幅竖刻着的对联，左边是"筍传组绶"，右边是"庭列钟礼"。字里行间足以显示主人当时的荣华富贵（图 3-232）。

4. 非物质文化遗产

民间坐唱班：中田村民间坐唱班是市级非物质文化遗产，属于濒危民间艺术。有连续 100 年以上的历史。"曲子坐唱"是介于戏曲与民歌的一种变体联唱。班子为 6~12 人，每人持一件乐器，吹拉弹唱，集东西南北艺术长处于一体。相传汉武帝刘彻巡视途中偶闻民间曲子，觉得甚是好听，"曲子坐唱"才由此流传下来（图 3-233）。

李氏族谱：李氏族谱记录着中田村李氏家族的来源、迁徙的轨迹，还包罗该家族生息、繁衍、婚姻、文化、族规、家约等历史文化的全过程。

3.2.19 资兴市程水镇石鼓村

1. 村落概况

1）地理位置与村庄规模

石鼓村位于资兴市程水镇，地理坐标为东经 113°15′、北纬 26°31′。距离中心城区约 5km，交通便利，省道 213 横贯全村。石鼓村辖 10 个村民小组，石鼓村传统村落位于石鼓村北部的石鼓村五、六、七、八组（图 3-234）。

石鼓村传统村落规划总面积 0.20km²。村民均为汉族，以程姓为主。村落内有 158 户，户籍人口 504 人。

2）自然环境

石鼓村地形地貌主要以丘陵田地为主，海拔在119~138m之间，地势北高南低，东高西低。属亚热带季风湿润气候，年平均气温17.7℃，年降水量1487.6mm，四季分明，冬无严寒，夏无酷暑，雨水充沛。村落内部水文资源丰富，有15口池塘，水木垅河和石鼓小溪等四条溪水，自东向西流经村落。

3）历史源流

宋高宗年间（1107~1187年），伯符公九十世孙端中、端彦由河南洛阳南迁至安徽池州；元末明初，小六公因避战乱，为延嗣保宗，于安徽池州西上，经洞庭一带，抵达桂阳，而后易地资兴，距今已有700多年的历史。程氏先祖于此勤劳耕作，艰苦创业，繁衍生息，人才辈出，历史文化遗迹丰富，非物质文化遗产源远流长。

图3-234 石鼓村平面图

石鼓村在清代属资兴县中西乡，民国时期中西乡更名为香花乡，1949年香花乡属城厢区，1956年属三都镇，1958年属蓼市公社，1959年属东江市，1962年设香花公社。1996年，资兴县更名为资兴市，石鼓村属资兴市香花乡；2012年，撤乡并镇，香花乡与高码乡整合为程水镇，石鼓村隶属程水镇；2015年底，程水镇划入唐洞街道，石鼓村隶属其中行政村之一，村委会驻石鼓村四组。

2. 村落布局与空间特点

古民居建筑坐北朝南，砖木结构，建筑面积2868m²，以宗祠为中心，围绕宗祠及主巷道整齐排列。古民居的朝向、平面布局基本保持一致（图3-235、图3-236）。从整体布局来看，巷道、沟渠构成了村落的基本骨架，祠堂等公共建筑及其前广场成为村落中最重要的公共活动中心和精神中心，井台、朝门、广场是人们日常交往的活动空间，书院、旗杆石是文化旌表性物质载体。

3. 建筑特征与人文景观

1）建筑特征

石鼓村古民居建筑具有湘南特色，外为青砖墙，内为木架隔板的砖木结构房瓦，一般有三进，内置天井、走廊、禅堂，前开大门，侧置耳门；有许多民居门前宽敞，且有照墙，建置槽门，门有字匾；房屋大小，相差无几；木雕、泥塑、石雕有各种形态的动物和花卉，工艺精湛，非同凡响；马头栋宇，恢宏雄伟；飞檐翘角，栩栩如生；民居整体，错落有致；大街小巷，纵横交叉，巷道街路面，

图 3-235　石鼓村全景图

图 3-236　石鼓村建筑群

都是青石板的条块建置，宽畅整洁、保存完好。

村落内建筑大多为清代建造，主要为程氏大屋、程子楷书院、老石鼓组古村落祠堂、中心圳组古村落祠堂。其他建筑为 20 世纪 60~80 年代建设（表 3-46）。现状石鼓村传统村落内的建筑多以 2 层为主，1 层建筑大多为祠堂或 20 世纪 60~80 年代的附属功能建筑（表 3-47）。

建筑年代统计表　　　　表 3-46

年代分类	建筑面积（m^2）	比例（%）
清代	6362.02	23.88
20 世纪 60~70 年代	9415.34	35.35
20 世纪 80 年代以后	10861.33	40.77
总计	26638.69	100

建筑高度统计表　　　　表 3-47

层数	建筑面积（m^2）	比例（%）
1 层建筑	1231.58	4.62
2 层建筑	23879.72	89.64
3 层建筑	1527.39	5.74
总计	26638.69	100

2）人文景观

程氏大屋祠堂：建于 19 世纪初，为清代建筑，坐北朝南，砖木结构，面宽 6.78m，进深 35.54m，建筑面积约 490m^2（图 3-237）。屋檐墙架有鸡冠斗子，上有泥塑龙、凤及蝙蝠、气派不凡、栋宇宏大、整洁实用。上厅北墙嵌有精致的雕龙神龛，中厅挂有"香山一老"寿诞大牌匾，两边配阴阳木刻的烫金对联，两侧梁柱的石柱基上雕刻八角花纹，十分精美（图 3-238）。大门口悬挂着先人的学位、荣誉牌匾。2011 年祠堂被列为省级文物保护单位。

程子楷书院建于清光绪年间，中日式设计，砖木结构，西式拱门，西式拱窗。前、左、右三面圆拱围环走廊。2 层楼，硬山式屋顶，上覆小青瓦。面阔 20m，进深 24.5m。建筑占地面积 490m²。内设天井、厨房、住房共 12 间。该书院起初为程氏祠堂，后加盖修改为家族私塾。中华人民共和国成立后办村校，直到 1968 年停办村校，闲置。2011 年由资兴市政府出资重修，2012 年竣工（图 3-239）。

4. 非物质文化遗产

石鼓村是理学大家程颐后裔聚居的古老村落，有着悠久历史，传统文化底蕴深厚，舞龙舞狮、舞春牛为传统的体育竞技项目，舞龙舞狮至今春节期间还在延续。村中还有唱花鼓戏的传统，有老艺人 4 人。酿制醽醁酒工艺，自汉代以来流传至今。

舞狮：是当地村民所喜闻乐见的活动，舞狮实际上是一种武术活动和杂艺表演。舞狮队伍，一般由十余人组成，多为有点武术功夫的青年男子。他们每到一处都会受到当地人的热烈欢迎，以鸣放鞭炮相迎，招待茶点。表演之后，还赠送红包酬劳。狮身裹彩布，一人用手顶着狮子头，另一人装扮狮身，互相配合动作（图 3-240）。舞狮子的基本动作有敬礼、摆头摆尾、头昂垫座、左右侧卧、前冲后退、跃身腾空、登桌跃椅等花式，狮子舞罢，由同伙表演其他节目，如飞抬、跳跃、翻筋斗、用手走路等。最后玩弄各种拳术，练气功、舞大刀、弄长棍。

舞春牛：亦是当地村民所喜闻乐见的活动，舞春牛实际上是一种武术活动和杂艺表演（图 3-241）。舞春牛队伍，一般由十余人组成，多为有点武术功夫的青年男子。他们每到一处都会受到当地人的热烈欢迎，以鸣放鞭炮相迎，招待茶点。

图 3-237 程氏大屋祠堂

图 3-238 八角花纹石柱基

图 3-239 程子楷书院

图 3-240 舞狮

图 3-241 舞春牛

表演之后,还赠送红包酬劳。舞春牛的基本动作有敬礼、摆头摆尾、头昂垫座、左右侧卧、前冲后退、跃身腾空、登桌跃椅等花式,春牛舞罢,由同伙表演其他节目,如飞抬、跳跃、翻筋斗、用手走路等。最后玩弄各种拳术,练气功、舞大刀、弄长棍。

程式族谱:程氏族谱是一个家族的生命史。它不仅记录着该家族的来源、迁徙的轨迹,还包罗了该家族生息、繁衍、婚姻、文化、族规、家约等历史文化的全过程。程氏族谱在清道光年间（1821~1850年）,光绪六年（1880年）、民国二十五年（1936年）、1996年共修订过4版（图3-242）。

图 3-242 程氏族谱

3.3 永州市

3.3.1 零陵区大庆坪乡芬香村

1. 村落概况

1）地理位置与村庄规模

芬香村位于大庆坪乡西南角,距离大庆坪乡政府驻地约6km。地理位置为东经111°28′、北纬25°88′（图3-243）。

村落村域总面积15.10km²,现有278户,户籍人口共1066人,以唐姓为主,兼有王、贺、张、蒋、陈等多姓居民。

2）自然环境

村落依山而建，村庄在都庞岭余脉中相连，国家中型水库猫儿岩的水渠蜿蜒地在村庄流淌，屋前溪水、后靠青山，古木参天，适宜人居。古村落核心区周边，农田环绕，由于高差的关系，呈现层级梯田景观。属典型的亚热带季风湿润气候，四季分明，平均日照数为1300~1740h，平均降水量1200~1900mm，春暖夏热，秋凉冬冷。

3）历史源流

"芬香"由来有三种说法。其一，芬香村里树木繁多，山上长满野花；村中民风淳朴，四季百草飘香，故名芬香村；其二，明代唐氏家族从文里村分了一个香火过来，所以叫分香村，后来改为"芬香"；其三，据《唐氏族谱》记载，明祖唐某于光绪年间从本乡文里村携老幼迁居于此，因地形较高，不被洪水所困，四周青山环绕，山泉碧水长流，满山野花盛开，犹如喷洒的香味，身居世外桃源，由此取名"喷香"，后一文人陈彩龙作客于此，遂将此宝地改名"芬香"。

图 3-243　芬香村平面图

2. 村落布局与空间特点

芬香村三面环山，东面石林，西部拥有成片的经济林木，南侧有梯田景观的农田环绕。渠水从东北向西南绕村而过，池塘点缀其中。村口有成群的千年古树，屋后有四季常青的竹林。

古建筑群以长里地和下村屋组成，村内从东往西过50m的条形古建筑群为长里地，上堂屋和下堂屋错落连接，纵状分布，五屋并排，青石板路相隔形成一条斜长的建筑带这种屋屋相连、户户相通的整体格局；隔池相望的则为下村屋，由22栋上下屋紧密联合而成。

建筑群以纵列错层式布局为主，长里地整体建筑为坐东朝西，下村屋坐北朝南，村落格局空间开阔，路网畅通。

3. 建筑特征与人文景观

1）建筑特征

芬香村历史悠久，古建筑群规模大，占地约53000m²，包括房屋82栋以及大小巷道21条（图3-244）。

整个村落建筑坐北朝南，民居多为堂中天井四院格局，穿斗式梁架，建筑材料主要使用木材或砖石砌筑，内院地面用青石板或木材铺地，多为"一"字形或"L"形。内部分为围合形和下凹形两种，其中围合形布局为单元式二进三开间砖石结构，墙头施彩绘。堂屋居中，开间大，堂屋后

图 3-244 芬香村建筑风貌

图 3-245 砖石结构建筑

图 3-246 长里地天井

图 3-247 木刻

有厢房，两翼一般分隔前后间，后间作卧室，前间一侧作为火堂，一间作厢房。正屋两端配置偏屋作厨房、牲口房等用。下凹形布局是在堂屋的一端向前伸出厢房，长度一般为三开间，进深小于正屋进深，层高较小的一层楼房带阁楼，底层用作厢房、厨房等，阁楼置物（图3-245、图3-246）。

在保存较好的砖墙建筑中，可以发现门梁、照面、廊坊等石材，精雕细刻成各种图案，皆形态逼真，栩栩如生。而一般建筑内院的门窗或家具上则能看到精细的木雕，使得建筑细部丰富多变（图3-247）。

村落建筑按建成年代的先后进行分类，其中以民国时期建筑为主，约占总建筑面积的70%（表3-48）。民居以1层、2层建筑为主，3层及以上的建筑极少（表3-49）。

建筑年代统计表　　　　　　　　　　表 3-48

年代分类	建筑面积（m²）	比例（%）
明代	3000.00	1.59
清代	23000.00	12.17
民国	138000.00	73.01
20世纪50年代以后	25000.00	13.23
总计	189000.00	100

建筑高度统计表　　　　　　　　　　表 3-49

层数	建筑面积（m²）	比例（%）
1层	91000.00	48.15
2层	81000.00	42.86
3层	17000.00	8.99
总计	189000.00	100

2）人文景观

朝南门：高3.3m，宽2m，上青砖小瓦错落屋檐，门头雄鸡斗艳，梅花盛开。

石板巷道：在长里地和下村屋两个片区，布局有21条石板巷道，用当地盛产的青石铺筑（图3-248）。

古井：村内南部分布有一口古井，一直沿用至今。古井四周用青石砖堆砌而成，沿古村落东边有一条青石路至古井口。

4. 非物质文化遗产

房屋落成歌：芬香有当地建房习俗，构筑新房特别讲究。挖掘墙基、下脚、安装屋架以及上梁、进火（新迁）等均须择定吉日良辰进行，其中上梁仪式最为隆重。上梁那天，亲朋好友都来恭贺，在鞭炮声中装上梁木，梁木中部用一方红布包裹，内储历史及稻谷、玉米、高粱等谷物，意为祈求四季平安，五谷丰登，外捆一串铜钱，以示镇邪。主人制备糍粑自梁上向下抛撒，酬谢宾客。迁居新屋之日，在拂晓前，从旧居用火盆盛火种移进新屋，祈祷门祚香火绵延，俗称"进火"。

擂茶：清初芬香人为了增强免疫力，自创了擂茶，后来演变成待客必备，客来了要喝四道茶：盐茶、姜茶，驱寒、解渴；擂茶、甜茶，用姜在煮茶的锅子里煮，甜茶表示先苦后甜。灌阳有"茶锅子"，芬香村是湘桂交界的咽喉，在20世纪60、70年代，喝茶是村中老人交际的一种方式。喝茶还有吃食，红薯干、红薯片、糖果等送茶，就跟广东人早上喝茶一样兴盛。

永州血鸭：永州血鸭是湖南永州的一道传统名菜。在当地，几乎家家户户都会制作此菜。有关"永州血鸭"的来历，民间还流传着这么一段动听的故事：相传太平天国起义初期，太平军首领洪秀全率众将士从广西梧州一路进军湘南，一路经过永州道县，穿插桂林全州的豹子岭村，然后夜营芬香村，村民杀鸡杀鸭，杀猪杀牛，办起十大碗慰劳起义军，也前往军中与厨子一起下厨。可是在杀鸭拔毛时，鸭身上的细毛却怎么也拔不干净。这时临近开宴了，村民中的资深厨子老唐爷爷急中生智，先是把鸭肉砍成块，下锅炒好后再将生鸭血倒进鸭肉里，继续炒拌成糊状，这样一来，鸭块上的细毛自然看不见了。到了开宴时间，一碗碗拌有鸭血的鸭肴全部端上了桌（图3-249）。

图3-248 石板巷道

图3-249 永州血鸭

3.3.2 祁阳县大忠桥镇蔗塘村

1. 村落概况

1）地理位置与村庄规模

蔗塘村位于大忠桥镇南部，地理位置为东经111°52′、北纬26°20′。村落向北距大忠桥镇5km，距县城约25km。村域面积3.5km²，户籍人口980人，大多为汉族（图3-250）。

2）自然环境

蔗塘村背靠阳明山山脉北麓，属中低山与丘陵区的过渡带，山顶高程300~400m。近处是缓丘，远处是高大的石木塔山以及天子山；往西看，明前山和对门山合抱，犹如太师椅一般守护着蔗塘村。溪流自村东侧南北向穿村而过，汇入洪家洞村的黄水河，此外还有山塘数十口。当地位于亚

图3-250 蔗塘村平面

热带大陆季风湿润气候区，气候宜人、降水充足，自然资源丰富，有3棵百年以上的古树，其中位于李家祠堂的双生柳树紧紧依偎，历经200多年至今生长良好，品相极佳。

3）历史源流

清光绪四年至十九年初（1878~1893年）创新屋院建而成，建院以后称克复村，后称为李家大院。中华人民共和国成立后建立人民公社，属于大忠桥公社蔗塘大队管理。20世纪90年代撤乡建镇隶属于大忠镇庶塘村村民委员会管理。

2. 村落布局与空间特点

蔗塘村位于开阔的低缓平地，村落四面环山，以东60m处一条小溪蜿蜒而过，南面大片平缓开阔的水田绵延向南，中间被一个缓丘隔开，水田分成两支；北面水田一直延续到大忠桥镇，坐拥着近山傍水的优良自然景观环境（图3-251）。

院落沿大忠桥至零陵区的必经要道而建，中轴线自东向西，建院落因地就势，上院、后头院、新屋院建于轴线以南，李氏宗祠建在新屋院右侧，从而形成庞大的院落群体。院内正屋坐西朝东，且前后左右高低错落有序排列，各有过亭走廊，券门巷道相通。

3. 建筑特征与人文环境

1）建筑特征

传统村落主体为李家大院（图3-252），大院古建筑群于清末始建，风貌保持良好。传统建筑占村庄建筑总面积的比例达90%以上（表3-50）。2层建筑仅占2.88%，基本皆为1层（表3-51）。

图 3-251 蔗塘村风貌图

图 3-252 李家大院

建筑年代统计表　　　　　　　　　　　　　　　　　　　　　　　　　表 3-50

年代分类	建筑面积（m²）	比例（%）
清代	3316.50	88.36
20 世纪 50~70 年代	152.32	4.06
20 世纪 80 年代以后	284.56	7.58
总计	3753.38	100

建筑高度统计表　　　　　　　　　　　　　　　　　　　　　　　　　表 3-51

层数	建筑面积（m²）	比例（%）
1 层	3645.39	97.12
2 层	107.99	2.88
总计	3753.38	100

　　大院建筑墙身高、出檐深、山墙多，具有很好的隔热、通风、防火效果，瓦面坡度较陡，排水快，飞檐翘角气势磅礴，院内包括门屋、正厅、堂屋、游庭、游亭、花厅、绣楼、后房、厢房、杂屋等。正厅三间，中央为堂屋，与天井相连，通风采光良好。室内地板为青砖地板，院坪块石铺垫，条石阶檐，暗沟排水，雨过即干。房屋结构紧凑，每个院落均建有条石八字槽门、耳间槽门，四周围有 2m 高院墙。游庭、山墙、翘角、天井、花窗、大门、牌坊、出挑、枋掌、窗棂的木雕、墙壁、地板、彩绘、泥塑和嵌图题材丰富、构图优美、工艺精湛，具有鲜明的时代特征和湘南地方特色（图 3-253）。

　　2）人文景观

　　古桥：蔗塘村的有古桥 2 座。其一名为新龙桥，横跨在村落前面的小溪上，历经数百年，作为通往大忠桥镇的古石板路的组成部分，古桥由石块砌筑而成，桥身原有雕花和注记；其二为黄家桥，位于村域北边，亦有百年历史。

　　古门洞：蔗塘村有古门洞 3 处，分别为南部院落的圆形门洞、中部古代女子闺房的三拱门洞以及一个略带简欧风格的拱形门洞，皆为青石结构（图 3-254）。

图 3-253 建筑细部装饰

图 3-254 古门洞

图 3-255 古戏台

明朝古墓：蔗塘村有 2 处古墓，分别为李家祠堂旁边的老太婆墓以及葬在明前山的李氏始祖祖坟，年代均超过 600 年。

古戏台：位于李家祠堂内部，现为 2 层纯木结构建筑，墙面和门窗均采用雕花镂空装饰，2 层出挑为吊脚楼形式，栏杆精雕细琢，十分精美（图 3-255）。

图 3-256　李氏宗谱

图 3-257　祁阳小调

4. 非物质文化遗产

李氏宗谱：宗谱是一种以表谱形式，记载一个家族的世系繁衍及重要人物事迹的书（图 3-256）。

祁阳小调：祁阳小调是湖南省的汉族戏曲剧种，流行于湖南祁阳、祁东、零陵、衡阳一带。据清代祁阳县志记载，在明、清之际该曲种已流行于民间（图 3-257）。

3.3.3　祁阳县肖家村镇九泥村

1. 村落概况

1）地理位置与村庄规模

九泥村位于祁阳县肖家村镇，地理坐标为东经 112°04′、北纬 28°28′ 处。距肖家村镇区约 7km，距祁阳县城约 37km。

村落村域面积 7.5km²，现有户籍人口 2300 人（图 3-258）。

2）自然环境

九泥村属于丘陵地貌，背依黄泥坡，头枕连绵的大小源里和黑冲山，村中小溪自南向北穿过，西北面省内大中型水库大江边水库的柒家洲绕村而过。亚热带大陆性季风湿润气候，无霜期平均为 288~329 天，平均降水量为 1400~1700mm，水量充沛，富产各类珍稀河鱼、水稻、水果、蔬菜、油茶、名贵木材，是物产富饶的鱼米之乡，也是永州全境木材的集散地。

3）历史源流

九泥村古建筑群始建于清代乾隆年间，据族

图 3-258　九泥村平面图

谱记载，九泥村始祖为明代名将邓志良之四子邓景能。明初，湘南永州一带匪患猖獗，明太祖朱元璋派大将邓志良率千余人南下征剿。洪武二十二年（1389年）出征，历时十余载平定匪患。志良公诰封为荣禄大夫，镇守湘南。湘南地域辽阔，山高路险，交通不便，志良公便派4子分别驻守4地，自己居中统一指挥。四子景能驻守九泥坝，即今祁阳县九泥村。形成历经200多年风霜的古村落。

2. 村落布局与空间特点

九泥村古村落是典型的宗族聚落，三面环山、临水依山而建，面临开阔的田园，小溪从村中经过将其分为东西两侧，柒家洲蜿蜒绕村流过。村落可以概括为"群山左右争骏奔、清溪一曲抱村流"的整体格局（图3-259）。

3. 建筑特征与人文景观

1）建筑特征

九泥村古建筑群规模宏大、布局严谨，现存明清古建筑60余栋，大小房屋300余间。邓、黄、肖氏正堂屋坐北朝南，整个院落浑然一体，户户相连。为一正三横结构，沿中轴线左右对称分布，院落总建筑面积30000m²，占地约26600m²，有正堂屋6间，横堂屋12间，8个游庭，总体格局完整，纵横有序。

古建筑群为典型的湘南院落式结构，院内包括门堂屋、前坪、堂厅、游亭、游庭、绣楼、后房、厢房、杂屋等。砖木结构房屋，檐角飞翘、八字槽门，门窗梁架雕梁画栋，精美别致，室内地板为青砖地板；院坪铺有块石铺垫、条石阶檐，且布局暗沟排水，雨过即干、布局科学合理（图3-260~图3-262）。

邓家大院：又名老院子，始建于清乾隆年间，是九泥古老的建筑之一。邓氏先祖邓正多父子注资兴建，建筑面积23000m²。

图3-259　九泥村全景

图3-260　游庭廊道

图 3-261　游庭廊道细部

图 3-262　院内排水

图 3-263　邓家宗祠

邓家宗祠：宗祠建于清乾隆年间，至今已有 200 多年历史，建筑面积 4000m²。历来是邓姓村民聚会、祭祖的活动场所（图 3-263）。

根据建造年代的不同，可将九泥村建筑分为明代、清代、20 世纪 50~70 年代以及 20 世纪 80 年代之后 4 个时期（表 3-52）。其中明清时期建筑约占总建筑比例的 31%，建筑风貌保持较为完好。村内建筑以 1、2 层为主，亦包含少量 3 层建筑（表 3-53）。

建筑年代统计表　　表 3-52

年代分类	建筑面积（m²）	比例（%）
明代	8683.75	21.00
清代	4236.97	10.24
20 世纪 50~70 年代	4059.99	9.82
20 世纪 80 年代以后	24377.22	58.94
总计	41357.93	100

建筑高度统计表　　表 3-53

层数	建筑面积（m²）	比例（%）
1 层	12381.32	29.94
2 层	20001.39	48.36
3 层	8975.22	21.70
总计	41357.93	100

2）人文景观

古村现存人文景观主要包括古巷道、古井、古戏台（图3-264）等。

古巷道：由古时居民用青石块铺建而成。每个院落内存一条至多条青石板路，连通各个房间，串联大院内各个小院子。

古井：村内有4处古井。其中，三处古井至今仍发挥作用，呈长方形，以青石砌筑，井水一年四季清泉汨汨；另一处是村内历史最久的古井，现古井已被填埋。

4. 非物质文化遗产

九泥村现存的非物质文化遗产主要有祁剧、传统制茶工艺和传统酿酒工艺，并且传承良好（表3-54）。

非物质文化一览表　　　　　　　　　　　　　　　表3-54

类型	主要内容
传统工艺	传统制茶工艺、传统酿酒工艺
民间艺术	祁剧
特色饮食	擂糍粑
民间演艺	舞龙

祁剧是千家岸百姓非常喜欢的地方戏剧，一般在年会或村里大的聚会、红白喜事时村民自演（图3-265）。祁剧在2008年被列入第二批国家非物质文化遗产名录。

传统制茶工艺，主要工序有晾青、炒青、揉捻、干燥等。祁阳县人工栽培茶树历史悠久，当地具有优良的自然环境条件，近年来茶产业越来越受到重视，产值达1亿元以上。本村的永怡茶厂是祁阳县四大茶厂之一。

传统酿酒工艺，使用大米、红薯、玉米等粮食经过"原料→浸泡→初蒸→焖粮→复蒸→摊凉→加曲→装箱培菌→配槽→装桶发酵→蒸馏→成品酒"这些程序酿造出具有农家特色的土酒，俗称祁阳"茅台"。

图3-264 古戏台

图3-265 祁剧

3.3.4 祁阳县下马渡镇元家庙村

1. 村落概况

1) 地理位置与村庄规模

元家庙村位于祁阳县县境东北部,地理坐标为东经111°54′、北纬26°40′,距县人民政府驻地10km。村域面积7.2km²,共有17个村组,户籍人口598人,主要为汉族(图3-266)。

2) 自然环境

古村属丘陵地貌,坐落在祁山山脉脚下。村落依山临水,四周分别被后头山、盐湾山、狮山岭、大华山等山体围绕,土地肥沃、地势平缓,村内自然植被丰富,其中森玉堂门前池塘边的百年槐树,以及后山上一处百年古樟树林皆保护情况良好。村落前为大片水田,层层叠叠,绵延至大华山脚,主要种植莲花,整个夏天放眼望去,正是一幅"接天莲叶无穷碧,映日荷花别样红"的诗意画卷,景观环境十分优美(图3-267)。

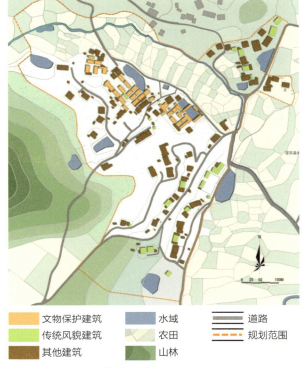

图3-266 元家庙村平面图

3) 历史源流

古时因建有袁家庙而得名,明朝年间,刘姓自江西迁徙至此,袁姓没落,刘姓占主导地位,后将"袁"写成"元"。

刘氏家族人才辈出,有清乾隆二品大员刘文定、刑部主事刘曙、翰林院士刘皎等名人。

图3-267 莲花水田

2. 村落布局与空间特点

古村具有典型的农耕社会文化特点,其建筑往往是以平地上的耕田为中心,将基址选择在山脚下,四周群山环绕、错落有致、层次分明、地势西南高东北低,北面地势较低,留有"气口",村落坐南朝北面向气口。泉水汇成的溪流蜿蜒由北部绕村而过,自上而下流经农田,池塘点缀在民居与水田之间(图3-268)。

3. 建筑特征与人文景观

1) 建筑特征

刘家大院始建于清乾隆时期,其中顺庆堂建于1785年,森玉堂建于1795年,聚星堂建于1803年。

图 3-268　村落建筑群风貌

图 3-269　八角凉亭

图 3-270　建筑群

图 3-271　应火塘

建筑墙身高、出檐深、山墙多，具有很好的隔热、通风、防火效果，瓦面坡度较陡，排水快，飞檐翘角气势磅礴，院内包括门屋、正厅、堂屋、游庭、游亭、花厅、绣楼、后房、厢房、杂屋等（图3-269）。正厅三间，中央为堂屋，用于招待客人、家族人聚会、各种活动，与天井相连，通风采光良好。

房屋结构紧凑，每个院落均建有条石八字槽门、耳间槽门，四周围有2m高院墙，布局相当合理（图3-270、图3-271）。木雕、彩绘、泥塑和嵌图题材丰富，构图优美，工艺精湛。

村内建筑除近20%的清代建筑外，基本为20世纪80年代以后建造，以1层民居为主（表3-55、表3-56）。

建筑年代统计表　　表3-55

年代分类	建筑（栋数）	比例（％）
清代	43	19.55
20世纪80年代以后	177	80.45
总计	220	100

建筑高度统计表　　　　　　　　　表 3-56

层数	建筑（栋数）	比例（%）
1层	155	70.45
2层	59	26.82
3~4层	6	2.73
总计	220	100

2）人文景观

古桥：在穿过莲花基地的溪水中有一条跨溪的古石桥（图3-272）。

古石碑：村内存有一处乾隆皇帝御扇石刻板，年代久远，具有代表性（图3-273）。

古建筑遗址：大院内有多处民居建筑因各种自然及人为原因，现已倒塌只留下部分遗迹。原有一处刘杨名公祠堂，后被作为小学使用，现已荒废，只留下遗址。顺庆堂原有一处"水阁凉亭"，在"文化大革命"（以下简称"文革"）时期遭到破坏，现只保留下廊道。

4. 非物质文化遗产

元家庙村民俗文化遗产众多，至今传承较好的主要包括舞七巧灯等民间习俗、老槐树的传说以及荷花菜等传统美食（图3-274）。

图 3-272　古桥

图 3-273　古石碑（左）
图 3-274　荷花菜（右）

3.3.5 东安县横塘镇横塘村

1. 村落概况

1）地理位置与村庄规模

横塘村位于东安县横塘镇镇中，地理坐标为东经111°21′，北纬26°13′，距离横塘镇区约600m，由东安县至广西全州县的跨省公路绕村落东面而过，交通十分便利。

村落村域面积为22km²，户籍人口725人，均为周姓汉族人（图3-275）。

2）自然环境

村落属丘陵地貌，海拔高度68.1m，依山临水，坐西朝东，西侧为金字岭、丫头岭群山山脉，东侧紧邻湘江支流茶香河，水质清澈，河床宽阔，水流平缓。南北两侧地势较为平坦，分布着一些丘陵农田，历经几百年岁月沧桑，依旧风景如画（图3-276）。

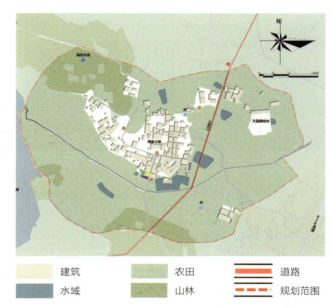

图3-275 横塘村平面图

图3-276 横塘村全景

图 3-277　周家大院

图 3-278　建筑细部装饰

3）历史源流

据《周氏族谱》记载，自元末明初朱元璋定都南京，周氏始祖百二郎自南京城马船铺搬迁至横塘村，先后建起9栋正屋，18栋横屋，俗称"九纵十八横"的周家大院。自此，周氏族人定居于横塘村，世代繁衍，延续至今30多代，历经700多年。其后代中周贞为明朝宰相，文志公、文全公、文秀公等五人为进士。

2. 村落布局与空间特点

村落依山临水，在选址时充分考虑了光照及气候等因素，并在数百年的发展演变中，与自然融为一体。村东环绕清澈的茶香河，后倚群山，四周农田环绕，一条小溪沿村而过，滋润千亩良田，放眼望去，丘陵、低冈、农田交织，视野开阔。民居傲立其间，保存良好，八条青石板巷道自东向西深入，每栋房屋之间的小巷都铺有石板路，石板路纵横全院，使栋栋房屋紧密相连。

3. 建筑特征与人文景观

1）建筑特征

周家大院始建于元末明初，共有九纵十八横，占地面积246600m²，建筑面积22000m²，平面呈长方形，坐西向东，有房间三十栋，三百二十余间，每栋房屋由天井、照墙、门楼、厢房、侧房、正厅、伙房、水井等组成（图3-277）。

房屋大门均用长方形的大青石柱做门框，门楣上刻有兽麒麟等瑞物。建筑为砖木结构，外墙统一使用规格一致的青烧砖、石灰砂浆砌成，内墙则为木质材料，房屋门窗、墙壁、栋梁等上刻有福、禄、寿、八仙、花鸟、龙凤等各种不同的图案，雕刻精美，栩栩如生

图 3-279 封火山墙

图 3-280 传统民居

（图 3-278）。屋内最宽敞的地方是堂屋，地面是用三合泥铺成，堂屋前设置天井，照墙和门楼，两侧用木壁分成卧房和厢房。天井用青石板铺盖，看不见水也从不存水，排水系统安排得十分巧妙科学。大院规模宏大，保存完好，为湖南省湘南边陲古代建筑民居代表作之一（图 3-279、图 3-280）。

村内保存有 30 余栋明清建筑，传统建筑集中成片，基本以 1 层建筑为主，略有 2 层（表 3-57、表 3-58）。

建筑年代统计表　　表 3-57

年代分类	建筑面积（m²）	比例（%）
明代	1787.88	10.59
清代	3993.05	23.66
20 世纪 50~70 年代	4184.64	24.79
20 世纪 80 年代以后	6914.88	40.96
总计	16880.45	100

建筑高度统计表　　表 3-58

层数	建筑面积（m²）	比例（%）
1 层	16070.94	95.20
2 层	809.51	4.80
总计	16880.45	100

2）人文景观

古井：横塘村有古井 1 处，古井位于周家大院主屋旁，距今约 500 年，用青石垒砌而成，有山泉水流入井中，并储存于此，现今古井上用水泥板覆盖。

古渠道：位于清溪古街旁，这条青石渠穿村而过，灌溉着下游千亩良田，历经 3 个多世纪而不衰，至今仍在发挥作用。

古街：元末明初，由百二郎子孙不断扩建形成初具规模的清溪街古建筑群宅，以后逐步发展为清溪古街，街道纵横，平坦整齐。

4. 非物质文化

横塘村，民俗文化遗产众多，至今传承较好的主要包括渔鼓、编草鞋、打糍粑等传统技艺。

渔鼓：又称道筒、竹琴。是一种流行于湖北、湖南、山东、广西等地区的传统乐器，常用于戏曲表演，宋代已出现（图 3-281）。明代王圻《三才图会》载："渔鼓，裁竹为筒，长三四尺，以皮冒其首，皮用猪脊上之最薄者，用两指击之。又有简子，以竹为之，长二尺许，阔四五分，厚半之，其末俱略外反。歌时用二片合击之以和者也。"

编草鞋：在横塘村，草鞋从古代到现在一直有人穿着，其编织材料一般为稻草。草鞋是自古以来的传统劳动用鞋，穿着普遍，相沿成习。无论男女老幼，凡下地干活、上山砍柴、伐木、采药、狩猎等，不分晴雨都穿草鞋。草鞋既利水，又透气，轻便、柔软、防滑，而且十分廉价，还有按摩保健作用，特别是夏天走长路，穿上草鞋清爽凉快，软硬适中，步履敏捷，两脚生风，雨天穿着它，既透水，又防滑，给人一种惬意感。草鞋看似简单，其实编起来工序挺多，先将稻草搓成麻花绳，在草鞋耙（用来编草鞋的工具）结成四股，然后开始编网，把稻草一根根编织进去。草鞋在中国社会生活中形成了一种文化，它体现了勤劳和智慧，表现了勇气和奋斗，希望中华民族一环又一环地团结在一起，坚不可摧；而现在它又被寄予新的文化内涵——环保和资源的再利用（图 3-282）。

图 3-281　渔鼓戏

图 3-282　草鞋

3.3.6 双牌县江村镇访尧村

1. 村落概况

1）地理位置与村庄规模

访尧村位于双牌县江村镇境内，地理坐标为 111°74′、北纬 25°75′。距双牌县城约 25km，距江村镇政府仅 1.5km。

村域面积 7km²，现有户籍人口 1372 人，为瑶、汉两族混居村落（图 3-283）。

2）自然环境

访尧村属喀斯特山原台地、盆地、峡谷。村落三面环山，东倚巍峨的白云岭，西侧面向广子山，村前地势开阔，田地较多，潇水由北向南流经村前千亩田畴。白云岭属九巍山余脉，五座山峰顺势而下，直至潇水河边，如骏马饮水，被称为"五马归槽"。四条山谷延至谷底，形成四条小溪，中间的乌溪、铁溪从村中流过，在村西月亮塘左侧汇合，穿过村前田洞流入潇水，北面的白云溪和南面的白竹溪则分别从村北的新埠头和村南的东车洞流入潇水。溪水滋润着村前的肥田沃土，使其水旱无忧。

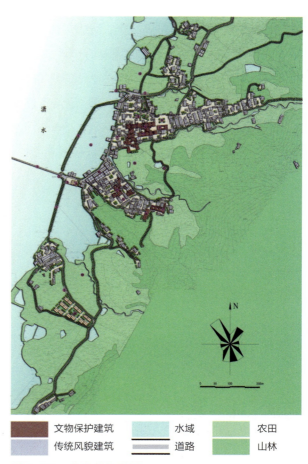

图 3-283 访尧村平面图

3）历史源流

据《周氏族谱》记载，江村周姓在元朝末年从粤东迁徙至营道江村，至明朝嘉靖年间（1522~1566 年），因子孙众多，由江村分徙访尧村，至今已有近 500 年的历史。

2. 村落布局与空间特点

访尧村依山临水而建，背倚群山，潇水于西侧流经，半月形月亮塘建于潇水与村落之间，依山势亲水渊，村前村后古木参天，实现了人与自然和谐一致。民居成片相接，与山脉之间绵延着大片农田，形成一道极具观赏价值的宁静古朴的风景线（图 3-284）。

访尧古村包括新屋门、铁溪门、银花地 3 个小组，铁溪门又分上、中、下 3 个部分。新屋门与铁溪门仅一溪之隔，银花地与铁溪门则隔着一个小小的田洞。

3. 建筑特征与人文景观

1）建筑特征

古村现仍保留着大量的明清时期的民居建筑群落，其中新屋门雄伟的周氏宗祠和石家田荣禄府第保存较为完好。整个村庄、池塘、住房、祠堂、横屋、牛栏仓库,既各自独立,又相依相通,疏密有致、井井有条、布局有律、结成一体,充分体现了农耕社会聚族而居的时代特征(图3-285)。

全村按城镇结构建设,四周砌有围墙,形成村中有村、村外有村的格局。其中以新屋门最规范、整齐、宏伟。新屋门的建筑按照"井"字布局,都是砖木结构,位于月亮塘旁,依山势从下而上延伸,上面是三排正屋,两条巷道,每条巷道长约300m,中间的一排正屋上下共12座。最后面是一院两进一天井的周氏宗祠,占地约1500m²。所有古民居群一律青砖黛瓦、飞檐翼角、层楼叠院、舒展自然,显得古朴典雅(图3-286~图3-289)。

图3-284 访尧村全景图

图3-285 建筑群

图3-286 建筑风貌

图 3-287 周氏宗祠

图 3-288 石刻（左）
图 3-289 飞檐翘角（右）

村内现存古建筑群布局集中，风貌保持较好，整体民居以 20 世纪 50 年代以后建设为主，基本为 1 层或 2 层建筑（表 3-59、表 3-60）。

建筑年代统计表　　表 3-59

年代分类	建筑面积（m²）	比例（%）
明清	5577.00	10.87
20 世纪 50~70 年代	13259.00	25.86
20 世纪 80 年代以后	32442.00	63.27
总计	51278.00	100

建筑高度统计表　　表 3-60

层数	建筑面积（m²）	比例（%）
1 层	30606.00	59.69
2 层	20127.00	39.25
3 层	545.00	1.06
总计	51278.00	100

2）人文景观

古井：访尧村域范围内共有6处古井。皆用青石板围合，砌筑成规整的正方形，用以保护古井水质。古井年代久远，有着厚重的历史感，是访尧村的重要历史构筑。

古街巷：访尧传统村落古时依山而建，由5条主要街巷构成村寨的主要交通格局（图3-290）。

石板路：村落内有纵横交错的多条青石板路，采用大小规格较一致的石板铺成。与古建筑、民间文化、民间习俗等紧密相连、多方组合，展现出至今使人难以忘怀、积淀深厚的历史文化。

4.非物质文化遗产

访尧村非物质文化遗产丰富，文化历史底蕴深厚。其中，省级非物质文化遗产4个，包括祁剧、花灯、木偶戏、门联（图3-291~图3-293）。

图3-290 古街巷

图3-291 祁剧《大破天门阵》

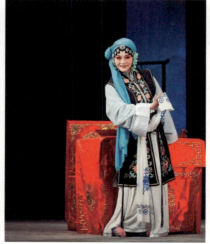

图3-292 祁剧

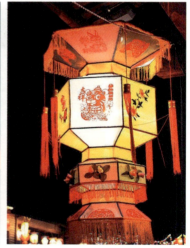

图3-293 花灯

3.3.7 道县清塘镇楼田村

1.村落概况

1）地理位置与村庄规模

楼田村位于道县清塘镇西部，地理坐标为东经111°30′、北纬25°30′。村落内有道清公路从北部穿过，楼田村传统村落距道县县城约8km，距离厦蓉高速公路道县互通口约10km（图3-294）。

村落村域面积3.8km²，户籍人口1065人，共251户，均为周敦颐后人。

2）自然环境

楼田村位于道山山脚下，地处道县中部的平岗区，地势低平、坡度平缓、岗顶浑圆、河流水网发达。村落北部有濂溪河，从都庞岭流经此地，中分濂溪大洞至县城，全长41km，因流域境内生态良好，大雨不浊，水质优良，又名秀水。村落西侧是道山、豸岭，东侧是龙山。最高点海拔高度314.1m，最低点195.3m。

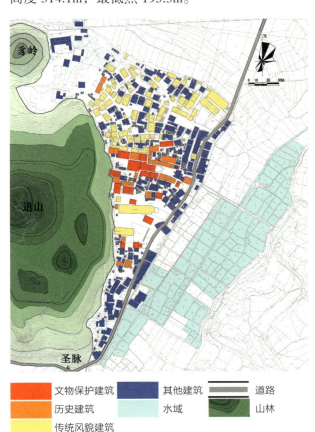

图3-294 楼田村平面图

图3-295 楼田村全景图

楼田村属中亚热带湿润季风气候区。热量丰富，雨量充沛，年降水量为1300~1600mm，降雨集中在4~9月。周边自然植被丰富，植被类型可分为山地草甸和灌木草丛两类，覆盖率高，野生植物160多种，并以盛产中药材著名。

3）历史源流

古村因有"楼田"而得名，意为楼上有田。"楼田"为古代一种造田技术，在沼泽地上打桩，上覆木板，再在其上填泥土为田。

楼田村又称周敦颐故里、濂溪故里，古称楼田堡，始建于北宋初年，至今已有1000多年的历史。北宋建隆元年（公元960年），周敦颐的祖父智强公迁居道州楼田，自此，周姓一族在楼田繁衍兴旺至今。

2. 村落布局与空间特点

古村落背靠道山和豸岭，周围被大片农田环绕，前临大洞，土地肥沃，一马平川，绵延数十里。濂溪河从村落北部经过，与东侧荷花池共同为村落带来丰富的灌溉水源，山、水、村三者在自然地域空间上有机融合（图3-295）。

民居朝向基本为坐西朝东，背靠道山，东邻村级环村公路，形成倒葫芦状的布局，北大南小。古时为防御盗匪而修筑的7座大门，当地称为"防盗门"。当大门关闭，整个村落成为一个整体，仅留一个全村的主门楼，众人门楼出入。7座大门现仅存遗迹。

古村内的街巷主要道路为东西向"五横"

及南北向"一纵",巷道宽1~2m不等,通常为公共建筑处宽,民居小巷处窄。

3. 建筑特征与人文景观

1)建筑特征

村落内现有传统民居60余栋,建筑面积约15000m²,整体风貌较好。目前,村落内保存有诸多重要传统建筑,大体可分为两类,即祭祀等公共建筑和民居建筑。两类建筑均以天井式院落为特征,外观为青砖围护的清水墙,上盖小青瓦,屋脊做叠瓦并结合各种灰塑(图3-296、图3-297)。其中公共建筑主要分布在村落中部。

建筑入口的踏步材质为青石板,部分建筑设置有抱鼓石,石上雕有龙、凤、麒麟等吉祥图案,踏步形式随住宅主人身份变化。屋顶多为典型湘南民居特色的双坡坡屋顶,含有灰瓦、封火墙、雨坡等传统元素,且带彩绘。窗花形式多样,主要采用方格窗,个别为拱形窗,以木质为主,也有采用石窗者。内部多含天井,由青石板铺砌而成,青石板四周为排水沟,是建筑内排水的重要通道。建筑墙面多为青砖裸露,纹理清晰,门楼、祠堂等重要公共建筑墙面则多粉刷为白色,墙面屋檐下方多配有彩绘图案(图3-298)。

古村内的公共建筑由门楼、房祠、神堂等组合构成,即"四房三门"集聚居住。村落中的门楼共有4个,由南往北分别是上门楼、中门楼、众人门楼和下门楼。整个传统村落的主门楼称之为"众人门楼",除"众人门楼"外,各房有相应的门楼和祠堂,祠堂是"房宗"议事庆典的重要场所。上门楼对应的是"洙、淇"两房,其祠堂为特恩堂;中门楼对应的是"淳"房,其祠堂为崇本堂;下门楼对应的是"洛"房,其祠堂为爱莲堂;门楼前往往布置有一块100~600m²见方的场地,作为"房宗"祭祀庆典的室外场所,场地的布局形状基本为"半月形",以鹅卵石铺地,铺地图案以莲花、全月为主(图3-299)。

爱莲堂建于明清时期,一开间两进式,砖木结构,木架构,用材规格高,相对于民居要粗大,并采用抬梁与穿斗式相结合的梁架结构,梁架上大量使用驼峰、宝瓶等构件,前檐廊上做轩莲,并

图3-296 建筑群

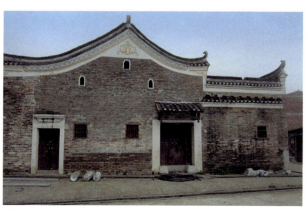

图3-297 民居建筑

图 3-298　建筑细部

图 3-299　上门楼

图 3-300　爱莲堂

图 3-301　濯缨亭

在主体木梁上直接雕刻纹饰。建筑分前廊、天井、大厅，后为神堂，前坪用鹅卵石和青石板砌成（图 3-300）。

周敦颐故居始建于北宋初年，宋、元、明曾数次重修，现存为修复后的建筑。原周敦颐故居为典型湘南农村古式 2 层建筑，三间堂式，砖木结构，外围青砖蓝灰墙，内部纯木结构，方形。堂前为照壁、天井、六级石阶，正屋分两楹，中间堂屋设置小神龛，左右厢房为居室。

2）人文景观

濯缨亭：据周氏家谱记载，周敦颐故里圣脉泉"泉之上为有本亭，迤东为风月亭，沿流而东为濯缨亭"。该亭曾遭毁坏，于 20 世纪 90 年代在圣脉泉旁修复。现为八角攒尖亭，石为柱基，木为主体框架，以青瓦覆顶（图 3-301）。

图 3-302　道山摩崖石

图 3-303　五星墩

摩崖石刻：位于道山东南端石壁上，现存石刻 3 方，其中有宋代黄焯撰额的"道山"石刻 1 方，另有周敦颐第十三代孙撰的"濂溪"石刻 2 方，均为行楷书（图 3-302）。

五星墩：史载天禧五年（1021 年）重阳节，五岁的周敦颐登道山时看见村前有五个土墩，联想到了"水、火、木、金、土"五星，遂将其命名为"五星墩"。墩为圆形，大小不一，最大的直径约为 3.3m，墩上均种有桂花树。由于历史原因，五星墩均被破坏，现仅存一墩。遗址边长 21m 左右，土质为褐色，中间杂有残砖碎片（图 3-303）。

古炮楼：始建于清代，其门窗呈圆洞形，具有显著的外来元素。该建筑坐北朝南；东、西、北三面墙留有望窗孔，很显然是用于防兵匪。该建筑呈四方柱形，唯其门槛用青石雕成，上浮雕中国农村喜见吉祥图案。是兼具中外特色的传统建筑物（图 3-304）。

盐道：现村级主要道路，民国时期，桂系军阀白崇禧垄断湖广盐业，湖、广地区的盐贩均从该道靠挑夫运送，一时过往盐商络绎不绝，称为"盐道"。

五连井：五口连井建于清代，每一口井有各自的功用，水质较好，井口用青石板围砌。

4. 非物质文化遗产

楼田村保留了不少传承至今的非物质文化遗产（表 3-61）。

非物质文化遗产一览表　　　　表 3-61

类型	主要内容
民间艺术	道州调子戏、草台戏、祁剧、建筑石雕
民间文学	理学文化、耕读文化
传统体育	龙舟竞赛
乡风民俗	中和节

道州调子戏：乡村民众喜闻乐见并具有鲜明地方特色的剧种，已有 1000 多年历史。目前道州调子戏与祁阳小调有机地融合形成了零陵花鼓戏地方剧种。

图 3-304　古炮楼　　　　　　　　　　　　　图 3-305　周敦颐故居

楼田村传统村落是周敦颐"理学文化"启蒙地。村落内建设有周敦颐廉政展览馆、濂溪博物馆，以展示周敦颐理学文化在内的各类要素（图 3-305）。

每年二月初一的中和节，是引领全县人民玩耍的盛大节日。

3.3.8　道县祥霖铺镇田广洞村

1. 村落概况

1）地理位置与村庄规模

田广洞村位于祥霖铺镇南部，地理坐标为东经 111°47′、北纬 25°32′。东邻江华瑶族自治县，西接江永县。距江永火车站 3km，距离祥霖铺镇镇区 15km，距离道县县城 37km。

广洞村村域面积为 13.59km²，村落下辖 14 个小组，5 个自然村，即老村、郑家、新郑家、下村和林场。户籍人口有 2760 人，村中主要有陈、郑、义、文、范、郭等姓氏村民，均为汉族。

2）自然环境

田广洞村传统村落地势较为平坦，村后东北面有低矮的小山峦，为后龙山，南面远处是高峻的铜山岭，包括鸡公山、大金山、小金山、将军山、黑头山等。为中亚热带季风气候区，光照充足，雨量充沛，年度雨量 1400~1600mm，地下水比较丰富，属石灰岩地貌区。

村落内无大型河流，水体多为水塘或古井，由上源沟、下源沟等沟渠相连接，负责村落内生活及灌溉水源。田广洞村传统村落内土壤类型多且肥沃，以可耕型河潮土、淹育性水稻土、潴育性水稻土为主（图 3-306）。

3）历史源流

元代初期，村内先祖从山东青州迁至道县县城东阳坊，有福詹、福义两兄弟。至元代中期，兄福詹迁至本村，成为本村先祖，在田广洞村繁衍生息至今。古村原名填光洞，后发现外围均为平坦土地，故村名改为田广洞，寓为田地广阔之意。

2. 村落布局与空间特点

村落地处铜山岭及其余山脉所形成的一个小盆地中央，地势平坦开阔，周边为广袤的农田，阡陌纵横。村落后有一山体"龙山"，南面高山与村东、村北的小山连成一线，趋环绕之势。村落西面和南面是田洞，村落东面正对山口，山口南北相向蜿蜒的山脉，像二龙戏耍，在天际边缘与村落后面的绵绵群山相接。

村内巷道布局呈八卦形，宽度由其功能而定，一般是公共空间处或主要巷道略宽，如龙正坊陈氏祠堂前约达4.2m，

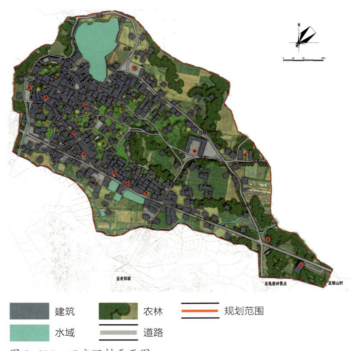

图 3-306　田广洞村平面图

主要巷道1~2.5m，次要巷道略窄，0.6~1.5m。材质多为青石板，大部分为规整的长方形青石板，少部分为不规则状青石板，极少量为鹅卵石材质。

3. 建筑特征与人文景观

1）建筑特征

田广洞传统村落建村800余年，古建筑总量大，保存状况较好。数百处保存完好的明清建筑错落有致，景观层次丰富。其中院落小者，独门独户，结构精致；院落大者相互串联，犹如围屋迷宫（图3-307）。

民居建筑基本上是砖、石、木结构，一般以青石为基础，青砖砌墙，屋面为小青瓦，木、石构件都相对精美、雕刻细致。公共建筑体量较大，大部分为二进，用材比较硕大，做工讲究，一般采用抬梁结构；私人庭院小巧别致，一般为一进一天井，用材相对小，一般为硬山顶结构。建筑多首尾相接，山墙与马头墙相衬托，柱梁和斗栱浑然一体（图3-308、图3-309）。

村内公共建筑为祠堂和门楼，包括义家、陈家、龙景门楼及祠堂，老屋祠堂，大房、二房、三房祠堂，皆始建于明代，为村内对外的主要交通出入口及议事、红白喜事等活动的主要场所。祠堂以天井式院落为特征，内以木结构为主，外观为青砖围护的清水墙，上盖小青瓦，屋脊做叠瓦并融入灰塑艺术（图3-310）。

明清传统建筑占总建筑比例的13.72%，其余建筑以20世纪50年代以后为主（表3-62）。其中1层占半数以上，3层以上建筑不到10%，整体风貌保持较好（表3-63）。

图 3-307　建筑群

图 3-308　传统建筑风貌

建筑年代统计表		表 3-62
年代分类	建筑面积（m²）	比例（%）
明清	7247.36	13.72
民国	7638.63	14.46
20 世纪 50~70 年代	17180.87	32.52
20 世纪 80 年代以后	20757.61	39.30
总计	52824.47	100

建筑高度统计表		表 3-63
层数	建筑面积（m²）	比例（%）
1 层	30530.03	57.80
2 层	17052.08	32.28
3~4 层	5242.36	9.92
总计	52824.47	100

2）人文景观

古井：村落内有古井 4 口，造型类似。井口四周由砖、青石堆砌，目前古井仍在使用。

古商道：田广洞村传统村落原是湘桂古道重要商埠之一，村落内有一条古商道，商道两厢有 80 余家商铺。该条商道仅存遗址，巷道材质为青石板，两厢商铺仅存少数几栋建筑。

鬼崽岭遗址：鬼崽岭位于田村落南侧 1km 处。鬼崽岭为田广洞村水源地，名蛮山，又名栎山。该遗址为古代大型祭祀遗址，其地上及地下共发现雕刻粗犷传神的各种石俑近万尊，散落面积 15000m²，有文官像、武官像、孕妇像及各种普通士兵像，并且 90% 以上的石像制作年代在秦汉以前，同时唐宋元时期亦有延续，是古代祭祀文化的大型集成。2013 年 5 月被国务院核定为第七批全国重点文物保护单位（图 3-311）。

图 3-309　建筑细部

图 3-310　陈家门楼

4. 非物质文化遗产

田广洞狮公神祭祀：起源于道县祥霖铺镇田广洞村、新车镇莫家湾行政村，流传于祥霖

图 3-311　鬼崽岭遗址　　　　　　　图 3-312　女书

铺镇、梅花镇、江永县上江圩莫姓居住地。是一项集祭祀、供奉狮子公神庙、戴鬼脸壳表演故事娱乐民众的综合性活动，由广东岭南状元莫宣卿后裔莫如静于明洪武年间（1368~1398年）迁居道州传承至今，已有600多年历史，是湘南地区极具代表性的非物质文化遗产。

女书：女书是世界上发现的唯一一种女性文字，以前在江永县及其毗邻的道县、江华瑶族自治县的大瑶山和广西部分地区的妇女之间流行、传承的神秘文字。但是随着时代的发展，女性的文化水平提高，女书濒临灭绝。女书的文字特点是书写呈长菱形，字体秀丽娟细，造型奇特，也被称为"蚊形字"（图3-312）。可采用当地方言土语吟诵或咏唱。女书除了日常用作书写以外，也可以当成花纹编在衣服或布带上，所以字形也有所迁就，变成弯弯的形状。调研时村内会唱女书的只有8人。已少有人写，只在织带子时将女书织在带子上。

3.3.9　宁远县湾井镇下灌村

1. 村落概况

1）地理位置与村庄规模

下灌村位于宁远县城西南方向15km，地理坐标为东经112°01′、北纬25°47′，是宁远县湾井镇镇政府所在地（图3-313）。

古村村域面积4.26km²，村落户籍人口8376人，以李、刘两姓为主，基本为汉族人口。

2）自然环境

下灌村地处湘南山区、丘陵地带，整体呈半山地半丘陵地貌，坐落在"十里画廊"的灌溪与泠江河畔，东江、泠水、洗砚河三河绕村而过。境内以山岭为主，主要山脉有九嶷中的3座山峰，属南岭山脉萌渚岭山系。东见蓝山，南望朱明峰，西有西岭山，北向大板砠，呈群山环绕之势，周围群峰秀丽、层峦叠嶂，属山地围合的平原地区。

当地属中亚热带气候区，冬寒期短，夏热期长，春温多变，寒流频繁，雨季明显，夏秋多旱，四季分明，生长期长。

3）历史源流

下灌村因村庄建在东江、西江两条河水灌注之地而得名。村落开源于南北朝南齐时期，至今已有1500多年的历史。南北朝时期因九嶷山瑶民起义，派陇西狄道人李道辨为南道开拓大使、荡寇将军，奉命提兵来九嶷山平徭，到九嶷屯垦戍守。因九嶷山清水秀，古风淳朴，土地肥沃，水旱无忧，物产丰富。遂在此定居繁衍，形成了一个人数众多的自然村。

2. 村落布局与空间特点

村落建在船形地上，浮飘于泠江与灌溪之间，四面山体环绕，东江、泠水、洗砚河这三条河环绕古村北流，在下灌村汇合，从高处看是三龙合一，三水合而胜舟的自然格局。村外青山连绵，村内小桥流水，整个村落基本不靠山，四面均为农田水网，地势平坦（图3-314）。

图3-313 下灌村平面图

图3-314 下灌村全景

村落格局形态发展是综合扩散式的发展模式。主街巷以滨水为主，街巷宽度达 4~6m，承担了村落的大部分公共活动，起到商业服务、往来交通的作用，串联了村落中的重要建筑及开敞空间；内部街巷多向其开口，以建筑间的连通作用为主，街巷只有 1~2.5m，街巷的空间尺度相近，尺度较小比较宜人。

3. 建筑特征与人文景观

1）建筑特征

下灌古村建筑多为院落式组织，院落方正，平面中轴对称。传统民居多采用"一"字形布局，个别为"凹"字形和自由院落式，平面上常见的是一列三开间或五开间，房屋四围的风雨墙采用砖砌，其内部仍为木结构。结构上多为横向结构承重，纵向架设檩条的两坡水屋面的基本法式，木质屋架及小青瓦屋面，木穿斗构架，门窗、挑檐下部的斜撑等部位都装饰有精美的木雕。木雕和石雕技艺精湛。

村内公共建筑主要包括诚公祠、昌公祠、李氏宗祠、豪公祠、灌溪学校等。

李氏宗祠始建于明弘治十年（1497年），原为纪念南齐荡寇李道辨而建的享祠，咸丰六年（1856年）因火灾烧毁，同年重建，1870年重修。建筑面积 1053.98m²，坐南朝北，平面呈长方形，由上、中、下座，厢房及两天井组成，建筑正面有 3 个拱门，美观大方。院内木柱非常粗大，戏楼歇山顶、木结构，其他为双檐马头墙。

灌溪学校始建于 20 世纪 30 年代，占地面积约 1 万 m²，建筑面积 2588m²，坐北朝南，南北短、东西长。该学校布局合理、采光良好，学校所有教室都由走廊全部相连，教学楼采用了西方建筑风格，又保持了中国建筑风貌，是典型的中西方建筑艺术的结合体（图 3-315）。

昌公祠位于村落中段，始建于明万历年间（1573~1620年）。占地面积较大，有 3070m²，原为纪念李家先人李仕昌而建的宗祠。青砖灰瓦，封火马头山墙，特别是两翼多重的翘檐如雄鹰展翅，灵动欲飞，动感极强（图 3-316）。

图 3-315 灌溪学校

图 3-316　昌公祠

村内现存明代建筑较少，主要为祠堂，清代建筑较多，并以民居为主。民国时期建筑较多，主要为民居、商铺等，但整体仍以20世纪50年代以后建筑数量最多（表3-64）。建筑层高以1层为主（表3-65）。

2）人文景观

状元楼：始建于宋代，为纪念唐文宗太和二年（828年）状元李郃而建，现存建筑为清光绪二十一年（1895年）重修。楼高12m、进深9m、面阔8m，全木结构，楼阁由12根木柱支撑，重檐歇山顶，盖小青瓦，卷棚飞檐，现保存完整（图3-317）。

建筑年代统计表　　　　　　　　　　　　表3-64

年代分类	建筑面积（m²）	比例（%）
明清	6100.00	3.13
民国	55170.00	28.31
20世纪50~70年代	91239.00	46.83
20世纪80年代以后	42337.00	21.73
总计	194846.00	100

建筑高度统计表　　　　　　　　　　　　表3-65

层数	建筑面积（m²）	比例（%）
1层	124450.00	63.87
2层	47284.00	24.27
3层	16740.00	8.59
4层	6372.00	3.27
总计	194846.00	100

广文桥：始建于清乾隆年间，经道光、咸丰、同治年间数次修缮，现桥体保存完好。桥面宽3m，长30m，桥上覆小青瓦，封火马头山墙，桥墩由巨大的青石块砌成，桥面用三层横木堆砌，再铺青砖，桥面的两侧有齐腰高的木栏杆（图3-318）。

仙人桥：为下灌村李姓祖先所造，四拱石桥，原先建在河上，后来河水改道，它就成了桥下无水的旱桥。仙人桥用一块块楔形的拱石堆砌而成（图3-319）。

图 3-317 状元楼

图 3-318 广文桥

图 3-319 仙人桥

4. 非物质文化遗产

下灌村现遗存丰富的湘南风俗，例如醮会、年灯会、庙会以及赛歌会；并且还保留诸多的民间工艺和文学传说。此外，残存的儒家宗法礼仪制度在婚、丧事活动中得以体现（表 3-66）。

非物质文化遗产一览表　　　　　表 3-66

类型	主要内容
民间艺术	书法、曲艺、叶子戏
民间文学	唐状元李郃的传说
民间工艺	漆金木雕、石雕、彩绘
乡风民俗	年灯会、庙会、赛歌会、醮会

下灌村自古人才辈出，自隋朝开科举制以来，出了江南的两位状元，唐朝的李郃与南宋的乐雷发二人，下灌以李郃、乐雷发两状元为典范，每年奖励优秀学子和道德模范，以激励后人，尊师重教，崇尚好学。

下灌是中国麻将文化的发源地，每天有不同的麻将爱好者前来瞻仰麻将鼻祖李郃像。有"状元文化""麻将文化"2个独具特色的文化。

叶子戏：至今保存连续性达100年以上，有传承人但传承活动规模小。叶子戏在我国有很长的历史，至清代样式及打法已基本完善，并有逐渐演变至马吊牌的说法（图3-320）。

因此，李约瑟博士在《中国科学技术史》中，将桥牌的发明权归于中国人。法国的学者莱麦撒也说："欧洲人最初玩的纸牌，以形状、图式、大小以及数目，皆与中国人所用的相同，或亦为蒙古输入欧洲。"美国《纽约时报》桥牌专栏主编艾伦·特拉克斯特曾报道"中国是桥牌的故乡"。叶子戏于元代传到西方，变化成了塔罗牌及现代扑克，而在中国，则逐渐变成麻将及牌九。

耍狮头：亦名"狮子滚绣球"，狮子用竹片和彩布扎制而成，彩绘披毛。舞时，由两人钻入狮身内，一人控制头部动作，另一人弯腰俯身抓住前者，组成狮身，两人配合默契，另一人手持彩球（彩球串以铜钱，铮铮作响）引导"狮子"作各式抢球、扑球、含球之戏。

雕刻：下灌村民家中保留有许多民间艺术品，如雕花木床、窗棂、木门等。民间手工艺产品主要有砖雕、石雕、木雕等。

3.3.10 蓝山县祠堂圩乡虎溪村

1. 村落概况

1）地理位置与村庄规模

虎溪村位于县域西北边陲，地理坐标为东经112°06′、北纬25°45′。西与宁远县交界，东南距蓝山县城20km，属祠堂圩乡蓝屏办事处。村落户籍人口约为1020人，以谢、梁、黄姓为主，多为汉族（图3-321）。

图3-320 叶子戏牌

图3-321 虎溪村总平面图

2）自然环境

虎溪村位于九嶷山南麓，西倚瑶山，北邻九嶷，村落四周石峰耸立，山岩遍布，林地分布于村落周围山体中，周边山林中野生植被较多，景观类型丰富，有老婆源河与泠江河2条河流。因村后石山如虎形，村前溪水潺流不绝，故村以"虎溪"为名。

3）历史源流

虎溪村原名虎塘村，1000多年前，曾有秦氏、邝氏、曾氏、田氏在这里居住建立村庄。700多年前有谢氏、梁氏迁入。当时谢氏有80多户人家，曾建有谢氏宗祠，梁氏有40多户人家，明清时代改名虎溪坊，属桂阳州管辖。370多年前，黄氏迁入此地，民国到中华人民共和国成立初期改名虎溪村，属郴州地区管辖。20世纪60年代后属零陵地区管辖，是一个历史悠久的文明古村，距今有1000多年的历史。

2. 村落布局与空间特点

虎溪村坐落在猫仔冲山脚，枕山环水，以东南至西北流向的泠江河为廊道，东北至西南流向老婆源河为链接，以及山脚下谷地的水塘板块，构成了虎溪村外围水系景观。

虎溪村是山坡型村落，民居都聚集在山麓下，由高向低依势延绵，鳞次栉比，密集而错落有致。寨前为大片农田，视野开阔。村落的道路系统采用与地形密切结合的街巷组织，多数是房屋先行，后形成街巷，因此其空间形态、比例尺度受到两侧建筑的极大影响。街巷由平行等高线的横向道路、垂直等高线的纵向道路以及为减缓道路坡度与等高线任意斜交的道路所组成，层次分明，在主街之下有若干条巷道，呈树枝状通入全村，可谓纵横交错，路路相通（图3-322）。

图 3-322 虎溪村建筑风貌图

3. 建筑特征与传统建筑

1）建筑特征

村落内至今还保留多座清代建筑，如树合山斜、第一家声、气象维新祖屋，黄氏宗祠等，多为砖木结构，以 1 层和 2 层建筑为主（表 3-67、表 3-68）。

建筑年代统计表　　　　　　　　　　　　　　　　　　　　　表 3-67

年代分类	建筑面积（m²）	比例（%）
清代	5300.00	18.60
民国	1100.00	3.86
20 世纪 50~70 年代	6500.00	22.81
20 世纪 80 年代以后	15600.00	54.73
总计	28500.00	100

建筑高度统计表　　　　　　　　　　　　　　　　　　　　　表 3-68

层数	建筑面积（m²）	比例（%）
1 层	15500.00	54.39
2 层	11600.00	40.70
3 层	1400.00	4.91
总计	28500.00	100

黄氏宗祠建于明末清初，是村内核心公共建筑，为木构建筑马头墙形式，黛瓦、粉壁，屋顶为封火山墙，造型美观、大方，是虎溪村村民议事活动的重要场所。戏台位于宗祠内，建于 170 多年前，内有精致的雕刻和壁画，是历代村民的娱乐场所，自 18 世纪 40 年代建立以来曾多次修缮（图 3-323、图 3-324）。

图 3-323　黄氏宗祠

2）人文景观

虎溪村现有人文景观主要包括古巷道（图3-325）、三眼古井、三国寨门遗址、古凉亭等。

虎溪村古凉亭为单檐悬山顶，现风貌保存较好，具有较高的科学和艺术价值（图3-326）。

4. 非物质文化遗产

古建筑工艺镂雕阴刻：古民居的建筑工艺古雅清秀、科学美观。特别是祠堂内戏台顶棚的设计，为三层斗式藻井，既通风散烟（旧时演戏以松油照明，烟大呛人）又可消除回音噪声，对现代建筑亦有一定科学参考价值。古民居门楣上的书匠、屋榜，墙裙上的水墨画、彩墨画，窗架上的镂雕阴刻、屋脊屋垛上所塑造的龙凤吉祥物，工艺水平之高，湘南难寻（图3-327）。

图3-324　黄氏宗祠内部戏台

图3-325　古巷道　　图3-326　古凉亭　　图3-327　镂雕阴刻

3.3.11　新田县三井镇谈文溪村

1. 村落概况

1）地理位置与村庄规划

谈文溪村地处永州市新田县南部、三井镇中部，地理坐标为东经112°22′、北纬25°79′。北距新田县城约20km，离三井镇镇区约2km，距永州市区约130km，离省会长沙约345km（图3-328）。

村落村域面积 2.5km²，村内现有户籍人口 1552 人，共 343 户，居民基本为汉族。

2）自然环境

古村位于群山环抱的平地之上，三面环山，南靠后龙山，西倚白砠岭，北望青龙山，村前河水环顾如拱，整个村落如一颗珍珠镶嵌在群山中。村内环境优美，山有竹木之秀、水有清静之幽、脉有龙腾之势，适宜居住。

谈文溪村属中亚热带湿润季风气候，是湖南的气候温暖区，气候温润、雨水丰沛、日照充足、四季分明，年日照率达 40% 以上。

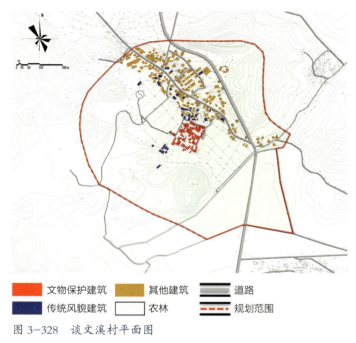

图 3-328 谈文溪村平面图

村落地处丘陵地区，村内有大片农田、山林地，丘陵多为岩石山地，目前主要种植水稻、烤烟。村落北侧现存一棵树龄 500 年以上的古枫树。

3）历史源流

谈文溪村主要是郑氏族人所居，五代时期远祖郑衡瑜后裔的一支郑万里，于南宋时期在现今谈文溪一带立家生活，再经历了 15 代 300 多年，郑万里后裔的郑富一支，于明初完全定居现在谈文溪村所在地。据清嘉庆二十二年（1817 年）《家庙碑记》记载："余族坊名谈文喜，自明初之际始祖富公由深圳坊卜迁于兹地。"清同治六年（1867 年）《重修门间记》石碑："始祖富公洪武初卜宅于兹地。"清光绪二十年（1894 年）《郑氏家谱·万历家谱旧序》"于永乐丁酉十五年，石刻文溪坊。"故现聚居于谈文溪村的郑氏，最迟于明初就已经完全定居此地，距今至少有 600 年历史。

2. 村落布局与空间特点

谈文溪村三面环山，村前有广阔的田洞，一条小河从田洞中弯曲绕过，融山水、村舍、田野于一体，源出后龙山洞的一股清泉，经先祖掘渠疏引，舒缓而来，环流村前村后而形成的"二溪环抱"的水势格局。溪水环村而绕，既具有防御、放火功能，还可为居民提供生活用水。

村落依山势而建，东南朝向、形状周正、布局紧凑，呈方形，一条宽约 3m 的步道环抱古村。村内街巷纵横交织，有利于节约用地，巷道将古村分成规整的小格，格内住房排列有序，形成居民小区，每个小区间有 4~5 栋民居，各自成一体。而每栋民居之间又区划有相对狭窄一些的小巷道。古村大门位于东南侧，设有入口门楼，其余三面有巷无门。

图3-329 建筑群风貌图

图3-330 建筑风貌

3. 建筑特征与传统建筑

1）建筑特征

古村中明清、民国时期修建居多，为湘南民居风格，砖木建筑结构，外墙用砖来承重，内部用木结构承重，建筑面阔多为三间，内部为抬梁式、穿斗式梁架结构，小青瓦屋面（图3-329）。根据人口的需要及经济条件，可减少一个开间，也可在两端或一端进行扩展。在单座民居建筑中一般在中间的开间为明间，即堂屋，两旁布置耳房，后面亦布置有后堂或倒堂。有的家庭以后堂作为卧室或厨房，有的则作储藏室。后堂与堂屋之间以砖墙或木板相隔离。堂屋开间一般为4m以上，进深约7m，檐高约6m左右，室内布置为一般按传统民居的布置格局。建筑大部分为单层（图3-330）。

文溪家庙位于村东南，清道光十八年（1838年）族人相炳主持重建，是一座典型的湘南祠堂建筑，木雕、砖雕、石雕古朴典雅，共有三进，四面柴烧青砖筑高墙，整体规模虽不算很大，仅为面阔15.6m，进深44.5m，计694m²。整体结构为三开间二进悬出式四合院建筑，由前台、中天井、东西厢房、后大殿布局而成，其中，大殿宽13.5m，深10.5m，大殿又分前厅与后殿，前厅宽大做会客、议事、公共事务之用，后殿为神殿，是整个宗族祭祀之所。厅通面宽13.5m，通进深8.4m，共三间二弄，木架为穿斗抬梁混合结构。平面科斗栱均使用垫拱板，雀替为卧蚕形。六架椽屋前后双步梁用四柱，从上而下有收分。柱头有卷杀，均施有座斗。天井宽7.3m，长7m，全为方石铺就而成，共81块，与四周用石沟隔开，雨水通过暗沟外排。家庙内部有一个古戏台，保存完好，台上雕龙刻凤，均为透雕，纹饰繁杂。在戏台屏风的背后曾发现清代在此演戏的剧目单，可了解清代至民国时期不同的剧团在此表演的曲目，反映出古代农村文化生活的繁荣（图3-331）。

图3-331 文溪家庙　　　　　　　　　　　　　　　　图3-332 照壁

2）人文景观

照壁：位于门楼后方、正对门楼，相当于入村屏风，照壁长2.6m，宽0.3m，高2.8m，砖石结构，古朴典雅，镶嵌着一块石碑，碑文记录了古村的历史（图3-332）。

门楼：文溪门楼高约9m，分上下两层结构。上层福禄灌顶、四角飞檐、墀头粉墙、中心对称，呈鲲鹏展翅之势；下层由6根中轴对称的木柱支撑，木柱由6个明代的倒盆石础作基石，使得整座门楼固若磐石。门前置双石鼓，更有双喜临门之寓。两壁为三层徽派封火马头墙，使得整座门楼巍巍大气（图3-333）。

古桥：位于古村东南侧、县道045西厢，相传为茶盐古道上的石拱桥，宽约1m、长约2m，立于水渠之上。

4. 非物质文化遗产

谈文溪村非物质文化遗产丰富，主要有醋水豆腐制作传统工艺、花灯、传统戏曲、建文帝传说等。

醋水豆腐：是谈文溪村的一道特色菜，以富硒大豆为原材料，以醋水为凝固剂，经过"选料→浸泡→磨浆→滤浆→煮浆→点脑（加食醋）→凝固→成品"等工艺流程，做出来的醋水豆腐没有酸涩异味，且比传统豆腐更加结实，被称为"别样的餐桌美食"（图3-334）。

花灯：谈文溪村每逢过年过节，村内有唱花灯和看花灯的习俗，观者如潮，不亚于赶庙会的场景。

图3-333 门楼

图 3-334 醋水豆腐

图 3-335 花鼓戏

传统戏曲：每逢郑氏家族婚丧寿礼等大型活动均有戏曲表演，在文溪家庙举行，曲种有花鼓戏、木偶戏、民间小调等（图 3-335）。

3.3.12 江华瑶族自治县东田镇水东村

1. 村落概况

1）地理位置与村庄规模

水东村位于县城沱江的东南部，东田镇西北方向，地理坐标为东经 111°65′、北纬 25°16′。距县城 9km，离新建的东田镇政府约 1.5km。

村落村域面积 8km²，全村分为 4 个自然村，12 个村民小组，共 305 户，户籍人口 1366 人，为瑶族聚居地（图 3-336）。

图 3-336 水东村总平面图

2）自然环境

水东村坐落在潇水河以东，背靠森林茂密的五将军岭和水东岭，海拔东南高西北低，总体平缓，局部崎岖。西河水从村旁流过，村源头又有涔天河水库和位于村中间大清塘小型水库及小清塘，共同为村落提供生活和灌溉用水，自然环境优美，生态资源丰富。属温带大陆性气候，四季变化明显，平均气温低，冬冷夏凉，降雪早、积雪多、冰冻期长，云雾多、湿度大、天气多变，常有山下骄阳、山腰雾满、山顶风雨的"三重天"。

3）历史源流

水东村古民居始建于清顺治七年（1650年），迄今已有370多年历史。

2. 村落布局与空间特点

村落背山面水，村前是肥沃的田野，四周被绿地包围，许多大小不一、形状各异的水塘点缀其中。位于南方的原始次森林，又恰好起到天然蓄水作用，因而全村常年水旱无忧，十分适宜居住及农耕。

整个古村坐东朝西，由5个部分组成，自北往南依次为围姊地、大新屋、下新屋、老堂屋、新屋（图3-337、图3-338）。

图3-337 水东村建筑群　　　　　　　　　图3-338 街巷

3. 建筑特征与人文景观

1）建筑特征

水东村是典型的客家村落，同村同宗同族。古建筑主要以清明时期为主，风貌保持较为完好，现代民居虽为砖混结构，并不影响古建筑群整体历史风貌（图3-339）。

水东村以八字门楼为总揽，以一条青石板主路为骨架向南向西延伸，分别进入十几间两进堂和三进堂的大堂屋，而后以五座古炮楼守望全村。古民居院内房屋鳞次栉比，重楼叠室，雕梁画栋，整齐庄重。

2）人文景观

八字门楼：村内重要的标志建筑，约 24000m²，清代时期建筑（图 3-340）。

炮楼：约 12000m²，建于清代，是村内重要的防御建筑（图 3-341）。

古井：村内古井 10 多口，包括天岩井、清塘古井、水东古井、溪江岩古井、镇子井和铜锣坪古井等。

图 3-340 八字门楼

图 3-339 建筑细部装饰　　图 3-341 炮楼

4. 非物质文化遗产

糍粑：主要是在重阳节的时候，作为节日食品供客人品尝。糍粑是以糯米、土豆为主料，清洗浸泡后放蒸笼里蒸熟，再迅速放在石臼里舂至绵软柔韧，趁热将饭泥制作成可大可小的团状，放在芝麻炒香磨粉拌白砂糖（或是黄豆炒香磨粉拌白砂糖）的盘子里滚动，即可取食，口感香甜。

舞龙：又称玩龙灯，是一种中国民族传统民俗文化活动。每逢喜庆节日，人们都会舞龙。舞龙时，龙跟着绣球做各种动作，不断地展示扭、挥、仰、跪、跳、摇等多种姿势。

磨豆腐：传统食品制作手工艺，用两块圆青石挤压摩擦榨取豆汁精华的方法（图3-342）。

图3-342 磨豆腐

3.3.13 江华瑶族自治县大圩镇宝镜村

1. 村落概况

1）地理位置与村庄规模

宝镜村地处湘桂交界的江华瑶族自治县大圩镇的中部，地理坐标为东经111°42′、北纬24°52′。距小圩镇约为9.3km，距水口镇约为21.5km（图3-343）。

宝镜村村域1.7km²，现有11个村民小组，共227户，户籍人口1069人，多为瑶族。

2）自然环境

古村北靠宝镜大山，东邻玉屏、龙虎山，崇江东西环抱，环境清幽秀美，洪江河澄碧如带，九曲回肠，悠然流淌，自南向北，依村傍院，滋润着这片广阔而肥沃的土地。村前田野，阡陌纵横，缀以池塘如镜，绿染田园，荷浮水面，一派生机勃勃的景象。村北有70余株20~40m高的桂花、香枫、迎客松、香樟等古树。

宝镜村属亚热带大陆性季风性湿润气候，四季温和，年平均气温为18.5~20℃，降雨量年均295~332mm，雨量充沛。

3）历史源流

明正德年间（1505~1521年），何氏始祖由江西吉安府泰和县迁至湖南道州营乐乡车坝楼

图3-343 宝镜村平面图

田高家坊定居。据《何氏族谱》记载：高祖应棋，见生齿日繁，人丁稠密，读者多，而耕者少，始为迁乔之计。于顺治十七年（1660年）移徙江邑卜居岭东、栉风沐雨、披星戴月、创成基业、绵延世泽，迄今365年。

2. 村落布局与空间特点

宝镜村山环水绕，村前为开阔田洞、旷野田畴，村后群峰环抱、树木茂密，经年堆翠滴绿，村旁一股终年不断、清澈见底的山泉蜿蜒而过。整体景观格局呈"一山两轴五心"分布：山体景观自东南向西北辐射，两轴分别为惜字塔山体轴线、古村—宝镜湖轴线；五心分别为忠烈祠、何氏宗祠、老堂屋、新屋、大新屋建筑群另外还有两处自然水域景观。

村内现有巷道36条，古建筑群八大单元自南向北排列，从南往北分别为走马吊楼、新屋、老堂屋、大新屋、明远楼、围姊地、何氏宗祠、忠烈祠（图3-344）。

图3-344　宝镜村鸟瞰

3. 建筑特征与人文景观

1）建筑特征

宝镜村村落建筑共694栋，以1层建筑为主，共510栋。现存古建筑群规模庞大，占地53300m²，房屋180栋，门楼7个，总建筑面积约2万m²（图3-345）。

所有古建筑均为青砖清水墙、小青瓦屋面；采用大量规整的石材做勒脚、柱础、天井或铺墁地面；大木结构突出"硬山搁檩造"和穿斗式梁架风格。大门外墙面挑出造型优美的阁楼式飞檐门罩，挑木下的鳌鱼形雀替雕凿精细，清代特征十分明显；门厅条砖铺地，前后檐廊以青石板铺墁；天井宽整、做工考究、用材大气；木封檐喜用透雕花纹板，湘南本地做法特点浓烈（图3-346）。

走马吊楼又称长工楼，位于宝镜古建筑群的前外围，起看家护院的作用。为2层砖木结构建筑，下层是畜栏马厩，上层系长工住房。建筑面积750m²，连10间，共32间房，是湖南目前发现的最大的杂屋类建筑。

新屋是宝镜最大、最有代表性，同时也是保存最为完好、功能最为齐全、最能反映封建地主庄园经济生活的建筑。建于清道光二十二年（1842年），穿斗式梁架，外墙用麻石勒脚。主体建筑总面积2727m²，共12个天井，80间厢房（图3-347、图3-348）。

老堂屋建于清顺治年间（1644~1661年），是村落建设年代最早的建筑，穿斗式梁架，青砖清水墙。老堂屋选址考究，主院中轴正对村后笔架山主峰，总面积864m²。侧屋为后期续建，拥三天井连九间，二进屋使用扁方柱础，雕刻精美。巷道门为两层板门，外加一层直棍木栏杆，非常坚固，防御性极强。

何氏宗祠现存主体建筑始建于民国五年（1916年），成于民国七年（1918年），由前院、门厅、中堂、过亭和后寝组成，中厅全为大抬梁式结构并大量采用雕凿繁缛的叠梁，是宝镜何氏唯一现存宗族家庙。

2）人文景观

宝镜古井：古井一年四季流淌不涸，清澈可饮，甘甜可口，灌溉村前良田，惠及村寨民众。

图3-345　宝镜村建筑风貌图

图3-346　细部装饰

图 3-347 新屋

图 3-348 新屋大堂

铺地石阶：天井砌筑考究，用料大气，最大的墁地石料长 2.05m、宽 1.75m，散水台阶条石长 3.6m、宽 0.35m、厚 0.15m。天井池中置放银锭形的汀石踏跺，造型奇特而实用（图 3-349）。

宝镜桥：位于县道 086 之上，是巨型条石砌就的两拱石桥，美观坚固实用，历尽百年沧桑，完好无损。

4. 非物质文化遗产

宝镜村保留有丰富的儒家宗法礼仪制度民俗、湘南风俗和残存的儒家礼仪，主要表现在婚、丧事活动上。民间习俗有年灯会、庙会、赛歌会、醮会，还保留有诸多民间工艺和文学传说。

瑶族长鼓舞：瑶族长鼓舞至今还在江华广大瑶族地区活态流传。瑶族长鼓舞与宝镜村有着密切的关系。每年的春节、十月三十（抗匪节）、村民婚嫁、建新房时还以不同的形式表演瑶族长鼓舞，但以桌上长鼓舞为主（图 3-350）。

图 3-349 汀石踏跺

图 3-350 瑶族长鼓舞

抗匪节：清朝道光年间的某一年，宝镜村在农历十月三十抗击土匪三天三夜，胜利后把这天定为纪念抗击土匪胜利的日子。旧时称"蛮子节"，中华人民共和国成立后改称"抗匪节"。从此以后，每年的这一天，整个村子热闹非凡，打长鼓，抢花炮，搭戏台，唱大戏，如同赶庙会。

3.3.14 江华瑶族自治县大石桥乡井头湾村

1. 村落概况

1）地理位置与村庄规模

井头湾村位于江华瑶族自治县大石桥乡西南角，地理坐标为东经111°26′、北纬24°51′。与国道207连通的主村道为村落的主要对外交通要道。

村域面积6km²，全村300余户，共1453人，基本为瑶族。

2）自然环境

井头湾村东枕龙虎山，龙虎山南北走向，林木繁多，山腰有一平地，香樟成园，树木成荫。西河水从村旁流过，南面山脚有井头泉井，井乃天成，水源清爽，汩流不断，井分二流，经村落流向田峒，最终汇入西河，是当地的生活及灌溉水源。

村落属亚热带湿润季风气候区，气候温和，雨量充沛，湿度大，晨雾多，风速小，年降水量1510mm。温和的气候，肥沃的土壤，令此地动植物种类繁多。

3）历史源流

据《蒋氏族谱》记载，先祖原先居住在邻近油渡村，清嘉庆年间，先祖汝新公途经井头湾，视其佳山胜水、良田沃野、格局大好，遂举家迁移至此，在此居住后家族不断壮大，人丁兴旺。到20世纪80年代改革开放后，井头湾人开始建新居，移居村外，渐在古村北侧形成现代居民区。

2. 村落布局与空间特点

古村依山近水而建，四面青山环绕，西河水由南往北从村东侧流过，分支东西向穿村而过；西有广阔旱地，可耕可种，西山脚下红泥塘和一张塘二口相连，塘中有水井，井水成塘，可渔可灌。北为梯田成峒，宜耕宜种。

村落依山就势而建，古建筑整体布局集中，是族聚群居的典范，分二巷而居，井巷相通。单体建筑随山势而建，错落有致。古巷道、排水系统、防盗系统等建筑主要功能至今仍发挥作用，保留了具有江南水乡韵味的水系，水从龙口井流经屋底或屋前、屋后，像一条生命线贯通全村，创造一种"浣汲未防溪路远，家家门前有清泉"的良好环境（图3-351）。

3. 建筑特征与人文景观

1）建筑特征

井头湾村传统建筑物分巷集中连片分布，以上、下二门楼为中轴分别依山就势而建，成群状分布，规模庞大，气势恢宏，整体格局保持历史原貌（图3-352）。

图 3-351　井头湾村建筑风貌图

村落建筑以清代民居为主，因地制宜，就地取材。方形条石为基，三铺砌，青砖砌墙，青瓦盖面，马头墙、金山墙出檐翘角。厅堂有门屏、天井、厢房、神龛等。柱础多为石雕，窗花形式多样，雕花手工精雕细作而成，有平雕、镂雕技艺（图3-353）。

蒋氏宗祠位于传统建筑东北角，砖木结构，一进天井屋。宗祠门明间"八"字开，门柱有雕花石础。旧时为村民集会、活动、祭祖之用。

图 3-352　建筑群

下门楼为八字门楼位于传统建筑中心线上，道光十六年（1836年）建，砖木结构，2层楼阁式建筑。门楼前坪有青石拼就月台，八字墙上配有马头墙，圆柱配础支撑楼顶，结合部为雀替，1层板梁铺垫上，架屋架，配瓦檐；2层四面格窗，出檐角（图3-354）。

图 3-353　建筑细部

图 3-354　下门楼

2）人文景观

寨墙：井头湾寨墙长约 1600m，厚 0.8m，高 2.5m，位于村西北面，沿井头溪外边青石砌就，围村而筑，具防御护院功用。

石阶巷道：石阶巷道分布于井头湾村成"井"字形分布。依山就势，青石板铺就，阶梯式或平或梯状布局于各房屋之间（图 3-355）。

门楼石碑：门楼石碑镶嵌于井头湾村门楼墙上，青石材质。上门楼石碑位于北面墙上，自右往左书《修整八字门文昌楼碑序》。下门楼石埤位于南面墙上，自右往左书《忆门楼始造之由》（图 3-356）。

4. 非物质文化遗产

井头湾村地处湘、粤、桂三省交界之地，萌渚岭下，与广西壮族自治区富川县新华乡相邻，是永州市与广东、广西交往的南大门。独特的地理位置使得井头湾保留了梧州瑶独特的风土习惯。瑶民属"平地瑶"，有特有的瑶族语言——梧州话，有本土的民俗、民风，如坐歌堂、安龙等，有国家级非物质文化遗产蝴蝶歌，省级非物质文化遗产婚嫁歌堂等（图 3-357）。

图 3-355　巷道

图 3-356　门楼石碑

图 3-357　瑶族婚嫁

第 4 章 | 湘西传统村落

- 邵阳市
- 张家界市
- 怀化市
- 湘西土家族苗族自治州

4.1 邵阳市

4.1.1 新邵县潭溪镇爽溪村

1. 村落概况

1）地理位置与村庄规模

爽溪村位于潭溪镇东北部，地理坐标为东经109°70′、北纬25°92′，距潭溪镇政府8km，距新邵县城41km，距邵阳市48km。

爽溪村村域面积1.77km²，辖11个村民小组，户籍人口983人，主要民族为汉族（图4-1）。

2）自然环境

爽溪村四周青山环绕，地形地貌以山地、丘陵为主，平、冈、山地兼有。属中亚热带大陆性季风湿润气候，四季分明，春秋短、冬夏长，适于各种农作物的生长。

图4-1 爽溪村平面图

村落内水塘众多，水资源丰富，村前小溪潺潺，爽溪河从中间穿过，流入资江。

3）历史源流

爽溪村始建于明代，始祖永乐公为躲避战乱从江西迁入此地，历经700多年，逐步形成了现状较为集中的爽溪院子组、河边组。因村前溪水常常淹过沿途青石板河岸而被称为"上溪"，方言中"上"同"爽"谐音，因此该村取名"爽溪"。

2. 村落布局与空间特点

爽溪村坐落于群山环抱的山谷地带，被虎形山、龟形山、鱼形山及得主山三面环抱。村内爽溪由南向北贯穿于整个村落。爽溪村的山水格局表现为"三山夹两谷，一水穿堂过"，属于典型的"依山靠水"型村落选址。从整体环境看，村落依山而建，绿水环绕，群落沿等高线呈内凹弯曲状布局，是向心、内聚形村落。村落外围以群山为天然屏障，构建有效的防御系统；内部各大小水塘点缀于院落之间，构成了村落空间的核心景观。

建筑顺应地势依山而建，呈扇形展开，整体走向北低南高，主体建筑由山腰向山下层层递进展开。各青石板街巷纵横交错，串联起各传统民居，整体风貌保存较好，形成了以自然山水为基底，以民居建筑为载体，以人文景观为内涵的"山、水、村、田"相辅相成的聚落格局，具有围合性极强的空间形态（图4-2）。

图 4-2 爽溪村全景图

3. 建筑特征与人文环境

1）建筑特征

传统建筑大多采用大屋的建筑形式，空间院落主要由宅前坪、槽门、堂屋、天井、封火墙等部分构成（图 4-3）。

宅前坪：大屋前的敞坪即宅前坪，是正式进入室内前的建筑户外空间，是整个传统建筑的核心公共空间和家庭活动场所。

槽门：传统大屋建筑对于槽门的建造非常隆重和讲究，建筑规模越大，其槽门的规格和雕饰也相应地越高大气派。

堂屋：入大门、过天井后直接面对的就是堂屋。有的堂屋正南面不设墙壁门窗，外向敞开，宽大明亮。有的只在中间设置两扇大门，两旁多为半墙半窗，使堂屋和庭院视线互通。堂屋两翼的墙壁通常做成高出屋顶的封火墙。

天井：新邵地区气候炎热潮湿，因此该地区传统民居住宅开间大、院落小，普遍采用天井院落的形式，利于建筑内部的采光、遮阳与排水。

封火墙：墙面刷白灰，多为"品"字式，斜坡长度被定位为 2~3 个挡，每挡设置墙顶挑檐砖，上覆瓦做屋面状，两端做成悬山；墙头覆小青瓦，尾端起翘常堆出鳌鱼图案，塑造出素雅明朗的风格。

周家大院建于清代，是典型的大屋建筑。其屋宇式槽门极具特色，以单体建筑形式出现，形象开阔敞亮，具有气势。屋宇式槽门的基本形制为面阔三到五开间，其中最中央的明间作为出入

图 4-3 传统建筑

图 4-4 周家大院封火墙

户的大门，其朝向是大屋的方向所在。此外，大院封火墙上的墨绘生动有趣，为单调的山墙增添了活力（图 4-4）。

整体来说，村内清代建筑保存较好，占建筑总面积的 26.43%，其余皆为 20 世纪 50 年代以后所建，以 2 层为主（表 4-1、表 4-2）。

建筑年代统计表　　　　　　　　　　　　　表 4-1

年代分类	建筑面积（m²）	比例（%）
清代	8632.00	26.43
20 世纪 50~70 年代	8755.00	26.81
20 世纪 80 年代以后	15261.00	46.76
总计	32648.00	100

建筑高度统计表　　　　　　　　　　　　　表 4-2

层数	建筑面积（m²）	比例（%）
1 层	8725.00	26.73
2 层	17639.00	50.02
3 层	6284.00	19.25
总计	32648.00	100

2）人文景观

古台阶：爽溪村有台阶铺地 2 处，均位于虎形山，修建于清代。

石板街巷：主要分布于爽溪东侧的院子组。巷道铺地有水泥、青石板以及沙、石 4 种材质，以青石板材质为主，共计 15 条（图 4-5）。

古井：村落现存古方井两口，分别位于爽溪村落东部和北部大山脚，约建于清代晚期。

图 4-5　古街巷　　　　图 4-6　古桥

古桥：爽溪村古桥分布于村落中段，爽溪中游，为爽溪东西两岸村民主要通道。石桥为双孔青石材质，约清末民初建成（图 4-6）。

古石狮：位于爽溪村北部山脚。现有古石狮 1 尊，建于清代，雕刻工艺精美，栩栩如生。

古塘：分布于爽溪院子组中部，古知府屋后。古塘方约 $30m^2$，筑夯土塘坝，池塘水量充盈，常年不干。为村落核心民居建筑群中最重要的消防水源。

古渠道：主要为爽溪及西北部的北渠。爽溪为村落中最重要的古老水系，水源来自南部高山岩洞，由南向北流贯穿本村。北渠为村落北部的溪水支流，发源于西北龟形山，与爽溪交汇于河边组，是村中重要古溪流。

4. 非物质文化遗产

布袋戏：我国现存唯一的原始布袋戏，习称为"被袋戏""被窝戏"。村内仅一个戏班，独自一人包打包唱。

花鼓戏：以花灯戏为基础，表演艺术丰富精彩，尤其小旦、小丑和小生的表演艺术更具特色（图 4-7）。

木偶戏：古称傀儡戏，是中国艺苑中一枝独秀的奇葩。由木偶、操纵演员、配音演员和乐队 4 部分组成（图 4-8）。

编织草鞋：打草鞋需要专门的工具——草鞋马箍。草鞋马箍形如马头，多为梨木所做，极耐用，往往祖传多代。

图 4-7 花鼓戏

图 4-8 木偶戏

4.1.2 新邵县坪上镇仓场村

1. 村落概况

1) 地理位置与村庄规模

仓场村位于坪上镇东北部，地理坐标为东经 109°06′、北纬 26°16′，距坪上镇政府 12km，距新邵县县城 54km，距邵阳市 59km。

仓场村村域面积 3km²，户籍人口约 1900 人，多为汉族（图 4-9）。

2) 自然条件

仓场村是一个四面环山的长条形盆地，大金山、太祖山、龙船山、天马山以及凤凰山环绕左右，近处低丘起伏，远处高山耸立，既有利于夏季通风，又可阻挡冬季寒风侵袭。村落属中亚热带大陆性季风湿润气候，四季分明，春秋短、冬夏长。村内水网密布，发源于岱水桥金龙山的岱水河，自南向北从古村西侧流过，灌溉条件良好。村南龙船山下分布有温泉井一处，温泉水自古井流出经温泉渠贯穿全村，与民居院落交相呼应。

3) 历史源流

仓场村旧称石城，因建官仓而得名，村落最早建村于北宋徽宗宣和年间（1119~1125 年）。族谱有记：周氏肇忠公生五子，卜居梅城，兄弟五人，

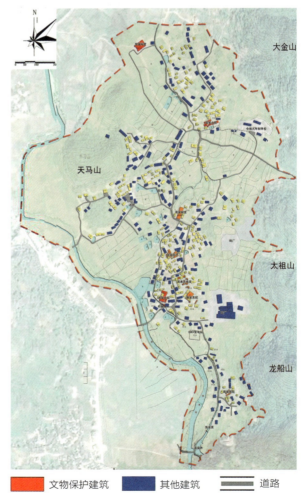
图 4-9 仓场村平面图

逢石立基。四子受楚公，落担小溪石城，即现今仓场村。仓场村最早庭院发端于岱水中段的仓场居民点，明清以来，随着古村兴盛，仓场逐步向南北延伸发展，相继形成周家南院子、周家北院子两大集中聚落，最终成为一个有千余人口、百户规模的大村。

2. 村落布局及空间特点

仓场村是湘中地区典型的民居村落，地处岱水河下游相对开阔的河谷盆地。村内建筑群顺应地势依山而建，整体走向呈东南高、西北低的趋势，主体建筑坐北朝南，由山腰向山下层层递进展开，宅院前后相连，左右毗邻，巷道狭长、山墙高耸，形成围合性极强的外部空间形态。

这种封闭、呆板、缺乏邻里交往的空间形态，却体现了最淳朴厚重的人文关怀。以檐口、院墙为界面的村内街道空间，与当地常年多雨、日照充足的气候相适应，形成村落风道和景观走廊，连通村落的纵向空间。同时，岱水桥河、温泉渠等水系景观随街巷引入村落内部，与村落建筑群共同构成了独特的空间景观（图4-10）。

3. 建筑特征及人文景观

1）建筑特征

仓场村传统建筑为典型明清建筑风格，多为穿斗式，开间进深尺度大，院落内部建筑功能齐全，主体建筑如朝门、客厅、天井、粮仓、杂屋、畜舍乃至生活用井水等都保存完好，建筑内部采光主要依靠穿过缝隙的阳光；院落大门、中庭还有精美的雕花石墩，柱础造型精美，雄伟壮观。

图4-10　仓场村全景图

建筑年代统计表　　　　　　　　　　　　　　　　　　　　　　　　　　　表 4-3

年代分类	建筑面积（m²）	比例（%）
明代	3835.00	5.96
清代	3674.00	5.71
民国	1248.00	1.94
20 世纪 50~70 年代	13080.00	20.33
20 世纪 80 年代以后	42503.00	66.06
总计	64340.00	100

建筑高度统计表　　　　　　　　　　　　　　　　　　　　　　　　　　　表 4-4

层数	建筑面积（m²）	比例（%）
1 层	13600.00	21.13
2 层	45669.00	70.98
3 层及以上	5071.00	7.89
总计	64340.00	100

仓场村民居院落集水沟和水池众多，其内部蓄水量可作救灾之用，隔沟而立的是前排房屋的后墙（表 4-3、表 4-4）。

仓场村现有古民居 20 余座，其中较完整的前后五进的木结构院落即周家大院。周家大院位于太祖山正前方，坐北朝南，为仓场村年代最老建筑，据考证，该院始建于北宋宣和年间（1119~1125 年），总建筑面积约 650m²，清代进行了翻修。该院落由槽门、前厅、后堂等几部分组成，整体格局完整（图 4-11、图 4-12）。

张家祠堂，建筑面积 1842m²，位于古村落北部村口处，为砖木结构式祭祀建筑群，始建于明末。祠堂单檐悬山顶，马头封火墙，四周的大小门框和墙基、阶基全部用青条石，门楣、门额上都阴

图 4-11　周家大院

图 4-12　传统建筑

图 4-13 张家祠堂

图 4-14 古戏台

图 4-15 温泉井

刻各种花纹图案。中堂、后堂的墙上有文字，中堂与后堂之间的过廊墙有书写的对联和画，整体保存基本完好（图 4-13）。

2）人文景观

古戏台：仓场村现有戏台 2 座。其中，迎天阁戏楼位于张家祠堂院内；周家台戏楼则位于周家祠堂院内，始建于清代，近年已进行翻修，为两坡式架空双层楼阁（图 4-14）。

温泉井：村内共有古井 2 口，其中最著名的为村南温泉井，此井泉水喷涌晶莹剔透，冬暖夏凉，顺渠道井水环仓场流淌（图 4-15）。

古街巷：村落内古街巷纵横密布，现有古街巷计 12 条，基本保留了明清以来村落原有的空间肌理。

4. 非物质文化遗产

"坪上牛席"制作工艺：据传明末太平天国翼王石达开带兵经过大同古镇（今坪上镇）时，牛肚中加山苍子油的吃法逐渐传开。经过几代人的料理加工，坪上牛肚王用料从牛肚发展到牛全身各部位。"牛肚王"并不是一道菜，而是"爆炒牛肚""爆炒牛百叶""三合汤""生炒牛肉""爆炒牛黄"五道菜的合称。

插秧门：每年春耕插秧前，仓场居民会举行开秧仪式。预祝秋季水稻丰收。焚香点烛，放鞭炮，祭土地神，接着全家聚餐，饮开秧酒。然后由德高望重的长者或家长，在水田中插第一棵秧苗，晚辈边唱插秧歌，边插秧，年轻人泼酒洒水，被泼得最多的为吉利（图4-16）。

仓场村非物质文化中的木偶戏、花鼓戏与潭溪镇爽溪村（本书4.1.1节）相同。

图4-16　插秧门

4.1.3　新邵县潭府乡小白水村

1. 村落概况

1）地理位置与村庄规模

小白水村位于潭府乡，地处湘中龙山南麓，是典型的山地自然村落。地理位置为东经111°41′、北纬27°25′。

村域面积3km²，包含9个村民小组，户籍人口1220人，285户，皆为汉族（图4-17）。

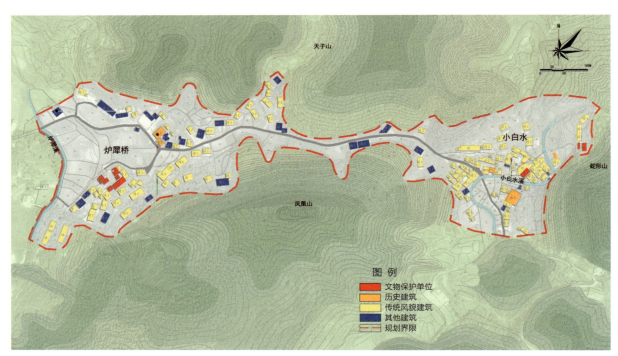

图4-17　小白水村平面图

2）自然条件

小白水村由两个山间小盆地组成，村庄四周群山环抱，北靠天子山、南面凤凰山、东邻蛇形山、西倚山竹岭，源自东北部龙山南麓的小白水溪和炉犀溪穿村而过。地势东高西低，最高点位于南部凤凰山，海拔 480m；最低点位于炉犀桥西南，海拔 401m。村落具有亚热带季风湿润气候的共同特征，夏季高温多雨，冬季温和少雨。林木繁茂，有古樟树和美蕉树 2 棵古树，均有 200 多年树龄。

3）历史源流

小白水村坐落在新邵东北龙山脚下，村落最早建于明永乐年间（1403~1424 年）。据张氏四修族谱记载："张氏源自吉州，自明代永乐年间祖德彬公自武冈迁邵阳小白水。因爱其山水之秀，风土之美，遂定居焉，迄今 600 余年，传十八世。"后续陈氏自清康熙年间（1661~1722 年）从江西迁入，沿着山间盆地，村落相继形成小白水、炉犀溪桥东西两大聚落。

2. 村落布局及空间特点

小白水村选址于山坳处，四周均有高山环绕，两条溪流分别由村落东西侧绕村而过。溪水与建筑之间田园环绕，稻浪花香。民居由山腰向山下层层递进展开，整体布局沿等高线呈向心、内聚形态，村落借助山势，居民建筑群顺应地势依山而建，呈带形展开，整体走向呈北高南低、东高西低的趋势，既有利于夏季通风，又可阻挡冬季寒风侵袭（图 4-18）。

图 4-18　小白水村全景图

3. 建筑特征与人文景观

1）建筑特征

小白水村的古建筑先后建于明代成祖永乐年间（1403~1424 年）和清代康熙年间（1661~1722 年），历经此后多个朝代的续建和扩建，现存张家大院、陈家大院、陈家北院三个较为完整的院落，均为 2 层土木结构（表 4-5、表 4-6）。屋顶铺盖青瓦；台基以当地的花岗石兼以石灰石青石砌筑而成。木料主要用于廊柱及梁架结构；青砖多砌筑房屋的外墙、底层墙及山墙，土砖则用于砌筑内墙与 2 层以上的墙面（图 4-19、图 4-20）。

建筑年代统计表　　　　　表 4-5

年代分类	建筑面积（m²）	比例（%）
清代	2087.00	7.40
民国	835.00	2.96
20 世纪 50~70 年代	19963.00	70.73
20 世纪 80 年代以后	5338.00	18.91
总计	28223.00	100

建筑高度统计表 表4-6

层数	建筑面积（m²）	比例（%）
1层	7648.00	27.10
2层	20313.00	71.97
3层及以上	262.00	0.93
总计	28223.00	100

图4-19　建筑群　　　　　　　　　　　图4-20　建筑风貌

图4-21　张家大院　　　　　　　　　　图4-22　陈家大院

张家大院坐南朝北，已有600余年历史。该院由月台、槽门、游庭、中厅、后厅、宗堂及两侧对称的左右偏堂和厢房组成，为2层砖木结构。院前两侧分别构筑造型美观的封火墙，墙上有飞禽走兽和奇花异草，栩栩如生（图4-21）。

陈家大院始建于清代康熙年间（1661~1722年），坐北朝南，院落由槽门前厅、游庭水池、中厅、后厅及宗堂组成，两侧由左右偏堂和厢房组成，总进深54m，总面阔48m，槽门呈"八"字形，月台呈半圆形（图4-22）。

村落以 2 层建筑为主，除以上古院落外，多为 20 世纪 50 年代以后所建。

2）人文景观

古桥：小白水古桥又称"炉犀桥"，位于村庄东南的炉犀溪上，为单拱石板桥（图 4-23）。

古街巷：村内街巷基本形成于清代。现有长短街巷共计 6 条，基本保留了原传统村落的空间尺度，一般为青石板或砂石材质。

古庙：小白水村现有土地庙 2 座，一处位于炉犀桥自然村小白水村的沿线，另一处则位于东侧小白水村的陈家北院子南部（图 4-24）。

标语：村内共有标语墙共计 5 处，主要是抗日战争时期、中华人民共和国成立初期等年代标语（图 4-25）。

4. 非物质文化遗产

小白水村特有的民俗文化遗产众多。村落内至今传承较好的非物质文化遗产有：药王医药文化、花鼓戏、布袋戏、木偶戏、猪血丸子和梅山武术（图 4-26）等。

图 4-23 古桥

图 4-24 古宅大门

图 4-25 标语

图 4-26 梅山武术

4.1.4 隆回县山界回族乡老屋村

1. 村落概况

1）地理位置与村庄规模

老屋村地处山界回族乡境内，地理坐标为东经111°01′、北纬27°06′，距县城5km，距乡政府驻地500m（图4-27）。

老屋村村域面积4km²，现有村民273户，户籍人口1013人，是隆回县唯一一个纯回族村落。

2）自然条件

老屋村地形地貌以丘陵田地为主，背山面水，远处山峦环绕，两条小溪潺潺流过，溪水清澈。村落南部有一座战备水库，水质较好。村落属亚热带季风气候区，四季分明，雨量日照适中。村内现存2株百年桂花树，位于村落西部依靠山坡的古清真寺后院中。

3）历史沿革

村落形成于明代，历经600余年，回族马氏始祖马成于明洪武元年（1368年），从南京迁至宝庆府，即今邵阳市城西关外落籍，马成第三子马智从宝庆府迁至今隆回县境内的老屋村定居，是隆回回族最早迁入者，马成之妻苏氏晚年随马智儿孙居住，死后葬在山界老屋村，其后裔大部分居于此。

2. 村落布局及空间特点

老屋村坐北朝南，背依青山，其他三面坡田层叠。溪流分别由村落东、南两侧环抱村落，小溪边是村落与外界联系的交通道路。

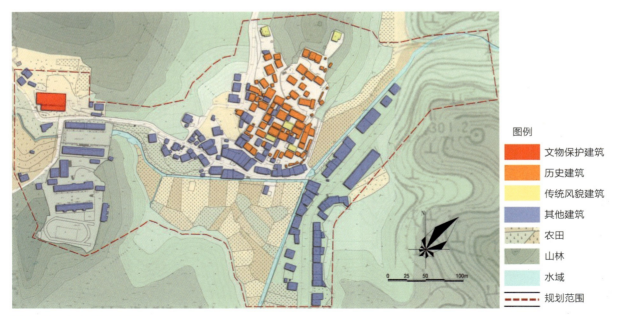

图4-27 老屋村平面图

受人口密度较大、用地紧张等因素影响，房屋分布较为密集毗连，格局也较为紧凑规整。村落位于山的南向缓坡，基本呈半月形布局。南北向有三条小巷分列，到南端横向汇集于一中心槽门进出。肌理清晰，格局完整。

3. 建筑特征及人文景观

1) 建筑特征

村落建筑多数仍为湘西地区传统的土砖木结构瓦屋，村落东部和中部房屋较少损毁，规模较大。砖瓦房多采用稍加粉饰的土坯墙或筑土墙承重搁檩，既节约木材、经济易行，又具有冬暖夏凉的效果。建筑一般悬山挑出较多，前檐多有柱廊，或"七字挑"悬挑较远，后檐低矮，以利于保护土墙和争取冬季阳光及夏季穿堂风。建筑主体与较低的厢房、披屋毗邻搭接，显露局部山口，造型生动轻巧（图4-28）。

清真古寺始建于明代，后经几次维修。占地面积约582m²，坐东朝西，砖木结构，青瓦坡屋顶，前后两进，两侧建厢房。后殿礼拜堂面阔三间，进深二间，硬山顶。前殿大门额书"清真古寺"4字，两侧门柱上印刻清末举人马邻翼先生所题的对联（图4-29）。

村落中现保存有多栋民国时期古建筑，多为1层，主要分布于中心地段，相对集中，为村落风貌的主要部分（表4-7、表4-8）。

2) 人文景观

古街巷：老屋传统村落以南北向石巷为主，中间有3条小巷，东西两头各有一条较大石巷，可供牛马牲畜出入。5条主要街巷构成了村落的主要交通格局，均为石板铺面，保存较好。

图4-28 建筑风貌

图4-29 清真古寺

建筑年代统计表　　　　　　　　　　　　　　　　　　　　表 4-7

年代分类	建筑面积（m²）	比例（%）
明代	850.65	4.24
民国	4649.61	23.20
20世纪 50~70 年代	524.11	2.62
20世纪 80 年代以后	14016.09	69.94
总计	20040.46	100

建筑高度统计表　　　　　　　　　　　　　　　　　　　　表 4-8

层数	建筑面积（m²）	比例（%）
1 层	9266.03	46.24
2 层	4866.02	24.28
3~4 层	5728.38	28.58
5~6 层	180.03	0.90
总计	20040.46	100

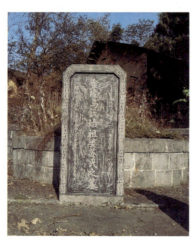

图 4-30　马氏始祖婆苏氏之墓

图 4-31　红糖

古井：村内现存古井 3 口，呈"品"字形分布，位于村落东侧山脚。井水清澈见底。

石碑：村内现存 2 通古石碑，一通为清光绪二十年（1894 年）所立，上书"宅内禁条"；另一通立于清光绪元年（1875 年），位于村落东部的古井旁边，目的为保护水质。

石板桥：村内东南部村口跨火龙溪有一处桥梁，历史悠久。

古墓：马氏始祖婆古墓位于村落西北侧，其墓坐东北朝西南，封土堆高 0.9m，底径约 4.5m，青石墓围，前有石台阶。墓周围嵌有老墓碑，上刻"钦赐安人"（图 4-30）。

4. 非物质文化遗产

红糖制作：采用传统手工艺制作，经过 7 道工艺制作而成，保证了原生态的营养价值（图 4-31）。

古尔邦节：亦称"宰牲节""忠孝节"，伊斯兰教教历十二月十日。节日当天不吃早点，到清真寺做过礼拜之后宰牛献牲。

4.1.5　城步苗族自治县儒林镇清溪村

1. 村落概况

1）地理位置与村庄规模

清溪村位于城步苗族自治县儒林镇东北部，距县城约 10km。

地理坐标为东经 109°58′、北纬 25°58′。

清溪村村域面积 8km²，辖 14 个村民小组，户籍人口 1327 人，317 户，其中苗族人口占 98%（图 4-32）。

2）自然环境

清溪村以山地为主，属于典型的小盆地喀斯特地貌。该村地处中亚热带季风湿润气候区，四季分明，雨量充沛，山地逆温效应明显。由于地形起伏较大，植被呈一定的垂直分布状态，以青冈栎、苦槠、石栎、樟、楠等为主的常绿阔叶林、针叶林马尾松居多。

3）历史源流

清溪原名"渡溪"，前人开山凿石，建渠修圳，清泉引水绕屋穿街而过，既供人畜饮用，又能防火灌田，"清溪"地名由此而来。

据《杨氏族谱》记载，清溪杨姓始祖杨应魁系杨再思第六世孙，杨应魁生于宋理宗宝庆元年（1225 年），曾任绥邑莲荷巡检司，1267 年落居清溪。明万历年间（1573~1620 年），由应魁公子孙不断扩建形成了初具规模的清溪街古建筑群，后逐步发展为清溪前街与后街。当时清溪以杨姓为主，杂以蔡姓、欧阳姓等多姓居民。

图 4-32　清溪村平面图

图 4-33　村落环境

2. 村落布局与空间特点

清溪村村落选址于山谷地带，四周被远近大大小小 36 个山峰环绕，后龙山、太公山山脊来势高远，十八罗汉山脉气势磅礴。村前为大片稻田，地势开阔，水口紧闭（图 4-33）。

村落周围水系发达，后有飞鹿水，中有冲头水，左有楠木水，三水归一，汇成清溪河，沿三十六峰顺流而下注入洪江。明洪武十一年（1378 年）杨氏先祖建水坝，引清泉洞溪水入村，水渠从村东向村西走街过巷流经整个村落。

整个村落自西向东以清溪古街为中心呈"一"字形排列，除南边的临街店铺坐南朝北外，其余建筑均坐北朝南。街道纵横石板铺路，平坦整齐，村内建筑布局相宜，村落空间变化韵味有致。

3. 建筑特征与人文景观

1）建筑特征

清溪村古民居群大多为明清时期建筑，主要集中在清溪古街，现有保存完好的明清古民居 58 栋，完整的四合院落 18 座（图 4-34、表 4-9）。

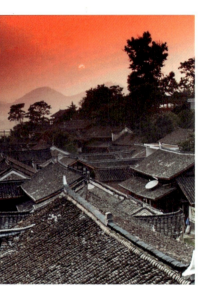

图 4-34 建筑群

建筑年代统计表　　　　　　　　　　　　　　　表 4-9

年代分类	建筑面积（m²）	比例（%）
明代及以前	666.00	1.76
清代	15794.00	41.82
民国	2652.00	7.02
20 世纪 50~70 年代	7816.00	20.70
20 世纪 80 年代以后	10840.00	28.70
总计	37768.00	100

古民居多为 2 层，以单门独户四合院为主，一般为二进或三进，分庭院、前厅、堂屋。堂屋一般为面阔三间或五间，两侧有左右厢房，面阔三至五间不等，建筑结构以穿斗式木结构为主，部分建筑抬梁式与穿斗式相结合。屋面盖小青瓦，中心的建筑以悬山建筑为主，沿围墙砌筑的房屋则多为硬山建筑，建人字或山花山墙。所有建筑除堂屋中间两个檐柱是立在青石柱上，其余木柱立在磉墩石上。堂屋、厢房与槽门围合形成一个小四合院。堂屋和厢房一般为 2 层，堂屋用于接待客人，左右厢房分别为长辈住房和长子住房。2 层通风干燥，一般用于储存粮食，存放家具，或作客房使用。古民居都有槽门，一般为八字门，两扇前厅门多为栗色，门槛很高。堂屋门一般

为六扇，上半部为雕花窗图案，下半部为平板，槅心缀有福、禄、寿、喜字样的雕花图案，雕刻精美。檐廊和天井地面以鹅卵石镶嵌而成，图案设计造型为同心圆、柳叶纹图案等（图4-35、表4-10）。

杨氏宗祠为清代嘉庆十八年（1813年）应魁公第十八世孙杨正校、杨本淑、杨本涟、杨毓松等为首集资修建，现保存完好（图4-36）。

建筑高度统计表　　　　　　　　　　表4-10

层数	建筑面积（m²）	比例（%）
1层	5616.00	14.87
2层	26336.00	69.73
3~4层	5816.00	15.40
总计	37768.00	100

图4-35　槽门

图4-36　杨氏宗祠

2）人文景观

清安桥：始建于明崇祯十五年（1642年），1964年重新修复。桥身横跨清溪河，全长66m，宽5.6m，系三联桥墩石拱桥，每拱跨度长达数十米，桥身每块青条石重达数吨，全靠石笋咬合衔接而成，石缝用桐油石灰灌浆，使整座桥浑然一体（图4-37）。

古街：曾是连接湖广两省的必经之地，亦是商贾贸易集中之地，至今保存完好的明万历年间（1573~1620年）修筑的石板街，宽4m，长达1.5km。古时街道两旁商铺林立，现今还完整保存有16栋，"天和铺""三义和"等老字号至今完好保存（图4-38）。

古碑：村内现存2通古碑。一通刻于清道光二十四年（1844年），主要为记录捐钱修补清安桥的人员名单，现位于清溪街上村道旁；另一通是雕刻于清道光十七年（1837年）的古墓碑，为纪念和歌颂死者的石碑。

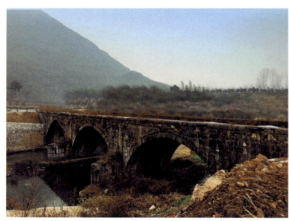

图 4-37　清安桥　　　　　　　图 4-38　古街

4. 非物质文化遗产

拳术：清溪古民居苗民会拳术者众多，他们结合日常生产生活，创作出新拳种，培养青少年练习拳术，让古老的拳种得以发扬光大。部分院内至今仍留存有石墩、石锁、上马石、插枪石和其他练武用的器械，是苗民先祖尚武精神的遗存。

草鞋：清溪村至今保留有编草鞋的传统，草鞋从古至今仍一直有人穿着，其编织材料一般为稻草。草鞋体现了勤劳和智慧，表现了勇气和奋斗，展示了中华民族团结一心、坚不可摧的精神；而现在它被寄予新的文化内涵——环保和资源的再利用。

图 4-39　蕨粑

蕨粑：清溪村的村民们利用野生蕨根加工成一种绿色纯天然的特色美食——蕨粑，其口味独特，爽嫩弹牙，且具有防癌功效，备受人们的喜爱（图 4-39）。

4.1.6　城步苗族自治县蒋坊乡杉坊村

1. 村落概况

1）地理位置与村庄规模

杉坊村位于蒋坊乡东部，距离蒋坊乡 6.9km，距离城步县 17.6km，地理位置为东经 110°21′、北纬 26°42′。

杉坊村村域面积约 7.87km²，辖老屋里、岩底园、梅溪、马塘冲、杜家冲 5 个居民点，13 个村民小组，户籍人口 1568 人，主要为苗、汉两个民族，其中苗族人口占 89% 以上（图 4-40）。

2）自然条件

杉坊村处在典型的南方低山丘陵地带，位于雪峰山脉与南岭山脉交会处，北方后龙山和南面对门山将村落环抱其间。地表土山多，石川少，平均海拔630m，最高峰660m，气温适度，少严寒酷暑。山中建材丰富，树木繁茂，生长着大量的楠竹、松树等，更有众多珍贵的野生动物于此繁衍生息。赤水河流经杉坊村，赤水河是沅江巫水河的上游，流经绥宁县后汇入洪江。

3）历史源流

杉坊原名赤水，据《杉坊村志》记载，自唐末宋初曾有周姓和向姓居住。后梁至后唐年间，十峒首领杨再思率子下迹莳竹县赤水里，即今杉坊地，唐末五代，城步杨姓苗族先民杨再思据叙州飞山自守，辟地诚、徽二州，号称"飞山蛮"，并将其地分为十峒交于十子分管，第三子杨正修分管诚、徽州赤水峒部分蛮地，号称十峒领主。

2. 村落布局及空间特点

杉坊村三面环山、一面环水，磺矿水及赤水河穿村而过，将村落分为老屋里、梅溪团与岩底园三大组团。大部分山脉自北向南延伸，形成北高南低的态势，村域山冲多，田垄少。

岩底园处于两山之间，依山而建，赤水中流；老屋里在距县城19km处，后倚峭壁，连接文峰山大龙六脉之形地，前绕赤水，左有秀峰，右靠梅溪，梅溪位于两山之间，与岩底园隔山而邻（图4-41）。

3. 建筑特征及其历史要素

1）建筑特征

杉坊村村寨依山而建，现有木结构民居86栋，其余为砖木或砖混结构，以2层为主，皆为飞檐造型与黑色瓦顶，建筑风貌保持较好，且集中连片，具有典型的民族特色（表4-11、表4-12）。

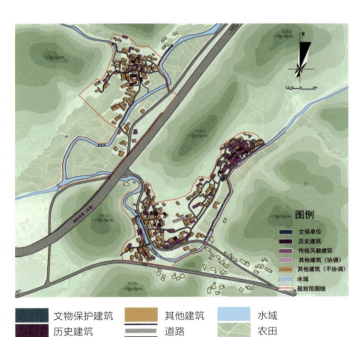

图4-40 杉坊村平面图

图4-41 杉坊村建筑群图

建筑年代统计表　　　　　　　　　　　　　　　　　　　　　　　表 4-11

年代分类	建筑面积（m²）	比例（%）
明代及以前	334.00	0.56
清代	4047.00	6.79
民国	335.00	0.56
20 世纪 50~70 年代	769.00	1.29
20 世纪 80 年代以后	54131.00	90.80
总计	59616.00	100

建筑高度统计表　　　　　　　　　　　　　　　　　　　　　　　表 4-12

层数	建筑面积（m²）	比例（%）
1 层	4520.00	7.58
2 层	41433.00	69.50
3~4 层	13663.00	22.92
总计	59616.00	100

民居屋顶都筑有鳌头，大多以四排三间为基础，以五柱七官设计，也有三柱五官，正中间为堂屋，堂屋是家庭的主要活动空间，2 楼安装有栅栏扶手，扶手纯手工制作，刻有图案。木结构房屋有部分为四合院落，四合院结构分正屋、厢房和厅屋，正屋为主屋，两侧为厢房，前厅为厅屋。厅屋一般为吊脚楼，是主要的休闲场所。房屋窗子安装木花格，工艺精细美观（图 4-42~ 图 4-44）。

梅溪古屋建于清代，建筑面积 160m²，据族谱记载，该房屋的主人为清朝时期的进士，房屋结构内部为木结构，外部为三排大砖，青瓦屋脊，屋顶鳌头犹如飞禽走兽，栩栩如生，屋坪以铜石镶嵌，木材选用当地百年老杉木，用料非常讲究。

2）人文景观

飞山庙：始建于元明时期，建筑面积 165m²，屋顶筑有 8 个鳌头，形似鸟兽，各种雕刻工艺精美，独具匠心，大门口和正厅为青石板阶梯，建筑结构为砖木结构，正厅大柱直径 40cm 以上，梁上雕

图 4-42　杉坊村民居建筑（一）

图 4-43　杉坊村民居建筑（二）

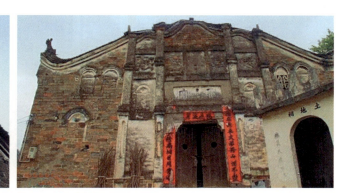

图 4-44　建筑装饰　　　　　　　　图 4-45　飞山庙

图 4-46　梅溪古亭　　　　　　　　图 4-47　大门

有多种图案，栩栩如生（图 4-45）。

梅溪古亭：建于清道光年间（1821~1850 年），又称接龙桥，桥和亭均为木结构，坐落于梅溪冲口（图 4-46）。

岩底园槽门：建于清末，结构为木结构，四柱落地，上部横梁连接，青瓦屋顶，婚娶喜事等隆重的迎客仪式皆在此举行（图 4-47）。

震公祠：始建于清嘉庆三年（1798 年），道光二十四年（1844 年）重修，建筑面积 250m²，砖木结构，四合院落，分前后两厅，前厅建有戏台。杉坊翰林杨步云、进士杨步墀兄弟曾于民国 11 年（1922 年）在此祠堂为杨氏通谱（图 4-48）。

4. 非物质文化遗产

庆贺杨家太祖诞辰：每年农历七月十三日要庆贺杨家"太祖"举行隆重祭祀活动，鞭炮、锣鼓、

图 4-48　震公祠　　　　　　　　图 4-49　庆贺杨家太祖诞辰

唢呐热闹非凡，场景非常壮观（图 4-49）。

耍龙灯：由 15 人左右将龙灯举着去每家每户，边走边敲锣、放鞭炮，还有两人抬着的大鼓，男女老少都参与其中，热闹非凡。

4.2　张家界市

4.2.1　永定区王家坪镇伞家湾村

1. 村落概况

1）地理位置与村庄规模

伞家湾村位于永定区王家坪镇东北部，地理坐标为东经 110°32′、北纬 29°04′，距世界自然遗产张家界 65km，距桃花源 75km，距五强溪 70km，地处 3 处知名风景区的大旅游圈中心地带。

伞家湾村村域面积 7.73km²，辖 11 个村民小组，户籍人口 918 人，241 户，是典型的土家族村寨（图 4-50）。

2）自然环境

伞家湾村海拔约 600m，地势北高南低，四周有笔架山、罗峰山等山脉环绕，德修溪注入沅水，是沅水流域的源头之一。伞家湾山川壮美，林奇谷秀，拥有丰富的古枫、古柳群落和近万亩映山红，森林覆盖率达 90%（图 4-51）。

3）历史源流

伞家湾村土家文化历史悠久，隋唐后，因伞家湾村寨是沅陵通往湘西一带的陆路要道，后来逐步形成商贸通道。

公元202年，因境内德修溪注入沅水，伞家湾隶属沅陵。至清初区划，沅陵县分十二都，伞家湾隶属九都。1953年划归大庸县，属大庸县第8区。1958年后，合乡成立东风人民公社，伞家湾划分为大队，1961年公社体制调整，伞家湾划归湖田垭人民公社，1984年湖田垭成为行政乡，2000年王家坪与湖田垭两乡撤乡建镇，合并为王家坪镇，其建制一直沿用至今。

2. 村落布局与空间特点

村落按照藏风聚气的原则选址，依山就势而建，错落有致。其中以上溪、老屋湾、兴铺构成"聚宝盆"风水格局。鹤雁垴坐西朝东，环绕四十八座马头山，内有德修溪穿过，重山环抱，水绕湾坪，老屋湾坐落于鹤雁垴龙脉之上，门前玉带水围绕，坪中圆堡为龙珠，村落依山势形成二龙戏珠，上溪龙头岗山势入德修溪河，如龙得水，凤飞展翅，又呈"龙凤呈祥"格局（图4-52、图4-53）。

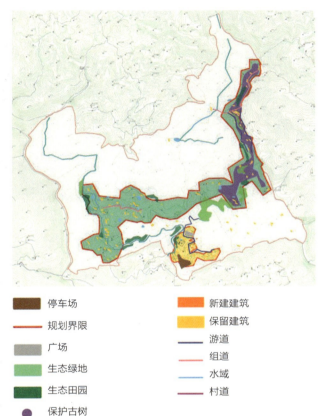

图4-50 伞家湾村平面图

图4-51 村落日出景观

图 4-52　伞家湾建筑群

图 4-53　伞家湾村空间布局

3. 建筑特征与人文景观

1）建筑风貌

土家族吊脚楼多为木结构，小青瓦，花格窗，司檐悬空，木栏扶手，中间为堂屋，左右两边称为饶间，作居住、做饭之用。饶间以中柱为界分为两半，前面作火炕，后面作卧室。窗花有多种雕刻工艺，雕刻手法细腻丰富。过去的吊脚楼一般以茅草、杉树皮或石板盖顶；现在则多用泥瓦铺盖，房子四壁用杉木板开槽密镶，还可在木墙壁上里外涂上桐油。吊脚楼下有大大小小的岩石作为坚实的基础，有吊脚楼的地方就有堆砌而成的岩墙、岩坎、岩路、岩头阶梯，还有一些用土夯实的残垣断壁，展示出其年代的久远（图 4-54）。

伞家湾村留存一定的明清以及民国时期的木结构民居；同时拥有大量建造于 20 世纪 50~70 年代的传统建筑，大多为组合式吊脚楼群，集中成片（表 4-13）。

建筑年代统计表　　　　表 4-13

年代分类	建筑面积（m²）	比例（%）
明代及以前	3800.00	12.30
清代	5200.00	16.83
民国	4800.00	15.54
20 世纪 50~70 年代	12600.00	40.78
20 世纪 80 年代以后	4500.00	14.55
总计	30900.00	100

2）人文景观

风雨桥：当地著名的人文景观。桥梁由巨大的石墩、桥身、长廊和亭阁组合而成。除石墩外，全部为木结构，桥身以巨木为梁。从石墩起，用巨木结构倒梯形的桥梁，抬拱桥身，使受力点均衡。桥面游廊宛如长龙，桥檐瓦梁的末端，塑有檐铃，呈丹凤朝阳、鲤鱼跳滩、坐狮含宝等形状。正梁顶上塑有双龙抢宝，还配以彩画点缀其上（图 4-55）。

图 4-54 伞家湾村吊脚楼

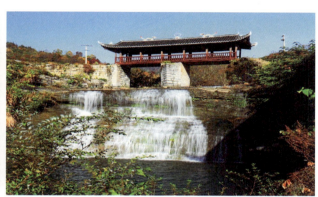
图 4-55 德修溪风雨桥

图 4-56 土家扬叉舞

图 4-57 土家层篓舞

4. 非物质文化遗产

伞家湾村民俗文化极其丰富，有薅草锣鼓、山歌对唱、扬叉舞（图 4-56）、层篓舞（图 4-57）、茅古斯、摆手舞、铜铃舞、草龙灯、太平歌、哭嫁、求雨、傩戏、土地戏、渔鼓、三棒鼓、花灯、糊仓等民族歌舞和农耕文化活动，其历史悠久，世代相传，尤以"扬叉舞""糊仓"最为盛行，是每年都会开展的群众性农耕文化活动。伞家湾村的土家族居民崇尚艺术，早在明末清初就有闻名湘西北的民间傩戏班子，所演出的《观花教子》等剧目，至今还在沅水流域一带流行。

此外，当地人个个学有所长，布艺、木艺、铁艺、石艺、竹艺、铸艺等，涉及土家人民生产生活的方方面面。

4.2.2 永定区四都坪乡庙岗村

1. 村落概况

1）地理位置与村庄规模

庙岗村位于四都坪乡东北部，距张家界市中心 64km，四都坪乡处于张沅公路干线上，地理坐标为东经111°52′、北纬28°97′。

村域总面积约7.60km²，辖5个村民小组，户籍人口329人，为土家族聚居地（图4-58）。

2）自然环境

庙岗村自然景观秀丽，四面山色绿海茫茫，八方崇山群峰环抱。地势四周高、中间低，有海拔千米以上高山，层峦叠嶂，千层百褶，牧笛溪发源于堡子界大山脚下，穿过火场乡、大合坪乡，汇合朱红溪，进入沅水。仰视花垴山之叠翠，遥望牧笛溪水流之泻玉，山之巍巍，水之潺潺。

庙岗村属于亚热带季风气候，四季分明且雨热同季，植被生长环境良好，土家迎亲的喇叭花，农民犁田的牵牛花等遍地绽放，村内有百年古树近20棵，几十年的河柳沿溪无数（图4-59、图4-60）。

3）历史源流

庙岗村原名张家湾村，《符氏族谱》记载，湘西三屿符氏始祖符宗杰明洪武年间（1368~1398年）为平定叛乱，调任湖广总兵，每征战一地，由其文书插标，当时的文书姓张，属江西大户张姓，其后代落户于此，由于该地属坡湾地段，遂取名张家湾。当时无一杂姓，直到符氏第十四代，符家两兄弟符知皮、符知理来此定居后，才有符氏人在此出现。

据《沅陵县志》记载，此地战国属楚黔中地，秦属黔中郡地，汉属武陵郡地，三国属沅陵郡地，历朝历代不断更名替代，中华人民共和国成立后，属湘西行署沅陵办事处管辖，处址设辰溪，后纳入沅陵县火场土家族乡管理，直到1953年，自沅陵设郡至今。1981年，因与大庸县黄家铺乡张家湾大队同名，更名为庙岗村。

图4-58 庙岗村平面图

图4-59 建筑群

图4-60 庙岗村水景

2. 村落布局与空间特点

庙岗村四面环山，各村民小组分散坐落山谷盆地和冲沟之间，多位于溪水两岸。牧笛溪发源于堡子界大山脚下，自北向南呈三"Y"形流出村口，千百年来，溪水清澈，长年不断。

庙岗村的村落空间形态大致可分为2种形态，其一是山丘与冲沟地区的自然村落，建筑本身形式质朴，多选择沿山丘脚下的小盆地，几家农户围绕农田而建，形成一处挡风遮雨的小组团，尽显田园风光，位于庙岗牧笛溪两岸的大屋组、茅村组、洞溪湾组、响林岗组都属于该模式；其二是山顶院落组团形式，建筑顺应山顶地形，组成一个个院落，如位于村部上方山岗的庙岗组。

3. 建筑特征与人文景观

1）建筑风貌

庙岗村建筑群是保存较为完整的湘西土家传统民居建筑群，村内有一批清代和明代时期的民居，其余建筑大多建于20世纪50~70年代间，约占一半，1949年前的较老建筑也占有一定比例（表4-14）。

建筑年代统计表　　　　表4-14

年代	建筑面积（m²）	比例（%）
明代及以前	380.00	2.88
清代	851.00	6.44
民国	2110.00	15.97
20世纪50~70年代	6624.00	50.12
20世纪80年代以后	3251.00	24.59
总计	13216.00	100

村庄沿牧笛溪星罗棋布，数十栋充满土家风情的老木屋和吊脚楼连为一体，小青瓦，花格窗，司檐悬空，木栏扶手。房子均是由小青瓦、树皮屋面、上好的木材裹上桐油搭建而成。整体形状多是呈"凹"字形，中间是中堂，两旁是主卧、次卧和柴火房，在有吊脚的部分，楼上通常有绕楼的曲廊，曲廊还配有栏杆。吊脚楼下有大大小小的岩石作为坚实的基础，窗花有浮雕、镂空等多种雕刻工艺，雕刻手法细腻，内涵丰富多彩。现存有百余栋集中连片土家老木屋和吊脚楼，约13000m²（图4-61）。

2）人文景观

犀牛潭：传说一次发大水，一只犀牛从潭中蹦出，顺溪而下，为当地一人所见，消息传开，被后人将此潭命名为犀牛潭。相传此潭原来潭水深不见底，后因地壳变动，长年流沙、石头堆积填充，变成现在模样。此地位于猪娘洞山脚下，森林茂密、溪水潺潺、瀑布成群，远看隐于山林之中，走近则水点扑面，凉风习习，亲近而自然，超脱风尘之外，颇有世外桃源之景。

4. 非物质文化遗产

庙岗坪民俗文化资源极其丰富，有九子鞭、打溜子、山歌对唱、吹笛、扬叉舞、层篓舞、摆手舞、铜铃舞、迎宾栏门、草龙灯、太平歌、推衣、哭嫁、求雨、傩戏、土地戏、渔鼓、三棒鼓、花灯、打三棋、打飞棒、跳房子、贺梁、开荒等民族娱乐和农耕文化活动，其历史悠久，世代相传，人人都能参与，个个都能传唱。特别是"扬叉舞"和"开荒"是每年都一定开展的一种群众性农耕文化活动（图4-62）。

4.2.3 桑植县洪家关白族乡洪家关村

1. 村落概况

1）地理位置与村庄规模

洪家关村地处洪家关白族乡东南方向，距离桑植县城13km。地理位置为东经110°09′、北纬29°28′（图4-63）。

洪家关村村域面积0.66km²，辖11个村民小组，户籍人口1280人，309户，有白族、土家族等民族，其中白族占70%。

2）自然环境

洪家关村地形地貌主要以丘陵山地为主，海拔333~1344m，地势四周高中间低。属北亚热带季风性湿润气候，其特点是四季分明，雨热同季，光照充足，无霜期长。境内属澧水河水系，玉泉河自三屋洛村入境，由北向南，入澧水河。

3）历史源流

洪家关原名冯家关，清雍正"改土归流"前，土汉划疆分治，为"三隘五关"中一雄关，后人将其演化为洪家关。

洪家关是桑植白族聚居地之一。白族历史悠久，文化厚重。桑植白族的先祖来自云南大理。

图4-61 建筑风貌

图4-62 民俗活动

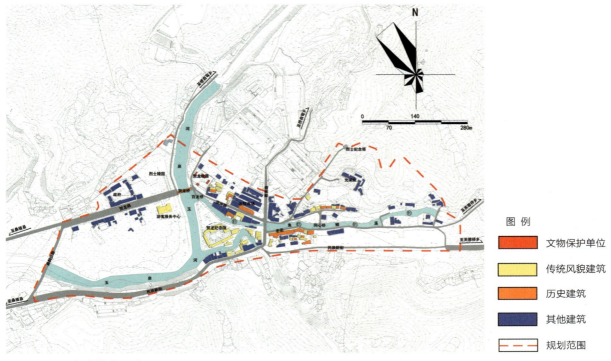

图 4-63　洪家关村平面图

宋宝祐六年（1258年），大将兀良合台招募两万余名大理白族子弟，组建"寸白军"北上攻打南宋。南宋覆灭后，部队解甲归田，至元十三年（1276年），一部分白族军队从江西向西迁移，流落到桑植一带。见此地风土俱佳，遂决定落户，世代定居，繁衍生息。其后人一直被称为"民家人"，其语言被称作"民家腔"。1984年，国家正式认定桑植"民家人"为白族，与大理白族树同根、族同源、人同祖，有不可分割的血缘关系。

2. 村落布局与空间特点

洪家关村南北高山壁立，东西一马平川。大山下的陈家山、青龙山、赵家山、鹿子台、马夫界五条小山脉，蜿蜒如游龙，从东、南、西、北及东北五个不同方位向中央伸展而来，称为"五龙捧圣"之宝地。

玉泉河、鱼鳞溪、天龙溪三条河流汇集处形成洪家关村传统村落，其格局受水系影响，建筑大多顺应水系岸线的走向，两者保持近似平行的关系（图4-64）。

3. 建筑特征与人文景观

1）建筑特征

由于洪家关村为多民族聚居地，其建筑形式多样，以土家族民居和白族民居为主，其中白族民居多为新建。土家族民居典型的建筑形式为穿斗式木构架结构，而白族民居受其他少数民族文化的影响，其建筑形式与云南大理地区的白族民居有很大的差异（图4-65）。

图 4-64 洪家关村全景图

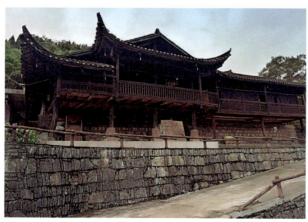

图 4-65 清代建筑

图 4-66 贺龙故居

洪家关村的白族传统民居建筑多为砖木、石木结构，砖或木制墙面，刷石灰粉，坡屋顶，白墙青瓦，极其耀人眼目。山墙屋角经常用水墨图案装饰，显得典雅大方。在民居建筑的物质材料选择上，多就地取材，采用周围的石头、砖瓦、木材等，无论是土木结构，还是砖瓦结构，都追求一种典雅、实用、简朴的建筑风格。石头不仅用在打基础、砌墙壁，也用于门窗头的横梁。民居一般为独立封闭式的建筑，通常是以家庭为主，自成院落，院落的空间布局主要由院墙、大门、照壁、正房、左右耳房组成。筒板瓦盖顶，前伸重檐，呈现出廊格局，以便更好地接近大自然。墙脚、门头、窗头、飞檐等部位使用刻有几何线条和麻点花纹的石块，墙壁常用天然鹅卵石砌筑，整洁质朴大方。在此基础上，各个家庭根据需要，稍微变通，形成了不拘一格、形式多样的民居建筑。

白族民居的平面布局和组合形式一般有"一正两耳""两房一耳""三房一照壁""四合五天井""六合同春"和"走马转角楼"等。"一正两耳"的形式是指一间正房加上其两边各自一间较小的耳房。"两房一耳"是指两幢楼房互相垂直，在垂直交叉处有一间较小的耳房作为连接，两房当中，又将坐西朝东的房子当作主房，与主房相对的一面砌一瓦顶飞檐的粉墙，内墙面多用凸花青砖组合成丰富多彩的立体图案，或镶嵌自然山水图案的大理石，又或者用各种几何图形布置"花空"，作花鸟、山水、书法等文人字画，表现出一种清新雅致的情趣。"三房一照壁"是指整个院落有三幢楼房，一幢坐西朝东的正房加上两侧的两幢配楼，主房对面有照壁，中心是天井，刚好形成一个四合院的布局。而"四合五天井"则是四幢楼房，每幢楼相交处都有一间小耳房和天井，加上院心的大天井，便是"五天井"，少了一面照壁。此外，一家两院相连的民居空间布局称为"六合同春"，加之楼上的走廊，又把各幢房子全部连通，称为"走马串角楼"。

村落内现存部分清代建筑，保存完好，其余大多集中在20世纪80年代以后。建筑多以3~4层为主，1层建筑大多为清代建筑、沿街商铺和临时用房（表4-15、表4-16）。

建筑年代统计表　　　　　　　　　　　　　　　　　　　　　　　表4-15

年代分类	建筑面积（m²）	比例（%）
清代	6420.00	14.38
民国	1868.00	4.19
20世纪50~70年代	4137.00	9.27
20世纪80年代以后	32213.00	72.16
总计	44638.00	100

建筑高度统计表　　　　　　　　　　　　　　　　　　　　　　　表4-16

层数	建筑面积（m²）	比例（%）
1层	11738.00	26.30
2层	8862.00	19.85
3~4层	17745.00	39.75
5~6层	6293.00	14.10
总计	44638.00	100

贺龙故居坐北朝南，是一栋四扇三间的湘西传统木架毛瓦房，原是贺龙祖父贺良仕于清道光年间修建的，后由贺龙的父亲贺仕道将这3间房用木板隔成6间（图4-66）。正中一间为堂屋，门首红底金字匾额上的"贺龙故居"4个字为邓小平手书。1983年，湖南省人民政府将贺龙故居列入重点文物保护单位。2006年贺龙故居被国务院批准列入第六批全国重点文物保护单位名单。

图 4-67　贺龙桥

2）人文景观

古桥：洪家关村现有 3 座古桥，分别为贺龙桥、红军桥以及百龙桥。

贺龙桥：原名永安桥，是贺龙曾祖父倡议修建的一座风雨桥，1915 年建成，1998 年被特大洪灾冲垮后于同年重建。桥体为全木穿斗式结构，由石墩、木梁、骑廊及黑瓦组成，桥墩为砖石结构，正中间配以 2 层小亭。歇山顶配以黑色小瓦铺面，檐角上翘，轻盈灵巧。12 对木梁支撑桥身，横梁为 3 层圆木叠梁，桥面铺以木板，桥墩及桥头共放置 8 只石狮（图 4-67）。

红军桥：一座保存完好、造型别致的廊桥，因红军曾渡此桥而得名。红军桥为全木结构，中间为过道，两排立有柱头，透着古朴的气息（图 4-68）。

百龙桥：由砖石砌成，桥头桥尾各有 2 只石狮，玉泉河水从下流过。

纪念塔：革命烈士纪念塔为纪念和悼念英勇牺牲的烈士，于 1979 年 6 月所建，位于桑植县城北 13km 的洪家关罗家台山上，从山脚至山顶共有 280 级石阶，沿石阶而上，分 2 个歇息点，直抵塔身。纪念塔高 15m，钢筋水泥结构，基座呈正方形，塔座正面刻碑文，塔身直书"革命烈士永垂不朽"八个大字，塔顶状若攒尖，直指苍穹（图 4-69）。

4. 非物质文化遗产

桑植白族仗鼓舞产生于在元初，桑植白族迁始祖谷均万、王朋凯、钟迁一等和他的子孙躲避战乱来桑植麦地坪、马合口等一带定居，创造了白族独特的民间舞蹈——白族仗鼓舞（图 4-70）。它粗犷刚劲、原始大方又夹杂武术套路，广泛用于游神庙会、节日庆典、祭祀、庆贺丰收等民俗活动中。

九子鞭：明朝时由湖北传入湖南，后来被当地花鼓戏所吸收，成为农村岁时节令活动演唱、舞蹈节目中的一个新品种。九子鞭的舞姿活泼、明快，节奏感很强（图 4-71）。

图 4-68 红军桥

图 4-69 纪念塔

图 4-70 白族杖鼓舞

图 4-71 九子鞭

4.3 怀化市

4.3.1 中方县中方镇荆坪村

1. 村落概况

1) 地理位置与村庄规模

荆坪村位于中方县中方镇境内，地理位置为东经109°56′、北纬27°25′，村庄左邻焦柳铁路、国道209，右靠包茂高速，南接上瑞高速。地理位置优越，交通便捷。

荆坪村村域面积8km²，户籍人口1832人（图4-72）。

2) 自然环境

荆坪村属亚热带湿润季风气候。四季分明、日照充足、雨量充沛。荆坪古村依山傍水、民风淳朴，环境优美，历史悠久，文化底蕴深厚。

3）历史源流

战国时期，荆坪村属荆楚领地，秦时属黔中郡。西汉高祖五年（公元前202年），属武陵郡，荆坪村属镡成县。东晋义熙年间（405~418年）废镡成县并入舞阳县，舞阳治迁镡成，并改为镡城。1983年3月至1998年1月，荆坪属怀化市中方镇所辖。1998年2月撤地设市，自此为中方县中方镇所辖。

2. 村落布局与空间特点

荆坪村傍水而建，舞水河绕村而过，村落分布在舞水河弯道的残积台地上，以河岸旁的潘氏祠堂为基点，周边建有数百栋木质的小青瓦民房，空间开阔，路网发达，随溪沟纵横、地形起伏或三五一群，或自成一线，散落在一片田野之间。伏波宫、潘氏祠作为村庄的重要节点，与伫立其间的民居建筑和农田共同形成了"九宫八卦田园间，舞水河旁鱼形村"的村落景观格局（图4-73）。

图4-72 荆坪村平面图

图4-73 荆坪村全景

3. 建筑特征与人文景观

1）建筑特征

荆坪村历史悠久，文化底蕴深厚，保留了自身的地域文化特点和文化特色。民居多为木结构或砖木结构的平房，并有清水马头墙围砌，构成庭院；早期兴建的祠堂庙宇等公用建筑使用了许多泥塑彩绘装饰，华美而不艳丽。村落整体建筑风貌保存较为完好，留存有潘氏祠、关圣殿、五通庙、伏波宫等7处文物保护单位，以及文昌阁、观音阁、五房私塾、荥阳世第、潘仕权故居5处历史建筑。古建筑多为青砖青瓦，历史悠久，造型优美（图4-74、图4-75）。

图4-74 荆坪村古民居

图4-75 潘氏祠

潘氏祠始建于北宋年间，历经三次维修扩建，现存主体为明清建筑，沿轴线依次建门坊、戏楼、左右厢房、过殿、正殿等五栋建筑。戏楼重建于清光绪八年（1882年），穿斗式构架，歇山顶、小青瓦，戏楼后配有耳房；过殿三开间，硬山式屋顶，抬梁式结构，鼓形八方柱础；正殿与过殿结构相同，两侧有廊相连，之间为天井（图4-76）。

关圣殿现存大门、门房及正殿。正殿为三开间硬山式屋顶，殿后为天井，两侧为2层厢房。

五通庙现存大门、过厅、正厅及后院。过厅为近代重建，正厅为三开间、硬山顶、穿斗构架，前檐明亮宽敞，设栅栏壁。

伏波宫是祭祀东汉名将伏波将军马援的宫庙，建筑面积212m²。始建于汉代，明万历四十五年（1617年）重建于潕城遗址左侧，现存正殿的主体梁架结构为明代原貌（图4-77）。

2）人文景观

荆坪村村内巷道交错复杂，人文古迹众多，节孝坊、古门楼、古驿道等景观保存良好。

图 4-76 建筑细部　　　　图 4-77 伏波宫

图 4-78 节孝坊

节孝坊又名正经坊，位于荆坪村牌坊组潘仁权民宅前。坐北朝南，占地面积 20m²，建于清雍正七年（1729 年）。为砖石结构，四柱三间，高 6.97m，宽 6.52m，檐下施仿木青砖如意斗栱，牌坊门柱为青砖砌筑，顶部檐角莲花座（图 4-78）。

古驿道指湘黔古驿道荆坪村段，始建于明代，青石板铺成，由现洪江市经中方镇荆坪村途经芷江县后进入贵州。

4. 非物质文化遗产（表 4-17）

傩戏：县级非物质文化遗产，在荆坪村有着悠久的历史，由古代傩仪发展而成，是在民间祭祀仪式基础上吸取了花鼓戏的表演艺术而形成的一种戏曲形式，传承的方式主要以拜师言传身教为主（图 4-79）。

非物质文化遗产一览表　　　表 4-17

类型	主要内容
民间艺术	傩戏、酒歌
民间工艺	编斗笠

酒歌：饮酒唱歌也是荆坪村的一大特色，融知识、趣味、娱乐于一体，极大地丰富了酒文化的内涵。酒歌声调优美动听，旋律婉转缠绵，风格独特。唱词多为夸赞、祝福之类。通常为每句7字，4~6句一首，也有长达10句以上为一首的，其特点灵活多样，即席而唱。

图4-79 傩戏

4.3.2 中方县铜湾镇黄溪村

1. 村落概况

1）地理位置与村庄规模

黄溪村位于中方县东北部、沅水江畔。距离怀化市城区50km，离中方县60km。地理坐标为东经109°32′、北纬26°59′。

黄溪村村域面积108.5km²，户籍人口2010人（图4-80）。

2）自然环境

黄溪村望沅水而建，三面环山，东望滔滔沅江，西靠雄伟的鸡公界，南扶凉山坡，北踏牛泥冲，青龙溪、黄龙溪环绕村庄，形成远有青山环绕，近有双溪环抱的特殊自然环境特征。村内地

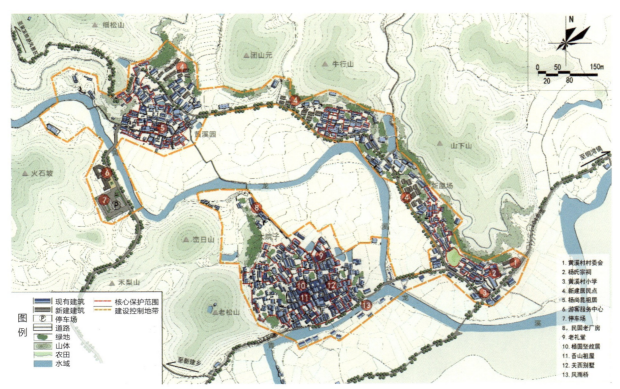

图4-80 黄溪村平面图

形起伏交叠，重峦叠嶂，峰高谷深，山林面积广，雨量充沛。耕地大多分布在溪谷平地和低丘地带，高丘、低山坡度较平缓。村内水资源丰富，地形起伏，有古树14棵。

黄溪村内有20多处大小不一的瀑布组成的瀑布群，瀑布落差高达100m，瀑布群气势磅礴、雄伟壮观，在同一地方形成几十个瀑布，实属国内罕见。

3）历史源流

黄溪杨姓为东汉太尉杨震的后裔、宋代杨家将杨文广之后，自江西迁徙至此，至今已有750多年历史。自古以来为辰溪辖地，1943年后为铜湾所管。自宋代杨才进定居之后改名黄溪，沿用至今。1953年4月设为黄溪乡，1959年又并入铜湾人民公社，1983年属怀化市铜湾镇，1998年怀化撤地设市使原县级怀化市分为两个县级行政区，即中方县和鹤城区，黄溪划归中方县铜湾镇至今，是中方县东部的政治、文化、交通、贸易中心。原国家主席杨尚昆的祖居地就在黄溪村的杨家大院。

2. 村落布局与空间特点

黄溪村始建于宋代，经元明清诸代黄溪人勤劳经营，形成了村落规模集中连片、设计科学规范合理、生态环保宜居的古建筑群，是一个典型的江南风格的传统民居村落。它由人为整体规划成形，纵横巷弄相间，四合窨子排对排，行对行，整齐划一，窨子与窨子通道之间封火墙林立，"八"字大门非常壮观。以大院子为中心，围绕着黄溪园、新屋场、山下、毛庵堂、洞头、宾坎等院子，有"七星伴月"之势。村落布局为"三街七巷"，两条溪流像玉带一般环村汇聚于村口，百年古桥在村口东西两地，接通了村庄与外界的联系，古驿道傍溪流而行（图4-81）。

3. 建筑特征与人文环境

1）建筑特征

黄溪村是一个汉族聚居村，村内现存明清古建筑，共168栋。建筑以窨子屋为主，主要分布于大院子、黄溪园、新屋场、山下等4个自然村11个村民小组，其中含明代建筑2处、共12间，位于黄溪村6组，余下均为清代建筑（表4-18、表4-19）。

最具有传统建筑特征的窨子屋一般为两进两层，也有六进二层不等，主大门多为"八字大门"，雄伟壮观（图4-82）。屋内设正房、厢房、中堂、茶堂、金银库、粮库、厨房，杂屋和天井1~3

图4-81　黄溪村格局

图4-82　窨子屋

建筑年代统计表　　　　　　　　　　　　　　　　　　　　　　　　表 4-18

年代分类	建筑面积（m²）	比例（%）
明代及以前	1930.25	5.29
清代	6064.40	16.61
民国	482.07	1.32
20 世纪 50~70 年代	11600.26	31.78
20 世纪 80 年代以后	16428.38	45.00
总计	36505.36	100

建筑高度统计表　　　　　　　　　　　　　　　　　　　　　　　　表 4-19

层数	建筑面积（m²）	比例（%）
1 层	25302.55	69.31
2 层	11038.72	30.24
3 层	164.09	0.45
总计	36505.36	100

个。主要为木质结构建筑，里外刷桐油；堂屋多在中央，两侧两间主卧；或配有厨房、鸡棚、灶房、谷仓等。

杨家大院是一处三进式单檐硬山顶穿斗结构的厅堂式院落，四周围青砖砌筑封火墙。正面墙砌成牌楼式门坊，开八字门，门坊由方形青石柱砌筑，门外八字墙建罩檐，安卷棚。门内有门庭，置对开印心门，逢红白喜事才开，两侧建厢房。中轴线上依次为堂屋和正厅。堂屋五开间，堂屋前有天井，铺石板，自堂屋右侧门出，外建有两仓屋一栋。正厅格局式样与堂屋相同，其窗花雕饰十分精美。该院落有一特殊构造，就是在院落左侧后门外建一金库，由高墙封闭，实塌木门，不开窗，设一小门出入，占地 21.9m²（图 4-83~图 4-85）。

2）人文景观

黄溪村传统村落现存古巷道约 600m，均为古时居民就地取材的青石板敷设而成，部分已硬化。

村落现存 6 处古井，1 座古桥，大院子与黄溪园的古建筑周围保存有多处古墙和古门等，透露出古朴的气息，成为村落人文景观的重要组成部分（图 4-86）。

图 4-83　建筑

图4-84　大宅门

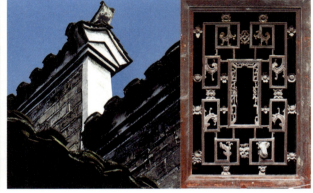
图4-85　建筑雕饰

图4-86　古门

图4-87　杨氏宗祠

杨氏宗祠位于中方县铜湾镇黄溪村村口，坐北朝南。四周青砖砌封火墙，门坊为牌楼式，石柱门，中轴线上依次有戏楼、过殿、正殿，过殿前两侧有厢房（图4-87）。

4. 非物质文化遗产

黄溪村历史悠久，文化底蕴深厚，非物质文化遗产颇多。境内美丽传说也很多，被当地群众广为流传的有"七子流舟""明帝改溪""县令选址""曝晒银子""茶油碾谷"等。乡土情趣浓郁，民间艺术丰富多彩，霸王鞭、辰河高腔、阳戏小调、酒歌、山歌、酿酒工艺等均为黄溪村特有的民间文化和主要传统艺术。黄溪村霸王鞭艺术于2008年被怀化市公布为非物质文化遗产保护项目，铜湾镇2009年也因为霸王鞭被国家文化部命名为"中国民间文化艺术之乡"。

霸王鞭：又名萨拉机或花棍舞，是铜湾一带村民最喜爱的传统艺术表演和娱乐形式。起源于唐代末年，距今已有1100多年历。

4.3.3 中方县铁坡镇江坪村

1. 村落概况

1）地理位置与村庄规模

江坪村位于铁坡镇，距离镇政府以北5km，地理坐标为东经99°32′、北纬24°59′。村域面积5.94km²，户籍人口1933人，主要为汉族（图4-88）。

2）自然环境

江坪村地处雪峰山支脉古佛山脚下，境内山峦起伏，为丘陵地貌，四面环山，村中遍布有许多独立的小山包。江坪村水资源较为丰富，境内有2条溪流穿村而过。一条发源自铁坡镇黄建村炉溪湾、油家冲、滑板岩等处，于双江口汇合。该溪是江坪村灌溉农田的主要水源，90%以上的村民沿溪而居；另一条发源于洪江市的青界，流经湾溪、青斗坪，于洋合坝箱子岩处流入村落。两溪汇合庙脚潭，再流经回龙桥，从昌尾巴出村，流经石宝乡，在新路河乡的溪湾口注入沅水河。村落内植被覆盖率较高，耕地大多分布在溪谷平地和低丘地带，高丘、低山坡度较平缓，坡度介于15°~25°之间。江坪村属亚热带季风湿润气候，植物以常绿阔叶林、针叶林为主，土壤类型多为水稻土。土地肥沃，适合农业生产。

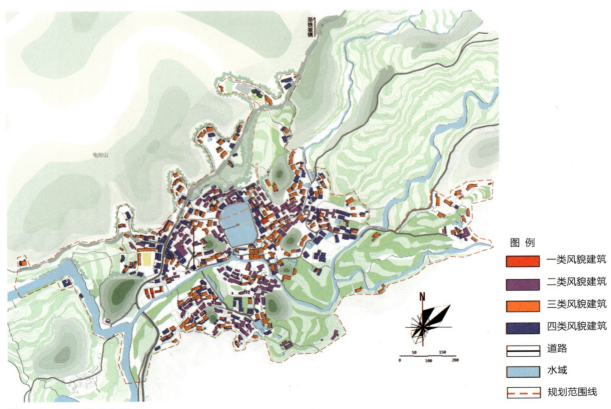

图4-88 江坪村平面图

3）历史源流

据《江坪村志》记载，夏、商、周时期，江坪属荆楚，春秋战国时期属楚之巫黔中，秦属黔中郡，两汉、三国、晋属镡成县，唐属龙标县，宋、明、清至民国三十一年（1942年）均属黔阳县。明洪武年间（1368~1398年），丁姓从溆邑等地迁入江坪，人口增长，形成了规模较大的传统建筑群落。

2. 村落布局与空间特点

江坪村坐落于铁坡梯田之下，依山傍水而建，周围青山环抱，两溪从东向西流过，将整个村庄划分为两个半月形，村落中心修建了两口大水塘。村民基本为集中连片居住，规模较大，以水体为核心向四周发展，以道路为界，20~80户为一个居住组团分布于山包下，外围村东、西两头各有10户左右的组团散布于梯田旁的山包下，各居住组团通过道路、水系相连（图4-89）。

3. 建筑特征与人文景观

1）建筑特征

江坪村文化底蕴深厚，村内现存明代建筑为明万历年间（1573~1620年）的西竺庵和城隍庙，清代修建的丁氏宗祠、幽芳草堂和燕子屋等亦得以保存，现存明清古建筑有9处之多（图4-90）。

村内古建筑多为砖木结构，青砖砌墙，斗内填土，封火墙为马头式，屋顶面是硬山式和半坡式组合，墙转角处由长条麻石贴砌，房屋、宅院门多依墙而建，房屋多为二、三重进院落（图4-91、图4-92、表4-20、表4-21）。

图4-89　铁坡梯田

图 4-90　江坪村建筑群图

图 4-91　村内建筑

图 4-92　建筑细节

建筑年代统计表　　　　　　　　　　　　　　　　表 4-20

年代分类	建筑面积（m²）	比例（%）
明代	352.40	0.50
清代	8197.93	11.67
民国	7847.83	11.17
20 世纪 50~70 年代	1994.24	2.84
20 世纪 80 年代以后	51885.20	73.82
总计	70277.60	100

建筑高度统计表　　　　　　　　　　　　　　　　表 4-21

层数	建筑面积（m²）	比例（%）
1 层	45509.41	64.75
2 层	22928.08	32.63
3 层	1840.11	2.62
总计	70277.60	100

图 4-93　幽芳草堂

图 4-94　古巷道

图 4-95　丁氏宗祠

图 4-96　阳戏

幽芳草堂是一处典型的清代早期南方民居庭院。据《丁氏六修族谱》（同治版）卷十二载是乾隆时期太学丁友榜所建。院落坐东朝西，宽 24.4m，进深 18.6m，建筑占地面积 453.84m²。其建筑有院门、门厅、厢房、厅堂、过廊、殿堂等。四周外围砌马头封火墙，平面呈长方形，开八字门，门厅后是宽大的石板天井，用作花坛；厅堂为抬梁式构架，硬山顶式屋顶，正对着花坛照壁，形成了一个宁静幽雅的庭院氛围（图 4-93）。

2）人文景观

古巷道：均为古时居民就地取材的青石板铺建而成，部分已硬化（图 4-94）。

丁氏宗祠：建于清乾隆年间（1736~1795 年）。据同治版《丁氏六修族谱》记载："乾隆五十九年（1794 年）甲寅合族起义修建宗祠。"祠堂坐西向东，主体建筑平面为长方形三进式院落。其面阔 23m，纵深 44.3m，建筑面积为 781.2m²。宗祠由大门、戏楼、过厅、正厅组成，戏楼为扒梁式构架组成的歇山顶式屋顶建筑；过厅为硬山式三开间厅堂，梁架为七架抬梁结构；正厅是供养先祖神位的场所，为三开间硬山式厅堂建筑，原梁柱间悬挂有多处匾额对联，现均已缺失；两侧厢房均是依围墙而建的单坡式屋顶建筑，为五开间两层穿斗式结构（图 4-95）。

4. 非物质文化遗产

阳戏：在江坪村村落形成过程中，当地村民将外界戏剧、自身农业生产、民间经典故事三者相结合，促进了江坪村传统戏剧"阳戏"的产生和发展（图 4-96）。

送子：乡村有中秋夜"偷瓜"的习惯，有所谓"八月十五不算偷"之说。三五结伴，将偷来的南瓜等当晚煮食，传说可以消灾除病（祛疱疮）。也有将偷来的冬瓜挖空灌水加栓，敲锣打鼓地抱去盼望生子（久婚不孕）的人家，名曰"送子"。

4.3.4 中方县接龙镇桥头村

1. 村落概况

1）地理位置与村庄规模

桥头村位于接龙镇，距中方县68.8km，地理坐标为东经109°32′、北纬26°59′（图4-97）。

桥头村村域面积1km²，户籍人口1376人，333户，辖12个行政村民小组，以汉族为主。

2）自然环境

桥头村属于中低山区，耕地70%分布于山间平地或低山区，四周山坡坡度介于14°~25°之间。周围青山环抱，溪水环绕，田野阡陌，仿若世外桃源。

3）历史源流

桥头村形成于元代以前，集中院落的选址起源于一个传说：接龙镇人杰地灵，传说两位"万太公"下凡来到此地后爱上了这个地方，并长居于此，因而接龙镇受到两位"万太公"的护佑，接龙中学地区为"有万太公"居住地，而桥头村所在地

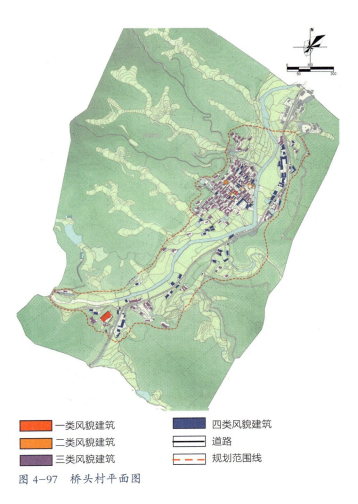

图4-97 桥头村平面图

受其兄弟"都万太公"护佑，"万"意思金钱家财万贯，意味着此地人民将世世代代一直富裕下去。桥头村整个村落所在地亦流传着"狮象把水口，岩鱼坐天堂"的美丽传说。

2. 村落布局与空间特点

建筑布局为典型的坐北朝南、背山面水桥头村。借自然之山水、森林、农田，石墙黛瓦的传统民居，构筑了一个古朴静谧的自然格局（图4-98~图4-100）。

村落位于东西向山脉山坡平地，自然条件优越，特征明显。村域的西侧与中部分别有溪流流过，沟内溪流潺潺，自然植被丰富。村落及农田位于各山脚所形成的坡地或平坦地段。桥头村传统村落格局和整体景观风貌可以概括为以自然山水为基底，以民居建筑为载体，以人文景观为内涵的"一村二寨稻田间，一溪三山怀中抱"的整体格局。"一溪三山怀中抱"为传统村落的大范围整体格局，"溪"指的是由东到西从自然村寨山脚下流过的溪流。"三山"分别指的村落北部的麻园坡、南部的凤形山，东部鸭坝口，三山环抱，具有"形局完整、山环水绕、负阴抱阳"的传统山水格局。

图 4-98　桥头村全景

图 4-99　建筑图

图 4-100　传统民居

图 4-101　伏波宫

"一村二寨稻田间"为传统村落的内部村庄格局，村庄坐落于平缓坡地，以溪为界分为两个传统村落组团，周边均为特色分明的梯田，自上而下，层层叠叠，是一幅诗意的乡村画卷。

3. 建筑特征与人文环境

1）建筑特征

民居坐北朝南，背山面水，多为青砖瓦房，整体保留了传统民居形制。传统建筑一般为明暗三间，前三间为明，中间一间为堂屋，堂屋两侧为主卧；后三间为暗，居中的是"火铺"，兼具厨房、餐厅和客厅功能，在火铺两侧的两间为"空间"。始建于明代的杨氏宗祠、外翰林和始建于清代的杨春忠宅是桥头村最具特色和代表性的元素（图 4-101、图 4-102）。

桥头村杨氏宗祠是古老的祠堂建筑，属于祭祀祖先和先贤的场所，宗祠记录着家族的辉煌与传统，是家族的圣殿，作为汉民族悠久历史和传统文化的象征与标志，具有无与伦比的影响力和历史价值。

现存建筑年代从明代至今可大致分为 5 个阶段，清代建筑保存较为完好，占总比例的 16.61%，其余多为 20 世纪 50 年代以后所建（表 4-22）。建筑基本为 1 层或 2 层，其中以 1 层为多。

图 4-102　杨氏宗祠

建筑年代统计表　　　　　　　　　　　　　　　　　　　表 4-22

年代分类	建筑面积（m²）	比例（%）
明代及以前	1930.25	5.71
清代	6064.40	17.95
民国	482.07	1.43
20 世纪 50~70 年代	19963.00	59.10
20 世纪 80 年代以后	5338.00	15.81
总计	33777.72	100

2）人文景观

古桥：桥头村因溪水贯穿该村，桥梁比较多，共有桥梁 7 座，而众多桥中，属风雨桥年代最为久远，建于 20 世纪 60 年代，为木质桥梁，由村民自发组织修建完成，是村部通往集中院落的必经之路（图 4-103）。

古巷道：桥头共有巷道 13 条，其中正巷道 7 条，横侧道 6 条。各个正巷道均采取由上而下的阶梯式大石块铺贴而成。随着社会的发展和生活的需要，每条巷道都配有消防设施（图 4-104、图 4-105）。

图 4-103　古桥

图4-104 古门洞

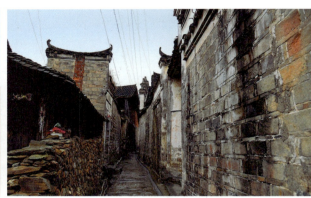

图4-105 古巷道

古井：村落现存3处古井，分别位于自然村寨和杨氏宗祠附近，其表面铺装、古井结构等原真风貌均保存较好。

4. 非物质文化遗产

舞狮：中国优秀的传统民间艺术，每逢佳节或隆重庆典，民间都以狮舞来助兴。狮子舞在旧时称"太平乐"，到了唐代得到广泛的发展。狮艺在当时已成为过年过节、行香走会中的必备节目。至今已有1500多年的历史（图4-106）。

糍粑：一种信物，8月中秋舂糍粑，吃糍粑赏月活动即喻示家家团结幸福、吉祥如意。糍粑的黏结成团，喻示着全家和睦团结；糍粑为圆形，喻示着人们有缘、喜庆、吉祥和团圆；糍粑的香甜喻示着生活甜蜜幸福，就连清早打糍粑，起得越早也代表来年越丰收。

土榨茶油：从烘焙、碾粉、蒸粉、压榨等各个环节都是通过人工操作，经过一系列的工序后，一粒粒山茶籽变成了一滴滴黄灿灿的山茶油。它完整地保存了山茶原有的营养元素，保留了山茶油的原汁原味（图4-107）。

图4-106 舞狮

图4-107 榨油

4.3.5 沅陵县明溪口镇浪潮村烧火岩

1. 村落概况

1）地理位置与村庄规模

烧火岩隶属明溪口镇浪潮村，距沅陵县 37.4km，地理坐标为东经 110°05′、北纬 28°22′。村域面积 1.55km²，户籍人口 268 人（图 4-108）。

2）自然环境

烧火岩位于沅水中游，酉水沅陵段上游西岸，地势西高东低，青木垭山、麒麟山、凤凰山环绕四周，临水而建，酉水穿村而过，山连叠翠，植被丰茂，森林覆盖率达 95% 以上。

烧火岩属于酉水流域，地表水和地下水极为丰富。地下水多沿老河床及地下裂隙流走，在低洼处汇成地表水，形成小溪，从而使烧火岩组内小溪零星点缀，构筑成一幅星罗棋布的水系美景图。

3）历史源流

烧火岩于清代以来至今发展为浪潮村，村落集中连片，在古时水上交通发达，1949 年前大部分居民以撑船放排为生计，农业的发展主要是以朱氏家族朱天溶和王氏家族王本科两家经营。历史上在酉水一带有名的平蛮事件——血战明溪口的战场坪马援将军战死，后在浪潮村立红字碑作为纪念。

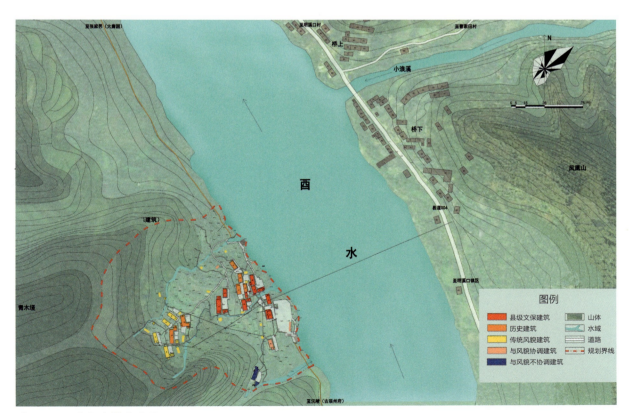

图 4-108 烧火岩村平面图

2. 村落布局与空间特点

浪潮村村域东西两侧青山对立，中间酉水从南向北蜿蜒而过，小浪溪是酉水的重要支流。烧火岩位于西侧，依山就水，坐西向东，背靠青木朝酉水河，山、水、村融为一体，自然和谐。烧火岩依山靠水，坐落在半山腰，民居均依山就势而建，规划有序，布局合理（图4-109）。

街巷空间依地形顺势布置，沿水系走向或沿地势而上，青石板街巷、水系、古宅与植被共同形成和谐且具有传统意味的街巷空间，水系从古民居与街巷中穿过，民居通过青石板将大门与街巷相连。

3. 建筑特征与人文环境

1）建筑特征

村内至今保留有全木构民居20余栋，其中清代建筑比例约占36.61%，村落整体风貌基本保存完好，形成别具特色的土家村寨景观。民居巧妙地借用周边山体的地形、适应潮湿的气候。一般建两层，2层以储物为主，生活起居主要都在1层。民居建筑造型精美，工艺成熟，庄重精致，充分体现了土家民族的志趣品位（图4-110~图4-113，表4-23）。

2）人文景观

村落中保存有錾字岩红字碑一通、龚家湾的下河上岸的码头遗址，以及古井2处，井口间以青石条纵横相连。

图4-109 烧火岩村局部

图4-110 烧火岩村建筑群

酉水西岸保存下来的古驿道为古辰州府、今沅陵至大庸国，即今张家界的驿道，为湘西地区要道（图4-114、图4-115）。

4. 非物质文化遗产

传统节庆与风俗：浪潮村烧火岩古称"一脚踏三县"，是典型的湘西土家族聚集地。保存着土家族村寨的各类风俗习惯，如土家族人的服饰、语言、婚俗、节庆和湘西地区最为突出且具有地方特色的巫文化和土家婚俗文化。

图4-112 建筑细部（一）

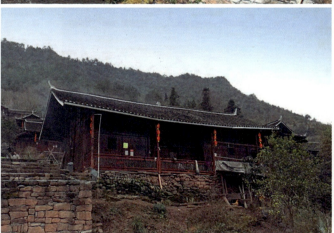

图4-111 烧火岩村民居建筑

图4-113 建筑细部（二）

建筑年代统计表　　　　　　　　　　　　　表4-23

年代分类	建筑面积（m²）	比例（%）
清代	1528.00	36.61
民国	1423.00	34.09
20世纪50~70年代	921.00	22.07
20世纪80年代以后	302.00	7.23
总计	4174.00	100

图4-114　酉水画廊

图4-115　酉水

民间曲艺与歌舞：作为乡村文化多样性的代表地，烧火岩利用文化旅游项目充分展示具有代表性的地方民间曲艺与歌舞，包括舞龙、狮舞、辰州傩戏、辰州高腔、辰州号子、辰州山歌等。

民间巫傩文化和巫神传说：沅陵在秦国时期的黔中郡郡治之地，也是巫傩文化浓郁的地方，有着过鬼节、做道场、贡土地、跳大神、祭跳香、收魂、收黑等民间习俗和巫术，如今如滚刺床、单刀云梯、上刀山、趟火池（下火海）、吃火木炭等傩技，都已成中国的民间绝技，应积极保护与传承（图4-116）。

二酉藏书洞的传说：二酉藏书洞位于沅陵县城西北10km处二酉山上。《辞源》对"二酉藏书"有较明确的注释："二酉，指大酉小酉二山。在今湖南沅陵县西北。《太平御览》卷四十九荆州记：小酉山上石穴中有书千卷，后称藏书名二酉。"因为发源于四川省酉阳县的酉江和源于湖南省古丈县的酉溪河流，在这座山西面汇合，故此山名为二酉山。二酉藏书洞成为中华文明最古老"图书馆"的代名词。2008年，二酉藏书洞传说被列入湖南省第二批非物质文化遗产名录。

沅陵号子：湘西沅陵，山高，路难，水恶。生活在这块土地上的人们，他们既热爱这方水土，又要面对现实环境，因此他们的生活既艰难又辛苦，为了让艰辛的生活不过于枯燥和单调，他们相互吆喝，在吆喝中产生了劳动号子、山歌（图4-117）。

龙舞：龙头、龙尾用篾扎纸糊而成，加以彩绘。龙身用布粘成，分红、黄两种，有9~13节不等，每节1人持舞，节内置烛灯。游行或表演时，由一人举红色宝球为前导，有大锣大鼓伴奏，气势雄伟。

狮舞：狮头用篾扎纸糊而成，加以彩绘，狮皮用布和麻粘成，染以彩色。舞狮时一人舞头，一人玩尾，一人持宝球或钗，表演戏狮、斗狮和雄狮纵、爬、滚、睡等动作。有锣鼓伴奏，活泼雄健。技艺高超者，可爬上三张重叠的方桌上表演，然后跳下来。

跳香舞：宗教舞蹈，每逢十月跳香节表演，流行在乌宿、棋坪、舒溪口一带。一人身穿道袍，手持牛角、铃刀，转圈起舞，边舞边唱庆丰收、谢神灵、乞求保佑之词，还有两人伴舞，只舞不唱，表演中有锣鼓伴奏。

图4-116　传统打击乐器

图4-117　沅陵号子

4.3.6 沅陵县明溪口镇胡家溪村

1. 村落概况

1）地理位置与村庄规模

胡家溪村位于明溪口镇东南部，酉溪北支中下游。地理坐标为东经110°3′、北纬27°45′。胡家溪村村域面积12.00km²，户籍人口420人，120户，多为土家族（图4-118）。

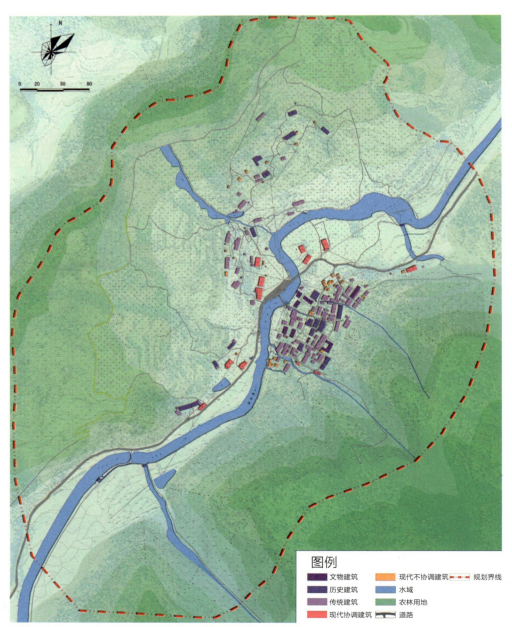

图4-118 胡家溪村平面图

2）自然环境

胡家溪村坐落在山林之中，地势四周高，中间低，背靠观音山，两侧金童玉女两山耸立，面朝胡家溪，呈观音坐莲姿势。境内胡家溪、子母溪、叶溪等多条溪流穿过，灌溉条件较为优越。当地属于中亚热带季风湿润气候，温暖湿润，夏长冬短，四季分明，雨量充沛。

胡家溪村内森林植被保存完好、生物多样性水平高、植物种类多，属中亚热带常绿阔叶林带。村内森林植被类型多样，保护完好，古树名木数量较多，包括黄连古树、古柏树群、古茶树带等，村口胡家溪旁树龄最老的一棵黄连古树已有500多年历史。

3）历史源流

村落自然形成，于元代以前逐渐发展为胡家大保坪，又称胡家坪古寨。在进村口青龙包处发现了石斧、石凿、黑衣陶片、类砂红陶等新石器时代人类生活用品。沿溪两岸有27盘水碾坊，村中有古油榨房，自古有"弹匠村""织布村"之称；有"大禹池"土地，巫傩文化发源地，"八蛮洞口"南蛮居住地；有佛教圣地、秦始皇时期三十六郡、七十二庵之一的五龙庵。

2. 村落布局与空间特点

胡家溪村的选址凸显出古代择吉地而居的文化内涵，符合"枕山、环水、面屏"的理想模式。村落分布在胡家溪下游的两岸，西北与东南面为山体环抱，胡家溪自东北向西南穿村而过，村落布局严谨，依山而建傍水而居，农田点缀于山水之间，充分利用了山形对居住耕作的有利条件，是人文精神与自然环境融合的聚落景观（图4-119）。

图4-119　胡家溪村建筑群

3. 建筑特征与人文环境

1）建筑特征

胡家溪村至今保留有全木构民居160余栋，建筑90%以上是传统的吊脚楼建筑，多依山就势而建，呈虎坐形，中间为堂屋，左右两边称为饶间，作居住、做饭之用。饶间以中柱为界分为两半，前面作火炕，后面作卧室。吊脚楼上有绕楼的曲廊，曲廊还配有栏杆。普通房屋规模为一栋四排扇三间屋或六排扇五间屋，大户人家则为七柱四骑、四合天井大院（图4-120、图4-121，表4-24）。

建筑以1层建筑和2层建筑为主，其中，1层建筑明间为主要生活和待客的堂屋，两侧为起居生活的房间。2层建筑生活起居主要都在1层，受到汉人生活习惯的影响，而在1层明间设神龛放置神主牌位，成为活动与待客的堂屋，2层则以储物为主（表4-25）。

图4-120 建筑群

图4-121 建筑风貌

建筑年代统计表　　　　　　表4-24

年代分类	建筑面积（m²）	比例（%）
清代	3145.53	26.28
民国	5997.36	50.11
20世纪50~70年代	1055.55	8.82
20世纪80年代以后	1769.06	14.79
总计	11967.5	100

建筑高度统计表　　　　　　表4-25

层数	建筑面积（m²）	比例（%）
1层	2202.12	18.40
2层	9765.38	81.60
总计	11967.5	100

2）人文景观（图 4-122）

"双丰庆泰"牌坊：位于胡家溪村中心位置，牌坊旁为胡凤娇故居遗址，是村落最重要的标志性节点（图 4-123）。

风雨桥：西南端村口和村尾各有一座风雨桥，下为石拱上为阁楼（图 4-124）。

土地庙：位于胡家溪南侧，面朝胡家溪支流子母溪，土地神源于远古人们对土地权属的崇拜。

4. 非物质文化遗产

明溪口镇位于怀化、张家界与湘西自治州交界处，古称"一脚踏三县"，是典型的湘西土家族聚集地。保留着土家族村寨的各类风俗习惯，如土家族人的服饰、语言、婚俗、节庆等，传承较好，其中最突出且具有地方特色的节庆是巫文化和土家婚俗文化。

作为乡村文化多样性的代表地，胡家溪古村落利用文化旅游项目充分展示有代表性的地方民间曲艺与歌舞，包括舞龙、狮舞、辰州傩戏、辰州高腔（图 4-125）、辰州号子、辰州山歌等。

图 4-122 滚水坝

图 4-123 胡家溪牌坊

图 4-124 风雨桥

图 4-125 辰州高腔

4.3.7 沅陵县荔溪乡明中村

1. 村落概况

1) 地理位置与村庄规模

明中村位于沅陵县城东南部励溪乡境内，距离川渝高速和319国道20km，地理坐标为东经110°46′、北纬28°29′。

明中村村域面积0.30km²，辖14个自然村，户籍人口2564人，494户，以苗族人口为主。古建筑群集中分布于戴家组与夏家组，位于本村西侧（图4-126、图4-127）。

2) 自然环境

明中村处于云贵高原向江南丘陵的过渡地带，以低山丘陵为主，山环水绕，绿树成荫，聚落均掩映在群山中，自然环境十分优美。戴家组和夏家组皆背山面水，小明溪位于两山之间的夏家溪两侧，小溪自东向西穿村而过。当地属于中亚热带季风气候区，四季分明，雨量充沛。

村落内古木参天，有各类古树名木11棵，包括古银杏9棵，古柏和古松树各1棵。

3) 历史源流

明中村是自然形成的村落，始建于清代。2005年2月，沅陵县撤区并乡，2月13日，沅陵县委、县政府将池坪、坳坪、竹园三乡合并组建成荔溪乡，由于沅陵境内五大支流之一荔溪贯穿全境，因此以荔溪命名新乡名。11月合并行政村，将原明中村、湖池村合并为明中村，村址设在明中。

2. 村落布局与空间特点

明中村戴家组和夏家组两个团寨由自东北向西流经村落的溪流串联。戴家组位于溪流南侧四面环山的一个小盆地中，民居建筑依山而建，坐南朝北；夏家组位于戴家组东部，两山之间的溪流两侧，小溪自东北向西南穿村而过，溪流北侧民居门口均有简易木桥横跨于溪上。

图4-126 夏家组平面图

图4-127 戴家组平面图

两组聚落形态为典型的顺水而居，具有依水发展的特点，戴家组仅一面环山，用地相对较为开阔，因此聚落形态为中心型，建筑围绕传统建筑向周边有序发展；夏家组两面环山地形沿水系呈长条形，因此聚落形态以及街道均沿水分布，整体呈带状分布于两山之下（图4-128、图4-129）。

3. 建筑特征与人文环境

1）建筑特征

明中村的古建筑核心是别具特色的湘西窨子屋，具有浓郁的湘西地方特色。建筑形似四合院，外围以石材高墙环绕，用以防火防盗；里面是木质房舍，保证冬暖夏凉；屋顶从四围成比例地向内中心低斜，中间的方形天井，可满足采光与通风的需求。建筑门楣、马头墙、花窗、雕饰等细部极具艺术特色（图4-130）。

明中村里有省级文物保护单位5处，即戴业炳古民居、注礼名家古民居、大哉乾元古民居、震宅宏基古民居及夏家溪古民居，皆始建于清代，前4处位于戴家组，夏家溪古民居则位于夏家组。内为挑梁穿斗式木构建筑，分前厅、后厅，面阔三间、进深二间，小青瓦盖面。前、后厅之间设天井、开天窗，东西设厢房（图4-131，表4-26、表4-27）。

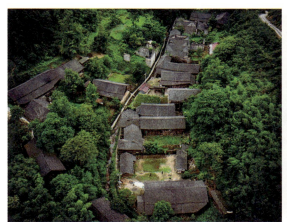

图4-128 明中村建筑群

图4-129 戴家组建筑群

图4-130 建筑细节

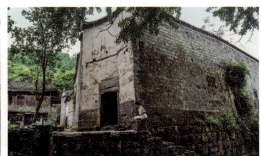

图4-131 夏家溪古民居

建筑年代统计表		表 4-26
年代分类	建筑面积（m²）	比例（%）
清代	1801.00	10.79
民国	12196.00	73.07
20世纪50年代至今	2694.00	16.14
总计	16691.00	100

建筑高度统计表		表 4-27
层数	建筑面积（m²）	比例（%）
1层	14365.00	86.06
2层	1966.00	11.78
3~4层	360.00	2.16
总计	16691.00	100

2）人文景观

明中村人文景观主要包括一口三制古井，戴家巷、明溪巷、荔溪巷等古街巷（图4-132），以及一座清代旗杆台。

三制古井紧靠夏家溪巷，与夏家溪分置两侧。该井有一大二小三眼井口，井口间以青石条纵横相连，独具特色。

4.非物质文化遗产

明中村属于秦楚文化的重要非物质文化遗产的代表地区，具有独特的地方语言和风俗。明中村拥有地方特色的传统节日、传统手工艺和传统风俗共计6项，包括跳香节、敬家神、舞龙、佤乡人婚俗、狮舞、蚌壳舞。源于本地，并广为流传。每逢农历七月初一，便是荔溪"乡话"人特有的半年节，家家户户兴高采烈，杀猪宰羊，亲戚之间互相庆贺。

荔溪乡境内民间艺术丰富多彩。流传甚广的有舞龙、狮舞、蚌壳舞等。蚌壳舞又名"耍蚌壳"或"蚌壳灯"，是一种带有神话色彩的表演性舞蹈。每逢新春佳节，它和龙灯、狮舞相伴，走乡串村表演，给人们带来欢乐、喜庆的气氛，是人们喜闻乐见的一种艺术形式（图4-133、图4-134）。

图4-132 古街巷

图 4-133　苗鼓舞

图 4-134　沅陵纸龙船

4.3.8　溆浦县小江口乡蓑衣溪村

1. 村落概况

1）地理位置与村庄规模

蓑衣溪村位于溆水下游屈子峡里，隶属溆浦县思蒙镇，地理位置为东经109°70′、北纬25°92′。村落主要对外交通为县道057。依托溆水河县城旅游码头及思蒙旅游公路，水路两栖的交通方式可从县城、镇区直达村内，区位交通良好。

蓑衣溪村村域面积 6.40km²，户籍人口 580 人，以汉族为主，还有土家族、瑶族、苗族等少数民族（图 4-135）。

2）自然环境

蓑衣溪村内地形地貌主要以丘陵山地为主，海拔在 143~339m 之间。村落内有蓑衣溪、溆水为主的两条溪河，水资源较为丰富。蓑衣溪村属亚热带季风湿润气候，冷热适宜，四季分明。

3）历史源流

早在明代中叶，舒姓、严姓先后到蓑衣溪村的下岩排、江边居住，后来郑姓、印姓、雷姓、戴姓、张姓、刘姓、杨姓、李姓等先后在蓑衣溪村的榆树坪、芦滩坪、柳潭、鹭鸶溪居住。在明清时期就已形成如今这样格局的村庄。

2. 村落布局与空间特点

蓑衣溪四面环山，溆水以北是凤形山，溆水以南为蛇岭山，东面为贤良山，西面倚虎形山。溆水河贯穿全村，将村落一分为二，蓑衣溪源自村落南侧猴子山山谷，由南往北汇入溆水。蓑衣溪农田并不多，布局也较为分散，主要分布在河流两厢至山腰区域，多呈阶梯状。

受山体影响，村落分为三大组团，即江边、岩排和榆树坪组团。其中，岩排包括上岩排、大院子、屋场坪、大田坎和严家 5 个村民小组（图 4-136）。

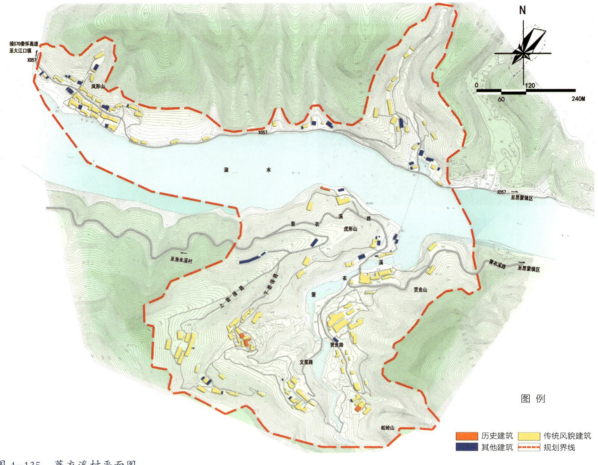

图 4-135 蓑衣溪村平面图

图 4-136 蓑衣溪村

村落的街巷采用的是不规则网状组织形式，居住相对分散，但各个村民小组内建筑相对集中。古村街弄四通八达，犹如扇形。建筑群建在半山坡上，通过环形石板道路向外扇形辐射，再由溆水河通向外面，村内巷道宽1~2m不等。

3. 建筑特征与人文景观

1）建筑特征

建筑主要形式为南方的穿斗式木结构，主要有条形、L形和U形平面布局形式。民居建筑以中堂为中心，两侧布置耳室。中堂在整个建筑平面布局中起向心作用。中堂大门有2层，第1层是起到拦隔家禽家畜的子门，第2层才是起主要围护作用的母门。一般民居建筑除中堂外都为架空通风上铺木板，架空层延地枋下用青石板砌筑，柱基多为大条石（图4-137）。

建筑或单面檐口起翘或双面檐口起翘。侧屋与正屋呈90°直角形，角楼屋顶大都为歇山顶也有悬山顶设走廊，栏杆为花格，悬柱垂落有六棱、八棱、球形、金瓜形，富有特色。屋顶都为小青瓦，垂直与屋架方向的联系枋常用假斗栱支撑，窗格及门额上方均雕刻有形态各异的鸟或其他动物图案（图4-138、图4-139）。

村内建筑大多为20世纪50~70年代建筑，清代建筑主要为庙宇及少数民居，以1层建筑为主（表4-28、表4-29）。

2）人文景观

青石板巷道：村内共有2条青石板巷道，分别位于大院子组团内部以及严家组团南部，是村民日常生产生活的重要通道。

文星桥：位于蓑衣溪传统村落南部，是160多年前为纪念屈原所建。

图4-137 蓑衣溪村风景

图4-138 蓑衣溪村建筑群

图4-139 建筑细部装饰

建筑年代统计表　　　　　　　　　　　　　　　　　　　　表4-28

年代分类	建筑面积（m²）	比例（%）
清代	615.15	2.15
20世纪50~70年代	15436.93	53.87
20世纪80年代以后	12603.47	43.98
总计	28655.55	100

建筑高度统计表　　　　　　　　　　　　　　　　　　　　表4-29

层数	建筑面积（m²）	比例（%）
1层	26866.43	93.76
2层	1789.12	6.24
总计	28655.55	100

古渡口：蓑衣溪村紧邻溆水河，村民世代以捕鱼为生，是一个典型的江南渔村，保留了较为完整的古渡口。溆水两岸现存有古渡口共5处。

土地庙：位于上岩排路与下岩牌路交会处，现状保存良好。

龙王庙：始建于清代早期，是村民为了治理水患和镇压水怪在溆水河畔所建（图4-140）。

甲骨文古石碑：位于文星桥遗址北侧，石碑上篆刻有甲骨文，年代无从考证。

4. 非物质文化遗产（表4-30）

龙舟赛：相传蓑衣村曾是屈原流放之地，屈原流放时写下了《离骚》等爱国诗歌，但他始终得不到掌权者的信赖，他的政治主张自然也无法实行，最后满怀忧愤之情，跳入汨罗江自尽。世人为了纪念他，便有了端午节，为了庆祝端午节，便有了赛龙舟。溆浦人对龙舟赛的热情度之所以这么高，不仅是因为溆浦的龙舟赛是自古就有的传统，更多的是溆浦人民对屈原深厚感情的一种表达（图4-141）。

霸王鞭：与秧歌同属于歌舞音乐，霸王鞭发出有节奏的、清脆悦耳的响声。打霸王鞭是蓑衣溪村人们十分喜爱的，有利于身心健康的群众性活动，在民族节日期间，几乎在各个村寨都能看

非物质文化遗产一览表　　　　　　　　　　　　　　　　　表4-30

类型	主要内容
民间艺术	霸王鞭、山歌、传统木雕
民间技艺	渔猎文化
民间民俗	龙舟赛
传统美食	打糍粑

图 4-140 龙王庙

图 4-141 龙舟赛

到男女老少在尽情地打霸王鞭和跳八角鼓舞。

山歌：溆浦山歌优美抒情，流利畅达、爽朗质朴，音调自然。分单唱和对唱，七字一句，四句一曲，反复迭唱。溆浦有对山歌定亲的习俗，男女相互对答，信口而唱，唱到对方无词为止。

4.3.9 溆浦县九溪江乡光明村

1. 村落概况

1）地理位置与村庄规模

光明村位于溆浦县正南方，北斗溪镇北部，距离溆浦县 44.8km，地理坐标为东经 28°6′、北纬 109°30′（图 4-142）。

村域面积 14.90km²，村落分为 16 个村民小组，李家湾、砣田垄和丁家坊三个自然村落户籍人口 2380 人，是汉瑶杂居的村落。

2）自然环境

光明村四周青山环绕，起伏连绵，森林覆盖率达到 85%。周边海拔最高 1405m，最低 130m，地势四周高中间低。溆水上游的二都河穿村而过，溪水两岸沃野千顷，平原分布于二都河及支流沿岸，阳光充足，土壤肥沃。气候具有亚热带季风湿润气候的共同特征，雨量较充沛。

3）历史源流

村落始建于明末，在近代史中，红六军团一部经水东、高明溪、九溪江，过北斗溪，抵达龙潭。1958 年公社化时，人们走上了光明大道，故名光明村。

2. 村落选址与格局特点

光明村地处二都河平原上，背山临水，二都河由南向北蜿蜒而过。光明村有 3 个村落建筑群，

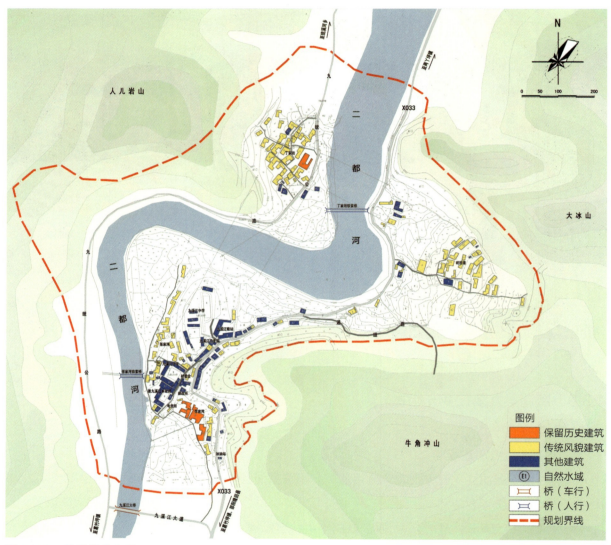

图 4-142 光明村平面图

其中丁家坊和砣田垄分布于纵横各 200m 的坡地上，前者背靠人儿岩山，犹如太师椅环抱，后者则依大冰山而建；李家湾坐落于二都河冲积平原地带，落背靠牛角冲山，临水拥田而居。山坳的村落沿等高线的变化呈外凸的扇形分布。村落都坐落于山的阳坡，可以获得避风向阳的良好环境（图 4-143~ 图 4-146）。

3. 建筑特征与人文景观

1）建筑特征

光明村的古民居群分布于原"九溪瑶洞"的核心谷地，坐落于山坡、溪谷，可以获得避风向阳的良好环境。院落隔河相望，建筑因地制宜修成高低错落、参差不齐的木结构干栏式吊脚楼。

图 4-143 光明村建筑景观

图 4-144 光明村平面图

图 4-145 砣田垄鸟瞰

图 4-146 李家湾鸟瞰

一般四榀三间，间或五榀四间，全是榫卯衔接。较集中的建筑群为6个群落，现有5个群落保存非常完整，保留最古老的建于明代。

光明村内的传统建筑主要包括兴建于从明末至今的纯木及砖木结构传统风貌建筑，主要以居住建筑为主。李家湾古村落坐东朝西，以通往古渡口的青石板路为中轴线两侧水平展开，院落错落有致，以明末建筑"红毛将军"旧居为中心，形成规模较大，气势轩昂的古建筑群。红毛将军旧宅依牛角冲山而建，为五进四天井的北方风格大院，建筑面积1003m²，院落3650m²，青石板路500m²。房梁用单斗栱承托，房屋为五柱抬瓜，梁柱选材为珍贵的黑粟木、榉木和楠木，连接梁柱的雀替雕刻精细，木构榫卯至今无裂痕。

光明村以清中期张文正旧宅为中心，形成格局较为完整的古村落；砣田垄院落大部分建筑为20世纪50~70年代木质四合院式传统建筑。建筑层数较为平均（图4-147，表4-31、表4-32）。

2）人文景观

青石板路：光明村内青石板路数量较多，且保存较为完整。石板路宽度约为1m，既便于行走，又古朴秀美（图4-148）。

悬索桥：村落内现存悬索桥2处，分别为李家湾悬索桥和丁脚坊悬索桥，桥面为木板铺开，

建筑年代统计表　　　　　　　　　　　　　　　　　　　　　　　表 4-31

年代分类	建筑面积（m²）	比例（%）
明代	1003.00	1.93
清代	877.00	1.69
20 世纪 50~70 年代	23611.00	45.40
20 世纪 80 年代以后	26519.00	50.98
总计	52010.00	100

建筑高度统计表　　　　　　　　　　　　　　　　　　　　　　　表 4-32

层数	建筑面积（m²）	比例（%）
1 层	19574.00	37.64
2 层	17442.00	33.54
3~4 层	14994.00	28.82
总计	52010.00	100

图 4-147 民居建筑

图 4-148 青石板路

桥宽约 2m（图 4-149）。

古围墙：村落内防御土匪、强盗的重要屏障，今在李家湾村寨处有一段遗址。石墙高约 2m，由石块砌筑而成（图 4-150）。

4. 非物质文化遗产

打花鼓：源于唐代的三杖鼓，明代时期流入溆浦县。三棒鼓演唱一般由三人组成：一人抛刀（或铁叉），一人既打鼓又演唱，一人敲锣。抛刀人主要专攻抛刀，手持三把锋利钢刀，不停地往空中抛出各种姿势，挥洒自如，极为惊险，深受人们的喜爱。抛刀人的表演技艺高超，表演的内容有：雄鹰展翅、老鼠翻梁、猛虎钻洞、黄龙缠腰、太公钓鱼、金鸡独立、砍四门、雪花开顶等。

舞龙灯：光明村众过年爱舞龙灯，农历正月初三起，村民们白天舞黄龙、狮子，晚上则舞夜龙和小龙灯。在该乡，舞龙灯还有"隔乡不隔街"的习俗，即龙灯可以不去外乡舞，但在本乡走村串户时，必须到家家户户拜年（图 4-151）。

船灯戏：曲调质朴，属民间散曲，富有浓厚的乡土气息，深受人们的喜爱。

4.3.10 溆浦县横板桥乡株木村阳雀坡村

1. 村落概况

1）地理位置与村庄规模

阳雀坡村位于溆浦县龙潭镇中西部，地理坐标为东经 110°30′、北纬 27°23′，距龙潭镇政府 5km，距溆浦县城 67km，距怀化市 80km。

图 4-149 悬索桥

图 4-150 石砌筑矮墙

图 4-151 舞龙灯

阳雀坡村村域面积5.07km²,辖阳山、阳雀2个村民小组,户籍人口297人,60户,为汉民族聚居地(图4-152)。

2)自然环境

阳雀坡村东侧为老鹰湾山,南面有聋洞冲山和学堂湾山,西部可见坪垴山、斗笠山,北方则为土冲山、凤形湾山,海拔在519~656m之间,地形地貌主要以丘陵、田地为主,整体呈现四周高中间低的"小盆地"地势。村落属亚热带季风湿润气候,四季分明,雨热同季,光照充足,无霜期长。雨量较充沛,村落年平均降水量1200~1500mm,其间无河流,饮用和灌溉均为地下水。

3)历史源流

据龙潭王姓族谱记载,清乾隆十九年(1754年),黄茅园湾潭王家第23代祖王守迪病故后,其妻冯娥因受不了亡夫弟弟的刁难及邻居的闲言碎语,带着未满4岁的儿子迁居于此,因村落四周缓坡,遂取名阳雀坡。

2. 村落布局与空间特点

阳雀坡村四面环山,与山体呈现嵌合式,周边山脉走势很像"老虎五爪",中间洼地(农田、水塘)形同满月,一道清泉(阳雀溪)蜿蜒穿过洼地流向山外,山势地形颇似《易经》里的"太极图",以"太极、八卦"为院落布局,颇具山水格调。建筑错落有致地分布在

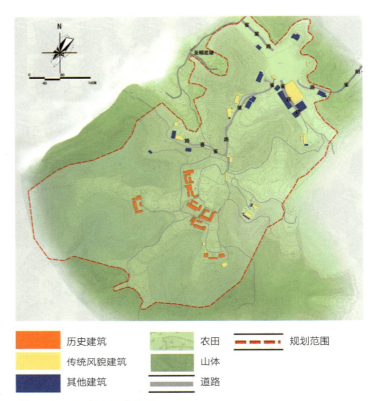

图4-152 阳雀坡村平面图

图4-153 阳雀坡村全景图

纵横各200m的坡地上,因地处山区,山地多、平地少,村落规模也因此整体较小。内部没有中心性的建筑或公共空间,随着时间推移,以叠加的形式递增的是同种性质的住宅建筑,尚未建立起有序的空间。因此,阳雀坡村落整体呈均质图式空间布局,即无中心的村落格局(图4-153)。

3. 传统建筑与人文景观

1）建筑特征

阳雀坡传统村落位于阳雀坡村中北部，是阳雀坡村民主要聚居地，也是目前溆浦县内保存最好的传统村落之一（表4-33、表4-34）。村落内的传统建筑主要为六大院落，主要以四合院形式布局，和北方传统建筑形式有相似性，主要功能区包括堂屋、厢房、火塘间、谷屋与横屋等，多为悬山顶，覆小青瓦，分两个层次，中间三间屋面较高，两边面较低。院落前常加设一八字形院门，一般三开间，中间一间开敞，正对着堂屋，由正门与堂屋相隔。

建筑年代统计表　　　　　　　　　　　　　　　　　　　　　表4-33

年代分类	建筑面积（m²）	比例（%）
清代	2258.23	23.28
民国	207.57	1.89
20世纪80年代以后	8221.54	74.83
总计	10986.34	100

建筑高度统计表　　　　　　　　　　　　　　　　　　　　　表4-34

层数	建筑面积（m²）	比例（%）
1层	4733.84	43.09
2层	5872.52	53.45
3层	379.98	3.46
总计	10986.34	100

第一院落始建于乾隆十九年（1754年），距今260余年。总占地面积约2284m²，部分墙体为独具特色的贯通壁。院落中有正屋、石水缸、水车、古戏台、木质栏杆等独具特色的小品（图4-154）。

第二院落开建于清嘉庆八年（1803年），距今210多年，为冯娥第五代孙本耀所建，总占地面积约815m²（图4-155）。

图4-154　第一院落建筑

图4-155　第二院落建筑

第三院落建于清道光二年（1822年），距今190余年。总占地面积约845m²。

第四院落在古村虽然排列第四，却比三院早修5年，落成于清嘉庆二十二年（1817年），占地面积约1000m²。

第五院落由冯娥第五代孙王本日建于清道光十二年（1832年），占地面积约1178m²。

第六院落始建于清咸丰十一年（1861年），建造者为冯娥的第六代孙王在周，占地面积约1530m²。

2）人文景观

黎明桥：始建于清代，是一座2层檐的木质桥梁风雨桥。现黎明桥是在2015年复建而成，横跨阳雀溪之上，联系起两端山脚。

庵堂：位于村落西侧的斗笠山顶，是远近闻名的一处宗教祭祀场所，并且香火旺盛，信者络绎不绝。

土地屋：在二、三、四、五号院落门外的墙壁上设有土地屋，又叫祈福门。

阳雀坡古寨门：位于雀喜路与雀坡路交叉口，黎明桥北部，是以全木质结构建筑，是进行阳雀坡六大古院落的门户通道。

古巷道：三号院落西北侧青石板巷道是石板台阶，始建于清朝，大致呈南北走向，是村民日常生产生活的重要通道（图4-156）。

琴凳：被誉为龙潭最大的凳，是从巨大的古树上锯下整板做成，两头装有凳脚，凳脚上镂有各种图案（图4-157）。

射击孔：湘西会战时王耀武将军带领的第四方面军用于架设机枪的射击孔，设计独特，具有很强的隐蔽性。

古井：村内有若干个，以前是村民的主要水源（图4-158）。

图4-156 古巷道

图4-157 琴凳

4. 非物质文化遗产

草把灯：由龙头、龙筒（身）、龙尾3部分组成，整个龙灯用稻草、草绳、木把、皮纸制成。草把灯主要在每年的正月、七月两月舞，正月舞龙代表吉祥的象征，七月舞龙是为了驱虫害，祈求五谷丰登（图4-159）。

蚕灯舞：蚕灯是一种吉祥物，象征着风调雨顺、人寿年丰、国泰民安。蚕灯舞有其独特的艺术表现方式：由3人合舞一串灯，声势如虹，动作奔放。特别是到了晚上，灯火点点，热闹非凡，条条发亮的蚕宝宝把山村的节日之夜映射得格外喜庆。

鹅颈灯：主要流传在溆浦龙潭地区，全国"独一无二"。鹅颈灯龙头由3人换舞，前面配有宝灯、牌灯、蚌壳灯，由一人舞动流星在前开路，疏散人群。

板凳龙：一种舞龙运动，源于汉代，由"舞龙求雨"的宗教活动演变而来（图4-160）。龙舞有"干龙""湿龙"之分，"干龙"多为娱乐，"湿龙"则为求雨。

花灯戏：是广泛流行于汉族中的一种戏曲艺术，由民间歌舞花灯、茶灯和"调子"发展而成。其突出特征是手不离扇、帕，载歌载舞，唱与做紧密结合（图4-161）。

图4-158　古井

图4-159　草把灯

图4-160　板凳龙

图4-161　花灯戏

4.3.11 会同县高椅乡翁高村

1. 村落概况

1）地理位置与村庄规模

翁高村隶属于高椅乡，位于乡东北部，距高椅乡集镇约 7.5km，距洪江古商城约 40km，距会同县城约 55km，地理坐标为东经 110°24′、北纬 26°58′。

翁高村村域面积 5.7km²，户籍人口 446 人，79 户，8 个村民小组构成，翁高村以苗族、侗族为主，其中苗族约 371 人，占总人口的 83%（图 4-162）。

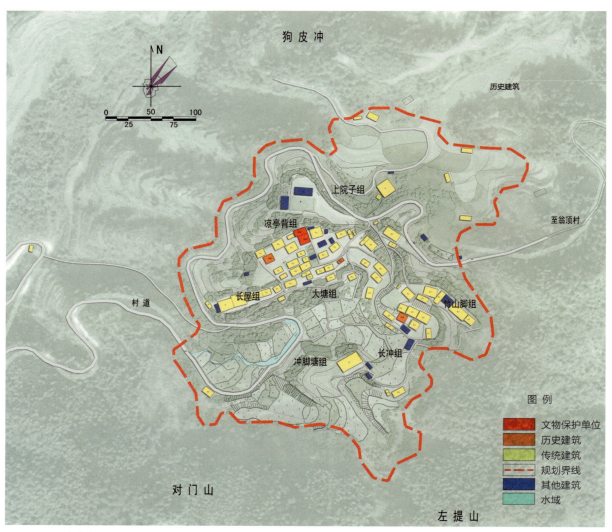

图 4-162 翁高村平面图

2）自然环境

翁高村地形地貌以丘陵为主，平、冈、山地兼有，古村落则主要以丘陵山地为主，位于雪峰山分支八仙山山脚，边盘山、左提山、对门山环绕四周，山上多灌木及小乔木，兼有亚灌木、草本植物及蕨类，中、大型动物稀少，鸟类较丰富。

翁高村位于亚热带季风气候区，全年四季分明；常年主导风向：冬季为北风和东北风，夏季为南风和西南风；年平均气温18.9℃，雨量丰沛，光照充足，适于各种农作物的生长。

3）历史源流

翁高村始建于明代，形成于清代咸丰年间。元末明初，因战乱原因"飞山蛮"蓝玉后裔蓝亨从江西太河县迁移至老团，即现翁高三组所在地，至清咸丰年间（1851~1861年），逐渐搬迁至现翁高所在地居住。民国时属于会同县若水区第十保，中华人民共和国成立后，属于翁桃农会，后改为高椅乡人民公社翁桃大队，随后分为翁高大队。

2. 村落布局与空间特点

翁高村位于山谷之中，坐北朝南，背依青山，对面山脚坡田层叠，远处山峦环绕，鸟瞰村落，环村青山形似蛟龙，村落四周高中间低，呈干龙船形分布。

建筑依山就势，层层叠叠，视野开阔，仅一条村道从村域北侧穿过。村落内部青石板街巷呈网状布局，串联起各传统民居，整体风貌保存较好（图4-163）。

3. 建筑特征与人文景观

1）建筑特征

翁高村历史悠久，现存有清光绪十七年（1891年）的蓝氏宗祠1栋、清光绪七年至十三年（1881~1887年）的古建筑房屋2栋。二者是典型的窨子屋，又称"一颗印"。建于清代，墙高三丈，封火青砖砌成，多以斜角开墙为门，或两栋等高对峙，中留敞亮天井，具有鲜明的地方传统特征（图4-164，表4-35、表4-36）。

蓝氏宗祠建造于光绪年间（1875~1908年）。建筑面积为446m²、建筑层数为2层、结构材料

图4-163 翁高村鸟瞰

图4-164 翁高村建筑群

建筑年代统计表　　　　　　　　　　　表4-35

年代分类	建筑面积（m²）	比例（%）
清代	1159.00	10.33
民国	145.00	1.29
20世纪50~70年代	6544.00	58.35
20世纪80年代以后	3368.00	30.03
总计	11216.00	100

建筑高度统计表　　　　　　　　　　　表4-36

层数	建筑面积（m²）	比例（%）
1层	2291.00	20.43
2层	8925.00	79.57
总计	11216.00	100

图4-165　蓝氏宗祠

图4-166　兰祥德祖屋

为砖木、保存状态良好。兰建忠祖屋和兰祥德祖屋皆为两层砖木建筑，前者建于明清时期，建筑面积175m²；后者则建于光绪年间（1875~1908年），建筑面积178m²（图4-165、图4-166）。

村内坡陡位置，多修建为吊脚楼。把地削成"厂"字形土台，一边靠在实地，其余三边皆悬空，靠长木柱支撑；而地势坪坦地区则多为落地式建筑，中柱直接建立在平坦的地上，房屋为五柱七瓜三排、七柱九瓜三排的不等。

村落现存的大部分民居建筑，均为木质穿斗挑檐结构的苗族建筑。窗花、檐角等建筑细部刻走兽飞鸟及花草等，图案质朴，做工精细。

2）人文景观

古街巷：全长约1200m，大部分为青石板铺设而成，整体格局保存较好。其中一条由双龙桥凉亭沿山腰而上至村落西侧，沿路共365个石板台阶。

古井：村落现存古方井三口，分别为大塘古井、竹山脚古井、长冲古井。其中两口位于村落东侧山脚民居旁，一口位于村落中部、蓝氏宗祠以南，古井均为沿路平铺。井口至井底约30cm，水质清澈。

土地庙：三座土地庙均建于光绪年间（1875~1908年）；一座位于祠堂前，另外两座位于竹山脚和长冲组。虽造型简单，至今仍保存其使用功能。

古凉亭：名曰"兰溪双桥亭"，位于古村山脚入口公路西侧，建于清代道光四年（1824年），纯木穿斗结构，现仍保存较好（图4-167）。

4. 非物质文化遗产

祭祀活动："唱土地"源于芸芸众生对土地原始而深沉的情意。一来大地有承载之恩，没有土地搭载着万事万物，世界将成为乌有。二来人们认为吃的是土地，用的是土地，所有的幸福都源于土地，没有土地就没有一切。翁高传统村落"唱土地"分"新年土地"和"四季土地"两种唱法。"新年土地"是农历正月上门恭贺新年、祈福丰收的民俗民风表演，由头戴脸谱的三人进行演唱。"四季土地"主要是寻找配偶，由头戴脸谱的一人一年四季随时上门演唱。

民间戏曲：花鼓戏源自湘南民歌，从"一旦一丑"演唱发展到"三小"演唱。花鼓戏的传统剧目、音乐曲调较多。按其结构和音乐风格的不同可分为川调、打锣腔、牌子、小调四类，都有粗犷爽朗、地方色彩浓郁的特点。翁高村传统村落以当地山歌为素材，进行加工提炼，同时又带有浓郁的苗族"口音"，形式特别（图4-168）。

民间音乐：三月三"对山歌"，"三月三"即农历三月初三，分离的苗寨人便会汇集在一起对唱山歌。山歌通常以情歌为主，此外还有生产劳动歌、挖桐茶山歌、修水利打碴石号子歌等。在阳春三月或重阳九秋，山野田间都可听到青年男女引吭高歌，优雅悦耳，情意绵绵。

民间工艺：挑花刺绣是翁高村劳动妇女的"拿手戏"。年满十岁以上的小女孩，在其长辈传授教导下，学习挑花和刺绣。刺绣的内容各式各样，取材丰富，包括龙、鸟、鱼、花卉、蝴蝶等；手法细腻、成品精致，可用于村民穿戴的服饰、鞋帽，床上"帐檐"和"床帏"等。同时，民间多以挑花刺绣作为衡量妇女是否聪明伶俐和心灵手巧的标尺（图4-169）。

图4-167 古凉亭

图4-168 花鼓戏

图4-169 挑花刺绣

4.3.12 新晃侗族自治县天堂乡道丁村

1. 村落概况

1）地理位置与村落规模

道丁村位于天堂乡，距镇政府 7km，距新晃县城 20km，县道 065 贯穿本村。地理坐标为东经 109°01′、北纬 27°13′（图 4-170）。

村域面积 4.46km²，户籍人口 518 人。

2）自然环境

道丁村地处云贵高原苗岭余脉末端，境内地势险峻，禾莱坡、禾岑德、火山、尖峰坡等自然山体环绕。名为屋坎脚和洗衣塘的水系绕流而过，与周围青葱的林木交相辉映。自然植被丰富，古树众多，村落南侧有 600 年树龄的宝冠树和红豆杉。

图 4-170 道丁村总平面图

3）历史源流

道丁村始建于明代，原名到丁村，意为"到顶"，和村落选址处于山腰到山顶之间有关。于 2015 年从天堂乡划入林冲镇。

2. 村落布局与空间特点

道丁村是比较典型的侗寨聚居类型，坐落在半山腰至山顶之间，依山而建，周边梯田层层叠

图 4-171 道丁村全景

叠上，溪水顺山向南流出，整体景观风貌可以概括为"巷道侗寨层叠起，梯田古木遍高山"（图 4-171）。

3. 建筑特征与人文景观

1）建筑特征

道丁村房屋以木质干栏式建筑为主，主要有开口屋、平屋、吊脚楼等，其中以开口屋居多。开口屋又称平地楼，以平地作为房屋的场基，小青瓦屋顶，屋顶呈人字形，前后两边倒水；两层屋檐，房顶部两端都要比中间高一尺二寸，称为翘檐。穿斗式结构，多为四排扇，每扇五柱或七柱，最多为八柱大屋。一排屋柱称为一扇，两排屋柱构成一进房，四排屋柱构成三进房，因此称为"四扇三进"屋（图 4-172~图 4-174）。

村落建筑以 2 层为主，现保存有较完好建筑 82 栋，其中清代建筑 6 栋，民国建筑 17 栋（表 4-37、表 4-38）。

图 4-172 传统民居

图 4-173 传统民居

图 4-174 道丁村建筑群

2）人文景观

古街巷：道丁村传统村落古巷道由古时居民就地取材的碎石块铺建而成（图 4-175）。

古桥：村落中有 3 座古桥。其一为石拱桥，由不规则石块垒成，多次经历洪水不垮，故称仙人桥；另外两座是在村西出口和南出口分别架设的石板桥，由 36 人合抬而来，碑文刻着道光二十八年（1848 年）。

建筑年代统计表 表 4-37

年代分类	建筑面积（m²）	比例（%）
清代	731.00	5.79
民国	2161.44	17.14
20 世纪 50~70 年代	5076.03	40.25
20 世纪 80 年代以后	4643.00	36.82
总计	12611.47	100

建筑高度统计表 表 4-38

层数	建筑面积（m²）	比例（%）
1 层	3153.03	25.00
2 层	9205.67	73.00
3 层	252.77	2.00
总计	12611.47	100

图4-175 古街巷

图4-176 闹年锣

4. 非物质文化遗产

坳会：每年的农历六月初六，是道丁村传承了百余年的节日，在这个节日里，周边侗族儿女们都会聚集在"六月六"坳会节里，载歌载舞，对歌求偶，以歌诉情。老年人对歌的内容则较为丰富，更多地倾向于对生活的热爱和对政策的拥护。节日十分隆重，侗族文化特色十分鲜明。随着时代的发展，坳会的内容也逐渐丰富。现在的坳会已经涵盖山歌比赛、斗画眉、拔河、文艺汇演等丰富多彩的文体活动，参与面越来越广，也越来越吸引周边群众前来参与和观看。

侗族山歌：侗族人民在田野劳动、抒发情感、男女恋爱、节日助兴时即兴演唱的歌曲。它的内容广泛，结构短小，曲调自由、情感质朴。通常以对歌的形式存在，即两人或两队你唱一曲我应一曲，循环不断。

闹年锣：每逢春节，都要打"闹年锣"，增添节日气氛（图4-176）。活动期一般在农历正月初一至十五，"闹年锣"的表现形式一般有两种，一是鏊罗，春节前后的夜晚，"闹年锣"队相邀到村寨山头敲打，鏊输赢。赢者为"锣首"，带队到另一个山头继续敲打鏊锣。每到村寨，"锣首"皆需接受寨中锣鼓队挑战。赢，继续做"锣首"，输，则让位。二是围锣，春节期间白天无事，大家围坐在农家屋前较为宽阔的院坝里，打"闹年锣"，自娱自乐。年轻人也趁机向高手学习，继承技艺，因此能保证"闹年锣"的代代传承。

4.3.13 靖州苗族侗族自治县甘棠镇寨姓村

1. 村落概况

1）地理位置与村庄规模

寨姓村距离甘棠镇10km，距离县城36km，主要对外交通依靠从大桥村穿境而过的县道073，地理坐标为东经109°48′、北纬26°44′（图4-177）。

村域面积6.68km²，辖6个村寨，户籍人口1268人，其中寨姓团，半冲、唐家冲、下圳团是人口比较集中的自然团寨。

2）自然环境

寨姓村属岗地、丘陵地貌，岗地、平原相间，海拔 300~395m，地势东西低，起伏较和缓。

境内有长流河流经，水资源较为丰富。村寨位于亚热带季风性气候区，气候温暖湿润、四季分明，年降水量 1300~1400mm，日照时间长，适合农林作物生长。

3）历史源流

寨姓村始建于北宋末年，宋朝驸马、平南大将军黄龟年平南蛮到此驻屯，与当地蛮首联姻，建村落于此。寨姓村原名寨型村，由18个古老的寨子组成，1949年后成立了公社，后来设寨姓大队，1984年设立甘棠镇寨姓村。

2. 村落布局与空间特点

寨姓村坐落于两山之间，长流河穿村而过，为典型的依山傍水的古民居村落。整体地势东高西低，东边是郁葱的自然山体，西边是大片平整的农田，中间是错落有致的村落民宅，流水串联其间，形成了"青山对良田、一水串两院"的整体格局。

村子以姓建寨，形成6个"品"字形的团寨，大寨子120多户，小寨20多户，团寨之间有石板路相连，攻防有序，四通八达（图4-178）。

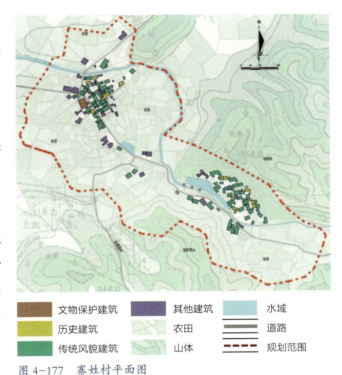

图 4-177　寨姓村平面图

图 4-178　寨姓村全景图

3. 建筑特征与人文景观

1）建筑特征

寨姓村保存完整，有清代民国时期的传统建筑82栋，主要集中在下圳团寨和唐家冲团寨，基本是吊脚楼、平口屋等苗侗木质特色建筑。2层房屋居多，建筑依照地形错落有致，保证了良好的采光与通风（图4-179，表4-39、表4-40）。

当地侗族民居建筑形式接近汉族，以穿斗架式三开间为主，但在建筑空间处理上则另有特点，表现在入口中间开间上，侗族民居中间开间设大门，向后退1m，作为入室的缓冲空间，堂屋入口

图 4-179 建筑群

建筑年代统计表　　　　　　　　　　　　　　　　　表 4-39

年代分类	建筑面积（m²）	比例（%）
清代	3117.92	10.60
20世纪50~70年代	17386.30	59.12
20世纪80年代以后	8906.30	30.28
总计	29410.52	100

建筑高度统计表　　　　　　　　　　　　　　　　　表 4-40

层数	建筑面积（m²）	比例（%）
1层	886.38	3.01
2层	24816.26	84.38
3层	3707.88	12.61
总计	29410.52	100

的天花也向上提高1~2m，入口外壁开高窗，堂屋通风采光条件都有所改善（图4-180）。

村落中巷道主要由青石铺就而成，由于地形关系，巷道时而开阔、时而狭窄，高低起伏变化，形成特有的交通系统。

林氏先祠，又名忠义侯祠。共占地553.94m²，建筑面积为257.3m²，四周筑围，门墙高9m，条石门楼。门楼有众多历史名人、神话传说、龙凤龟兽鸟虫是泥塑装饰，工艺精巧。祠分前后两进，前厅厅堂为纯木结构硬山式屋顶，月梁规整，脊雕塑有双龙宝葫芦，两端塑龙头，形象逼真活灵活现（图4-181）。

2）人文景观

古桥：寨姓村现状有古桥17处，各种样式的桥梁主要架设于村内水系河流上，桥梁主要由青石铺砌而成，桥身体量较小。

图 4-180 建筑风貌

图 4-183 传统木作建筑工艺

图 4-181 林氏祠堂

图 4-182 古井

古寨门：寨姓村现状有古寨门 3 处，古寨门是历史上团寨的主要进出口，不仅具有使用功能，其建筑结构与造型也具有较高的艺术价值。

古井：寨姓村现有古井 8 处，多开凿于清代，呈矩形开口，以青石砌成（图 4-182）。

4. 非物质文化遗产

传统木作建筑工艺（图 4-183）：木质民居不用一钉一铆，主要通过柱、梁、枋、瓜、扣串、檩条凿榫来连接。凡柱、梁、枋、瓜、串、椽、檩等，均以榫卯穿合制作。其中有鱼尾榫、巴掌榫、扣榫、斧脑榫、全榫、半榫等。这种建筑工艺在侗族民间由来已久，传统建筑从来不用图纸，哪怕是高楼大厦也是如此。工匠们只用半边竹竿作为标尺，俗称"丈杆"。精明的木匠师傅，就凭这根"丈杆"建造出许许多多雄伟、秀丽的建筑物。

竹器编织技艺（图 4-184）：寨姓村盛产竹子，当地能工巧匠喜欢用竹子纺织筐、篮、床、箩等各种日常生活用品和工艺品，十分精美，供不应求。

雕花蜜饯制作技艺（图 4-185）：雕花蜜饯最先由苗族的"万花茶"而来，进而演变为现在的雕花蜜饯。雕花蜜饯受因素影响，不同时期以不同食材为材料。

图 4-184　竹器编织技艺

图 4-185　雕花蜜饯制作

4.3.14　靖州苗族侗族自治县寨牙乡岩脚村

1. 村落概况

1）地理位置与村庄规模

岩脚村位于寨牙乡境内，距靖州县城 24km，距通道县溪镇恭城书院约 20km，地理坐标为东经 109°43′、北纬 26°25′。地理位置优越，交通十分便捷。

岩脚村村域面积 33.37km²，辖 8 个村民小组，户籍人口 1320 人（图 4-186）。

2）自然环境

岩脚侗寨四周环山，属山麓型村寨，依山傍水，背靠青山，面临溪水和农田，村口有古樟树和银杏树，左右两侧山坡上还有大量的灌木、竹林以及其他植被。地势南高北低呈峡谷地带，海拔一般为 295~310m。森林覆盖率达 86.6%。气候温润，夏无酷暑，冬无严寒。

3）历史源流

岩脚村始建于宋朝年间。明中叶，这里开辟了驿道，并成为连接湘黔和湘桂古商道的重要节点，商旅、马帮络绎不绝，到清乾隆、嘉庆年间（1736~1820 年）达到鼎盛。据《杨氏族谱》记载，其祖先为五代时期少数民族首领杨再思。

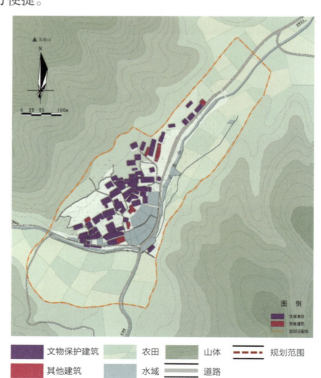

图 4-186　岩脚村平面图

2. 村落布局与空间特点

岩脚村四周为西北面五指山、东南方玉兔山，以及西南方桐古边山环绕，自南向北有一条小溪穿过村子流入老鸦溪，只有一条通道与外界相通，利于防御。

古时驿道繁华时，旧民居主要沿着驿道两侧而建；随着交通格局的变化，现民居依然临路而建，形成了溪流、道路、鱼塘、民居、青山的层次鲜明的整体布局。村落内部民居以树木为核心，延展开来，依山而建，杂而有序（图4-187）。

图4-187　岩脚村全景

3. 建筑特征与人文景观

1）建筑特征

全村建筑大多数为木质结构房屋，民居部分底层以夯土筑墙，目前尚留存有清末建筑5栋。房屋依山而上，就地取材，主要以平地楼为主，有少量的干栏式吊脚楼建筑，房屋层层叠压，一排排鳞次栉比，虽显密集，但排列有序。村内道路平铺青石板，纵横交错，四通八达通往各家各户。此外还建有一座高17.8m，9层的六角鼓楼。

岩脚村的建筑年代时间跨度基本上是从明代至现代。以20世纪50年代以后建筑为主，多为2层建筑（图4-188~图4-190；表4-41、表4-42）。

图4-188　建筑群

图 4-189 建筑群　　　　　　　　　　　　　　　　图 4-190 岩脚村风貌

建筑年代统计表　　　　　　　　　　　　　　　　　表 4-41

年代分类	建筑面积（m²）	比例（%）
明清	424.93	3.31
民国	69.28	0.54
20 世纪 50~70 年代	5705.54	44.42
20 世纪 80 年代以后	6644.67	51.73
总计	12844.42	100

建筑高度统计表　　　　　　　　　　　　　　　　　表 4-42

层数	建筑面积（m²）	比例（%）
1 层	1350.40	10.51
2 层	10326.81	80.40
3 层	1088.17	8.47
多层	79.04	0.62
总计	12844.42	100

2）人文景观

古驿道：寨内古驿道始建于明代中叶，该驿道连接了湘黔和湘桂古驿道，过往商旅较多，岩脚侗寨因地理位置独特而成为整条驿道上商旅歇脚、物资交易、信息交流的一个重要驿站，岩脚侗寨逐渐变得繁华兴盛。现保存完整的驿道全长约 4km，宽约 1.5m，全用青石板铺就（图 4-190）。

寻根碑：通往南大门的驿道旁有一通修路碑。这块保存完好的石碑立于清嘉庆二年（1797 年），此碑是寨内所有石碑中序文最长的一块。从记载修路的文字中可以了解到寨子的起源、兴旺之时，所以当地群众称之为"寻根碑"（图 4-191）。

女神碑：东寨门古客栈前有一通修路碑，被当地民众称之为"女神碑"。该石碑立于清嘉庆六年（1801 年），青石质，碑面朝南，额题"万代兴隆"，碑文楷书，主要记载村民集资修路的情况。

风雨桥：村内的三座风雨桥分别坐落于官团、岩脚和晴溪三个寨。

图 4-191　寻根碑

图 4-192　南寨门

古寨门：寨子里有 3 个寨门，分布在东、南、北 3 个方向，分别为永昌门、永宁门、永康门（图 4-192）。

古井：岩脚村有长寿井和聚财井 2 座古井。聚财井位于寨子的最低处——侗寨广场中心，为开寨时所建，井盖上原有四字"财如泉涌"，以前的老字已经模糊，现已翻新。

4. 非物质文化遗产

侗琵琶：是侗族弹拨弦鸣乐器。侗语称嘎黑元、嘎琵琶、嘎弹。侗族琵琶是侗族人民所喜爱的一种弹拨乐器。常用于侗歌的伴奏。侗家寨都有鼓楼，每逢节日和劳动之余，全寨的男女老少都会尽情地欢乐，弹起琵琶，传歌、对歌。侗族人民能歌善舞，民歌形式多种多样，流行较普遍的侗族大歌，由歌师世代相传，分为抒情大歌、声音大歌、叙事大歌等（图 4-193）。

侗芦笙：苗侗同胞传统的乐器，是节庆活动和迎宾中必不可少的器乐之一。踩芦笙时，由领队举起在前开道入场，男人吹笙随后，身穿节日盛装的女孩和妇女紧跟其后。待走到指定场地，开道人将大旗往场中央一插，芦笙队伍围绕大旗站成圆圈，男吹女踏，所有人都围绕芦笙乐曲翩翩起舞，走三步，退两步，一般踩完一个圆周算一小场。每支芦笙队到场都要踩三圈：入场一圈，所有芦笙队集体踩一圈，最后离场踩一圈。

哆耶舞：侗民族独有的一种自娱性集体舞蹈分祭祀性"耶堂"和娱乐性"耶铺"两大类。其舞动的基本动作"搭肩、摆手、跺脚"，深深地打着侗族先民险恶的生活环境和落后生产方式的烙印。侗族先民由于长期生活在崇山峻岭之中，当时生产力水平的低下和生产方式的落后决定了必须通过劳动协作才能维持民族的生存和发展（图 4-194）。"搭肩、摆手、跺脚"就是体现团结协作的精神。随着社会的不断进步，侗族给简单的舞步形式上赋予了一些变化，其基本表演形式演化为两种：一种是手拉手围圈边唱边跳，一种是手搭肩围圈边唱边跳；内容上也做了极大的拓展。哆耶

图 4-193　侗琵琶

图 4-194　哆耶舞

图 4-195　姑娘节

图 4-196　拦门酒

舞分祭祀性"耶堂"和娱乐性"耶铺"两大类。

姑娘节："四八姑娘节"是靖州杨姓苗侗同胞的传统节日。这一天，凡嫁出的杨家姑娘都要回娘家吃黑米饭，还没有出嫁的姑娘也要盛装打扮，笑迎宾客，以纪念先人杨八妹用黑米饭智救胞兄杨六郎的动人故事（图 4-195）。

侗家油茶：又称罐罐油茶，它因制作方法独特，味美香浓，堪称待客的上品。

拦门酒：吹起芦笙，拉起红绸，由寨内美丽

图 4-197　合拢宴

的姑娘亲自捧上拦门酒。每当寨里有贵宾来访，村民们就会在寨门着艳丽漂亮的侗族服饰，唱起动听的山歌、酒歌，端着盛满香甜米酒敬谢客人，这是侗族群众最为隆重尊贵的欢迎礼节（图 4-196）。

合拢宴：侗族是一个民风古朴、热情好客的民族，"合拢宴"是侗族接待贵宾的一种最高规格的宴席，也是最高礼仪（图 4-197）。

嶝髻礼："女儿国"独特侗族风俗。岩脚侗寨除了有着传统的侗族文化风俗外，其独有的女儿文化传统风俗神秘而令人向往，女儿文化主要表现为，寨中女孩年满12周岁时由寨佬（年长女性）主持成人礼仪式，首先是准备猪头、糖果等贡品，然后由族人抬着贡品到兔主庵祭祀嫦娥女神，祭祀完毕后再由寨佬对女孩进行成人礼仪式，仪式完毕后团寨亲朋好友吃成人礼宴席。

4.3.15 靖州苗族侗族自治县寨牙乡大林村

1. 村落概况

1）地理位置与村庄规模

大林村位于寨牙乡境内，距县人民政府驻地汕头村28.8km，地理位置为东经109°85′、北纬26°50′。

大林村村域面积23.80km²，辖8个村民小组，户籍人口1216人，是侗族聚居地（图4-198）。

2）自然环境

大林村范围内丘陵林立，形成了众多的山岭和冲沟，群山自西向东依次为松树苓、大山苓、庙界山、盐冲、姜头界、对门冲、界上苓、糙冲等。大林村地处雪峰山脉东斜坡地带，地质构造十分复杂，大部分为低山，整体东高西低，丘峦众多，脊线绵延，山势起伏如褶皱，褶皱低处连成三条明显的东北—西南走向的冲沟。

大林村属暖温带落叶阔叶林区域红壤地带，山林面积广阔，植被资源丰富，重峦耸翠，大面积的楠竹环抱农田民居，村口有古樟树和银杏树，左右两侧山坡上还有大量的灌木、竹林以及其他植被，环境清幽。

3）历史源流

大林村落发源于谢家湾，300年前200多人从邵阳九公桥地区来谢家湾定居，50年后的一天村民喂养的50多匹马跑到了大马田吃草，人们便发现了大马田这一宜居之处，后来谢家湾发生了一场大火，谢家湾的人移居至马田，渐渐发展成现在的大林村落。

图4-198 大林村平面图

2. 村落布局与空间特点

大林村四面环山，为西北侧松树岭，岭北小马冲，东侧山姜头界，北侧盐冲、庙界山，村庄南侧界上岭等山岭围绕，北部入村口为平坦广阔的农田，村落西南侧有水塘，西侧团寨中点缀有两眼水塘，与周边山体汇聚下来的雨水汇入乡道 805 旁的小溪，最终流入水库和塘坝。

村落以分散的小型团寨形式聚族而居，团寨为山麓型，建于山脚，建筑物密集，规模不大，进出口有寨门。村落中心是侗族同胞庆祝节日、举行重大活动的场所，村落建设围绕该中心展开。西侧为集中密集排布的民居，东侧有少量民居零星散布于田间。聚落街巷分明，空间格局完整，周边山体成群成势，层楼叠院（图 4-199）。

3. 建筑特征与人文景观

1）建筑特征

大林村继承了百越民族干栏式建筑的特点，也吸收了汉民族的建筑元素，以干栏式和楚式建筑特点为主，保有传统建筑 80 余栋，占村庄建筑总面积 90%，至今保留有三栋清代的民居，形成了别具特色的侗寨景观（图 4-200）。

村内建筑遵照地势，整体呈现四周抬升、中间低沉的特点。民居主要依山或临路而建，在地势较为平整的区域，用卵石和片石修砌保坎整理出平地，修建平地楼；地势坡度较大区域则修建干栏式吊脚楼。建筑材料以木材为主，兼用石块和泥巴。层面盖以小青瓦片，以木板封四围，或以竹筋或木筋泥巴墙封四围，起遮风挡雨御寒的作用（图 4-201）。

杨氏宗祠建于明代，见证了当地杨氏宗族的发展，现在挂牌为县级文物保护单位（图 4-202）。

大林村共有 11 栋清代及民国时期建筑，其余多为 20 世纪 50 年代以后的民居，主要为 2 层建筑（表 4-43、表 4-44）。

2）人文景观

大林村居民经过近千年的繁衍生息，积淀了厚重的历史和文化。现留有古石板路、古寨门、清代石碑、民国时期庵堂（图 4-203）等人文景观。

图 4-199　大林村建筑群

图 4-200　建筑

图 4-201 建筑群落

图 4-202 杨氏宗祠

建筑年代统计表　　　　　　　　　　　　　　　　　　　　　表 4-43

年代分类	建筑（栋数）	比例（%）
清代	4	3.85
民国	7	6.73
20 世纪 50~70 年代	93	89.42
总计	104	100

建筑高度统计表　　　　　　　　　　　　　　　　　　　　　表 4-44

层数	建筑面积（m²）	比例（%）
1 层	1367.00	4.86
2 层	3231.00	11.49
3 层	23519.00	83.65
总计	28117.00	100

图 4-203 古巷道

图 4-204 榨油坊

在村落北面相邻的山与山的隘口处建有石寨墙，并设有坚固的寨门，也是大林村的正大门。

清代碑刻现存 12 通，其中 7 通保存完整，碑文都是记载村民集资修路之事。

传承了千年榨油技术的榨油坊至今能向人们展现当年的榨油过程（图 4-204）。

图 4-205 侗琵琶

图 4-206 吹跳结

4. 非物质文化遗产（图 4-205、图 4-206）

民族体育运动有侗族踩高跷、踩键、跳狮子、斗牛。民俗活动有闹春牛、舞龙灯、唱山歌、婚嫁和祭祀活动。民俗节日有农历四月八吃黑米饭、姑娘节、立冬节。民俗活动有闹春牛、舞龙灯、唱山歌、婚嫁和祭祀活动。

大林村盛产茶籽，茶籽收获后，经过烘烤、精选等传统工艺处理后，在榨油坊中利用石碾等原始工具将茶油挤压出来，榨油工艺已传承了近千年。此外，大林的传统特色美食还包括果酱、糍粑、腌鱼、腌肉等。

4.3.16 靖州苗族侗族自治县三锹乡地笋村

1. 村落概况

1）地理位置与村庄规模

地笋苗寨位于三锹乡，距县城 38km，西进 13km 抵达黔东南境，地理坐标为东经 109°26′、北纬 26°37′。

地笋村村域面积约 4.5km²，现有户籍人口 670 人（图 4-207）。

2）自然环境

地笋村地处靖州县西部山区，村庄四面环山，四周山林植被茂密，古树较多，森林覆盖率 87.7%。属亚热带季风湿热气候区，土地肥沃、气候温和、四季分明，无霜期长，严寒和酷暑时间短。

毓秀溪从东南到西北穿村而过，与小溪交汇于村口凉亭处，河水清澈，水质上佳。

3）历史源流

地笋村始建于明洪武年间（1368~1398 年），清属锹里，现存乾隆五十一年（1786 年）建的土地庙。村内石板路、修路碑均为清嘉庆至道光年间（1796~1850 年）修建，民国二十四年（1935 年）属南区三锹乡，民国二十七年（1938 年）属信义乡，民国三十五年（1946 年）属九龙乡和青萝乡，

1949年后属三锹乡。

2. 村落布局与空间特点

地笋村地处山间的小平地，西北南三面均为群山环抱。中间有玉笋尖山拔地而起，村落围绕山体呈现"U"形布局，毓秀溪与小溪汇流，贯村而过，东边是较为平坦的耕地。

村落以玉笋尖山为中心形成了民居、鼓楼及其公共空间的形态，构成网络式的道路格局体系。村寨民居建筑围绕山体而建，呈半围合形态。一条主街道从南到北贯通整个村寨，是村寨的过境道路，巷道与街道相连，纵横交错。街道宽度约为6m，巷道宽度在1.5~2.5m（图4-208）。

3. 建筑特征与人文景观

1）建筑特征

地笋村传统建筑为花苗古吊脚楼群，据山势地形，广泛采用吊脚式立柱支撑，从山脚顺坡搭建吊脚楼住宅，逐级抬升，有序分布，形成了连排穿斗式吊脚楼民居，大致分为山坡式、平坝式和峡谷式3种建筑形式。房屋多为2层、3层或4层，有大量连排8开间或7开间两进深小青瓦屋面的3层或4层木楼，运用两层吊脚、两层檐。

地笋苗寨以木质吊脚楼建筑为主，一般为2~3层，多建于20世纪60~70年代，用料上乘，结构稳固。民居建筑层层出挑，呈上大下小的形态。地笋苗寨的民居大多保持了浓郁的苗家特色，一般底层架空堆放杂物或饲养牲畜，2层设宽廊、火塘和卧房，顶层阁楼存放粮食（图4-209、图4-210，表4-45、表4-46）。

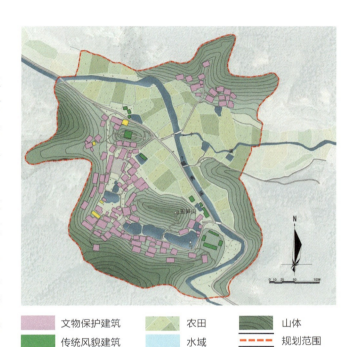

图 4-207 地笋村平面图

图 4-208 地笋村风景

建筑年代统计表　　　　　　　　　　　　　　表 4-45

年代分类	建筑面积（m²）	比例（%）
民国	405.73	3.35
20 世纪 50~70 年代	6243.96	51.55
20 世纪 80 年代以后	5461.94	45.10
总计	12111.63	100

建筑高度统计表　　　　　　　　　　　　　　表 4-46

层数	建筑面积（m²）	比例（%）
1 层	946.32	7.81
2 层	10226.22	84.43
3 层	939.09	7.76
总计	12111.63	100

图 4-209　20 世纪 70 年代建筑

2）人文景观（图 4-211）

舅霸姑婚碑：中国现存最早的民间婚姻法典（图 4-212）。

古河道：地笋村古河道即为毓秀溪，从东南到西北穿越整个村落。河道宽约 8m，属于高山深谷河道，水流清澈见底，长年不断流。

古井：地笋村现有古井三处，分别为天材井、地材井、人材井。三座古井呈"品"字形分布，暗合"三才"之局。

图 4-210　建筑群

古石板路：由于地笋村当地拥有丰富的青石石料，古石板路分布于村内大大小小的街巷。

图 4-211 凉亭

图 4-212 舅霸姑婚碑

4. 非物质文化遗产

苗族歌鼟：一种多声部合唱形式，是由大自然的声音演变而成。在古老的苗族村寨，优美清新的自然环境，单纯欢快的生活，促使苗族先民们对鸟鸣、蝉唱、流水、林涛等丰富多彩的大自然的"和声"产生浓厚的兴趣和联想。于是他们模拟大自然的"和声"编成高低重叠的悦耳歌声，后经过长期的选择、加工和提炼，形成优美的旋律与协和的和声。从此，苗族歌鼟便以极具民族特色的音乐形式流传于世（图 4-213）。

姑娘节：每年春耕结束时，是青年男女谈情说爱的节日。"姑娘节"这天，姑娘要戴上洁白的尖顶巾，身穿"龟式服"，下穿紧身超短裤，腰系精美的银饰，在山间用歌、舞等形式寻找自己的伴侣。

苗年：地笋村的苗年定于每年农历十二月初一，每年都会有盛大的庆祝活动。过苗年的头几天，家家户户都要把房子打扫干净，积极准备年货，如打糯米粑、酿米酒、打豆腐、发豆芽，一般还要杀猪或买猪肉等。富裕的人家，还要做香肠和血豆腐，为家人缝做新衣服等。在苗年三十的晚上，全家都要在家吃年饭，守岁到午夜才打开大门放鞭炮，表示迎接龙进家。在天刚拂晓时，每家都由长辈在家主持祭祖。早餐后，中青年男子便上邻居家拜年，苗语称为"对仰"，表示祝贺新年快乐（图 4-214）。

图 4-213 苗族歌鼟

图 4-214 寨内迎宾门

4.3.17 靖州苗族侗族自治县铺口乡林源村

1. 村落概况

1）地理位置与村庄规模

林源村位于渠阳镇南部,东、东南与排牙山国家森林公园连接,地理位置为东经109°31′、北纬26°47′。省道222从北向西南穿境而过,距县城22km,交通较为方便。

林源村村域面积约为13.6km²,辖寡团、地宋、上地团、下地团以及林源古寨5个团寨,共有8个村民小组,309户,户籍人口1438人,以吴氏苗族为主(图4-215)。

2）自然环境

林源古寨建于盆地中央高地,背靠山林,旁有小河流过。从东北向西南倾斜,中部稍为隆起,三面稍低。团寨建于山腰、山脚或古树参天的盆地中央高地,村落周围原生林众多,如后龙山原始次森林、上地团原始核桃林等,森林覆盖率80%。

林源盆地属于喀斯特地形,林源古寨的东北部有两处石丛山,怪石林立。

林源村属亚热带季风性湿润气候区,气候温和、四季分明。

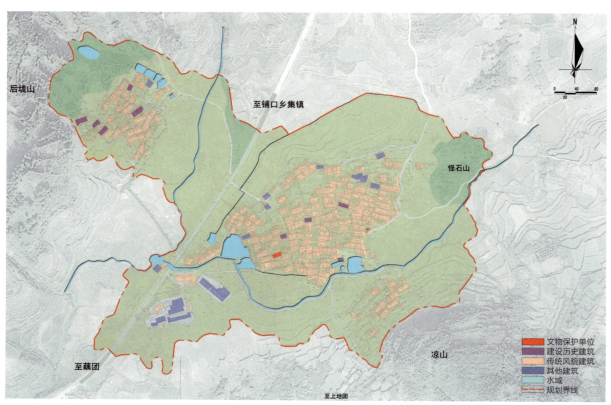

图4-215　林源村平面图

3）历史源流

据《远口家谱》记载，林源村原来是一片古木参天的茂密林地，其中曾有坟墓故称"陵园"。大约在明末清初吴姓后裔繁衍迅速，才把这块林地开辟为基地居住，后来改名为"林源"。

2. 村落布局与空间特点

寡团、地宋、上地团、下地团分布在盆地周围的山脚，围绕着居于林源盆地中央高地的林源古寨，5个自然村落形成了一个众星绕日图。从林源古寨到周围4个自然团寨都有道路相连，距离从500~1500m不等，结构紧凑。发源于地宋的小河从东北向西南而下，绕古寨而行，于中央高地东南角拐弯向西，再在古井处拐向西南（图4-216）。

3. 建筑特征与人文景观

1）建筑特征

林源古寨建于明中期，房屋以苗族传统窨子屋为主，东西卧房隔成前后两间，堂屋或前后隔成两间，里间或作火楼房或作卧室；建有东西厢房，厢房装修如主屋一样，大门处厢房1层悬空，安排过道。2层分层装饰，下部分装木板，上部分装活动窗格子。

村寨内新老建筑混杂，呈现出不同年代建筑相互混杂的特点。绝大多数的传统建筑建造于明清时期、民国时期，为传统的苗族木结构的建筑形式，是古村风貌的主导部分，多以1层、2层为主；20世纪80年代之后翻新或新建的建筑也占据一定的比例，有少部分3层建筑。总而言之，林源村各时期建筑大都延续了当地湘南地区的苗族木结构建筑风格，但又融入不同时期的民族元素，呈现出一

图4-216 林源村全景

图 4-217 民国建筑

定的差别（图4-217、图4-218，表4-47、表4-48）。

2）人文景观

古寨门：始建于明万历年间（1573~1620年），历经400多年历史和多次维修，其建筑形态和建筑工艺基本保持原状，主体构架、建筑特征、工艺技法均保持明代建筑的特点。一是石质材料运用于台明、石阶、门枋及围砌石墙；二是保留下的寨门木楼重檐壮观，梁柱高大粗犷，抬梁与穿

图 4-218 清代建筑

建筑年代统计表　　　　　　　　　　　　　　表4-47

年代分类	建筑面积（m²）	比例（%）
明代	216.58	0.71
清代	1185.65	3.89
民国	23554.87	77.24
20世纪50~70年代	1968.83	6.46
20世纪80年代以后	3569.10	11.72
总计	30495.03	100

建筑高度统计表　　　　　　　　　　　　　　表4-48

层数	建筑面积（m²）	比例（%）
1层	10104.43	33.13
2层	19347.59	63.45
3层	1043.01	3.42
总计	30495.03	100

斗式梁架结体，梁枋雕卷草花样，瓜柱均饰菊花、向日葵等图案托垫，以及大形平盘斗、角背、象鼻形榫卯等构件的运用，均有明代官式建筑的遗风。

下寨狮子门：由台基、台阶、大门、木殿、石狮、围墙构成，狮子嵌入大门石墙之中，一对狮子是林源保存得最好的石狮（图4-219、图4-220）。

上寨双鼓门：由台基、宽大石砌台阶、大门、双鼓、木殿、围墙等构成。石雕双鼓分立大门两侧，工艺考究（图4-221~图4-223）。

4. 非物质文化遗产

穿唐装还愿：林源苗民有"穿唐装还愿"的习俗。生子则向神灵祈求。在男孩满3岁的那天，父母会给孩子"唐衣""唐帽"，杀一头猪当主供品，还要请一个同龄同伴一同前去还愿，有的还要修一座木桥或打一通指路碑。

玩路子：所谓"古一古二"即"古一里""古二里"，是明代靖州县的行政区划名，分别属于今铺口乡、飞山乡和横江桥乡、江东乡。"三十三锹"除了今天靖州境内上中下三锹外，其余三十锹则分布于贵州省黎平、榕江、锦屏、天柱四县境内。林源吴氏苗民来自贵州天柱远口镇，现在的林源也与三锹乡相邻。林源流传的对歌具有明显歌鼟特征，但又有自己的特点，年轻人的对歌具有特有名称"玩路子"（图4-224）。一般在赶场时"玩路子"。有时几个年轻男女打一声吆喝，就到某个井边、坡上对情歌。如果相互看中了，一对男女就互送定情礼物。

图4-219 下寨狮子门

图4-220 下寨门石狮

图4-221 上寨门顶梁花雕

图 4-222　上寨门装饰木雕

图 4-223　上寨双鼓门

图 4-224　玩路子

图 4-225　吹唢呐

吹唢呐：在林源村，红白喜事都要吹唢呐（图 4-225）。红喜事，曲调热烈奔放；白喜事，曲调委婉哀怨。全套乐器主要有：大小唢呐各 1 个，牛皮鼓 1 个、铜锣 2 个，铜钹 1 对，4 人就可以演奏。

喝油茶：林源村苗族村民非常好客。无论客人什么时候到家里，进门第一件事就是围坐火楼上喝油茶，之后才在堂屋吃饭。因为油茶不是正餐，喝油茶只用一根筷子。油茶以茶油或菜油、炒米、豆子、茶叶、花生、芝麻、生姜、辣椒、葱等为原料，经过 5 道工序精心制作而成。

祭祀：林源苗民崇拜自然，相信万物有灵，最重要的是祭祀土地和祖先。敬祖先思根源，祭土地盼丰收，祭祀神灵生儿育女，保佑平安。

4.3.18 通道侗族自治县播阳镇上湘村

1. 村落概况

1）地理位置与村庄规模

上湘村位于通道侗族自治县播阳镇西南部，地理坐标为东经109°51′、北纬26°16′，距离通道县城64km。

上湘村村域面积8km²，全村辖5个村民小组，户籍人口879人，以黄姓为主，全村皆为侗族（图4-226）。

2）自然环境

上湘村地处丘陵带，背靠海拔约620m的后龙山，覆盖成片的古树、灌木、竹林及其他植被，郁郁葱葱，森林覆盖率达91%，上湘河于黄寨村域汇入播阳河，水量丰富。村落属于亚热带季风气候，气候温和适宜，霜期短，夏无酷暑，冬无严寒，植被保护较好。

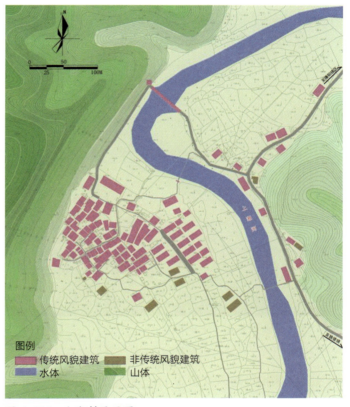

图4-226 上湘村平面图

3）历史源流

明朝末期发生大饥荒，黄氏三兄弟逃荒至播阳镇上湘、黄寨、黄垢一带，在此安家落户。三兄弟分居三块地方，繁衍生息，逐渐发展为村落。由于黄氏三兄弟来到上湘一带为农历十月十一日，故每年此日为上湘村祭祖日。

2. 村落布局与空间特点

上湘村依山傍水，选址向阳开阔。村寨东、西两面山体高耸，村落地处山间河谷地带，坐落于上湘河上游一处大转弯的"正弓"处，上湘河自南向北贯穿村落，蜿蜒的河流带来了丰足的水源，河水冲积而成的肥沃的土地，成为上湘村居民供养生息的良田；四周的山脉层层叠叠，绵延而去，在挡住冬天西北面寒流的同时，又能在夏季引入东南面的凉风。

村寨入口以寨门、风雨桥、木桥、古树林荫道等为线索，与寨外的山、水、田、路相呼应，连接村寨内部的鼓楼、学校、大礼堂。村落中的街巷多数是房屋先行，后形成街巷，因此，街巷的空间形态、比例尺度受到两侧建筑的极大影响，街巷走向随意、自然而富于变化，同时显得封闭、幽静，充满着平和宁静的生活气息（图4-227）。

图 4-227 上湘村全景（何洪伟 摄）

3. 建筑特征与人文景观

1）建筑特征

上湘村整体风貌较好，民居基本以传统的干栏式木楼式建筑为主，大多建于 20 世纪 80 年代以后。平面接近方形，多为 2~3 层建筑，下为贮藏或牲口棚，2 层为主要生活起居的用房，3 层多作为贮存粮食的仓库或晾晒农作物，也作卧室使用。入口由侧向木梯进入住宅 2 层外廊，通过外廊到堂屋，外廊部分开间封闭，设木栏板，与堂屋相连成一体。廊宽 1.5~2m，是全家起居活动的主体空间。厨房中间设火塘，冬天可围坐取暖（图 4-228、图 4-229，表 4-49、表 4-50）。

公共建筑包括鼓楼及学堂等。鼓楼是侗族精神传承的载体，鼓楼是房族的象征，社会组织的标志，具有图腾属性。每个房族都要建自己的鼓楼，作为自己聚落的标志，同时作为村民集会、议事的地点。上湘寨鼓楼是寨内核心公共建筑，建于 2006 年，为十一重檐八角攒尖顶的木构建筑（图 4-230）。

上湘村学堂始建于 1945 年，是寨内历史最久远的公共建筑，为单檐庑殿顶，穿斗式砖木建筑。

2）人文景观

上湘村寨内现存人文景观有古凉亭、宝龙桥与寨门等。

图 4-228　上湘村建筑群（张永忠 摄）

图 4-229　民居建筑

图 4-230　上湘寨鼓楼

建筑年代统计表　　　　　　　　　　　表 4-49

年代分类	建筑面积（m²）	比例（%）
清代	300.00	0.93
民国	700.00	2.19
20 世纪 50~70 年代	2400.00	7.50
20 世纪 80 年代以后	28600.00	89.38
总计	32000.00	100

建筑高度统计表　　　　　　　　　　　　　　　　表 4-50

层数	建筑面积（m²）	比例（%）
1 层	1910.00	5.97
2 层	11050.00	34.53
3 层及以上	19040.00	59.50
总计	32000.00	100

古凉亭：始建于清朝，位于上湘河旁，建筑面积约 20m²。

宝龙桥：坐落于村寨入口的上湘河上，建于 2005 年，桥长约 54m，宽约 4.8m。桥身为重檐长廊，分设 5 座桥亭，桥两端各设一桥门（图 4-231）。

寨门：侗寨重要的文化象征。上湘村原来有 8 座寨门，后被损毁。现存寨门为 2007 年重建，以寨门、木桥、古树道等为线索，是上湘村寨步行的主要入口（图 4-232）。

4. 非物质文化遗产

侗款：侗款也称款歌，是侗族社会生活及管理组织过程的智慧结晶，其内容涉及政治、军事、历史、文学、音乐等多个方面，是侗族口头文学艺术的璀璨明珠。与侗款相关的文化空间是村寨的款场，是日常款师讲款的重要场所。

芦笙：从古老的簧管乐器发展而来，至今约有 2000 多年的历史，是通道侗族自治县广为流传的传统民间乐器。

侗戏：侗族的本民族剧种，我国传统戏剧种类之一。

侗族琵琶歌：流行于侗族地区的侗族曲种，侗语称为"嘎琵琶"。

侗族大歌：一种多声部、无指挥、无伴奏、自然和声的民间合唱音乐，能够表达爱情、传授友谊、陶冶情操，具有社会史、婚姻史、思想史、教育史等各方面的研究价值。

侗族双歌：两男或两女成双成对地用同一腔调同一声部唱的歌。上湘村为双歌的重要传承地点。

图 4-231　宝龙桥

图 4-232　寨门

侗笛：侗族独特的吹口气鸣乐器。

哆耶舞：侗族地区传统舞蹈的一种。

为也：侗族地区村寨与村寨之间集体走访做客的大型群体性社交活动。

合拢宴：侗寨一直以来就流传着"抢客"的习俗，合拢宴是侗寨与其他村寨交流活动的重要途径。

萨岁：在侗族人民心目中，"祖母"是本族至高无上的女神。因此每年农历正月初一至初七日，或是农历正月初七至十五日，侗

图 4-233　萨岁

寨的"祭祖母"习俗很是隆重。侗语称"祖母"为"萨"，因此在侗寨称"祭祖母"为"祭萨"。上湘村"祭萨"活动会推举全村年纪最大、辈分最高的老人，身着青色长袍，外加紫色背心，头戴小青帽或包青色头巾，主持祭祀活动。主祭人向"祖母"敬献"祖母茶"，各家各户给"祖母"烧香、敬茶、供猪肉等，祈求萨岁保护全寨人平安、六畜兴旺、五谷丰登。随后，全村寨祭萨的人来到鼓楼前的广场上，男侗胞之间手搭肩围成一圈，女侗胞手拉手也围成一圈，男女各围成圈载歌载舞，用歌声赞颂"祖母"，以表示无尽的怀念（图 4-233）。

4.3.19　通道侗族自治县播阳镇陈团村

1. 村落概况

1）地理位置与村庄规模

陈团村位于通道侗族自治县播阳镇东部，地理坐标为东经 109°55′、北纬 26°19′。距离播阳镇镇区约 5km，距离通道县城约 50km（图 4-234）。

陈团村村域面积约 6km²，户籍人口 910 人，村内主要为吴姓侗族聚居地。

2）自然环境

陈团村坐落在播阳河畔，背倚青山，村前古河道蜿蜒流过，以其为廊道和各水塘斑块共同构成了陈团村的水系景观。村落西北面山脉海拔 362m，具有大片林地；西南面山脉海拔 385m；东面和北面山体均约 360m。村落周边自然山体整体保护状况较好，植被种类丰富，森林覆盖率高，拥有众多树龄达百年以上的古树。自然生态林以杉树、松树为主要树种；经济林以油茶、茶林等为主。

3）历史源流

陈团村始建于明代，至今保存较好，村落具有典型的传统山水格局，具有较高的历史价值，对研究侗族村落具有典型意义。

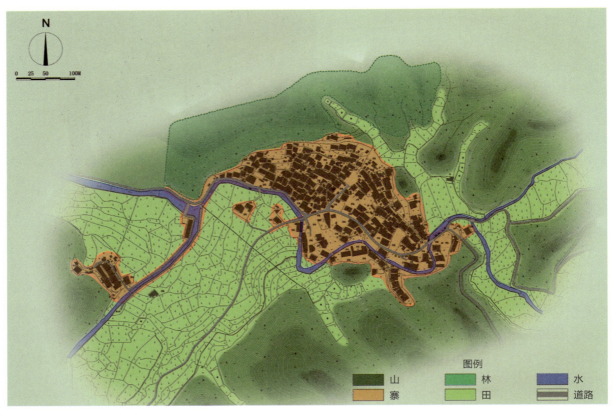

图 4-234　陈团村平面图

2. 村落布局与空间特点

陈团村背山临水而建，三面环山，村前开阔，形成独特的"山麓型"侗寨。村前小河穿村而过，贯穿东西，汇入播阳河，房屋由高向低依势延绵，鳞次栉比。

进入村落，首先映入眼帘的是横跨在河流上的风雨桥，沿河而入便可见一栋栋民居，侗寨标志性建筑鼓楼在村落中央拔地而起、巍峨壮观，它是村民集会、娱乐、休闲的重要场所。

村落街巷呈"井"字形格局，走向及宽度保存尚好，现有一条宽 3.5m 的对外交通道路。陈团村内大部分道路基本延续自明清以来的道路走向，村内有部分组团为青石板道路，宽度为 1~3m（图 4-235）。

3. 建筑特征与人文景观

1）建筑特征

陈团村内传统民居主要为干栏式建筑，其中以落地式吊脚楼居多。建筑大多由杉木建造，由高矮不一的柱子纵横成行，大小不等的木枋斜穿直套。屋柱用大杉木凿眼，柱与柱之间用大小不一的方形木条开榫衔接。现有民居大多于 20 世纪 80 年代后所建，以 3 层建筑为主（表 4-51、表 4-52）。

陈团村有一座建于清光绪二十三年（1897 年）的鼓楼，已有百余年历史。鼓楼是村内核心公

建筑年代统计表　　　　　　　　　　　　　　　　　　　表 4-51

年代分类	建筑面积（m²）	比例（%）
清代	69.00	0.35
民国	39.00	0.20
20 世纪 50~70 年代	501.00	2.54
20 世纪 80 年代以后	19120.00	96.91
总计	19729.00	100

建筑高度统计表　　　　　　　　　　　　　　　　　　　表 4-52

层数	建筑面积（m²）	比例（%）
1 层	717.00	3.63
2 层	1801.00	9.13
3 层	16686.00	84.58
4 层及以上	525.00	2.66
总计	19729.00	100

图 4-235　陈团村建筑群

图 4-236　陈团村鼓楼

共建筑，为十四重檐六角攒尖顶，木构建筑，造型美观大方，是村内议事活动的重要场所（图 4-236）。

2）人文景观

村内现存一座清同治年间（1862~1875 年）的古戏台、一座清光绪年间（1875~1908 年）建造的古凉亭，以及古石板路、古井、古树等。古戏台位于陈团村北部，与古凉亭皆为单檐悬山顶的木构建筑，建筑年份久远。

陈团村的两座风雨桥皆为木构单跨廊桥，建于清乾隆年间（1736~1795 年），一座位于村落入口处，桥长约 18m，宽约 4.5m；另一座位于村落东侧，桥长约 18m，宽约 4.5m（图 4-237）。

4. 非物质文化遗产

侗医药：这是世世代代生活在山区的侗族人民在与自然和各种疾病进行斗争中，积累的治疗各种疾病的经验，形成了独具特色的侗医药学体系，由于侗医药在治疗疾病过程中简便实用，在侗族人民中有着广泛的根基。陈团村原有一位侗医药传承人吴大华，为全国侗医药协会会员，他去世后，其子吴祖元继续继承祖业，行医治病。

侗锦织造技艺：侗锦有着悠久的历史，是侗族积淀深厚、内涵丰富、特色鲜明的传统文化，具有独特的文化艺术价值、社会历史价值以及民族学价值。

侗族腌鱼：侗族村民一种重要的食物处理方式，腌鱼是侗族村民餐桌上的主要菜品之一。

陈团村非物质文化中的侗款、芦笙、侗戏、侗族琵琶歌、侗族大歌、侗族双歌、侗笛、哆耶舞、为也、合拢宴等与上湘村（见4.3.18）相同。

4.3.20 通道侗族自治县锅冲乡占字村

1. 村落概况

1）地理位置与村庄规模

占字村位于通道侗族自治县锅冲乡西部，地理坐标为东经109°34′、北纬26°19′。距通道县城48km，距怀化市170km。

占字村村域面积14.27km²，户籍人口650人，多为苗族人口，是一个典型的少数民族集聚村（图4-238）。

2）自然环境

占字村属于典型的山地、丘陵地形，海拔在500~800m之间。占字村四面环山，几座山

图4-237 风雨桥

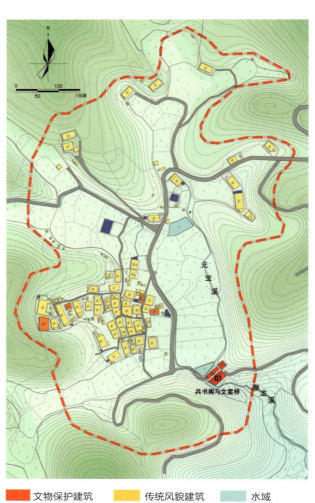

图4-238 占字村平面图

体均有部分向中部伸出，被古村人称为"手掌形"山体。山中林木茂盛，多松、杉、楠竹，尤以楠竹为盛。

3）历史源流

据占字村吴氏族谱记载，自明天启六年（1626年）占字这一房吴姓迁至塘冲定居，后更名为占字岩，又名赞字岩。清乾隆年间（1736~1795年），占字人先祖从贵州远口搬迁至靖州县螺丝冲，乾隆晚期，由螺丝冲迁至本地。

2. 村落布局与空间特点

占字村房屋沿山脚至山坡处修建，体现古人"拾级而上，登高而居"的选址理念，枕山面屏，小溪伴奏，坐西朝东，集聚而居，檐连着檐。民居因纵向巷道，侧门而入居多。较为集中的田地主要分布在村内的北部和西部地区。村落内街巷层次分明，形成的街巷空间通常由一条主街、支巷和节点组成（图4-239）。

3. 建筑特征与人文景观

1）建筑特征

占字村传统建筑主要分为居住建筑和公共建筑，公共建筑主要包括兵书阁、文星桥与文星庙等；居住建筑主要分为干栏式和地面式（图4-240）。

建筑为干栏式建筑，且屋架多采取"整体建竖"的构造方式，即干栏式住宅下部支撑结构和上部庇护结构呈整体框架。"整柱建竖"最常见的是五柱八抓和三柱八抓屋架（图4-241）。

占字村现存7栋清代建筑，其余大多建造时间集中在20世纪50年代后，其中20世纪50~70年代建筑所占比例最大，而民国时期建筑仅存1栋。民居建筑以2层为主（表4-53、表4-54）。

"兵书阁与文星桥"为全国重点文物保护单位。由于占字村落四面环山，却于东南方有一缺口，于是占字人祖先于清乾隆二十四年（1759年）建造会龙桥以锁水口，后改为文星桥。清嘉庆十五年（1810年），在桥前重建阁楼一座，一则镇山门，再则作私塾，后再经整修，形成了桥、亭、阁、

图4-239 占字村鸟瞰

图4-240 占字村建筑群

建筑年代统计表　　　　　　　　　　　　　　　　　　　　　　　　　表4-53

年代分类	建筑面积（m²）	比例（%）
清代	656.00	10.16
民国	79.00	1.22
20世纪50~70年代	3416.00	52.90
20世纪80年代以后	2307.00	35.72
总计	6458.00	100

建筑高度统计表　　　　　　　　　　　　　　　　　　　　　　　　　表4-54

层数	建筑面积（m²）	比例（%）
1层	1220.00	18.89
2层	4098.00	63.46
3层	1140.00	17.65
总计	6458.00	100

图4-241　民居建筑

图4-242　兵书阁内部细节（杨少勇　摄）

殿为一体的古建筑群系——兵书阁与文星桥。

兵书阁建筑占地面积为320m²，坐西朝东，平面矩形，南北面阔20.15m，东西进深8.8m。建筑为穿斗抬梁式木构架，覆小青瓦，两落水屋面。

文星桥建筑占地面积150m²，桥为无墩、无拱券、不跨溪河而立于平地的亭阁式木结构廊桥。桥长17.3m，宽4.2m，桥廊为四柱三间排架，桥东头建双肩庑殿顶开扇形门坊为入口；桥西端建单檐庑殿顶以八字门坊作出口，桥中部建重檐歇山顶阁楼，桥廊临村一侧用打制成形的青石干砌成墙（图4-242、图4-243）。

图 4-243　兵书阁与文星桥（杨少勇 摄）　　　图 4-244　海缸

文星庙位于文星桥与兵书阁东北侧，占地面积约 50m²，始建于清顺治三年（1646 年），后被损毁，历经多次重修，现为砖木结构，青砖围合成墙体，歇山式屋面。

2）人文景观

古井：村落内有 3 口古井。其中位于建筑群南部的为乾隆古井，占地面积 18m²，四周用青石围合，中间古井一组共三眼，并成一排。另外两口古井为清朝古井，分别位于村落南北两端的山脚田间，自建设至今已有 200 多年。

古石板路：村落内街巷纵横，大部分铺以青石板，古村韵味悠长。建筑群外有三条古石板路，被称为"三界"，即半界、曹家界、桥上界，主要通往农田耕作区或锅冲乡。

海缸：占字村落无河流，古人在东方和南方立起"海缸"，喻驱火之意（图 4-244）。

古石碑：村落内共有 4 通古石碑。一通为古井禁碑，位于乾隆古井旁，始于清代，距今 300 多年。一通为兵书阁碑，位于兵书阁北端，立于清道光五年（1825 年），碑两面刻有文字，一面刻兵书阁碑文，一面刻重修桥阁碑文。一通为文星桥碑，位于文星桥北端，立于清乾隆二十四年（1759 年），圆头碑，碑两面刻有文字。一通为修建凉亭的功德碑，立于清代，凉亭已损毁消失，功德碑现置于文星桥旁。

土地庙：村落内有 2 座土地庙，均位于文星庙前。

4. 非物质文化遗产

湘西苗族鼓舞：苗族鼓舞是苗族人民最有特色的艺术形式，其历史悠久，在湘西苗区代代相传。湘西苗族鼓舞的形式独特、种类繁多，包含有"花鼓舞""踩鼓舞""团圆鼓舞"等。

湘西苗族民歌：湘西苗歌集山歌、傩歌、哭嫁歌、故事歌、椎牛鼓舞歌、拦门歌、扛仙歌、跳香歌八种为一体，歌词多为七言一句，两句组成一联，两联为一首。有时，根据需要可发展到六句以至数十句。演唱时，声部此起彼伏，多声特点明显。

神农裸祭：敬神农的时间放在每年的秋收之后。目的是感谢神农保佑，五谷丰登、六畜兴旺，祈求来年再有好收成。

元宵节敲铜锣：占字村一直流传着在元宵节当夜敲铜锣的习俗，有着防火的警示作用。

4.3.21 通道侗族自治县坪坦乡高步片

1. 村落概况

1）地理位置与村庄规模

高步片位于通道侗族自治县坪坦乡，是湘、桂、黔三省的交界之处，是通往大西南的要道。村落地理坐标为东经109°26′、北纬25°52′，在历史上为楚越分界的走廊地带，素有"南楚极地""百越襟喉"之称（图4-245）。

高步片村域面积1.97km²，户籍人口2705人，为侗族聚居地。

2）自然环境

高步片四面环山，南、北两面山峰高耸，东西部略低。东南方向的屋岭山，北部的补阳山、鸡大山、刚井山等山体，共同构成了村落的周围山体环境。村落中心地势平缓、平地较为集中，为村寨发展提供了较为广阔的腹地空间。乐亚河穿村而过，上游的陇溪与高秀溪在高步西南的天鹅岭下双双汇入乐亚河。

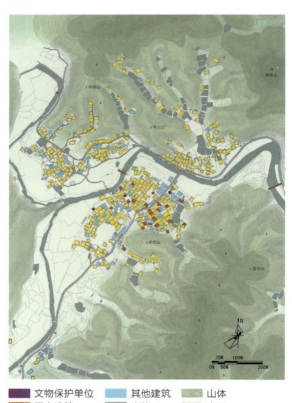

图4-245 高步片平面图

3）历史源流

高步片始建于明洪武年间（1368~1398年），最初由龙姓从绥宁县东山乡陆续迁徙到绥宁县溪口乡古友村、通道县菁芜州、双江镇芋头村、广西怀远县横岭乡，最后到高步落户。那时有少量苗民居住在高步山顶，但并未开发高步，其余彭、莫、陆、罗、黄、张六姓均由广西怀远县的横岭乡迁徙而来。随后七姓结拜成异姓兄弟，高步人口逐年增多，致使苗民害怕而搬出，苗民搬出后，便形成了全部侗族同胞居住的村落。

2. 村落布局与空间特点

高步片利用有限的缓坡山脚地，紧凑布局。村落以龙姓村寨为起源，吴姓、杨姓、上寨、秧田寨、岩寨、小寨等围绕其进行建设，形成多中心单组团的排布方式，寨之间以水田旱地或道路相隔，组团之间以桥与青石板路相接。

单个村寨内部在竖向空间上形成以鼓楼为中心的最高点，其他建筑在高度上低于鼓楼的高度。村寨的道路系统主要由垂直于等高线的纵向道路、平行于等高线的横向道路以及与等高线任意斜交的道路组成，形式灵活多变，并与地形和民居有机地结合，沿主要道路形成鱼骨状网络布局形态（图4-246）。

图 4-246　高步片全景（吴志勇 摄）

3. 建筑特征与人文景观

1）建筑特征

侗族传统民居体量相似，近亲连排式民居由同宗共姓人家连排建造。平面形式多为长方形，开间数、室内分割随意性较强。民居是以火塘为核心的居住模式，火塘是家庭室内的核心所在，也是分户的单位，早期火塘兼作厨房、餐厅、起居室的作用（图 4-247）。

村寨建筑以 3 层以下为主，5 层及以上建筑多为鼓楼。现有建筑多为 20 世纪 70 年代后建设；清代建筑以鼓楼等公共建筑为主，多分布于小型村寨中心位置；20 世纪 90 年代后建设的建筑多集中于商业街两侧（表 4-55、表 4-56）。

建筑年代统计表　　　　　　　　　　　　　　　　表 4-55

年代分类	建筑面积（m²）	比例（%）
清代	2457.00	2.65
民国	4746.00	5.12
20 世纪 50~70 年代	44955.00	48.50
20 世纪 80 年代以后	40542.00	43.73
总计	92700.00	100

建筑高度统计表　　　　　　　　　　　　　　　　表 4-56

层数	建筑面积（m²）	比例（%）
1~2 层	36915.00	39.82
3 层	52473.00	56.61
4 层	2232.00	2.41
5 层	1080.00	1.16
总计	92700.00	100

图 4-247 高步片建筑群

村内有 6 座鼓楼，其中高升鼓楼、龙姓鼓楼、河上鼓楼以及岩寨鼓楼 4 座为文物保护单位。高升鼓楼始建于清道光年间（1821~1850 年），为纯木穿斗构架，九层密檐，攒尖葫芦顶，屋面覆小青瓦。1~2 层为四坡屋面，3~9 层为八角屋面，翼角饰有龙、凤、飞鸟等装饰；龙姓鼓楼始建于清光绪年间（1875~1908 年），占地面积约 80m²，为纯木结构，7 层檐。其中第 1 层为四角，其余 6 层为八角；河上鼓楼始建于清代，1964 年复修，为纯木穿斗构架，7 层檐，其中 1 层和 7 层为四角，其余 5 层为八角；岩寨鼓楼始建于清代，后几经修葺，为纯木穿斗抬梁构架，5 层檐，攒尖葫芦顶，其中 1 层为四角，其余 4 层为八角（图 4-248~图 4-250）。

2）人文景观

高步片现存多种人文景观，包括古井、古驿道、萨坛、花桥、戏台等。

古井：村内共有古井 6 口，分别为寨中

图 4-248 龙姓鼓楼内部构架

图 4-249　高升鼓楼（张建国 摄）

图 4-250　河上鼓楼

井、田中井、村头井、高塘井、高楼下脚井、香岭井等，均建于明末清初。其中最早的香岭井和寨中井建于明洪武年间（1368~1398年），青石板砌成，长方体，井壁凿有泉眼，井前置有石板或石墩以放水桶，井上建石拱以防尘沙落叶，有的建有凉亭覆盖，既防止尘沙落叶，又可纳凉休息。

花桥：村内有花桥5座，其中永福桥和回福桥为国家文物重点保护单位。永福桥横跨于寨中部的乐亚河上，始建于清乾隆五十年（1785年），该桥系伸臂悬梁式木构架廊，桥长19.32m，宽3.8m，单孔净跨16.2m；回福桥位于高升村东郊150m处，始建于清道光二十年（1840年），该桥为三墩两孔，叠梁式木构架廊桥，桥长42.5m，宽3.86m，共18廊间（图4-251、图4-252）。

高上萨岁坛始建于清光绪七年（1881年），占地面积30m²。整个建筑外围用青砖筑墙围合，墙高1.5m，内建有神龛，供奉有侗族始祖萨妈。萨坛外有一款场，均用规整的卵石铺垫成各种图案。

4. 非物质文化遗产

侗拳：武术中的一种，它既有中华民族传统技艺，亦有本民族的特色。侗拳是村民的时尚，在秋收冬种之后村民练习侗拳，代代相传。

图 4-251　永福桥

图 4-252　回福桥

图 4-253　高脚马

高脚马：侗族地区青少年喜爱的一项体育活动，高脚马是高步村青少年重要体育活动之一（图 4-253）。

高步村非物质文化遗产中的侗款、哆耶舞、为也、萨岁、合拢宴等与上湘村（见 4.3.18）相同。

4.3.22 通道侗族自治县坪坦乡高团村

1. 村落概况

1）地理位置与村庄规模

高团村位于通道侗族自治县坪坦乡境内，地理坐标为东经109°41′、北纬26°10′。邻近广西，交通条件便利，距坪坦乡政府1.4km（图4-254）。

高团村村域面积15km²，户籍人口793人，多为侗族。

2）自然环境

高团村四面环山，山形优美。东部有大宝山，西部有双银山，南部有古墓山，北部有瓦窑山。坪坦河从村落中穿过，为村落带来丰沛水量。以坪坦河为廊道，与脚下谷地的水塘斑块，构成了高团村外围水系景观。大小村寨分布于河道两侧，形成一河川流的山水格局。林地分布于村寨周围山体中，野生植被较多，景观类型丰富。

当地属于亚热带季风湿润性气候区，气温年较差小，日较差大；立体气候明显，小气候差异大。

3）历史源流

高团村是通道县最早立寨的侗寨之一。据高团村古歌相传，其祖先于唐朝末年黄巢之乱后，从江西太和县辗转迁徙，历经多个地方，大约在北宋初年来到高团立寨安居，至今已有千余年。

2. 村落布局与空间特点

高团村利用有限缓坡山脚地，紧凑布局，形成以一定组团规模为上限，由单一寨扩展为中心组团式"寨—村"模式的聚落空间结构。中心村拥有以"寨"为特征的寨门、寨墙等防御功能的围合工事。

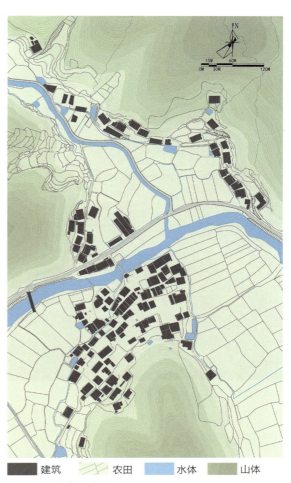

图4-254 高团村总平面图

图4-255 高团村建筑群

村寨以鼓楼为中心向心布局，周边的公共建筑与民居形成内聚向心的簇状组团，形成了统一有序且富于变化的空间序列。整个村寨中鼓楼、永定桥等重要公共建筑、外坪、中坪等开放空间以及重要的街巷与周边山体形成相互对位的景观体系（图4-255）。

图 4-256　鼓楼与传统民居

3. 建筑特征与人文景观

1）建筑特征

高团村吊脚楼鳞次栉比，村内共有 168 栋吊脚楼，3 座鼓楼，分别为寨中鼓楼、外坪鼓楼以及寨头鼓楼。侗族传统民居体量相似，近亲连排式民居由同宗共姓人家连排建造。平面形式多为长方形，开间数、室内分割随意性较强，但均为通廊串联堂屋或火塘，堂屋再联系各户内部的卧室、储物和餐厨的布局关系。民居建筑前少有大面积的坪地，且无院落围合（图 4-256、表 4-57、表 4-58）。

建筑年代统计表　　表 4-57

年代分类	建筑面积（m²）	比例（%）
清代	2206.00	7.10
民国	2486.00	8.00
20 世纪 50~70 年代	9165.00	29.50
20 世纪 80 年代以后	17212.00	55.40
总计	31069.00	100

建筑高度统计表　　　　　　　　　　　　　　　　　　　　表 4-58

层数	建筑面积（m²）	比例（%）
1 层	1367.00	4.40
2 层	3231.00	10.40
3 层	23519.00	75.70
4 层	2952.00	9.50
总计	31069.00	100

寨中鼓楼位于村寨中心，始建于 1516 年，高 10m，占地面积约 100m²，为两重檐穿斗坡屋顶，鼓楼下端呈方形，中间有一大火塘，楼门前为全寨逢年过节的娱乐场地；外坪鼓楼位于外坪寨门旁，为两重檐穿斗坡屋顶，于 1885 年重建，占地面积 94m²；寨头鼓楼位于村委会旁边，为五重檐八角攒尖顶，建于 1909 年，高 9m，占地面积 50m²（图 4-257）。

2）人文景观

高团村内古迹众多，包括寨门 4 座、古碑文 4 处、风雨桥 2 座、土地庙 2 座，以及古井、古萨坛、古亭、古商道、古墓群等。

寨门群：高团村是通道侗族自治县建有寨门最多的村寨，包含东寨门、西寨门、北寨门以及外坪寨门，其中最早的外坪寨门建于 1885 年，后因土匪攻村烧毁，1956 年在原址重建。其寨门群已被列为通道县级文物保护单位。

永定桥：横跨于寨北边的坪坦河上，始建于清乾隆五十年（1785 年），经历多次维修。永定桥为叠梁穿斗式木构架廊桥，桥身采用伸臂托梁的形式，圆木构架，桥廊是用榫卯结合的梁柱体系联成整体，全长 19.32m，宽 3.8m，11 廊间，单孔净跨 16.2m（图 4-258）。

聚心亭：位于外坪北侧，濒临坪坦河，建于 1990 年，高 11m，占地面积 20m²，为三重檐八角攒尖顶，是村民休闲娱乐和迎送客人的场所（图 4-259）。

萨岁坛：位于外坪内，建于 1280 年，长 80cm，宽 60cm，高 80cm，在村落刚建立时为保留火种而设立。

古墓群：整个村落一共有 4 处古墓群，分别在村落南部、新建村落北部、坪坦河口和成见山上，规模大小不一，是村落的公共墓地和村民祭拜祖先的场所。

图 4-257　寨中鼓楼

图 4-258　永定桥（吴景军 摄）

图 4-259　聚心亭

图 4-260　侗锦

4. 非物质文化遗产

高团村非物质文化遗产中侗款、芦笙、哆耶舞与上湘村（见 4.3.18）相同；侗锦与陈团村（见 4.3.19）相同（图 4-260）。

4.3.23　通道侗族自治县甘溪乡洞雷村

1. 村落概况

1）地理位置与村庄规模

洞雷村位于通道侗族自治县甘溪乡西南部，地理坐标为东经 109°70′、北纬 25°92′，距离甘溪乡约 10km，距离通道县城约 45km。

洞雷村村域面积 12km²，村落内包含洞雷行政村内的 2 个团寨，即洞雷团寨和平竹团寨，共有户籍人口 1558 人，是目前通道侗族自治县内最大的侗族团寨（图 4-261）。

2）自然环境

洞雷村内地形地貌主要以丘陵田地为主，海拔在 258~295m 之间，被成衙山、金凿山、雾头山、雅兰山等山脉环绕，地势四周高中间低。村落内水资源丰富，村内有细流溪、实甲溪和洞雷河三条溪河。其中，细流溪源自成衙山山谷，自北向南流入洞雷河；实甲溪源自村落东侧山谷，由东往西汇入洞雷河；洞雷河源自本镇西壁村、长界村，河流从村前蜿蜒而过，由北向南经广西龙胜、三江等县流入浔江，汇入融江，属珠江水系。

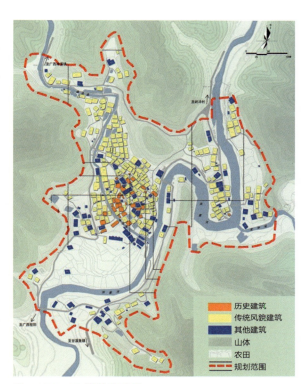

图 4-261 洞雷村平面图

3）历史源流

洞雷村始建于明成化年间（1465~1487 年），已有近 600 年历史。村落为村民躲避战乱而建，原名"龙虎寨"，因村落后方有成衙山原始森林，且形似盘龙，而村落西侧雾头山内有众多华南虎，且山体形似虎，故村落名为"龙虎寨"，至清代同治年间（1862~1875 年），又更名为"洞雷"。村落于明代在洞雷大团修建，至 20 世纪 50~70 年代，因大团人口疏散，部分村民迁居至平竹。

2. 村落布局与空间特点

村落四面环山，与山体呈嵌合式，受山体及河流影响，将村落分为"两团寨、四片区"，两团寨即指洞雷团寨和平竹团寨，大体以洞雷河为界。其中，洞雷团寨为大团寨，后因大团寨人口过为稠密，民国时期，逐步有村民迁至大团东侧修建房屋，从而建立了平竹团寨。而四片区是指以洞雷团寨所细分出的三部分及平竹团寨：第一部分为忙烂片区，位于雾头山以东，细流溪以西，约 35 户；第二部分是上寨，位于成衙山以西，细流溪以东，南岳庙以北，约 170 户；第三部分是下寨，位于芝雅山以南，细流溪以东，南岳庙以南，寨门以内，约 87 户；第四部分是坪竹，寨门以外，芝雅山以东，约 45 户。四个部分都以鼓楼为中心，呈四方排列。

村落内民居建筑依山傍水，依山就势呈阶梯状起伏，民居错落有致，景观层次丰富。因村内居住集中，户与户之间屋檐相连。村内主街巷形成于清朝及民国时期，原多为青石板及鹅卵石风貌，后大部分被铺上了水泥路面。巷道蜿蜒曲折的盘绕在各居住小组团及民居屋檐下，巷宽约 1~2m 不等，是村落内重要的交通通道（图 4-262）。

图 4-262　洞雷村全景（何洪 摄）

3. 建筑特征与人文景观

1）建筑特征

洞雷村内的传统建筑主要包括大量兴建于清代至今的各类纯木及砖木结构传统风貌建筑，包含有民居建筑以及各类公共建筑。公共建筑主要包括洞天楼、临江阁、龙虎楼等鼓楼建筑，以及南岳庙、萨坛庙等宗教建筑。鼓楼是村落的标志性建筑，也是村落内重要的公共活动空间（表4-59、表4-60）。

建筑年代统计表　　　　　　　　　　　　　表 4-59

年代分类	建筑面积（m²）	比例（%）
清代	400.90	1.15
民国	1970.86	5.67
20世纪50~70年代	15800.23	45.49
20世纪80年代以后	16563.96	47.69
总计	34735.95	100

建筑高度统计表　　　　　　　　　　　　　表 4-60

层数	建筑面积（m²）	比例（%）
1层	2467.06	7.10
2层	10569.56	30.43
3~4层	21699.33	62.47
总计	34735.95	100

洞雷村传统建筑一般用杉木建造而成，多为典型的2层或3层干栏式建筑，建筑的各层平面均接近矩形。传统建筑单体的底层多为架空，仅在立柱间用树皮或杉木简单构就墙面，1层一般用来堆放杂物、柴火兼做牲畜圈养场所；2层作为建筑主要平面，包含有厅廊部分和房间部分，主要

功能为厨房、客厅、火塘间、餐厅及少量卧室，开敞廊道式空间则布置在住宅单体的向阳面，是家庭成员活动行为发生最频繁的场所；3层一般为粮食存储仓库，兼用作农作物晾晒。

洞天楼是洞雷第一楼，建于清康熙十二年（1673年），建筑层数为1层，檐层为9层，高约30m，其中，石砌地基10m，远观若登天台，寓意九层洞天而命名为"洞天楼"。鼓楼下6层屋檐为四面构成的方檐，上3层为八面，从而形成攒尖式屋顶，且在顶层下有"蜜蜂窝"状的斗栱构造形式，既起结构支撑作用，又体现美观的特点。斗栱按层涂以红、黄、绿色，各层屋檐均带起翘，上设有白色钩花，屋檐下方设有葫芦，屋顶设有一处丹顶鹤。洞天楼曾是整个行政村的指挥中心，现仍保有崇高的地位，是村落内寨老们商议重大事件的场所（图4-263）。

临江阁鼓楼是民国时期由平竹团寨内杨姓村民主持建造，结构牢固，常年不倒，建筑层数为1层，檐高5层，顶层屋顶为歇山顶。现在是平竹团寨内老人烤火、聊天、唱歌以及吹芦笙的重要活动场所。

南岳忠靖大王庙简称南岳庙，建于清光绪年间（1875~1908年），1层为木构架建筑，小青瓦，以石块为基础，门口立有"南岳庙"石碑，门上悬挂有"南岳忠靖大王"匾额，是村落内重要的祭祀场所。

萨坛庙一般分为房屋型和露天型两种，洞雷村内的萨坛为嘉庆年间（1796~1820年）所建，是房屋型的庙宇，形式类似民居建筑，为纯木结构，建筑内部设有一处石坛，用于祭祀。

2）人文景观

众心亭：位于洞雷团寨入口处扶合桥东侧的桥头，属六角攒尖亭，单面距离为1.6m，以青石为基础，上铺水泥地板，六根杉木柱为支撑，上设有六角攒尖屋顶，琉璃瓦屋面。柱子外围设有杉木栏杆与长凳，亭上设有石榴状吊瓜，所伸出檩子用葫芦团木板装饰，亭内梁、檩上绘有众多彩绘，包括花草、太极等图案（图4-264）。

图4-263 洞天楼

图4-264 众心亭

仰雾桥：位于洞雷村西北部，始建于清光绪年间（1875~1908年），是一座风雨桥。桥长8.3m，宽3m，全木结构，桥上塔亭为双坡悬山顶，桥两厢扶栏是杉木格栅。

古戏台：位于洞雷团寨内下寨中，紧邻洞天楼，戏台建于清康熙三十六年（1697年）。楼高2层，15m，为全木结构，干栏式建筑。屋顶形式为歇山顶，上覆以小青瓦，屋檐带起翘和出翘，屋脊中央以红色五星为宝顶。戏台表演区宽敞而视线开阔，戏台底层及两侧设有准备间，戏台前有古青石坪，便于观看节目。

邀月井：位于洞雷侗寨上寨，属井亭式水井，井口四周以木亭围合，木亭长约3.3m，宽约3m，四周为杉木柱围合成的格栅状，屋顶为双坡青瓦屋顶，造型简约，是村落内重要的饮用水源（图4-265）。

洞雷古寨墙：始建于清代乾隆年间（1736~1795年），围绕洞雷团寨，连接原有四方寨门，是村落内防御土匪、强盗的保护墙，寨墙厚约1m，高约3m，长约1.5km，现仅留存有约10m长。

土地庙：村落内建有清朝以来各时期土地庙数座，土地庙约1m高，或为木质，或为青石垒砌，或为砖砌。

4. 非物质文化遗产

讲侗款：规范、约束侗族群众的条款，俗称侗寨"法律"。洞雷村内侗款分为赞颂款、历史款、出行款、条约款等。洞雷村形成了以侗族为特色的社会组织模式，保持以血缘与地缘共同决定的"家庭—房族—寨—款"社会组织结构。每个家庭都有一个家长，每个房族有族长，全寨有寨老，数个侗寨结成小款，有小款手，数个小款联成大款，有大款手。

祭萨岁：侗族历史上出现过一位名叫婢奔的女英雄，人们尊称她为萨岁或萨玛，认为她的神威最大，能主宰一切，保境安民，使六畜兴旺、村寨平安，因此几乎侗族内村村寨寨都设有她的"神坛"。洞雷村内设有萨坛庙，用于祭拜萨岁。每逢初一、十五，村落内杨姓族老便会来此处祭祀萨岁，烧香并奉上祭品，每逢重大节日，则奉猪头祭祀。

图4-265　邀月井

关公磨刀节：每年农历五月十三日，是侗族人的关公磨刀节。相传这天，关公会在一块大石上磨刀，磨刀时会得到天的下雨相助。村落内则在洞雷大桥中央举办祭祀活动，每家每户均参与，举行泼水祭祀活动，并伴有唱侗戏、打侗拳等活动（图4-266）。

图4-266　打侗拳

三句半：三句半是侗族说唱的一种表演形式。每段内容有三长句一半句。一般由4人演出，前三人说三长句，最后一人只说简短的半句，故称"三句半"。三句半一般押韵、同调，诙谐搞笑，是村民喜闻乐见的说唱曲艺。村落内有1位三句半编曲者，村落的文艺队成员均会说唱，每逢节庆便在戏台、礼堂及礼堂门口表演。

4.3.24 洪江市茅渡乡洒溪村

1. 村落概况

1）地理位置与村庄规模

洒溪村位于洪江市茅渡乡北部，地理坐标为东经110°15′、北纬27°24′，距茅渡乡12.5km，距洪江市89km。

洒溪村村域面积7.44km²，辖16个村民小组，户籍人口310人，多为汉族（图4-267）。

图4-267　洒溪村平面图

2）自然环境

洒溪村属云贵高原雪峰山区，以山地为主，境内山多耕地少，地势东南较高，西北偏低，平均海拔为320~530m。区域内属亚热带季风湿润气候，阳光充足，雨量充沛，气候温和，四季分明。境内气候宜人，土壤肥沃，资源丰富，生态保持良好，适应柑橘、金银花、油茶、金秋梨、针叶林和阔叶林等经济作物的生长。

3）历史源流

洒溪村因村前小溪——洒溪得名，相传村落为元朝万户侯、著名散曲家杨朝英后裔聚居地，是杨姓世居地。

2. 村落布局与空间特点

洒溪村坐落于群山之间，依山而建，四面环山，三面临水，洒溪绕村而过，周围山林农田环绕，森林广阔。村落东面山坡地势较高，西面地势较低，多为稻田，村寨建筑就叠层台地而建造，错落有序，形成依山就势的村寨建筑布局，整个古村落集中布局在一条酷似来龙的龙嘴中，夜晚灯火照明时，整个村落就像是巨龙嘴中的一颗宝珠。村落自古以来留有四条道路连通外界，其中西北向道路通往中方，西南道路通往茅渡乡政府。整体空间可以概况为"一水护田将村绕，群山森森环月抱；青墙深巷四五折，宅第悠悠依山高"（图4-268）。

图 4-268　洒溪村鸟瞰

3. 建筑特征与人文景观

1）建筑特征

洒溪村内有四大院落聚集群，从北至南依次为落落屋、矮坡头、砖屋里、马头山。在其基础下，村内形成三横巷、二竖巷的街巷格局。四大院落白墙灰瓦，通常为三合院或四合院形式，建筑建设年代多为明清时期。

民居多为木房青瓦，古香古色，建筑形式为典型的汉族合院式住宅。合院内部各建筑主次分明。主体建筑面阔三间或五间，以2层为主，两侧为厢房。大型住宅尚有附加的门户、过厅等。正房为家长及长辈居住，子侄辈皆居住在厢房。门窗皆朝向内院，院落内部以天井进行采光，外部包以厚墙。屋架结构采用抬梁式构架（图4-269）。

村落建筑多以20世纪80年代后的建筑为主，并以1层建筑占大多数，其他则为2层建筑（表4-61、表4-62）。

建筑年代统计表　　　　　　　　　　　　　　　　　　表4-61

年代分类	建筑面积（m²）	比例（%）
明代及以前	280.00	3.14
清代	945.00	10.61
20世纪50~70年代	570.00	6.40
20世纪80年代以后	7018.00	79.85
总计	8902.00	100

建筑高度统计表 表 4-62

层数	建筑面积（m²）	比例（%）
1层	5786.00	65.00
2层	3116.00	35.00
总计	8902.00	100

图 4-269 传统建筑

图 4-270 城隍庙

2）人文景观

古庙：洒溪村现存古庙两处：一为城隍庙，位于村落西侧两水交汇处，故又称水口庙，重建于清咸丰四年（1854年），整体建筑外部保存良好，白墙灰瓦，古意盎然，内部曾遭到破坏，但神像依存，其内有清咸丰四年（1854年）重建时石碑；二为土地庙，位于村南槐树旁，重建于20世纪90年代（图4-270）。

古驿道：洒溪村现存古驿道1处，保存较好。

古桥：古桥位于村落西侧，为古驿道与洒溪相交处。原有廊桥覆盖，且有凉亭在侧，后洒溪涨水，将廊桥和凉亭冲垮，现桥身为洪水泛滥之后重建。

古巷道：古村现存古巷道5条，古巷道连通村内各院落，依据院落分布、地势高低而曲折蜿蜒，形成自然有机的空间形态。部分巷道仍保留青石板、碎石子路（图4-271）。

桅子石：一对竖立长条石，原两石中间立有桅杆。明清两代，洒溪人才辈出，凡中举一人，不分文武，即在此立桅杆，予以功德表彰。马头塘院落外本有桅杆数十处，今只剩下4处，且已无桅杆，只有桅子石（图4-272）。

4. 非物质文化遗产

辰河木偶戏：又称"棒棒戏""木脑壳戏"，明初由江西移民传入，至今已有500多年历史。为观音诞辰时的民俗演出活动（图4-273）。

打求财：阳戏中有一种"打求财"的艺术形式，一丑一旦，无固定唱词，全凭演员即兴创作，取材生活随口编唱，互相盘问，深受村民喜爱（图4-274）。

图 4-273　辰河木偶戏

图 4-271　古巷道　　　　　　　图 4-272　桅子石　　　　　　　图 4-274　打求财

开财门：乡村春节习俗，正月初一至十五，村内孤寡老人将黄梨木柴削砍成 5 寸许木棍，中段用红纸包扎，即可挨家挨户去送"财"，谓之"开财门"。

4.3.25　洪江市湾溪乡埂上古村

1. 村落概况

1）地理位置与村庄规模

埂上古村位于洪江市湾溪乡东北部，地理坐标为东经 110°24′、北纬 27°24′，距洪江市约 95km，可通过国道 320、邵怀高速与外界构成直接的交通联系。

埂上古村村域面积 2.8km²，辖 5 个村民小组，户籍人口 743 人，以杨姓为主，是汉民族聚居地（图 4-275）。

2）自然环境

埂上古村地处湘西雪峰山区，属山地丘陵地貌，村内群山逶迤，龙形山、观音山、龙船山等山脉呈合围之势。地势起伏较大，海拔在 350~850m 之间，沿河缓坡地为农田和村庄建设用地，地势较高的山丘为山林、园地和梯田。当地处亚热带季风气候区，年气候四季分明，春天雨量充沛、常年主导风向为东北风。

村内植被种类丰富，山林以种油茶树为主，另有杉木、马尾松、大叶柳等；农作物以水稻为主。

3）历史源流

埂上古村落始建于明朝中期，完善于清朝中期，背靠古佛山平展延伸，依山就势，形状貌似

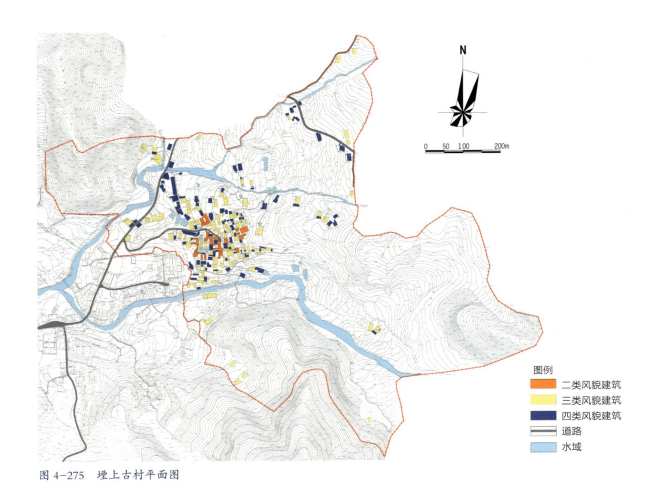

图 4-275 埂上古村平面图

向上飞翔的老鹰,始称"鹰上",后来渐渐演变成"土盈上",今称埂上。村落现有居民多系在明朝中期从沅水下游,怀化铜湾思坪迁移而来的杨姓后代。在150年前,全部为杨姓,到后来才渐渐迁入唐、田、向三姓居民,如今杨姓居民仍占古村人口92%左右。

2. 村落布局与空间特点

古埂上是到达溆浦、中方、洞口等地的必经之地,为古代战略要地,体现古人"依山而居"的选址理念,村落刚好在一个小盆地的中间,是典型的易守难攻之地。村落三面环山,东侧背靠大山,拥有层层上升的梯田,梯田上部山脉延绵,三条山涧古溪分别由南北两侧沿山地缓流而下,形成山溪傍村的格局(图4-276)。

古村落始建于明万历年间(1573~1620年),村庄整体保留了原始肌理,村宅建筑依山傍水,沿山地高低错落、疏密有致地落于台地间,邻里间房屋因地势多上下错落。街巷布局呈混合式,走向因地制宜,顺应地形地势,古驿道穿村而过,"开"字形石板路布局灵巧便捷,连通村外巷间。

图 4-276　埋上古村全景

3. 建筑特征与人文景观

1）建筑特征

村落传统风格建筑数量庞大，聚集效果明显，依山而建，错落有致，保存情况良好。建筑没有固定的朝向，有的民居建筑单独一栋镶嵌在山脚、梯田中，建筑一面背靠山体或梯田，另一面屋前空间则十分开敞，有菜园、水塘或前坪；有的则形成组群，密集毗连形成街巷和庭院空间（图4-277）。

建筑多以20世纪80年代以后的建筑为主，并以一层建筑占大多数（表4-63、表4-64）。

村内建有楼宇亭阁、祠堂牌坊，建筑风格以江南明清时期的两厅堂窨子屋为主。本地木材、石材丰富，正屋采用常见的木板墙，基础采用石砌，兼顾安全、经济和美观（图4-278）。

杨氏钦公祠堂位于村庄西侧，靠山面水，正对整个村庄，在重大节日可进行祭祀等活动。

普光寺位于村庄西北部，杨氏钦公祠堂以西的山腰处，歇山建筑形式，是埋上及周边村庄求神拜佛之处。

图 4-277　埋上古村

建筑年代统计表　　　　　　　　　　　　　　　　表4-63

年代分类	建筑面积（m²）	比例（%）
明末及清代	2724.52	10.75
民国	4384.03	17.29
20世纪50~70年代	1185.71	44.11
20世纪80年代以后	7061.72	27.85
总计	25355.98	100

建筑高度统计表　　　　　　　　　　　　　　　　表4-64

层数	建筑面积（m²）	比例（%）
1层	17736.64	69.95
2层	7468.52	29.45
3层	150.82	0.60
总计	25355.98	100

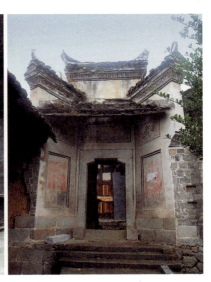

图4-278　建筑风貌

2）人文景观

古驿道：现存古驿道位于村庄西南部，是古时环村的官道和商道，内靠古围墙、外邻山坡谷地，现为埤上古村主要交通道路（图4-279）。

古巷道：古时村内主要交通道路，由麻石块铺砌而成，在村内依房而置、依山而行，在村庄内部纵横交错，路宽约1m左右，沿路设排水明沟。

图 4-279　古驿道

图 4-280　辰河木偶戏

古围墙：古时村庄西南侧围墙，有防御和分隔作用。墙内为族落，墙外为古驿道，围墙有多处对着驿道的大门，古时每一个大门内部为一个族落。

古凉亭：位于村庄西南部古驿道旁，此处能俯瞰山下风景，是村民聚集休憩之处。

石桥：村落南北两侧各有一条水溪，村内有多处跨水古桥、汀步等，既是村内主要的过水交通设施，也是村落内别有韵味的景观。

4. 非物质文化遗产

辰河木偶戏：辰河高腔源于南戏四大声腔中的弋阳腔，由江西移民传入，有500多年历史，经与当地语言、音乐、习俗长期结合，形成辰河高腔。辰河木偶戏系杖头木偶，在演出的剧目方面，高台班的所有剧目，矮台班都能演唱，所有的剧本，也都完全一样，30年来，大量矮台班解体，仅在洪江、中方、溆浦三县交界的雪峰山下，坚持辰河木偶戏的演唱，这种原生态的民间木偶戏，在国内已属罕见（图4-280）。

舞龙：埂上古村每逢春节、正月十五都有舞龙的习俗，舞龙在白天进行，龙是金黄色，由竹子和布制作，通常由13~17人组队，1人带领，11个人舞龙头及龙身，6人演奏乐器，走街串巷进行表演。而夜龙舞则在晚上进行，夜龙由竹编而成，外敷白纸，内里点蜡，由1人持龙，即可进行表演，也可多人成组表演。舞龙的表演不仅可以增加节日喜庆气氛，也是在祈愿生活吉祥如意，事事平安。

榨茶油：茶油是我国特有的传统食用植物油，其生产和发展的历史源远流长。据公元前3世纪的《山海经》记载："员木，南方油食也。"这里所说的"员木"即油茶，可见我国民间当时就开始取油茶果榨油以供食用。历史上，茶油曾经是"皇封御膳"用油，据史料记载，用小米面为原料，配以杏仁、花生米、海带丝、豆腐丁和调味品。茶油是宫廷的御膳食谱，足可显示享用茶油是一种身份的象征。作为村内主要经济作物的茶油，是村民主要经济来源，榨茶油也作为一项传统的手工技艺得以传承，如今的湾溪茶油已成为知名产品畅销省内外。

4.3.26 洪江市洗马乡古楼坪村

1. 村落概况

1）地理位置与村庄规模

古楼坪村位于洪江市洗马乡中部，地理坐标为东经110°19′、北纬27°27′，距洗马乡政府1.5km，邵怀高速溆浦连接线穿村而过，交通便捷，区位优势显著。

古楼坪村村域面积4.2km²，辖9个村民小组，户籍人口1545人，多为汉族（图4-281）。

2）自然环境

古楼坪村地处云贵高原雪峰山区，为山地丘陵地区，海拔560~860m之间，地势西部高，中部与东部两面低，中部为峡长丘陵，地势平坦，土壤肥沃。村落背后的狮形山呈环抱之势，周边分布有鹅形山、石洞山、象形山、旗山、牛形山、羊形山、钟隐山等七座山。

当地雨量较为充沛，境内有平溪河、大水溪、老树溪等多条河流，水资源丰富，农田灌溉较为方便。

村落气候为亚热带季风温润气候，四季分明，雨量充沛，常年主导风向为东北风，境内气候宜人，资源丰富，生态保护良好。

3）历史源流

古楼坪村先民祖籍为今山西太原，因诸葛亮南征南蛮时曾驻军于此并修建鼓楼，从而在西晋末期吸引来自山西的居民，

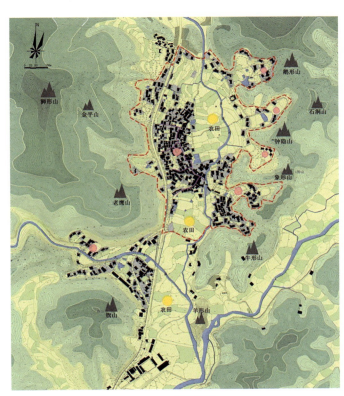

图4-281 古楼坪村平面图

图 4-282 古楼坪村全景

从而形成村落。因各种历史变迁，历代民族大迁徙以及躲避战乱等多种因素，辗转江浙、沪杭、江西、福建等地，最后选址此地定居，繁衍生息至今，现村中仍建有"太原郡"易氏支祠一座以念先祖。

2. 村落布局与空间特点

古楼坪村格局体现了"枕山、环水、面屏"的山水关系，西依雪峰山脉，东望"土地界"山脉，三溪环绕，平溪河自北向南蜿蜒流经村落。

村落空间以祠堂等公共建筑为中心成网状向外扩散，整个古村屋檐相连。现存古村落始建于明代中晚期，保存了明清时期古村落的基本格局。民居、巷道保存完好，全部采用麻石铺路，村中建有多条古暗壕为排水之用（图 4-282）。

3. 建筑特征与人文景观

1）建筑特征

古楼坪的功能建筑主要包括民居建筑和公共建筑。民居分为两类，一类是以易孔昭故居为代表的"大院落"式，一家人或一个家族为一个整体的大院落。另一类则由一个个独立的住宅建筑此接彼连，形成气势恢宏的建筑群。民居建筑仍保持着我国南方民居的传统风格，多为穿斗式木质结构，少量砖木结构；公共建筑包括祠堂、学堂等，其中具代表性的有易氏祠堂，和其他易氏支祠，如黔公祠、武公祠、琴公祠等。祠堂均为清代建筑，外围围墙为青砖砌成，内部建筑为穿斗式木质结构（图 4-283、图 4-284）。

建筑多以 20 世纪 80 年代后的建筑为主，并以 1 层建筑占大多数（表 4-65、表 4-66）。

图 4-283 古楼坪村建筑　　　　图 4-284 易氏祠堂

建筑高度统计表　　　　　　　　　　　　　　　表 4-65

层数	建筑面积（m²）	比例（%）
1 层	33045.00	30.96
2 层	56920.00	53.32
3~4 层	11965.00	11.21
5~6 层	4813.00	4.51
总计	106743.00	100

建筑年代统计表　　　　　　　　　　　　　　　表 4-66

年代分类	建筑面积（m²）	比例（%）
明代	6369.00	5.97
清代	3080.00	2.89
民国	1961.00	1.84
20 世纪 50~70 年代	12077.00	11.32
20 世纪 80 年代以后	83256.00	78.00
总计	106743.00	100

2）人文景观

接龙风雨桥：位于古楼坪村平溪溪面上，东西走向，全长 13.4m，宽 4.4m，桥高 5.5m，副桥宽 1.2m。风雨桥平面呈长方形，单层建筑，双檐，檐上覆盖小青瓦，桥面风雨桥亭为穿斗、抬梁式木质结构，其抬梁上斗栱结构粗犷且富有艺术造型，木雕形态逼真，栩栩如生，完美体现了明代木结构建筑的特点。两侧灰壁上壁画内容丰富，有山水画、名人诗词和谚语，还保留了《接龙亭修建记》。桥的一侧修建了副桥，供畜牲通行。清代、民国时期曾进行过多次维修，整个造型基本维持原样（图 4-285）。

秋叶岩：位于琴公祠广场南侧，为石阶铺地，始建于明代，现状保存状况较好，可见秋叶的痕迹。

石板铺地：位于易孔昭故居南侧，即易孔昭故居围墙旁的石板路，为石阶铺地，始建于明代，现状保存状况较好。

古井：村落现有古井7口，水质依然清澈甘甜。

4. 非物质文化遗产

图4-285　接龙风雨桥

古楼坪村民族特色鲜明，保存着许多地方民间舞蹈、民间工艺、民间习俗。主要有民间舞蹈：雪峰断颈龙；民间工艺：断颈龙灯；民间习俗：龙灯会。

"雪峰断颈龙"属雪峰山区一种古老而神奇的民间龙舞艺术，形成于唐代古楼坪地区，兴盛于元代，完善于明清，有近1400年的历史。"断颈龙"身首分离，独树一帜，象征着中华民族战胜邪恶，顽强不屈的精神。

"雪峰断颈龙"以"断颈龙灯"为基本内容，将故事灯、蚌壳灯、狮子灯等相关灯会融为一体，已成为包含民族认同、宗教信仰、音乐、舞蹈等形式的综合艺术，是综合性的民间灯会乐舞文化。断颈龙灯的制作，一般是用竹、木、纸、布扎成，饰以彩绘，它的独特之处在于龙头与龙身分离，龙身节数必须是单数，有9节、13节不等，每条龙身配以2~3个龙头。断颈龙灯会于正月初四"点灯"，灯会时间长达10天，直至正月十三结束，是当地百姓过大年的主要文化活动。

4.4　湘西土家族苗族自治州

4.4.1　吉首市寨阳乡坪朗村

1. 村落概况

1）地理位置与村庄规模

坪朗村位于吉首市寨阳乡西部，地理坐标为东经109°30′、北纬28°08′。距吉首城区14km，距矮寨公路、矮寨特大悬索桥仅3km，距德夯风景名胜区仅8km，是吉首通往德夯风景区的必经之地（图4-286）。

坪朗村村域面积14.46km²，户籍人口1395人。辖5个自然寨，其中3个自然寨坐落在峒河两边，2个自然寨分布在坪冲沟谷内，属苗族群众聚居村。

2）自然环境

坪朗村位于寨阳乡西部峒河河畔，坐落在一个山坳里，国道和美丽的峒河穿村而过，民居依山而建，依山傍水。村庄内峒河跳岩、峒河水、谷韵绿道、观景台、古民居相映相趣，奇峰异石、青山秀水，山水自然景观独特，有着浓厚的苗族文化气息。

坪朗村平均海拔200m，生态环境得天独厚，属于典型的喀斯特地貌，森林覆盖率达75%以上。村落气候适宜，属于典型的山地大陆季风气候。并且其峡谷地质结构无大断层，形成了峒河流域田园风光的自然旅游资源。

3）历史源流

坪朗村始建于明中期，距今已经400多年，是一个苗族聚居的古村落，在村落发展过程中形成了规模较大的传统建筑群落。

图4-286 坪朗村平面图

2. 村落布局与空间特点

坪朗村地处武陵山脉中段，境内地貌以山地丘陵为主，地势东西两边高、中间低，两侧峰林重叠，沿峒河流域形成了一个峡谷地带，是全村地势平坦之地，主要分布有农田和村庄建设用地。

坪朗村民居富有特色，苗寨依山而建，飞檐翘角，封火墙、雕花窗等造型奇特，格调鲜明。村落依山傍水，民居青砖黑瓦、层层叠叠，是国道209一道亮丽的风景线（图4-287）。

3. 建筑特征与人文景观

1）建筑特征

坪朗村内建筑以1~2层为主，2层建筑主要分布在国道319两侧，而一层建筑主要为木结构建筑。民居建筑的结构形式表现出很大的灵活性和随意性。其最大的特点是在穿斗式木构架之上再加斜梁，即在柱子和瓜柱的顶上，沿着屋架的方向，顺着屋顶坡度放置一根圆木，从屋脊一直延伸到檐口，这根圆木就是斜梁。和一般穿斗构架不同的是，檩子放置在斜梁之上，而不是放在柱子或瓜柱之上。这样一来，斜梁之上的檩子和斜梁之下的柱子、瓜柱就不必一一对应，檩子可以根据需要随意放置，柱子和瓜柱也可以根据需要而随意设置，整个屋架有了较大的自由度（表4-67、表4-68，图4-288）。

图 4-287 坪朗村全景

建筑年代统计表　　　　　　　　　　　　　　　　　　表 4-67

年代分类	建筑面积（m²）	比例（%）
清代	1128.85	12.77
民国	796.65	9.00
20 世纪 50~70 年代	1942.93	21.97
20 世纪 80 年代以后	4947.86	56.26
总计	8816.29	100

建筑高度统计表　　　　　　　　　　　　　　　　　　表 4-68

层数	建筑面积（m²）	比例（%）
1 层	4598.02	51.99
2 层	3854.51	43.59
3 层	390.76	4.42
总计	8843.29	100

　　乡间宅院的朝门则是朴素间多了几分自然的野趣。疏疏密密的篱笆或是一圈垒石垒土成为院墙，朝门多为木制，由立柱支起的屋架上搭起两坡顶，但细部的一些装饰，如门口的两颗吊瓜柱、拱形挑枋等是湘西苗族民居的特有做法，俗称"吞口屋"。所谓"吞口"，即民居正中大门这一开间的正面墙壁和大门向后退一定距离，形成一个向内凹的入口，又称"虎口"，有"聚宝进财"的含义。

图 4-288　苗族民居

2）人文景观

村内民居富有特色，古民居、古青石板路、古街巷、古凉亭等保存完好，水碾、古树、古渡口犹在，在坪朗村还保存有清代兵器打造洞遗址（图 4-289）。

4. 非物质文化遗产

苗族鼓舞：湘西苗族鼓舞据历史文献记载源于汉代以前，产生在苗族祭祀活动中。随着时代的变迁，苗族鼓舞已成为苗族人民最喜爱的舞蹈艺术形式。湘西苗族鼓舞的种类多达几十种，常见的有：花鼓舞、猴儿鼓舞、女子单人鼓舞、男子单人鼓舞、团圆鼓舞。这些舞蹈动作的特点是：打鼓起舞，节奏明快，动作舒展大方，双手交替击鼓，两脚轮换跳跃，全身不停扭摆。《猴儿鼓舞》灵巧多变，风趣诙谐，挑逗戏耍，时而打鼓、时而离鼓、表演协调。《花鼓舞》温婉妖媚，轻盈柔软，身态柔美，极富表现。《男女鼓舞》多为屈膝矮桩，全身舞动，动作粗犷，豪放刚健。《女子鼓舞》双脚轮梭，步法灵活，头稍摇动，腰随扭摆，含蓄抒情。《团圆鼓舞》场面宏大，时而边歌边舞，柔慢抒情，时而激情狂舞，轻松活泼（图 4-290）。

图 4-289　古凉亭　　　　　　　　　　　图 4-290　湘西苗族鼓舞

苗绣：苗族的刺绣不仅热烈奔放，而且蕴含着神秘悠远的篇章，苗绣中的龙更以其丰富的意象与中华民族的开创历程紧密地联系在一起。从这些残存着"人神混同""人兽混同""自然物类混同"的原始思维特征的绣品中能够看到，苗族人民营造出的龙是那样的率真稚气、热烈奔放、神奇壮丽、自由不羁。苗族服饰的刺绣工艺有其独特性，如双针锁绣、绉绣、辫绣、破纱绣、丝絮贴绣、锡绣等。刺绣的图案在形制和造型方面，大量运用各种变形和夸张手法，表现苗族创世神话和传说，从而形成苗绣独有的艺术风格和刺绣特色（图4-291）。

水磨手工豆腐：坪朗以豆腐闻名，坪朗水磨手工豆腐已有几百年的历史。传统的手工豆腐流程是加上好水、好豆，让坪朗豆腐中有一股特有的豆香。坪朗村的豆腐由于手工制作流程复杂，每天都是限量生成，周围的寨子甚至吉首市区都有人专程跑到坪朗买豆腐。如今在坪朗三组还有一个规模较大的水磨豆腐手工作坊（图4-292）。

图4-291 苗绣

图4-292 水磨手工豆腐

4.4.2 泸溪县八什坪乡欧溪村

1. 村落概况

1）地理位置与村庄规模

欧溪村地处泸溪县西北部，地理坐标为东经110°11′、北纬28°34′，距县城50km。

欧溪村村域面积14.3km²，户籍人口2059人，村内以湘西苗族的瓦乡语言为主，系苗族村落（图4-293）。

2）自然环境

欧溪村属丘陵地貌，龙湾山、岭上、豆子坳三山合围，自然环境保护较好，有1万多亩省级生态林区，公路两旁吊脚楼随处可见，欧溪、茶坪溪、婆田溪、曹家溪、电湾溪、洪水溪等小溪从老山自上而下汇入村内。村落地处亚热带季风气候，多年平均气温13.2℃。

图 4-293 欧溪村平面图

3）历史源流

欧溪村形成于元代，因村落整体形态酷似犁田用的牛耙而称为"欧溪村"。古时当地驿站"沅泸古"成为来往行人的休憩地，人流川流不息，也是附近商人贸易的中转站。

2. 村落布局与空间特点

欧溪村坐落于青山脚下，本地地形有半边月地，七把叉地，七星高照。村落有一军田坪为虎形地，屋后杉木连片，虎形地、船形地等相互制衡，依山傍水，生产极为方便（图 4-294）。

欧溪村具有典型的农耕社会文化特点，由于其聚居地大多在山区，土地弥足珍贵，苗胞过着"刀耕火种"式的农耕生活。苗胞视土地为珍宝，其建筑往往是以平

图 4-294 欧溪村建筑群

地上的耕田为中心，将基址选择在山脚下，村落内部的建筑布局仍体现出典型的农耕化特点。全村有小溪蜿蜒穿村而过，形状似蛇。清一色全木结构青瓦盖顶的木房一幢接着一幢。

整个村落的格局可以概括为："三山一水夹良田，八溪汇聚拥苗寨"。"三山"指豆子坳山、龙湾山、岭上山；"一水"即欧溪水系。整体而言，欧溪村四周群山环绕，错落有致，层次分明，地势北高南低。整个村落像"隐居"于美丽群山之中的"世外桃源"。

3. 建筑特征与人文景观

1）建筑特征

村内建筑多为木质结构、三间四排五柱八挂建筑，两侧为住房，中间为堂屋，木料主要以杉木、松木为主。上面盖小青瓦，2层建筑有木质走廊。客人不宜随便住进主房屋，堂屋是用来接待贵宾或者家中老人去世之后作灵堂之用。欧溪村在很大程度上仍然保持着20世纪已经消失或改变的湘西原有的乡村面貌（图4-295、图4-296）。

欧溪村是典型的苗族聚集地，民居建筑以20世纪50~70年代建筑为主，占总建筑面积的58.26%；建筑层数以1层为主，占总建筑面积的71.15%（表4-69、表4-70）。

2）人文景观

古巷道：由古时居民就地取材的山石板铺建而成，由于村落地形高差大，内部巷道高低起伏，独有韵味（图4-297）。

古桥：村内保存有2座古桥。传说中有座小石拱桥无论外人谁过此桥，必先拜本方土地，否则乱箭射死。

图4-295 传统建筑

图4-296 李氏祖屋

建筑年代统计表　　　表4-69

年代分类	建筑面积（m²）	比例（%）
清代	524.87	5.59
民国	640.47	6.83
20世纪50~70年代	5466.14	58.26
20世纪80年代以后	2750.42	29.32
总计	9381.9	100

建筑高度统计表　　　表4-70

层数	建筑面积（m²）	比例（%）
1层	6675.31	71.15
2层	2706.59	28.85
总计	9381.9	100

4. 非物质文化遗产

欧溪村拥有的非物质文化遗产包括"苗族跳香"等传统苗族庆典活动，活动中包含众多传统文化表演，如口咬火犁、团圆鼓、苗歌等，还包含数纱、苗饰等传统服饰。

"跳香"是该村落及附近村寨独特的盛大节日，又称十月明香大会。一般在农历十月初举行，时间持续10~15天。它是苗家预祝风调雨顺、六畜兴旺、五谷丰登以及欢庆丰收的古老祭祀节日。跳香节一般由一寨或多个村寨全体村民共同参与，在发起的村落举行仪式，主要有请神、敬神、发童子、上车、退车，每寨轮流一天"跳香"，最后回到举办的村落进行大旋场结束（图4-298）。

图4-297　古巷道

图4-298　跳香

4.4.3　凤凰县山江镇东就村

1. 村落概况

1）地理位置与村庄规模

东就村位于凤凰县山江镇西北部，地理坐标为东经109°26′、北纬28°01′。地处山江苗族文化保护区境内，距凤凰县古城25km，距山江镇5km。

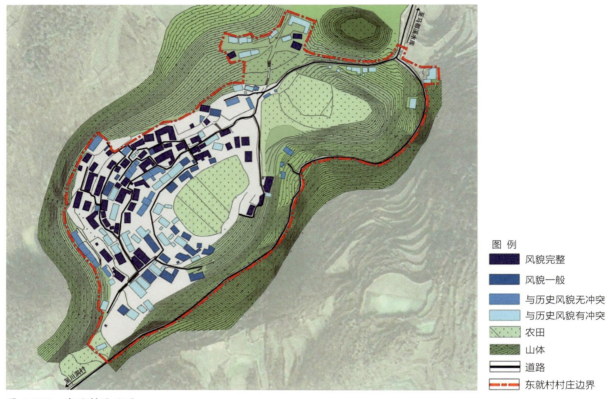

图 4-299　东就村平面图

东就村村域面积约为 5km²，是一个龙姓聚族而居的苗族明清古村落，现有 3 个自然寨，3 个村民小组，户籍人口 856 人（图 4-299）。

2）自然环境

东就村周边农田被丘陵环绕，自北向南呈现出"山脉 - 村落 - 农田 - 山脉"的环境格局。村落属亚热带北部季风性潮润、半潮润气候，全年四季分明，夏季高温多雨，冬季温和少雨。村落东北侧和西南侧有 2 棵树龄在 600 年左右的古树。

3）历史源流

东就村历史可追溯到明朝时期，村落内保存着大量明清时期的建筑，代表有龙家大院、吊脚楼学堂等历史建筑。村内以徐姓为主，聚族而居是一种基本的居住形态，宗法血缘脉络是村落的文化原点。

目前，寨子还保存着当年苗民抗争官府的古战堡和古战巷，身处其中，似乎能感受到当年苗民反抗官府的战争硝烟。民国总理熊希龄先生推行汉文字的"吊脚楼学堂"仍保存完好。

2. 村落格局与空间特点

东就村街巷修建于明末清初，全部采用整齐古石板铺成，穿村而过，清幽古朴。以古建筑片区为中心，村庄坐北朝南，明清建筑范围集中，古村落呈典型的环状分布。中华人民共和国成立后，村庄范围开始向外扩张，以北侧和西侧山体作为倚靠，向东西方向延伸，村庄现状整体轮廓呈带状。整个寨子以石头建筑为主，石板巷、泥巴房、吊脚楼等鳞次栉比，用材考究，体现了"人宅相扶，感通天地"和"天人合一，以人为本"的建筑思想（图4-300）。

图4-300 东就村鸟瞰

从南侧向村庄望去，一大片绿色的农田先映入眼帘，其次是依山就势的古村落传统建筑，以山丘作为背景，山上植被茂密。透过村庄极目远眺，看到村落外围的山脊轮廓，形成"青山、碧水、绿地、蓝天"的村庄天际线，这是一种自然的存在，让人感受到恬淡和闲适之美。

3. 建筑特征与人文景观

1）建筑特征

东就村建筑群呈太极环状排列，整齐有序，大小巷道交错纵横，错落有致。村落经过几百年的历史积淀，至今保存有大量特色的历史建筑，其中以龙家大院、吊脚楼学堂等历史建筑为重点（图4-301）。

图4-301 东就村建筑群

龙家大院代表当时的富贵人家，为龙八月一口气建成，第二年封墙，可见其财大气粗。院内马头墙高翘，仰天而起，青砖灰瓦，朴实素雅，整栋房子外观气势壮观、宏伟，距今已有300多年的历史（图4-302）。

图4-302 龙家大院

2）人文景观

古井：东就村内的古井，按照位置分布即东、南、西、北。保存较好并依然在使用的有南北两井，北井位于村西北侧，整体青石圈做井口，下为青砖扣砌，水面距离井口3m左右；南井位于村西南，井圈原为整块青石制作，后村民用青砖和水泥加固，水面离井口2m。

古寨门：位于村庄东北侧和西南侧，共计2处，保存完好（图4-303）。

石窝：东就村现存石窝1个，现状保存良好，为古代村民打年糕等使用。

图 4-303　古寨门

图 4-304　苗族服饰（黄晓海 摄）

天然溶洞：位于东就村苗寨村口，该洞以奇、秀、巧、隐、幽五大特色著称，共分为上下两层，蔚为壮观宏大，曾经是土匪纠集、藏宝、饮血酒盟血誓的地方，有机枪眼、三叠瀑、盟誓台、天山雪莲、雷公鲜桃、凤凰起舞等景点，有"天然艺术宫"之美称，千姿百态的石笋、石柱、石瀑、石钟乳、石葡萄构成了一幅幅无比瑰丽的画卷，真可谓"集古今奇观于一洞，汇天地美景在一寨"。

4. 非物质文化遗产

苗族服饰：苗族服饰式样繁多，色彩艳丽。苗族妇女的服装有百多种样式，堪称中国民族服装之最，较有代表性的传统"盛装"，仅插在发髻上的头饰就有几十种（图 4-304）。

盘歌：苗族青年男女向对方表达心愿、显示才能的一种古老的对歌方式。男青年看中了某位女青年，便带两个年龄相当的同伴，一起去到姑娘的家，找她的长辈说明来意。若姑娘的父母亲回答："还没人家，是同班辈的"，便准许盘歌。盘歌的歌会，由女方老人安排，男女双方参加对歌的同伴，既当参谋，又为自己找对象（图 4-304）。

蜡染：按苗族习俗，所有的女性都有义务传承蜡染技艺，每位母亲都必须教会自己的女儿制作蜡染。所以苗族女性自幼便学习这一技艺，她们自己栽靛植棉、纺纱织布、画蜡挑秀、浸染剪裁，代代传承。在此状况下，这些苗族聚居区形成了以蜡染艺术为主导的衣饰装束、婚姻节日礼俗、社交方式、丧葬风俗等习俗文化。

4.4.4 凤凰县千工坪镇关田山村

1. 村落概况

1）地理位置与村庄规模

关田山村位于凤凰县千工坪镇东北部，地理坐标为东经 109°59′、北纬 28°07′，距县城 15km。

关田山村村域面积 8km²，全村有 5 个自然寨，分别为关田山、大白岩、小白岩、高坝、桐油喇，村内有 8 个村民小组，户籍人口 1513 人，是一个纯苗族聚居村（图 4-305）。

图 4-305　关田山村平面图

2）自然环境

关田山村地形以中低丘陵为主，地势较为平缓开阔，垄田较多。村内多生态林地及农田，植被覆盖率较高，风景秀丽。

村落属中亚热带季风湿润性气候，流经村内的河流为三里湾溪，村内地下水源丰富。

3）历史源流

关田山村在明代因苗民屯兵而形成，发展至今已有几百年历史，古时是湘西唯一的"贡米"基地。

2. 村落布局与空间特点

村落位于山间谷地，自然条件优越。村庄四周被长坡、雷公山、高坝山、石脑山等山体环绕，石脑山以南有高坝河，流水潺潺，宛若一幅巨大的山水画屏。村内自然植被丰富，村落及农田位于各山头所形成的平谷地段（图 4-306）。

图 4-306　关田山村建筑群

3. 建筑特征与人文景观

1）建筑特征

关田山村传统建筑依山而建，坐北朝南。村落始建于明代，目前村内有 3 座清代建筑、39 座民国建筑。古民居是典型苗族特色的黄泥砖加木构建筑，建筑基础由石板垒砌而找平，墙体由黄泥砖构成，小青瓦屋顶，构成别具一格的乡土景观（表 4-71、表 4-72，图 4-307）。

建筑年代统计表　　　　　　　　　　　　　　　　　　　　　　　表 4-71

年代分类	建筑面积（m²）	比例（%）
清代	261.26	2.51
民国	4274.29	41.09
20 世纪 50~70 年代	394.69	3.80
20 世纪 80 年代以后	5471.23	52.60
总计	10401.47	100

建筑高度统计表　　　　　　　　　　　　　　　　　　　　　　　表 4-72

层数	建筑面积（m²）	比例（%）
1 层	5238.07	50.36
2 层	1793.07	17.24
3 层	3370.33	32.40
总计	10401.47	100

图 4-307　建筑风貌

图 4-308　古巷道

2）人文景观

古巷道：村落古巷道由古时居民就地取材的青石板铺砌而成（图 4-308）。

古井：村内现存 2 处古井，一处为明代建造，一处为民国时期建造。古井位于村落南侧，与村落隔路相望。主井井水一年四季清泉汩汩，是当地居民生活、灌溉用水的主要来源。

4. 非物质文化遗产

"四月八"跳花节:每年农历四月初八这天,在清脆悠扬的木叶声中,成千上万的苗族男女都要穿上民族节日的盛装,从四面八方涌入活动现场,祭天地、祭祖先、祭英雄、祭神灵,唱着山歌,跳着苗家舞蹈,欢度自己的传统节日。如今,一年一度的中国·凤凰苗族"四月八"跳花节已成为湘、黔两省边区苗族、土家族、汉族等各民族共同狂欢的节日,各民族男女青年也借此机会,通过自己饱含深情的舞姿与歌声寻找意中人,"四月八"跳花节也因此被称为"东方情人节"(图4-309)。

"六月六":苗族纪念祖先高辛氏为盘瓠生六男六女,他们成双成对繁衍后代,创造了美好的生活。每年"六月六",苗家人都要举行盛大的苗族歌会,用歌声表达爱慕传情送意。另外还有"九月九""腊月二十三""苗家小年"以及一些丰收节庆祝农忙和秋收的节日等。

赶边边场:苗家青年求爱方式——赶边边场。在苗族风俗中,湘西苗家姑娘逢赶集,都要花半天甚至一天工夫修眉毛、备新衣、带金银、打扮得花枝招展,成群结队地唱着歌儿赶场,在赶场中对着歌儿,寻找他们称心如意的意中人,谓之"赶边边场"。歌唱的内容包括相见、讨糖、问姓氏、催请、赞美、定情、分离等方面。有时唱至通宵达旦,这是苗族青年男女进行社交,寻找意中人的一种方式(图4-310)。

图4-309 "四月八"跳花节

图4-310 赶边边场

4.4.5 凤凰县木里乡黄沙坪村

1. 村落概况

1)地理位置与村落规模

黄沙坪村位于凤凰县木里乡东部,地理坐标为东经109°57′、北纬28°04′,距县城仅10km。黄沙坪村村域面积3.6km²,辖5个村民小组,户籍人口868人,是一个纯苗族聚居村(图4-311)。

2)自然环境

黄沙坪村以中低山和平原为主,地势较平缓开阔,谷少坡多、垄田较多。多为生态林地及基

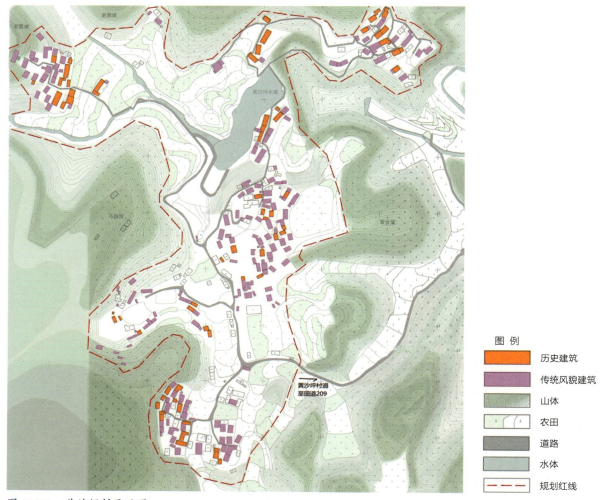

图 4-311 黄沙坪村平面图

本农田用地，植被覆盖率较高，风景秀丽。村落属亚热带季风性湿润气候，地下水资源丰富，可满足农业生产和生活用水。

3）历史源流

据《凤凰厅志》记载，夏、商、殷、周以前，黄沙坪村为"武山苗蛮"之地，村落现仍保留有许多古代兵器（图 4-312）。先民在此建村是为了躲避战乱，村落从明代发展至今，形成了规模较大的传统建筑群落。

2. 村落布局与空间特点

村落位于四周山体环绕的盆地中，依山而建，村域的北侧有一条溪流，沟内溪流潺潺，自然植被丰富，村落四周分别被狮子山、双女坡、马脑坡、老那坡等山体围绕，宛若一幅巨大的山水画屏，村落及农田位于各山脚所形成的平谷地段。

图4-312 村落现保留的古代兵器（贺鹏 摄）

图4-313 黄沙坪村全景（贺鹏 摄）

村落格局和整体风貌可以概括为以自然山水为基底，以民居建筑为载体，以人文景观为内涵的"一村五寨稻田间，一溪五山怀中抱"的整体格局（图4-313）。

3. 建筑特征与人文景观

1）建筑特征

黄沙坪村传统建筑是具有典型苗族特色的石板泥砖木构建筑，建筑由没经过烧制的黄泥小方砖垒成，间隙也是黄泥，除了黄泥中有被截成一小节一小节枯黄的与其颜色一致的稻草外，未进行其他加工。露出地面1m高的地基，是用一层层的青石堆成，每一家屋前，都是石板铺地用来晒谷的禾堂。青瓦屋顶，建筑朝向自由，构成别具一格的乡土景观，也造就了纯粹、自然、原始的建筑特色（表4-73、表4-74，图4-314）。

建筑年代统计表　　　　　　　　　　　　　表4-73

年代分类	建筑面积（m²）	比例（%）
清代	1352.77	11.83
民国	1318.32	11.53
20世纪50~70年代	1145.07	10.02
20世纪80年代以后	7616.35	66.72
总计	11432.51	100

建筑高度统计表　　　　　　　　　　　　　表4-74

层数	建筑面积（m²）	比例（%）
1层	9459.20	82.74
2层	839.00	7.34
3层	1134.31	9.92
总计	11432.51	100

民居建筑一般为三间，中间一间为堂屋，堂屋两侧两间为主卧，居中的是"火铺"，兼具厨房、餐厅和客厅的功能。

村落建筑一般是一二十户或四五十户为一寨，也有多到百余户的。一寨一姓，聚族而居，多姓的也按姓划片，很少交错混杂居住。

2）人文景观

古巷道：黄沙坪村内石阶巷道保留完好，始建于清代，巷道2m宽，约1600m长，基本以条形石堆砌而成（图4-315）。

古桥：建于清代，至今依旧保存完好，长2.5m，宽1.5m（图4-316）。

图4-314 民居建筑（贺鹏 摄）

土地庙：村内土地庙用于消灾消难，保平安和火神的祭拜。每逢农历初一、十五，村寨的居民会前来烧香祭拜。过年时，在位于村寨中心的土地庙处，村民会隆重祭拜，祭品丰盛，全村供奉3天。

古井：村落现存3处古井，表面铺装、古井结构等原始风貌均保存较好。

4. 非物质文化遗产

苗家对歌：苗族山歌分为劳动歌、情歌、风俗歌、故事歌、识字歌、谜语歌等部分。劳动歌一般在田间地头或山上打柴、放牧时歌唱。主要内容是传授生产知识，交流技术、抒发美好的愿望。情歌包括传统情歌和男女青年社交的对歌，通过唱情歌使男女青年互相了解，达到结为伴侣的目的。主要内容有相会、交谈、相思、求爱、赞美等。风俗歌包括起屋上梁歌、哭嫁歌、结婚拦门歌、踩门歌、丧葬歌、打油茶歌、劝酒歌等，大多在喜庆佳节和红白喜事时演唱，内容以家发人财旺为主。识字歌以识字为主，通过唱歌可以使不识字的人认识一些字。故事歌按传说中的故事编成歌，然后演唱。谜语歌以猜谜为主，通过唱歌可以增长知识，启迪智慧。

图4-315 古巷道（贺鹏 摄）

黄沙坪村非物质文化遗产中的赶边边场与关田山村（见4.4.4）相同。

图4-316 古桥

4.4.6 花垣县雅酉镇高务村

1. 村落概况

1）地理位置与村庄规模

高务村位于花垣县雅酉镇东部,地理坐标为东经 109°42′、北纬 28°22′,距花垣县城 72km。高务村村域面积 5.16km²,户籍人口 720 人,多为苗族人口(图 4-317)。

2）自然环境

高务村坐落于四面环山的凹地,地形较为复杂,属于高山地区,海拔 700~800m,山高谷深,高差悬殊。村落四周山林植被茂密,古树较多(图 4-318)。

村落属于亚热带季风山地湿润气候区,受季风影响,气候温和,四季分明,光照充足,雨水充沛。村落左右两边都是水,南部靠近高务河,支流横贯村落境内,水量丰富。

3）历史源流

据传"逐鹿之战"后,蚩尤部落后裔带着战争的创伤,逃离黄河流域的中原大地,开始了艰辛的长途迁徙,他们跨长江,经湖北直入湘西深山老林。南迁的蚩尤部落后裔中,一支五兄弟的

图 4-317　高务村平面图

隆氏家族，带着妻室儿女，来到了山清水秀的地方安居下来，结束了他们的长途迁徙生活。这个骁勇善战的隆氏家族，在这片蛮荒之地开荒造田，繁衍生息，传承农耕文化，沿袭至今。

2. 村落布局与空间特点

高务村是依山势斜坡而聚居坐落于山腰的村寨。周围群山环绕，东临凤凰、花垣交界的乌鸦大峡谷。村落位于山间的小盆地，村落外围群山环绕，高务河

图4-318　高务村鸟瞰图

从寨前流过。村落三面环山、一面环水，一条公路从东至西穿过村落。村落小巷均以青石铺地，巷道、建筑布局相宜（图4-2）。

3. 建筑特征与人文景观

1）建筑特征

传统民居以石质结构建筑和木质结构建筑为主，因为石头坚固，房子不怕水火，因此现存大量清代建筑和民国时期建筑。

村内民居多为1层建筑，多由石制基础通过木材梁柱支撑整栋建筑。传统建筑集中连片且保存完好，砖墙围护，木雕、石雕、砖雕丰富多彩，巷道、建筑布局相宜。村落空间变化韵味有致，建筑色调朴素淡雅，体现了湘西古村落人居环境营造方面的杰出才能和成就，具有很高的历史、艺术、科学价值（表4-75、表4-76，图4-319、图4-320）。

建筑年代统计表　　　　　　表4-75

年代分类	建筑面积（m²）	比例（%）
清代	2158.83	10.96
民国	2329.3	11.82
20世纪50~70年代	3081.94	15.65
20世纪80年代以后	12128.46	61.57
总计	19698.53	100

建筑高度统计表　　　　　　表4-76

层数	建筑面积（m²）	比例（%）
1层	16993.72	86.27
2层	1920.78	9.75
3层	784.03	3.98
总计	19698.53	100

图4-319 张海涛民居

图4-320 民居石墙

2）人文景观

古桥：高务村古桥位于村落主干道中部地段。桥作为构筑物，跨越天然或人工障碍物而修建，是道路的重要组成部分。高务村古桥是以石作为主要材料的拱桥。石拱桥无论是实用方面，还是经济、美观方面都起到重要作用（图4-321）。

古寨门遗址：高务村寨门遗址位于村寨南部进村入口处。苗寨的寨门实际上不具有防御和隔离的意义，只是作为一种精神的标志，具有阻挡鬼怪和村寨聚落边界的作用。

瞭望塔：高务村瞭望塔从内部构造、社会文化、艺术造诣等方面来看，其历史、年代都具有极大的景观价值。

古巷道：由于高务村当地拥有丰富的沉积岩石料，石料方正，个体巨大且整体性好。成为村内主要的建筑材料及铺地装饰材料，古巷道分布于村内的各街巷。

4. 非物质文化遗产

苗唢呐：吹奏的曲调有六点曲、插花腔、五打六、四门曲、六打七、二胡调等长、短格6种。内容涵盖祝贺调、欢乐调、迎宾调、送客调、敬酒调、答谢调、请八仙、蝶恋花、蜂过坳、林鸟语、山泉声等。曲调优美，情感动人。演奏时，围者成群，恋恋不舍；或如痴如醉，似癫似狂；或情不自禁地踏着节拍，起身欲舞。龙国清、龙志国是本村苗唢呐的传承人。

苗绣：湘西苗绣传承发展有500多年历史，至今高务村35~50岁之间的绣娘有38人，50岁以上的绣娘13人，常年在家并从事刺绣技艺

图4-321 古桥

的有 11 人。苗绣的艺术美感与苗族传承习俗、民族图腾、苗族村落艺术协调一致、自成一体，古村落所能体现的苗族文化传统基因，是苗绣赖以生存、发展的土壤水分，是苗绣生存发展的文化空间。麻满英、吴桂女的苗绣技艺和产品远近闻名，经常有人来拜访或者聘请其刺绣（图 4-322）。

酿酒：高务村酿酒以苞谷为原料，以传统的酒曲为发酵剂开家庭酿酒作坊（图 4-323）。

图 4-322 苗绣

图 4-323 酿酒

4.4.7 花垣县排碧乡十八洞村

1. 村落概况

1）地理位置与村落规模

十八洞村位于花垣县排碧乡南部，地理坐标为东经 109°15′、北纬 28°10′，距县城 34km。

十八洞村村域面积 13.8km²，户籍人口 989 人，全村村民以苗族聚居为主（图 4-324）。

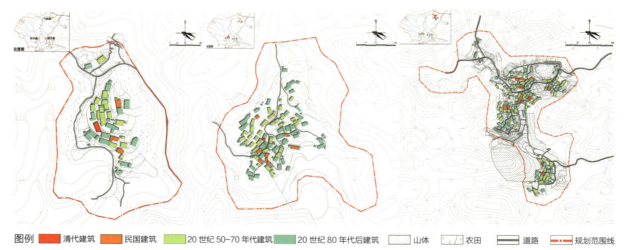
图 4-324 十八洞村平面图

2）自然环境

十八洞村属于亚热带季风气候，地形为典型的喀斯特地貌，海拔700m左右。村落四面环山，山高坡陡、原始森林资源十分丰富，自然景观独特，辖区内有18个天然溶洞组成的巨大溶洞群，洞洞相连、形态各异、别有洞天。

3）历史源流

由于湘西曾经隶属夜郎古国，而当时的十八洞远传三相四水，故十八洞至今以夜郎十八洞命名，这里的村落因此而叫十八洞村。十八洞庞大的洞系，丰富的水文，在大兴水利的年代曾经被口碑相传。

扶贫工作队进驻十八洞村后，与村支两委共同开创突出精准识别扶贫对象、精准发展致富产业、精准改善安居环境、精准提供公共服务、精准创新扶贫机制的"五个精准"。同时注重将长、中、短期产业相结合，因地制宜发展特色养殖、特色种植、苗绣加工、乡村旅游、劳务输出等五大支柱产业，积极探索可复制、可推广的精准扶贫模式。在十八洞进行精准扶贫的诸多探索中，成效最为显著的是乡村旅游产业的发展。

"精准扶贫"这一理念的提出，给十八洞村建设带来了巨大的机遇，如今，全村基本实现脱贫摘帽（图4-325）。

2. 村落布局与空间特点

村落于明末清初形成，最先在梨子寨山脚下的洼地聚居，由于山体滑坡等自然灾害的影响，逐步迁至高处形成分散居住的梨子寨、飞虫寨、小寨寨、竹子寨等四个自然寨，山洞寨落植被丰富，无序依山而建。十八洞村一直没有间断地保持着近缘聚居地，经过近百年稳定而不间断的发展，村落形成了独具地域特色的乡土文化，并反映在乡土建筑、乡土生活、宗族道德伦理观念等诸多方面。

十八洞村村寨之间山川相连，耕地环绕，周边多条溪水纵横交错，形成错落有致的山水格局。村落的选址有着理想的景观模式，把乡村景观都纳入了天人合一的现代文化框架中（图4-326、图4-327）。

村落内部道路以土路和石板路为主，仅有一条水泥道路（319国道——十八洞村的入村道路）。古村四通八达，犹如扇形，以入村口为起点，分若干条石头小路向全村辐射。

图4-325 "精准扶贫"理念

图 4-326 十八洞村梨子寨

图 4-327 十八洞村竹子寨

3. 建筑特征与人文景观

1）建筑特征

十八洞村民居具有苗族房屋的典型特征。村中民居坐北面南，依山而建，整齐有序。以木结构建筑为主，含有少量汉文化因素的砖木结构建筑。村落建筑布局格调、装饰手法都有其独到之处；既有传统的南方宅院式的建筑特点，又有苗族建筑的独特风格和完整的历史风貌。村落民居建筑有小青瓦，花格窗，司檐悬空，木栏扶手，走马转角，古香古色，充满湘西传统民居文化底蕴（表 4-77、表 4-78，图 4-328、图 4-329）。

建筑年代统计表　　　　表 4-77

年代分类	建筑面积（m²）	比例（%）
清代	458.00	1.41
民国	2990.00	9.20
20 世纪 50~70 年代	10523.00	32.38
20 世纪 80 年代以后	18531.00	57.01
总计	32502.00	100

建筑高度统计表　　　　表 4-78

层数	建筑面积（m²）	比例（%）
1 层	30587.00	94.10
2 层	1617.00	4.98
3 层	298.00	0.92
总计	32502.00	100

图 4-328 十八洞村建筑群

图 4-329 建筑风貌

村落多以 1 层建筑为主，木房多由石制基础通过木柱支撑起整栋建筑，采用五柱八挂的穿斗式木结构，"飞檐"悬出正屋，造型舒展向上。房屋上的挑梁，呈弯曲状，整个房屋架在石登岩上，离地一尺，便于通风防潮。苗家房屋，前后出檐较大，堂屋门前有意留下一片空地，使堂屋门处两侧，檐柱与金柱之间，形成一个凹形"吞口"，大门退至金柱，左右两侧板壁装齐檐柱，从而，大门地面与阶沿连成一片，呈"凸"字形，苗家人称之为"籽蹬屋"。房屋格局多以三柱四棋、四排三间为主，中间为正屋，两边为厢房，或左配厢房右配吊脚楼（图 4-330）。

屋顶：屋面一般是双坡木屋架，加盖小青瓦。屋顶大多是悬山式，高低错落、造型生动，在山墙内除墙外，一般不设木构架，而把砖墙一直彻到檐口，在檐口上铺瓦，并做砖封檐。屋顶脊尾一般用砖或瓦叠成高高翘起的样子。

门：十八洞古民居大门门仪上方有讲究的门罩，用青砖叠涩外挑几层线脚做成门罩，加以垂柱，雕刻梁枋，饰以鳌鱼花脊；书香门第则在门梁上的墙面嵌上镶边的字牌，衬以彩画、砖雕花板，显得非常华丽。大门的门簪一般均用浮雕各种八卦等吉祥图案，并饰以彩绘，雕工一般高超，犹如龙的眼睛，特别吸引人的眼球。

窗户：古民居的窗大多是直棂窗，简洁，明快，窗檐常用砖做成叠涩状或半圆形。大门上的窗户一般是花窗，花窗外形美观，构造复杂，窗格充分利用棂条间相互榫接拼联组织各种精美的图案，点缀一些木雕画花心、结子等小饰件，增添了不少趣味。棂阁与棂阁之间有花草、飞禽等精巧的镂空花饰与之相连，显得精巧、活泼，富有生机和灵动（图 4-331）。

图 4-330 传统民居

图 4-331　传统民居窗户雕刻

图 4-332　古井

2）人文景观

古井：十八洞村域范围内共有 6 处古井。古井口都用青石板围合，井口三侧及上方均用方形砖块堆砌，形成一个棚状构筑物，用以保护古井水质。古井年代久远，有着厚重的历史感，是十八洞村的重要历史构筑。古井的井水清澈见底，口感清爽甘甜，滋润着十八洞村的土地，养育着十八洞村的祖祖辈辈（图 4-332）。

石板路：村落内有纵横交错的多条青石板路，采用大小规格较一致的卵石铺成。

4. 非物质文化遗产

湘西苗绣：现存的苗绣起源于古代濮人的雕题纹身。濮人后裔南蛮发明了蚕桑之术后，雕题纹身开始从残酷的护身艺术形成美的刺绣装饰艺术，出现了朱砂描画、凿花剪纸、蛮妇绣花，到现今精美的苗族刺绣。苗绣充满了幻想的风格，同时又具有不同的氏族、部落族徽图腾崇拜的特色。苗族刺绣的立意表达立足于深刻的寓意，图案内容和配色具有图腾古风的主体性、色阶趋向性。用布多样、灵活有效又依据绣法不同而别。苗绣的针脚有自己独特的系统，即绣、插、捆、洒、点、挑、串、边八大类 20 多种（图 4-333）。

图 4-333　苗绣

苗族鼓舞：据苗历算，苗年在十月，正是五谷收尽之时。五谷，乃天赐之物，当然要谢天谢地，于是就举行"舞天"活动，《跳年鼓舞》则是舞天形式之一。鼓舞广泛应用于各种节日、婚娶喜庆和男女交往中，成为广大苗族人民表示欢乐、交流感情、自娱自乐的群众性舞蹈（图4-334）。

苗族绺巾舞：起源于远古时代，经过漫长的历史演变过程，不断地得到丰富和发展，成为苗族民间舞蹈之一。绺巾舞表演时使用的绺巾、司刀在锣、鼓、大钹、唢呐伴奏下进行表演。表演者身着红、黑、青、白、花五色袍服，手持绺巾、司刀，随着音乐节奏表演。它具有娱乐性和健身性，由于表演者不受人数的限制，可以一人两人单独表演，也可以成百上千人排成长队一起表演，随着音乐节奏或进或退，左

图4-334 苗族鼓舞

旋右旋、屈腿直步、躬身举手、转身舞动，每完成上述动作一轮，舞动司刀一次，动作协调刚劲，庄重肃穆、古朴风雅，表演者既能娱乐，又能使全身得到锻炼，有益于身心健康。

4.4.8 花垣县排料乡芷耳村

1. 村落概况

1）地理位置与村庄规模

芷耳村位于花垣县排料乡东南部，地理坐标为东经109°58′、北纬28°36′。距国道209约7km，距吉茶高速矮寨路口9km，与吉首德夯景区交界，坐落于峡谷、夯湘谷上方。

芷耳村村域面积6.35km²，辖2个自然寨，6个村民小组，户籍人口789人，均为苗族（图4-335）。

2）自然环境

芷耳村地处亚热带气候带，受季风影响明显，气候特征为春季温度变化大，夏初雨水多，伏秋高温旱，冬季少严寒。

村落平均海拔680m，属云贵高原东部高山岩溶区，是典型的喀斯特地貌，沟壑纵横，谷涧幽深，自然风光十分优美，有"峡谷明珠、瀑布之源"的美称（图4-336）。

3）历史源流

相传蚩尤被黄帝打败后，他手下大将石开元率其中一支部队来到此地住下，意图东山再起。后来七个勇士顺山而下来到当时荒无人烟的德夯大峡谷打猎，发现其间风景优美，山水相得宜章，于是他们便在这片土地上生根发芽，开枝散叶。

2015年11月全国政协主席俞正声来到芷耳村，深入考察扶贫政策和措施落实情况。在芷耳村贫困农户家中拉家常、问生计，仔细询问基层医疗卫生保障情况，详细了解学生学习和生活情况。

图 4-335　芷耳村平面图

图 4-336　自然风光

俞正声强调，要紧密联系贫困地区、贫困人口的实际，多办一些顺民意、得民心的实事，多解决一些基础设施、医疗、养老等各族群众牵肠挂肚的问题，让各族群众共享改革发展成果。要加大职业教育力度，让更多的孩子通过教育和就业改变自己的生活和命运。

2. 村落布局与空间特点

村落位于山间，依山势而建，自然条件优越，特征明显。村落正中间是被包围的大片荷塘水田。村落四周分别被贝格恋（苗语）、哥巴乍（苗语）、阜央（苗语）、戈留（苗语）、贝格柔（苗语）、格鸡山（苗语）、大竹山等山体围绕，宛若一幅巨大的山水画屏。村落向南可达蚩尤大峡谷，山势蜿蜒连绵、景色壮阔秀丽，可看万丈悬崖、千米峭壁、流沙峡谷和九龙山瀑布群等。村落依山势而建，建筑层层叠叠，错落有致。一条条由古石板修筑起来的巷道在山间穿行。整个村寨就好似从山间生长出来一般，与周围环境融为一体（图4-337）。

3. 建筑特征与人文景观

1）建筑特征

芷耳村古建筑保存完好，保留有青瓦木房、吊脚楼170多栋，建筑冬暖夏凉，房屋结构多用三柱四棋或五柱六棋木结构建筑，少数房屋用青石片和黄泥山竹混合砌成，传统石门、传统石墙处处可见，其木雕石刻、柱础等多姿多彩，地域特色明显，充分体现了苗族工匠丰富的想象力和思维能力（图4-338、图4-339）。

图4-337　芷耳村鸟瞰

图 4-338 青石建筑

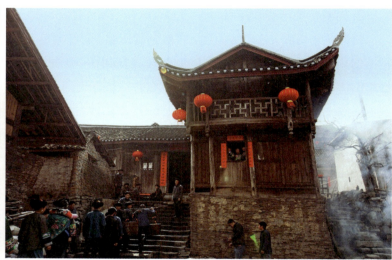
图 4-339 吊脚楼

村落建筑建造时间多集中在 20 世纪 80 年代以后，占比 61.26%；建筑层数多以 1 层为主，占比 80.48%（表 4-79、表 4-80）。

建筑年代统计表　　　　　　　　　　　　　　　　　　　表 4-79

年代分类	建筑数量（栋数）	比例（%）
明代	2	0.60
清代	60	18.02
民国	28	8.41
20 世纪 50~70 年代	39	11.71
20 世纪 80 年代以后	204	61.26
总计	333	100

建筑高度统计表　　　　　　　　　　　　　　　　　　　表 4-80

层数	建筑数量（栋数）	比例（%）
1 层	268	80.48
2 层	61	18.32
3 层	4	1.20
总计	333	100

2）人文景观

古巷道：由古时居民就地取材的青石板铺建而成，目前有部分巷道选用新的石材已翻新（图 4-340）。

图 4-340　茶马古道

图 4-341　古建筑遗址

古井：芷耳村现存在 5 处古井。古井开凿于清代，井水用以洗菜、洗衣。

古建筑遗址：现状在哥巴乍山上有一处遗留下来的古烽火台。现已作为一处举行传统节日的活动场地，由于所处地势较高、视野开阔，是一处绝佳的观景平台（图 4-341）。

4. 非物质文化遗产

苗族樱桃会：芷耳村"樱桃会"是花垣县芷耳村苗族人民世代相传的一种社交文化礼仪活动；是我国苗族地区未婚青年男女社交的节日，苗语称为"留枇瓦"，汉语直译是"摘樱桃"。每年春夏之交时，山上的樱桃熟了，一粒粒一串串红红紫紫的挂满枝头，姑娘、小伙们相邀上山，他们钻进樱桃林里，互相对歌，互敬樱桃，树上树下，歌声悠扬。在长桌宴上，情侣之间、男女之间用苗歌山歌进行敬酒、劝饭、进菜等。苗族"樱桃会"表达了湘西苗族地区的苗族青年追求自主婚姻、歌颂美满爱情的纯真情怀和生活向往。

庆苗年：芷耳苗族"庆苗年"是花垣县芷耳村苗族地区老百姓庆丰收，祈愿来年风调雨顺的一种大型活动，于每年冬至举办（图 4-342）。

赶秋：苗族赶秋是苗族欢庆丰收的节日，也是苗族青年男女进行社交的节日。赶秋，苗话叫作"赶场秋"，意为每年立秋这天，苗区逢到哪个地方是墟场，这个墟场便是当年秋场。赶秋的由来，有的说是"赶秋日"，有的说是"赶秋千"。秋日来临，收获在望，欢庆丰收，古来有云。赶秋节内容涵盖面很广，主要有拦门、接龙、打八人秋、苗鼓、苗族绝技、绺巾司刀舞、上刀梯、边边场等。随着时光的流逝和演绎，苗族一些传统文体活动，如武术、玩龙、舞狮、演出、展览和苗族青年男女社交活动等又融入其间，形成了"喜满秋场、情满秋场"的宏规巨模。

苗族鼓舞：湘西苗族地区最独特的舞蹈艺术。

图 4-342　"庆苗年"——做糍粑

图 4-343　苗族鼓舞

图 4-344　苗族打花带

据历史文献记载，苗鼓舞源于汉代以前，随着时代的变迁苗鼓舞有花鼓舞、猴儿鼓舞、八合鼓舞、团圆鼓舞、武术鼓舞等多种形式，已成为苗族儿女最喜爱、最普及的舞蹈艺术形式（图4-343）。

打花带：苗语称"腊繁"花带，是苗族人着盛装时的一个重要装饰。苗家儿女把一根根图案新奇、色彩鲜艳的花带系在腰间或者是缠绕在头上，花带成了她们最喜爱的装饰品和生活必需品（图4-344）。

苗家糍粑：苗族向来比较重视糍粑的制作和功用。逢年过节要打糍粑，祭祖要用糍粑，修建房屋要用糍粑，用糍粑招待贵宾胜过用鸡鸭猪狗招待。最有趣的是苗族青年男女从恋爱到结婚都离不开糍粑，每年腊月，苗族少女就要准备好各种形状的糍粑：三角形、圆形、长条形、五色糍粑最多，色质以最白者为佳。待到正月初一至初三有外寨苗族未婚青年男子来游春，可以用事先准备好的糍粑向正在跳芦笙舞的意中人的花腰包投掷，如男子也有意，就接收，如无意，可婉言谢绝。待到正月结束，男子邀约好友以一斤糍粑一斤糖送至女方家，女子请好友作陪款待男子及其亲朋。如有意，双方就可在以后的相月亮活动中交往，如无意，就不了了之。结婚第一年，男子要用一斗二升的糯米打成的大糍粑擀成簸箕状，装进麻布口袋中，挑至女方家。

4.4.9　花垣县排料乡金龙村

1. 村落概况

1）地理位置与村庄规模

金龙村位于花垣县排料乡东南部，地理坐标为东经109°64′、北纬28°42′。距县城50km，离吉茶高速路出口23km（图4-345）。

金龙村村域面积6.53km²，辖4个自然寨9个村民小组，户籍人口643人，多为苗族。

2）自然环境

金龙村属高山熔岩区，平均海拔900m。村落属亚热带季风气候，温度宜人，村南侧有夯不比、大九两条河流从峡谷底部穿过。

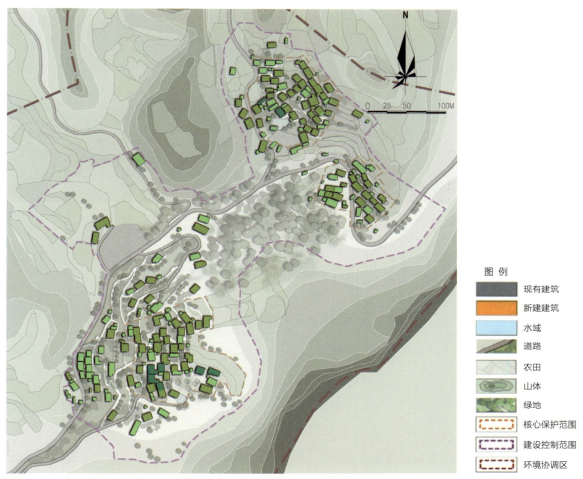

图 4-345　金龙村平面图

3）历史源流

金龙村原名"喷哝"（苗语，意思是种出的庄稼经常遭害虫吃掉，原来人们生活很艰苦），该村盘踞在悬崖上，故称"悬崖苗寨"。中华人民共和国成立后改名金龙村，是一个苗族聚居的古村落，现有古屋 31 栋，始建于清康熙年间（1661~1722 年）。

2. 村落布局与空间特点

村落位于山顶悬崖边，自然条件独特。村庄南部为蚩尤大峡谷，悬崖陡峭俊美。村落四周分别被戈勒、南平峰、苟报告等山体围绕，村落及农田位于崖顶缓坡地带，宛若一幅巨大的山景村落画卷（图 4-346、图 4-347）。

3. 建筑特征与人文景观

1）建筑特征

金龙村的古建筑为木结构，穿斗式的苗族"吞口屋"居多，巷道、建筑布局相宜。村落建筑

图 4-346 金龙睡佛

图 4-347 金龙村鸟瞰图

数量之多、质量之精，形成了为世人惊叹的古民居建筑群。此外，其在家居使用功能上也几乎达到了尽善尽美的程度（表 4-81、表 4-82，图 4-348、图 4-349）。

建筑年代统计表　　　　表 4-81

年代分类	建筑面积（m²）	比例（%）
清代	1957.06	9.15
民国	2968.73	13.88
20 世纪 50~70 年代	4341.16	20.29
20 世纪 80 年代以后	12124.13	56.68
总计	21391.08	100

建筑高度统计表　　　　表 4-82

层数	建筑面积（m²）	比例（%）
1 层	18306.43	85.58
2 层	2514.66	11.76
3 层	569.99	2.66
总计	21391.08	100

2）人文景观

古巷道：村落古巷道由古时居民就地取材的山石板铺建而成，由于村落地形高差大，内部巷道高低起伏，独有韵味（图 4-350）。

古井：古井开凿于清代，呈长方形，以青石砌成，坐北朝南，沿主井两边分布两口古井，用以洗菜、洗衣之用。主井水一年四季清泉汩汩，是当地百姓生活、灌溉用水的主要来源。

古排水口：现金龙村内存在若干处古排水口，凝聚了古代居民建设庭院排水系统的智慧。

图 4-348 建筑群落

图 4-350 古巷

图 4-349 传统建筑

4. 非物质文化遗产

金龙村保留至今、传承较好的非物质文化主要包括"庆苗年""樱桃会""苗族赶秋节"等传统民族文化庆典，在这些庆典活动中包含了众多传统文化表演，如唱苗歌、打苗鼓、拦门酒、上刀梯、吞火炭等。同时村落有众多传统美食，如糍粑、苗家腊肉、苗家酸鱼、干山野菜、黄豆鸭等。

4.4.10 保靖县葫芦镇木芽村

1. 村落概况

1）地理位置与村庄规模

木芽村位于保靖县葫芦镇东南部，地理坐标为东经 109°78′、北纬 28°49′。

木芽村村域面积 5.1km²，共有户籍人口 549 人，多为苗族（图 4-351）。

2）自然环境

木芽村依一条自西向东的山涧而建，后邻坡地及高山。该村小河边有一对黄山松四季常绿萌芽，旧名"夯水芽"。该村因夏季无蚊而闻名，又称"无蚊村"。全村森林覆盖率在 85% 以上，是保靖县动、植物资源极为丰富的村之一。

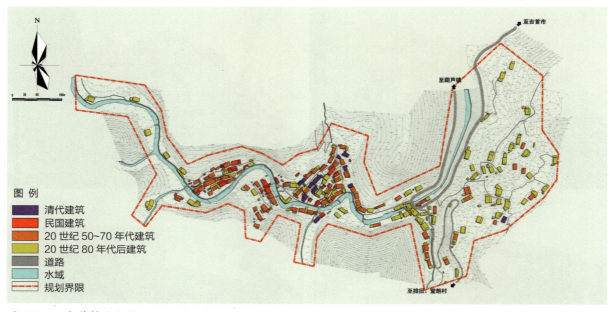

图 4-351　木芽村平面图

3）历史源流

木芽古苗寨经历了500多年的历史，最远为清代古居，逐步形成了规模较大的传统建筑群落。该村在中华人民共和国成立前是保靖通往州府的交通要道，这里环境优美，夏天凉爽，行人一般在此地栖息，故古时这里是较为繁华的一个村落。

2. 村落布局与空间特点

木芽村地形主要为山地，群山环抱。木芽古村整个村落的巷道、住宅等都较好地保留了苗寨建筑技艺传统风貌与历史格局。

古村选址讲究贴近自然，以山水为血脉，以草木为毛发，以烟云为神采。白鹤原始次森林是木芽古村落的重重"靠山"，村内有玉带水——木芽河由西向东穿村而过，正是"山起西北、水聚东南"的优质山水格局，同时也是村落内重要的景观（图4-352）。

3. 建筑特征与人文景观

1）建筑特征

木芽村民居有着苗族房屋的典型特征。村落苗族民居以木房为主，无论大小都为五柱八棋，四扇三间，正屋留"虎口"。该类房屋左右次间的前檐柱间装木壁，但很少开窗，中堂间大门退至前金柱间，由此大门前恰成一空间，即为"虎口"，为放置农具，脱卸草鞋，堆放桐茶果壳之地。堂内左右次间均不装壁，其中只设火床，因此堂间宽敞，作伏腊节日祭祀跳舞用。卧室设左右次间的后金柱与檐柱之间，狭小无窗，卧室楼上作谷仓。房屋两侧山头，用山竹编成"竹笆壁"，壁上粉草泥，充分彰显了民族文化的个性（表4-83、表4-84，图4-353、图4-354）。

图 4-352 木芽村鸟瞰

建筑年代统计表   表 4-83

年代分类	建筑面积（m²）	比例（%）
清代	1116.00	5.94
民国	1468.00	7.82
20 世纪 50~70 年代	6772.00	36.04
20 世纪 80 年代以后	9431.00	50.20
总计	18787.00	100

建筑高度统计表   表 4-84

层数	建筑面积（m²）	比例（%）
1 层	17905.00	95.31
2 层	646.00	3.44
3~4 层	236.00	1.25
总计	18787.00	100

2）人文景观

古井：木芽村现存古井 4 口，水质清澈。古井口都用青石板围合，井口三侧及上方均用青石板堆砌，形成一个棚状构筑物，用以保护古井水质。古井年代久远，有着厚重的历史感，是木芽村的重要历史构筑物。

石板路：村落内有纵横交错的多条青石板路，采用大小规格较一致的青石板铺成、延伸。

土地庙：村内现存一处土地庙，位于村口百年古树旁边（图 4-355）。

图 4-353 木芽村建筑群

图 4-354 龙柱坤古宅

图 4-355 土地庙

古街巷：由 3 条主要街巷构成了村寨的主要交通格局，古街巷格局保存较好，全长约 1000m（图 4-356）。

4. 非物质文化遗产

苗画：清代时期在单色传统绣花样稿的基础上，发展起来的一种独立画种。在湘西苗居，于门帘、窗幔、服饰、被面和房中装饰上，可见龙凤呈祥、喜鹊闹梅、五谷丰登等图案。苗画在旅游产品开发市场的潜力非常大，对于现代纺织面料的设计和创新开发研究也有很重要的意义。苗画不仅是苗族妇女美化生活的一种生产及装饰形式，更能折射出苗族文化的形象符号载体。苗族没有自己的文字，其民族文化的信息，除了口语外就是苗画等其他图案化语言，可以说，苗画这

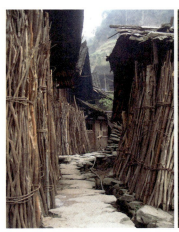  

图 4-356　村落内部古街巷　　　　　　　　　图 4-357　苗画

种原生态艺术很好地将苗族文化信息、传统吉祥图形传承了下来。因此，苗画这种画在纸上、布上，挂在任何一个需要的位置上的图案形式成了苗族文化最形象的历史读本（图 4-357）。

傩堂戏：又称"傩愿戏"，它带有浓厚的宗教色彩，是由老司还愿时的"酬神舞"发展形成的。演员多为苗老司和民间艺人。剧目有 100 多个，主要表演三部台本《孟姜女》《庞氏女》《龙王女》。唱腔上，脱胎于师公唱腔，唱词口语化，唱腔基本结可分为巫歌式、朗读式、山歌式和民歌式四种。不用琴和唢呐，只用大鼓、大锣、大钹等乐器，旁人可以帮腔。一般只在"还愿"过程当中演唱（图 4-358）。

八人秋：即八人秋千，苗族传统的体育器械。在八人秋架上，分别坐着四男四女，架下站着两位老人——秋公和秋婆，先由秋公、秋婆念几句诗，再唱"开秋歌"，然后由秋公秋婆转动秋千，这就是"开秋"。当快速旋转的秋千停下来以后，谁停在最上面就要唱歌，在上面的两个人对歌，一直到大家满意为止（图 4-359）。

图 4-358　傩堂戏　　　　　　　　　图 4-359　八人秋

4.4.11 保靖县清水坪镇魏家寨村

1. 村落概况

1）地理位置与村庄规模

魏家寨村位于保靖县清水坪镇西南部，地理坐标为东经109°36′、北纬28°73′。距里耶古城景区约2km，距保靖县城84km。

魏家寨村村域面积约8km²，户籍人口860人，主要为土家族和汉族，土家族占比50%（图4-360）。

2）自然环境

魏家寨村背山面水，村落背靠野猫坡、望仙台、大境山等，山地特征显著。周边山体与村落呈环绕式，对村落起屏障作用。山上植被丰富，森林覆盖率高，山体景观条件良好。

3）历史源流

魏家寨村历史悠久，自商周、西汉起就有人居住，村落现存的魏家寨古城遗址始建于西汉中

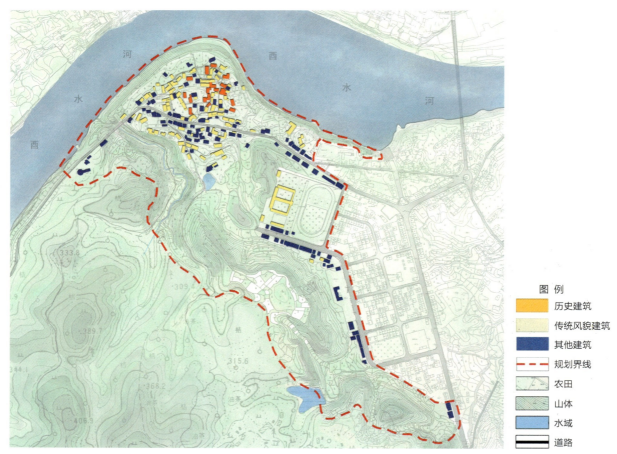

图4-360 魏家寨村平面图

晚期，距今已有近 2000 年历史。文物考古发现遗址附近有大量的古墓群，现挖掘 300 余座古墓，出土 3600 余件珍贵的汉代青铜器和流通货币等，填补了秦汉时期湘西地区历史记载的空白，为酉水流域青铜冶炼历史研究填补了重要实物资料，对研究秦汉时期里耶地区及酉水流域当时经济和人文历史具有重要的历史意义与价值。

2. 村落布局与空间特点

魏家寨村背山面水，山如屏障，水似玉带，从里耶大桥方向望去，五座青山（野猫坡、望仙台、桐木堡、桐堡山、沙几湖坡）形似 5 匹骏马卧于村落周边，呈"五马归巢，不二地"之态，是一块难得的宝地。村落从整体上看没有明显的中轴线，皆依山面水而建，错落有致。村寨整体布局较为集中，村民住宅主要集中在酉水河以南、清水坪学校以西、清石公路两侧的区域（图 4-361）。

3. 建筑特征与人文景观

1）建筑特征

魏家寨村的传统建筑主要包括兴建于清代的历史建筑和兴建于 20 世纪 50~70 年代的传统风貌建筑，具有湘西本土特色。建筑以土家族典型的木结构民居为主，少量墙体用石材垒砌而成。村落传统建筑建造技术较高，工艺水平精湛，木雕精美，窗花精致，充分显示了当地淳朴的民风，体现了土家族古代民间建筑的标志性和独特性（表 4-85、表 4-86，图 4-362、图 4-363）。

村内民居建筑依山面水，景观层次丰富，建筑集中，户与户之间屋檐相连，建筑间距较小。

2）人文景观

古井：村落现存古方井 2 口，一处是位于清石公路旁的西汉古井，另一处古井位于村口处，

图 4-361　魏家寨村全景

建筑年代统计表　　　　　　　　　　　　　　　　　表 4-85

年代分类	建筑面积（m²）	比例（%）
清代	3354.97	3.74
民国	4834.39	5.39
20 世纪 50~70 年代	12945.60	14.42
20 世纪 80 年代以后	68621.37	76.45
总计	89756.33	100

建筑高度统计表　　　　　　　　　　　　　　　　　表 4-86

层数	建筑面积（m²）	比例（%）
1 层	15697.86	17.49
2 层	24602.93	27.41
3~4 层	49455.54	55.10
总计	89756.33	100

图 4-362　民居建筑

图 4-363　门槛雕花

用鹅卵石垒砌而成。两口古井水质清澈，现状用途主要为村民饮水（图 4-364、图 4-365）。

古桥：村内西南部跨酉水河有一处魏家桥，是一座民族特色鲜明的古石桥，桥长约 35m，宽 7m。

渡口：村落北部靠近酉水河建有魏家渡口，主要服务于魏家村村民与里耶镇的交通往来。

亭阁：村落内现存 2 个亭阁，一个位于渡口，主要供村民休息避雨所用；另一个为怀祖亭，位于清石公路附近，是余氏后人为缅怀先人功绩所立，魏家寨村余姓为主要姓氏（图 4-366）。

4. 非物质文化遗产

酉水船工号子：指酉水河段船工劳动时的号子，在酉水上下游之间的湖南省保靖县河段最流行。较之其他地区，沉淀在这里的酉水船工号子传唱形式最古老、内容最完备。号子分为橹号子、桨号子、纤号子、卸货号子等，品类达50多个，曲调、节奏各异，所反映的内容分为历史传说类、水路分段记述类和风俗生活类，彼此间相互穿插、相互糅合（图4-367）。

土家摆手舞：按其活动规模可以分为"大摆手""小摆手"两种；按其舞蹈形式分为"单摆""双摆""回旋摆"等；按其举行时间，各地又有"正月堂""二月堂""三月堂""六月堂"等之分。大摆手活动规模庞大，以祭"八部大王"为主，表演人类起源、民族迁徙、抵御外患和农事活动等；"小摆手"活动规模较小，以祭祀彭公爵主、向老官人、田好汉和各地土王为主，表演部分为农事活动（图4-368）。

图4-364 村民饮用水古井

图4-365 古井细节

图4-366 怀祖亭

图4-367 酉水船工号子

图4-368 土家摆手舞

4.4.12 保靖县夯沙乡吕洞村

1. 村落概况

1）地理位置与村庄规模

吕洞村位于保靖县夯沙乡北部，地理坐标为东经109°68′、北纬28°46′。村落距离吉首市约37km、德夯景区50km、保靖县城约116km（图4-369）。

吕洞村村域面积5.3km²，是一个纯苗族居住的村落，包含格重、雀儿、新田、排各冲4个村寨，共有户籍人口1380人。

2）自然环境

村落属于中亚热带湿润季风气候，全年温暖湿润，四季分明，水热资源丰富。吕洞山山脉沟壑深幽，绝壁如切，峰峦挺拔、俊秀，山脉主峰阿婆山高1234m，吕洞村位于其山脚下，海拔320余米，村落垂直景观效应明显。

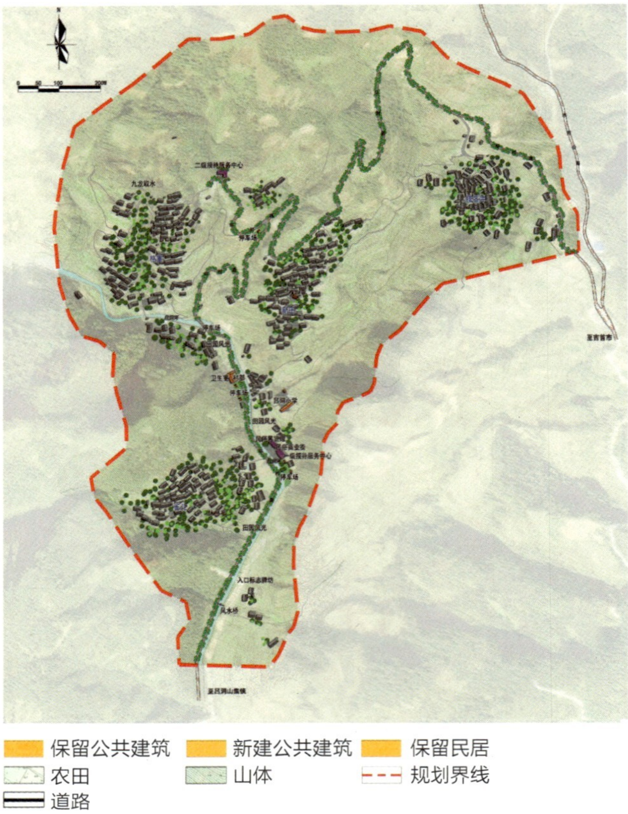

图4-369 吕洞村平面图

3）历史源流

相传远古时代，蚩尤战败后，苗民由华北向南迁徙，达荆州南界的五岭，苗家先祖乘船溯游，一路浮洞庭，溯沅江，经泸溪，抵吉首，打葫芦，到米塔，然后驻扎在现在的吕洞村后山（吕洞山祭祀遗址）。随后，先祖吹起牛角号，唤来吴、龙、廖、石、麻五支苗姓，在吕洞山区分山而居，过着平和隐逸的生活。

2. 村落布局与空间特点

村落选址适应山势水势，与自然环境形成良好呼应，形成了与等高线和水流线平行的线形聚落形态，平面无固定轮廓，形式自由。建筑在不同高程的等高线上层层展开，形成一条条波动起伏的屋顶天际线，使得乡村聚落层次极为丰富。建筑从山坡自下而上层层叠叠，形成丰富的视觉轮廓层次。青石板、台阶巷道是村落内主要交通通道，村民宅前路多为平缓的石板路，屋侧则由坡状石板路或台阶石板路相连，巷道蜿蜒曲折，纵横交错，蜿蜒的巷道形成了村落的骨架（图4-370）。

3. 建筑特征与人文景观

1）建筑特征

吕洞村被誉为中国最具原生态的苗族聚居村落。村落内基本上为传统建筑，其建筑风格是全村屋连屋、户连户，恰似《桃花源记》中"屋舍俨然，鸡犬相闻"的风景图（表4-87、表4-88）。

建筑年代统计表		表4-87
年代分类	建筑面积（m²）	比例（%）
清代	1771.00	3.10
民国	2675.00	4.67
20世纪50~70年代	40225.00	70.30
20世纪80年代以后	12550.00	21.93
总计	57221.00	100

建筑高度统计表		表4-88
层数	建筑面积（m²）	比例（%）
1层	52391.00	91.56
2层	4830.00	8.44
总计	57221.00	100

图4-370　吕洞村鸟瞰

村落建筑以木结构民居为主，建筑形式为落地式平房和吊脚楼，一应的青瓦屋面，板壁刷上桐油进行防潮处理，泛出乌褐油亮的颜色。吕洞村主要代表苗族的建筑类型为黑瓦房和吊脚楼，黑瓦房分为五柱六挂、五柱七挂、五柱八挂等。板壁用桐油反复涂抹，风吹日晒、乌黑发亮。正屋大体上是三开间一幢，较富裕者则五开间为一幢。大门开在中间一间的二柱之间，成"凹"字形，称为"虎口"。大门之内为堂屋，左右两开间又各隔成两间。右边房间是主人夫妇卧室，外间安火塘，左边房间为儿女住房（图4-371）。

2）人文景观

古井：村落内现存古井3处，分别位于格重、雀儿及排各冲。古井连接地下水源，水质清澈、甘甜，为村民提供日常所需。

土地庙：在苗族村民心目中，土地神是主管当地地方上各种大小事物的小神，但又与山民的生产与生活密切相关。吕洞村每个村寨都建有土地庙，土地庙虽然很简陋，常常是几块石头垒起，但村民对它非常敬重。

图4-371　传统建筑

图 4-372　吕洞山苗家圣山大型祭祀　　　　　　图 4-373　苗族椎牛祭

4. 非物质文化遗产

湘西苗族鼓舞：保靖县吕洞山区是全国著名的苗鼓之乡。苗鼓节奏明快，动作舒展大方，鼓者双手交替击鼓，全身闪转腾挪，击鼓与舞蹈结合在一起，极富观赏性。苗鼓是苗族的"圣物"，是苗族人民的精神内核所在，它不仅是振奋精神和凝聚力量的乐器，也是怀念蚩尤寄托哀思的载体，苗族战败从黄河流域退到西南，数千年来一路抵抗追击，一路耕播劳作，无论遗弃什么东西，有四样东西拼死保护都不能丢，那就是谷种、苗鼓、武器和银饰。苗鼓排第二，它在苗族人民心中的地位可见一斑。

吕洞山苗家圣山大型祭祀：吕洞山为苗族的祖山圣地，祭山是吕洞山区苗族群众重要的民俗活动，历史上，当地群众曾多次举行规模空前的祭山活动，发展到今天，祭山已发展成为集苗族歌曲说唱、巫傩绝技表演、民族体育竞技、赶边边场等各种文化成分为一体的苗族传统艺术盛会。祭山大典分请神、敬神、娱神三部分，每个部分都凝结着苗族原生态文化的展示展演（图 4-372）。

苗族椎牛祭："椎牛"，发端于父系社会初期。它以崇苗祖祭苗魂为主要目的，以群体"独乐"为娱神手段。按习俗，主家必邀请一群漂亮的苗女，舅辈亲一方必请一批英俊的苗男，汇聚鼓场，歌舞娱神，并重演当年群婚习俗（图 4-373）。

4.4.13　保靖县夯沙乡夯吉村

1. 村落概况

1）地理位置与村庄规模

夯吉村位于保靖县夯沙乡南部，地理坐标为东经 109°71′、北纬 28°43′。

夯吉村村域面积 12.4km²，辖 4 个村民小组，户籍人口 1538 人，多为苗族（图 4-374）。

2）自然环境

夯吉的自然风光优美，寨中有青苔鲜绿的石路石墙，间或小桥流水，枫林翠竹，桃李掩映，时时给人有峰回路转、一步一景的感觉，整个苗寨就像是一幅静谧十足的中国山水画。

图 4-374　夯吉村平面图

3）历史源流

明初，夯吉村民发现夯吉寨这处宜居宝地，从离寨子往东约 1km 处迁至夯吉寨，在此定居，从某种意义上说，夯吉属龙家人的地盘。明代中期，张姓的十五世祖曾因官府追逼，沿溪河逃难至夯吉，受到寨人保护。他后与寨内一龙姓姑娘生情，结为夫妻，其后人至今有 800 人。这一阶段村落是典型湘西苗族民居，数百年间，有赖于夯吉封闭的空间，夯吉村没有被外人占夺，或杂姓混入，人口规模逐渐增长，民居也由厮马溪南侧向北侧发展建造。

2. 村落布局与空间特点

村落分布在被称为"九龙夺宝"地势的三沟三岭之中，依地势自然而建，高低错落有致，清一色的木质结构，还夹杂着不少的吊脚楼，富有诗情画意。后门坡及大寨是村民集中的生活区域，其周边有水旱田地，它们一同分布在厮马溪流经的河谷地带。古色古香的苗家房舍鱼鳞般在两条"龙脊"上从山脚自山顶铺展而去，层层叠叠，鳞次栉比。三四百幢房子，屋挨屋，屋连屋，屋牵屋，屋靠屋，看上去却不觉杂乱，共同的朝向排列出错落有致的景象。为充分利用有限地势，争取更多建筑空间，多数人家都建有高大石墙，如此整个苗寨蒙上一层石头城的色彩。同时，几乎一半的房子都依地势而配建吊脚楼，小青瓦、翘飞檐、格花门窗、花式栏杆、"吊瓜"悬柱，加上少量的雕梁画栋，烘托出苗寨民居的无限风华（图 4-375）。

图 4-375　夯吉村鸟瞰

3. 建筑特征与人文景观

1）建筑特征

夯吉村重要代表性建筑类型为黑瓦房和吊脚楼，黑瓦房分为五柱六挂、五柱七挂、五柱八挂等。板壁用桐油反复涂抹，风吹日晒、乌黑发亮。正屋大体上是三开间一幢，较富裕者则五开间为一幢。吊脚楼多为单檐悬挑，屋面反翘，名"飞檐"，通风向阳，干爽清新，有与正屋成"一"字形的，也有成直角形的。吊脚楼外设走廊，二面称"转角楼"，三面称"走马楼"，栏格多花格，悬柱称"吊瓜"，或为六棱、八棱，或雕成球形、金瓜形，有些柱、枋还雕成龙凤、喜鹊、花卉等。夯吉苗寨吊脚楼多用为闺房、卧室或织锦打花之处，底屋多为谷仓、柴房，屋面一般是双坡木屋架，加盖小青瓦，窗大多是直棂窗，简洁、明快（表4-89、表4-90，图4-376、图4-377）。

建筑年代统计表		表 4-89
年代分类	建筑面积（m²）	比例（%）
明代	162.00	0.35
清代	2959.00	6.44
民国	9828.00	21.41
20世纪50~70年代	11870.00	25.86
20世纪80年代以后	21087.00	45.94
总计	45906.00	100

建筑高度统计表		表 4-90
层数	建筑面积（m²）	比例（%）
1层	44903.00	97.82
2层	884.00	1.92
3层	119.00	0.26
总计	45906.00	100

2）人文景观

古井：夯吉村域范围内共有7处古井。古井口都用青石板围合，井口三侧及上方均用方形砖块堆砌，形成一个棚状构筑物，用以保护古井水质。古井年代久远，有着厚重的历史感，是夯吉村的重要历史构筑物。古井的井水清澈见底，口感清爽甘甜，滋润着夯吉村的土地，养育着夯吉村的祖祖辈辈。在夯吉寨门之下有一名叫列五霸庆的水井，因富含铜矿物，常年流出金黄色矿泉水，被寨人视为富贵吉祥之地。这也是夯吉金寨的名称由来（图4-378）。

图 4-376　夯吉村建筑群

图 4-377　村庄民居

古桥：村内现状共有 12 座古桥，位于厮马溪与村落小溪流上。溪水桥梁历史悠久，是村落内重要的景观节点和历史环境要素。

石板路：村落内有纵横交错的多条青石板路，采用大小规格较一致的卵石铺成、延伸。

4. 非物质文化遗产

黄金古茶制作技艺："保靖黄金茶"生产已有 200 多年历史，在清代嘉庆年间（1796~1820年）被钦点为贡品，因有"一两黄金换一两茶"

图 4-378　古井

的传说而得名。保靖黄金茶具有"香、绿、爽、浓"的品质特点。其主要品质成分含量丰富，配比协调，尤其是氨基酸和茶氨酸含量特高。成茶外形色泽绿翠有毫，汤色黄绿明亮，香气清香高长，滋味鲜嫩醇爽，叶底嫩匀绿亮。黄金古茶采用独特的制作技艺，所制产品味道醇爽、浓而不苦，耐冲泡。

4.4.14　保靖县夯沙乡梯子村

1. 村落概况

1）地理位置与村庄规模

梯子村位于保靖县夯沙乡东北部，地理坐标为东经 109°68′、北纬 28°46′，距保靖县城 113km，距吉首市 32km。

梯子村村域面积 9.20km²，辖 3 个村民小组、3 个自然寨，户籍人口 679 人，多为苗族人口，是一个典型的少数民族集聚村（图 4-379）。

2）自然环境

梯子村为典型的山区环境，四周被夯共塔山、读夯拜山、半斗人山等群山环绕，是依山势而建的村寨。山地气候明显，冬暖夏凉，四季分明，属中亚热带季风性湿润气候。村庄内部有两条溪流，水资源丰富。

3）历史源流

梯子村始建于明代，距今已有近 400 年的历史。形成原因为躲避战乱，村民来到此处聚居，逐步形成了规模较大的传统建筑群落，取名为梯子村。

2. 村落布局与空间特点

梯子村是吕洞河与大峰冲溪流冲击出的一块坡地，村落依山傍水，两湾清溪三面环绕。185 栋民居飞檐翘角，错落有致地分散在呈梯形状的斜坡上，蔚然壮观，正面是一片开阔的田园，四季风景秀丽，大有"暖暖远人村，依依墟里烟"之恬淡意境，堪称世外桃源（图 4-380）。

图 4-379　梯子村平面图

图 4-380　梯子村全景图

3. 建筑特征与人文景观

1）建筑特征

梯子村各古建筑群大多依山而建，建筑材料上就地取材，建筑类型为黑瓦房和吊脚楼，黑瓦房分为五柱六挂、五柱七挂、五柱八挂等，具有湘西典型的少数民族特点（表4-91、表4-92，图4-381）。

建筑年代统计表　　　　　　　　　　　　　　　　　表4-91

年代分类	建筑面积（m²）	比例（%）
明代	160.51	0.88
清代	1889.21	10.38
民国	4976.57	27.34
20世纪50~70年代	5473.80	30.08
20世纪80年代以后	5700.30	31.32
总计	18200.39	100

建筑高度统计表　　　　　　　　　　　　　　　　　表4-92

层数	建筑面积（m²）	比例（%）
1层	17518.62	96.25
2层	522.11	2.87
3~4层	159.66	0.88
总计	18200.39	100

梯子村民居平面构成以单座房屋为基本单元，层数以1层建筑为主。多由石板铺地，通过木柱支撑起整栋建筑，造型舒展向上。房屋上的挑梁呈弯曲状，是因为选择木材时采用乘山势而长的树木，有美学、力学双重美感，整个房屋架在石登岩上，离地一尺，通风防潮。正屋大体上是三开间一幢，较富裕者则五开间为一幢，大门开在中间一间的二柱之间，成"凹"字形，即"虎口"（图4-382）。

图4-381　梯子村建筑群

图 4-382 梯子村传统建筑

图 4-383 石板路

图 4-384 土地庙

2）人文景观

古井：梯子村共有古井 3 处，历史悠久，早年供全村所有人用水，古井连接地下水源，永不枯竭，冬暖夏凉，水质甘甜。

石板路：村落内有纵横交错的多条青石板路，采用大小规格较一致的青石板铺成、延伸。与古建筑、民间文化、民间习俗等紧密相连、多方组合（图 4-383）。

土地庙：位于村寨南边，读夯拜山的山脚处，是村民在"二月二""九月九"等重要节日时供奉的地方，具有风水化煞，守护家园之意，至今保留完好（图 4-384）。

4.非物质文化遗产

苗拳：是古老的拳种，该拳始于蚩尤。苗拳的风格特点是：拳型古老，拳架紧凑，动作弧度小，有"拳打卧牛之地"的说法，技击性强，攻防手法较多，善劈、挑、拨、推、插、勾、拦。

苗族八人秋：八人秋即八人秋千，苗族传统的体育器械，是"赶秋节"（每年立秋）上不可缺少的活动（图 4-385）。

苗族椎牛祭：发端于父系社会初期。它以崇苗祖祭苗魂为主要目的，以群体"独乐"（跳鼓）

图 4-385　苗族八人秋

图 4-386　苗族椎牛祭

为娱神手段。按习俗，主家必邀请一群漂亮的苗女，舅辈亲一方必请一批英俊的苗男，汇聚鼓场，歌舞娱神，并重演当年群婚习俗（图 4-386）。

"上刀山，下油锅"保靖苗族绝技：一种表演项目，通常是在重大的节日中举行祭祖、祭祀活动，按行规的话讲：表示法师在"敬神驱鬼"的过程中为主人家祈求消灾避难，超脱苦难，要经过"上刀山，下油锅"等这些灾难才得以达到极乐。

4.4.15　古丈县默戎镇李家村

1. 村落概况

1）地理位置与村庄规模

李家村位于古丈县默戎镇东部，地理坐标为东经 109°12′、北纬 28°15′，距默戎镇政府 8km，距古丈县城 30km，距吉首市 39km（图 4-387）。

李家村村域面积 6km²，户籍人口 1082 人，多为苗族，汉族、土家族次之。

2）自然环境

李家村处于武陵山脉中段，山高谷深，地势险要，易守难攻。村落属于中亚热带山地湿润气候，热量较足，雨量充沛，温暖湿润，夏天酷暑，冬少严寒。村内溪河纵横，由于地处降水充沛的山区，土层深厚，结构疏松，保水保肥性好，有机质含量较高，含沙量较少，是各种植物生长的天然基地。

3）历史源流

相传，湘西王陈渠珍在湘西镇守多年，曾遍寻要地，扩展势力范围。他将拥有 1000 多人口的李家村作为自己的第二道防线，一旦外来入侵，就退守到这座山头，休养生息，以便东山再起。陈渠珍在山上先后建了 10 个堡子，长期派人驻守。由此，带来了一系列的人口和相关产业的发展。这是最早的李家村的历史起源，之后经过不断的发展和迁徙，李家村逐渐发展，成为一个具有典型特色的传统苗族聚居村落，并有自己的文化习俗特色。

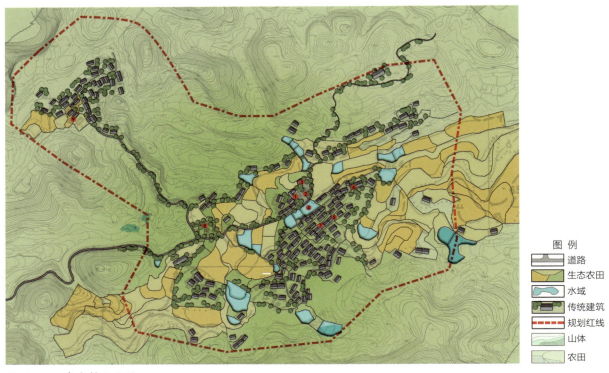

图 4-387　李家村平面图

图 例
道路
生态农田
水域
传统建筑
规划红线
山体
农田

2. 村落布局与空间特点

李家村周围群山逶迤，地势起伏较大，主要山脉走向与区域构造方向基本一致。各类自然景观要素顺应地势一次展开，形成了村落良好的山水景观格局。村落的整体形态大到整个空间风貌、小到街巷的空间布局、建筑的形式与空间形态多受制于其山地环境的影响。由于村落的选址特点，所处地势起伏变化较大，多数村落与外界的交通道路也是蜿蜒盘旋、迂回而至，村内人步行小道坎坷不平、七高八低，村民住宅呈团状线形建筑随等高线分布在多级台地上，住宅沿着山地走势，逐层降低，从半山腰延伸至峡谷溪流处，构成村庄整体的空间布局结构（图 4-388）。

3. 建筑特征与人文景观

1）建筑特征

李家村现存古建筑群看似错综复杂，布局却纵横有律，形成优美而理想的空间组合。李家村是具有苗族

图 4-388　李家村全景图

图 4-389　李家村建筑群

图 4-390　李家村传统建筑

民族特色的村落，旧时苗族为了躲避外来侵略者，迁徙至山里，所以现在的李家村建筑依山建房，合族聚居（图 4-389）。

建筑全部为清一色的木质建筑，一般为五排三间，分为上下两层，这些木屋的建筑材料全都取材于附近的山上，多为杉树、枞树和柏树，年代久远，坡面盖有小青瓦，板壁用桐油油得黝黑发亮，与瓦背一道呈现出灰灰一片，让人觉得雄浑、大气，高深莫测。门、窗多有雕花，如"万字格""喜字格""亚字格""丹凤朝阳""喜鹊闹梅"等式样，吊脚楼的悬挂（即吊瓜）为八角形，低端造型别致，常雕有绣球、金瓜、圆鼓等形状，古色古香，栩栩如生（图 4-390）。

2）人文景观

天桥山庙遗址：位于李家村天桥山上，现存一块石碑和散落石头，在遗址场地可以较好地俯瞰村庄。

古井：村中有 3 口古井，全用青石砌筑，一年四季流水不断，全村的饮水就靠它的供给。井水甘甜清澈、冬暖夏凉，滋养出许多美人。

古石板路：村落现保留 9 条较完整的古石板路（图 4-391）。

4. 非物质文化遗产

苗族鼓舞：原为苗家人民用以驱鬼除邪、消灾纳福的一种祭祀性舞蹈。后来，逐步发展成为一种世俗性舞蹈。有猴儿鼓、女子单人舞、女子双人舞、女子群体舞等样式（图 4-392）。

打溜子：俗称打家伙，是古村落人民喜闻乐见的打击乐演奏形式，主要乐器是头钹、二钹、锣和小钹，俗称四人溜子（图 4-393）。

图 4-391　古石板路

图 4-392 苗族鼓舞

图 4-393 打溜子

图 4-394 打花带

苗家八合拳：是盛行于古丈县苗族地区的一门传统武术竞技。据证实，清末民国初期，古丈县英雄龙廷久，在祖传苗拳（小手拳）基础上，撷收峨眉、武当等派拳技的精髓，独创出一门易于传授的拳术——八合拳。

打花带：汉书上曾记载有南蛮"断发纹身，以示与龙蛇同类，免其伤害"的说法。相传早在几千年前，生活在深山峡谷里的苗族人民常常遭到毒蛇的侵害，死了很多人。当时有一个聪明能干的苗族姑娘把五颜六色的线织成一条与蛇长短大小相等、花纹相似的带子拿在手里，毒蛇以为是自己的同类，便没有来伤害她。她把自己的创造遍告族人，大家纷纷仿效，果然十分灵验。从此，织花带的习俗便在苗族中形成，龙纹是苗族纹饰中最常见的形象，千变万化，有着吉祥、幸福的美好寓意（图 4-394）。

4.4.16 古丈县默戎镇中寨村

1. 村落概况

1）地理位置与村庄规模

中寨村位于古丈县东南部默戎镇。地理坐标为 109°88′、北纬 28°48′。村域面积 18.5km²。辖 7 个村民小组，286 户，户籍人口 1222 人。是一个典型的苗族聚居村（图 4-395）。

2）自然环境

中寨村全村平均海拔420m，山高谷深，溪河纵横，是典型的喀斯特地貌。整个中寨村地区的森林覆盖率超过70%，其中乔木树种达数十种。林区植被类型多样，保护完好，且古树名木数量较多。中寨村属中亚热带山地型季风湿润气候，具有四季分明，气候温和，雨季明显，作物生长期长的特点。年平均气温16℃，35℃的高温日数，每年平均15天左右。

3）历史源流

中寨村主要有老寨、己戎、鬼溪三个原生态自然寨。老寨坐落于中寨村阴山山谷中，相传落入凡间的蛟龙生育一儿一女，为逃脱龙宫追捕，龙女幻化为阴山，阴山山上有水流直下，让此处土地滋润肥沃；己戎自然寨坐落于中寨村阳山河畔，相传龙子在此处幻化为阳山，因为山顶有一块突出的巨石，老百姓把它称为"阳山"，据当地老百姓称住在阳山下的村寨多

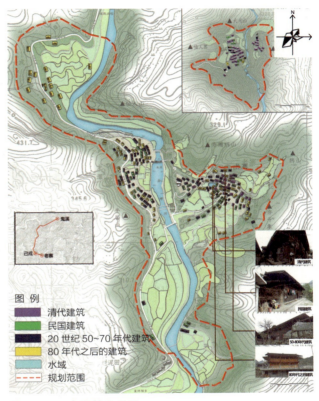

图4-395　中寨村平面图

生男孩，阴山下的村庄多生女孩。己戎苗语意思就为神龙居住的深潭。鬼溪位于中寨村的西北方，是一条长年不断流的小溪流，传说溪流为一位多情女鬼的泪水，因而得名。鬼溪溪深泉多、古木繁茂、斜坡陡岭，有天然的穿洞石笋和暗河。这些自然寨都保存了完整的苗族文化传统。

2. 村落布局与空间特点

中寨村依山傍水，是一个典型的苗族聚居村。村落的整体形态大到整个空间风貌、小到街巷的空间布局、建筑的形式与空间形态多受制于其山地环境的影响。独具特色的苗族民居沿溪而建，建筑物高低错落，布局自然紧凑。由于村落的选址特点，所处地势起伏变化较大，村落与外界的交通道路大多迂回曲折（图4-396、图4-397）。

3. 建筑特征与人文景观

1）建筑特征

中寨村有住房286栋，全部为清一色的木质建筑，一般为五排三间，内分隔为上下两层。建筑的屋架为穿斗式，屋架是房屋整体木质结构体系的基本组成单元，通过枋把每榀屋架连接在一起，形成一个牢固的整体，该整体就是房屋的承重结构部分，木构屋架的柱数和柱间距决定了房屋进深的尺寸（表4-93、表4-94）。

图 4-396　中寨村全景图

图 4-397　中寨村建筑群

建筑年代统计表　　　　　　　　　　　　　　　　　表 4-93

年代分类	建筑数量（栋数）	比例（%）
清代	52	18.18
民国	55	19.23
20 世纪 50~70 年代	88	30.77
20 世纪 80 年代以后	91	31.82
总计	286	100

建筑高度统计表　　　　　　　　　　　　　　　　　表 4-94

层数	建筑数量（栋数）	比例（%）
1 层	118	41.26
2 层	161	56.30
3 层	7	2.44
总计	286	100

图 4-398　中寨村传统建筑

图 4-399　古石板路

中寨村民居普遍的平面布局形式，为一明两暗的格局，大门设在正中间的位置，大门正对的是堂屋，会客、聚会、就餐、祭祀之所，两侧是卧室。这种简单的民居形式是存量最多的一类，也是其他平面格局的基础，此布局方式与家庭人口构成及生活习俗密不可分（图 4-398）。

2）人文景观

中寨村是苗族传统村落空间历史遗存的缩影，村落内现存有多处明代年间的古街、古石板路，将村内建筑串联起来。巷道上人来人往以及两侧的建筑，随着时间变迁成为了村庄的历史见证，凝聚了苗族劳动人民的勤劳与智慧，具有重要的历史与文化价值（图 4-399）。

4. 非物质文化遗产

赶秋：每年逢农历立秋这一天，附近苗族人民盛装结伴，涌向村外曹家坪秋场，唱苗歌、打苗鼓，喜庆丰收，热闹非凡。特别是青年男女，从四面八方纷纷向秋场汇聚，以歌觅友，寻找心中的伴侣，互赠信物，从而喜结连理（图 4-400）。

图 4-400 赶秋

图 4-401 糍粑

糍粑：是用熟糯米饭放到石槽里用石锤或者芦竹捣成泥状制作而成，一般此类型的食物都可以叫作糍粑。但凡有喜事，当地人都要做红糖拌糍粑招待客人，以图吉利（图 4-401）。

打溜子：与默戎镇李家村（本书 4.4.15 节）相同。

4.4.17 古丈县默戎镇九龙村

1. 村落概况

1）地理位置与村庄规模

九龙村位于古丈县默戎镇内，地理坐标为东经 109°95′、北纬 28°62′，是一个典型的苗族聚居村。全村现有 2 个自然寨，9 个村民小组，250 户，户籍人口 1290 人，居民多为龙姓和石姓（图 4-402）。

2）自然环境

九龙村全村平均海拔 420m，山高谷深，溪河纵横，是一个典型的山地乡镇；属中亚热带山地型季风湿润气候，具有四季分明，气候温和，雨季明显的特点。同时，以自然山体为背景的聚落整体空间环境自成一体，独具特色，村庄周围植被保护较好，满山葱茏，具有较好的观赏与研究价值。

3）历史源流

九龙村历史悠久，原名九龙洞，相传

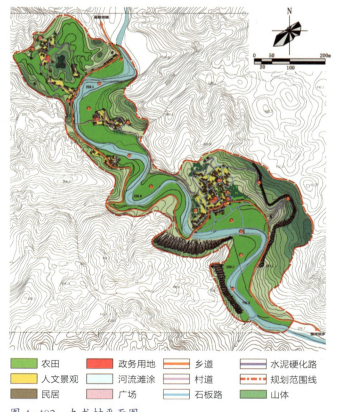
图 4-402 九龙村平面图

以前有一位叫梨翠山的女子相貌美丽，丫角山和吕洞山为争娶梨翠山为妻结怨颇深。一天，丫角山盗取吕洞山的财宝逃至齐天坡被吕洞山追上，打斗中吕洞山被刺伤，丫角山逃走时掉落了九粒珠子形成了九个洞，此后洞中流水不断，因而得名九龙洞。九龙村的祖先从元代就来到这里，在此耕耘繁衍，经过几百年的经营，才有九龙村今天的样貌。

2. 村落布局与空间特点

九龙村自然环境优美，四面环山，九龙河从西北向东南蜿蜒而过，九龙村所处地域的山水格局保存完好。民居大多沿河而建，有利于建筑的通风。房屋再顺山势逐渐递进，层次分明，富有韵律。由于地形局促，村落房屋布局紧凑，较为规整，每户居民房前屋后均有小道与主要道路相连，形成了较为复杂的巷道网格（图4-403）。

图4-403 九龙村全景图

3. 建筑特征与人文景观

1）建筑特征

九龙村依山傍水，是一个典型的苗族聚居村。村内大部分现有住宅都是村民自发建设，具有典型的自然生长空间形态，住宅大部分是"建筑+院落"的形式（表4-95、表4-96）。

村内民居最大的特点就是顺应自然，处处洋溢着与大自然和谐共存的生机。独具特色的苗族民居沿溪而建，建筑物高低错落，布局自然紧凑。房屋以穿斗式排扇房屋为主，整栋房屋皆为木质结构。建筑院落空间形态多为房屋主体加晒坝，院落为典型的堂厢式，由正屋和厢房组成，根据厢房的

建筑年代统计表　　　　　　　　　　　　　　　　　　　　　　　　　表 4-95

年代分类	建筑数量（栋数）	比例（%）
清代	12	4.27
民国	12	4.27
20 世纪 50~70 年代	192	68.33
20 世纪 80 年代以后	65	23.13
总计	281	100

建筑高度统计表　　　　　　　　　　　　　　　　　　　　　　　　　表 4-96

层数	建筑数量（栋数）	比例（%）
1 层	218	77.58
2 层	39	13.88
3 层	24	8.54
总计	281	100

图 4-404　九龙村建筑群

图 4-405　九龙村传统建筑

数量和布局分为一正一厢和一正两厢，厢房可做成吊脚楼，一正一厢形成一个小禾场或小院子（图 4-404、图 4-405）。

2）人文景观

九龙村的景观要素大部分仍保存完好，留存有众多时间、地域以及民族印记的历史文化要素。村域范围内有元代的九龙洞，洞内至今仍清泉汩汩，布泽村民，还有民国时期的石拱桥、古街巷图（图 4-406）、古庙、古墙（图 4-407）、古井、古庙（图 4-408）等众多人文景观。

九龙洞：九龙村就是因为村寨背后大山梁上悬挂着九个神秘洞穴而获名。其上建有九龙庙，昔为苗王聚义之所。九个洞穴，有干洞，也有湿洞。湿洞飞瀑垂挂，溅落龙潭，潭边建有油坊碾屋。干洞干燥宽敞，为苗民停放柴火之处。其中一号洞穴高约 20m，洞壁钟乳玲珑剔透，千姿百态，可谓人间仙境（图 4-409）。

图 4-406 古街巷

图 4-407 古墙

图 4-408 古庙

图 4-409 九龙洞

4. 非物质文化遗产

九龙村非物质文化中的打花带、打溜子与默戎镇李家村（本书 4.4.15）相同。

4.4.18 古丈县默戎镇毛坪村

1. 村落概况

1) 地理位置与村庄规模

毛坪村位于古丈县默戎镇东北部，地理坐标为东经 109°89′、北纬 28°60′，距默戎镇政府 38km，距古丈县城 17km，距吉首市 70km。

毛坪村村域面积 8km²，户籍人口 1306 人，多为苗族人口（图 4-410）。

2) 自然环境

毛坪村以山地为主，兼有丘陵和小平原，山高坡陡，溪涧切深。海拔 620~866m，背依气势磅礴的牛角山，俯瞰此山形似一对大水牛角，展幅数十里，毛坪村刚好位于两只牛角之间、牛鼻之上。

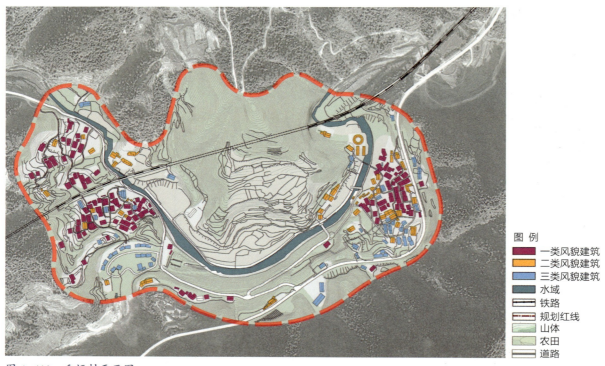

图 4-410　毛坪村平面图

村落属亚热带山地季风湿润气候，具有明显的大陆性气候特征，6~8月受夏季风控制，降水充沛，气候温暖湿润，冬半年受冬季风控制，降水较少，气候较寒冷干燥。

毛坪村内地下水资源较为丰富，地下水多沿老河床及地下裂隙流走，在低洼处汇成地表水，形成小溪，从而使毛坪村内小溪零星点，构筑成一幅星罗棋布的水系美景图。

3）历史源流

据村史记载，毛坪村建于400年前，现存最古老的民居已有230年的历史。毛坪村龙姓族人从迁徙至此安家落户，首先看中这里大山形似一对大水牛角，有执牛耳之势、牛气冲天之瑞。村落田畴连片，阡陌纵横，山上绿树成荫，屋边翠竹婆娑，因有一片大坪场而取名毛坪村。

2. 村落布局与空间特点

毛坪村四面环山，聚落依山而建，选址与布局充分利用了山形对于居住耕作的有利条件。

村落民居具有集中连片、朝向一致、风格统一、村形完整、寨相古朴等特点。苗族民居皆为木质青瓦结构，依山傍水而建，近田邻地而居。毛坪河自北向南，环绕村落而过，给田地灌溉之便，夹岸木屋攀排，整体反映出苗族人民勇敢、团结、勤劳、自信的精神和尊重自然、天人合一的思想（图4-411）。

3. 建筑特征与人文景观

1）建筑特征

村内现存建筑212栋，一般依山而建，将较好的平地留作耕种之用（表4-97、表4-98）。

图 4-411 毛坪村全景图

建筑年代统计表 表 4-97

年代分类	建筑数量（栋数）	比例（%）
清代	4	1.89
民国	10	4.72
20世纪50~70年代	107	50.46
20世纪80年代以后	91	42.93
总计	212	100

建筑高度统计表 表 4-98

层数	建筑数量（栋数）	比例（%）
1层	111	52.35
2层	87	41.04
3~5层	14	6.61
总计	212	100

村内除个别砖混结构的民居和杂屋外，其余建筑均为苗族传统的全木构民居形式，巧妙地借用大山的地形、适应潮湿的气候。房屋内为大通间，中间为堂屋，泥石地面，对面大门，不开窗，后壁安神龛、八仙桌。现有建筑多为房屋主体加晒坝，院落为典型的堂厢式，由正屋和厢房组成，根据厢房的数量和布局分为一正一厢和一正两厢，厢房可做成吊脚楼，一正一厢形成一个小院子（图4-412、图4-413）。

2）人文景观

古井：毛坪村内保留2处，井水从井底汩汩涌出，清澈透明，甘甜可口，四季不断。

古街道：位于上下毛坪，保留原有古村落特色，原生态的村落感觉。

古河道：贯穿村寨，自西向东流淌，河水清澈干净。

图 4-412 毛坪村民居建筑（一）

图 4-413 毛坪村民居建筑（二）

图 4-414 风雨桥（一）

图 4-415 风雨桥（二）

古墓：共3处，位于古树林。传说墓前古树为古墓主人生前所植，古树年纪即为古墓年纪。

石头壁：村内现存石头壁一处，保存完好（图4-414）。

风雨桥：保留完好，为村内交通工具（图4-415）。

功德亭：位于省道229旁，2009年一场大火后为感谢救灾人员而建。

4. 非物质文化遗产

古丈毛尖制作工艺：古丈茶始种于战国时期。古丈毛尖茶的特征是条索紧细圆直，锋苗挺秀，白毫披露，色泽翠绿，清香馥郁，回味生津。冲泡时，芽叶沉底，芽尖向上挺立，或如旗枪，摇曳晃荡。举杯细品，先微苦再转甘，最后满口香醇，令人心旷神怡。古丈毛尖茶的制作技艺分为：杀青、初揉、炒二青、复揉、炒三青、做条、提毫、收锅等七道工序（图4-416）。

毛坪村非物质文化中的打溜子、八合拳、打花带与默戎镇李家村（见4.4.15）相同。

图 4-416 古丈毛尖制作工艺

4.4.19 古丈县默戎镇翁草村

1. 村落概况

1）地理位置与村庄规模

翁草村位于古丈县默戎镇东北部,地理坐标为东经109°86′、北纬28°55′,距默戎镇政府14km,距古丈县城15km,距吉首市48km。

翁草村村域面积5.39km²,辖6个村民小组、1个大自然寨,户籍人口825人,178户,多为苗族（图4-417）。

2）自然环境

翁草村地势由西北向东南倾斜,海拔高度在200~800m之间,地形地貌以山地为主,兼有丘陵和小平原。村落年平均气温19.9℃,属亚热带季风湿润气候,具有明显的大陆性气候特征。翁草河由村尾向村头蜿蜒,水质优良,清澈可见,沿河环境优美。

3）历史源流

翁草原名为"五槽",四周皆为山脉环绕,中间夹着一个椭圆盆地形似小槽,分别从村落东西

图4-417　翁草村平面图

图 4-418 翁草村全景图（王柏俊 摄）

南北的五座山脉向盆地内延伸，村名由此而来。

2. 村落布局与空间特点

翁草村四面环山，周边地势高耸，中间平坦，依靠天然屏障，形成山峰环抱的宝地。村落民居顺应地形高差，按照苗族民居沿溪而建的特色形式进行布局，沿山势逐渐升高，层次分明，富有韵律。又由于地形局促，使村落民居布局自然紧凑，较为规整。同时，以自然山体为背景的聚落整体空间环境自成一体，独具特色（图4-418）。

3. 建筑特征与人文景观

1）建筑特征

翁草村内现存的苗族居住建筑大多为独栋民居，毗邻主要街道的民居还设有商铺等，这些民居建成时间从民国时期直到20世纪80年代，但都保留了较好的建筑形态。建筑大多以穿斗式排扇房屋为主，配有吊脚、厢房，整栋房屋全是木质结构。建筑高度一般建两层，1层以生活为主，在1层设神龛放置神主牌位，为活动与待客的堂屋；2层则以储物为主（表4-99、表4-100，图4-419~图4-421）；3层为粮食或堆放杂物，建筑每层设有走廊、木质栏杆，栏杆雕有万字格、喜字格、亚字格等式样，楼内用木板分隔火床、卧室等不同功能的房间。房屋外设有窗户，雕有"双凤朝阳""喜鹊闹梅""狮子滚绣球"等图案，民族风格浓郁。大门一般为六合式，可拆可装，便

建筑年代统计表　　　　　　表 4-99

年代分类	建筑数量（栋数）	比例（%）
清代	3	1.50
民国	110	55.00
20世纪80年代以后	87	43.50
总计	200	100

建筑高度统计表　　　　　　　　　　　　表 4-100

层数	建筑数量（栋数）	比例（%）
1层	11	5.50
2层	186	93.00
3层	3	1.50
总计	200	100

图 4-419　翁草村建筑群

图 4-420　翁草村传统建筑（一）（王柏俊 摄）

于家庭举行盛大祭典和婚丧喜庆活动。木屋常用桐油漆刷，金黄油亮，既防腐，又美观。房前屋后多植果树、建粮仓、柴棚和粪棚。

2）人文景观

翁草村村内蜿蜒起伏的街巷格局保存完好，各类历史环境要素基本留存着明清时期的传统风貌，构成了鲜活而生动且具有少数民族特色的村落人文景观，如：承担村落交通枢纽的万年桥、多处留存下来的古巷道、梯田、古井、古宅等人文景观要素（图 4-422、图 4-423）。

4. 非物质文化遗产

苗绣：苗族民间传承的刺绣技艺，是湘西苗族历史文化中特有的表现形式之一，大量运用各种变形和夸张手法，表现苗族创世神话和传说，从而形成苗绣独有的艺术风格和刺绣特色（图 4-424）。

毛坪村非物质文化中的打溜子、八合拳、打花

图 4-421　翁草村传统建筑（二）

图 4-422 古巷道（王柏俊 摄）

图 4-423 梯田

带与默戎镇李家村（见 4.4.15）相同，赶秋节与默戎镇毛坪村（见 4.4.16）相同，古丈毛尖制作工艺与默戎镇毛坪村相同（见 4.4.18）。

4.4.20 古丈县红石林镇列溪村

1. 村落概况

1）地理位置与村庄规模

列溪村位于古丈县红石林镇，地理坐标为东经 109°94′、北纬 28°71′，海拔 600m，坐落在酉水河畔，地处湘鄂黔渝四省市交界

图 4-424 苗绣

处（图 4-425）。辖属列溪、杜家坡、下马路、上马路、干大平、腊洞、沙土湖七个自然组。

列溪村面积 0.086km²，户籍人口 1018 人，居民多为龙姓和石姓。

2）自然环境

列溪村周边山环水抱，依靠天然屏障，形成了理想聚居的宝地。森林植被类型多样，保护完好，且古树名木数量较多，森林覆盖率达到了 60% 以上。其中上马路、下马路与杜家坡拥有 3 处古树林，共计约 300 棵古树。列溪村属亚热带季风湿润气候区。年平均气温 15~16.9℃，最高气温 40.5℃，最低气温 -5.5℃。

3）历史源流

元末明初时期，由于政治和经济原因，造成大量江西人口迁居到湖广地区，这就是历史上著名的"江西填湖广"。据传，列溪村的先民，大抵就在那个时候，来到这湘西大山深处，安身立命。

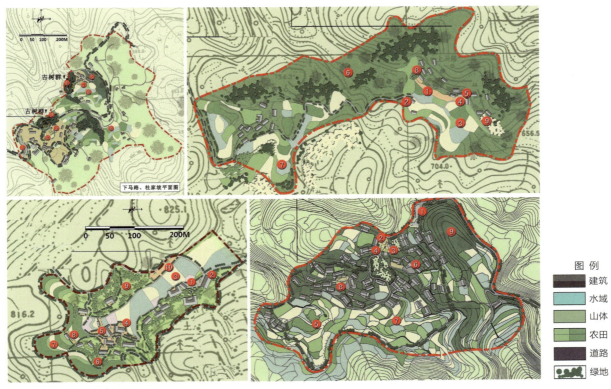

图 4-425 列溪村平面图

图 4-426 列溪村全景图

2. 村落布局与空间特点

列溪村为土家族聚居区。村域范围内共有194栋民房，清一色的木屋及吊脚楼依山势而建，北高南低，顺坡而建，既有单户成栋，也有集中连片，多位于向阳的山脊或山坡。其中村落内道路布局辅以青石条围砌，大多坐南朝北或坐东朝西，风格各异。组与组、户与户之间均以青石板铺就（图 4-426）。

3. 建筑特征与人文景观

1）建筑特征

列溪村内大部分为传统土家族吊脚楼建筑，古村建筑风貌整体保存较好。其中有38处历史建筑被划为文物保护对象，大部分为清代及民国时期的建筑（表 4-101、表 4-102，图 4-427、图 4-428）。

村内民居一般依山而建，将较好的平坦地留做耕地使用。除极个别砖混结构的民居和杂屋外，其余的均为土家族传统的全木构吊脚楼传统民居形式，巧妙地借用大山的地形、适应潮湿的气候。

建筑年代统计表　　　　　　　　　　　　　　　　　表 4-101

年代分类	建筑数量（栋数）	比例（%）
清代	9	5.42
民国	6	3.61
20 世纪 50~70 年代	44	26.51
20 世纪 80 年代以后	107	64.46
总计	166	100

建筑高度统计表　　　　　　　　　　　　　　　　　表 4-102

层数	基底面积（m²）	比例（%）
1 层	11705.00	98
2 层	240.00	2
总计	11945.00	100

图 4-427　列溪村建筑群

图 4-428　列溪村传统建筑

一般建 2 层，2 层以储物为主。生活起居主要都在 1 层，受到汉人生活习惯的影响，而在 1 层设神龛放置神主牌位，成为活动与待客的堂屋。

2）人文景观

列溪村的传统民居是湖南省目前保存较完好、规模较大的苗族传统古村落之一：这里有多处明代年间的古石板路（图 4-429）、古井（图 4-430）、清代的古朝门遗址、古城墙（图 4-431）。

4. 非物质文化遗产

社巴节：是湘西州土家族传统祭祀节日，祭祀祖先、祭祀社神。

摆手舞：土家族摆手舞是在社巴节活动中所跳的一种祭祀性舞蹈，后来经过发展，由祭祀性向功能性转化,成为一种庆丰收、贺新喜的民俗歌舞形式。男女老少围着一面大鼓,在锣鼓铿锵有力的伴奏下,大家一边起舞,一边唱摆手山歌,热闹异常。跳舞时,脚手必须同边同向摆动,故名曰摆手舞,其动作模仿生产和生活情景,生动有趣,深受大家喜欢(图4-432)。摆手舞已于2006年被公布为国家级非物质文化遗产项目。

茅古斯:土语称为故事拔铺,意为祖先的故事,汉语称为毛古斯或毛猎舞,属土家族流传至今的古老表演艺术之一。是穿插在土家族传承至今的祭祀摆手活动中表演的一种艺术形式,与摆手活动紧密联系而又相对独立,极具特色。其表演者都以稻草包装成"毛人"形象,故曰"毛人节"(图4-433)。

图4-429 古石板路

图4-430 古井

图4-431 古城墙

图4-432 摆手舞

图4-433 茅古斯

4.4.21 古丈县岩头寨镇洞溪村

1. 村落概况

1）地理位置与村庄规模

洞溪村位于古丈县岩头寨镇东南部，地理坐标为东经110°07′、北纬28°30′，距古丈县城48km，距吉首市39km。

洞溪村村域面积3.80km²，辖4个村民小组、1个自然寨，户籍人口438人，111户，多为苗族（图4-434）。

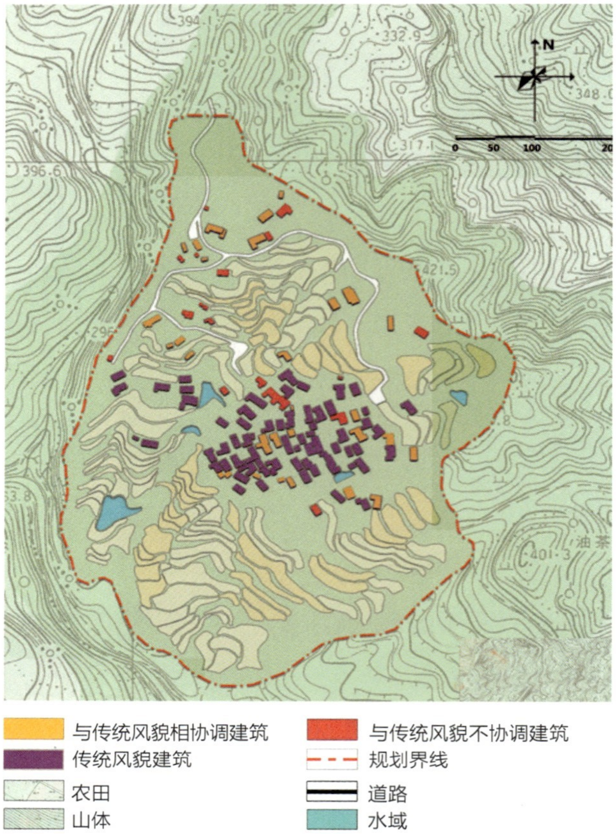

2）自然环境

洞溪村平均海拔389m，地貌呈现为海拔500m以下的低山和丘陵，村落周边梯田环绕，掩映在层层错落的梯田中，是一处独特的自然景观。

村落属于中亚热带山地型季风湿润气候，具有四季分明，气候温和，雨季明显，作物生长期长的特点。村落位于沅水上游，水资源状况良好，以地表水为主。

图4-434 洞溪村平面图

3）历史源流

洞溪村西侧有一口约300年历史的古井，起源于村落南端山脚下的一条小溪，井水冬暖夏凉，是村内生产、生活用水的主要来源，村民称之"洞溪"，村名由此而来。

2. 村落布局与空间特点

洞溪村位于湘西州的崇山峻岭之中，聚落依山而建，坐北朝南，选址与布局，充分利用山形对于居住、耕作的有利条件。洞溪村村落布局体现出典型的山区少数民族聚落的农耕文化特色。

村落东南方向的古树林中有百年古树28棵，体现了苗族人民对古树崇拜的风俗习性和特殊社会属性。从侧面反映了人与自然和谐共处的思想，并真实完整地保存至今（图4-435）。

3. 建筑特征与人文景观

1）建筑特征

村内至今保留有木构结构民居100余栋，形成别具特色的苗族村寨风景，属于典型的清代时期苗族民居建筑风格（表4-103、表4-104）。

洞溪村随处可见规则的红石条垒砌的古围墙，或长或短，或高或矮，顺其地形蜿蜒，气势不

图 4-435　洞溪村全景图

建筑年代统计表　　　　　　　　　　　　　　　　　　　表 4-103

年代分类	建筑数量（栋数）	比例（%）
清代	10	9.62
民国	62	57.79
20 世纪 50~70 年代	21	19.26
20 世纪 80 年代以后	14	13.33
总计	107	100

建筑高度统计表　　　　　　　　　　　　　　　　　　　表 4-104

层数	建筑数量（栋数）	比例（%）
1 层	24	22.50
2 层	83	77.50
总计	107	100

凡，一户一小围，数户一大围，匠心独运，壮观别致，而围墙之外，大多是红石板铺就的古石板街。村内古石板路交错有致，三横二竖成双丰之字，两侧的古墙、民居古色古香，古井、古树的搭配彰显灵气，走在石板路上，便可感受到典型的清代时期的苗家民居建筑风貌。

村落民居高低错落，有四合院、吊脚楼、格子楼等，房屋一般建 2 层，1 层以生活为主，2 层以储物为主。房基、台阶、高墙全用红条石铺成，堂屋中央安有神龛，民族特色的建筑文化在村子里体现得淋漓尽致（图 4-436~ 图 4-438）。

图 4-436　洞溪村建筑群

图 4-437　洞溪村传统建筑

图 4-438　洞溪村传统建筑

2）人文景观

古井：与村子一同产生，一同经历了几百年的风风雨雨。冬暖夏凉的甘甜井水，滋养了一代又一代的洞溪儿女，古井现在仍在为村子里的人们，提供着日常生活用水（图 4-439）。

古河道：是山上天然形成的溪水，向下流淌经过洞溪村，这条小河滋养了洞溪村一代又一代的人，虽然水量不大，但却是村民日常生活用水及生产灌溉用水的主要来源。

古街：洞溪村中央的老房子，均是由石板路连接，5 条小巷，构成了村落整体的骨架。古街由当地出产的红色石板铺就，具有浓郁的湘西风情。

古院墙：位于洞溪村中央，距今已有200~300年的历史，高约3~4m，长约50m左右。整体为红色长砂条石堆砌而成的院墙，没有用任何水泥之类的胶粘剂，而是一块石头叠在另一块石头上面的（图4-440）。

古碾坊：位于洞溪村小溪边，距今已有200~300年历史。碾坊使用水磨，利用水流流动带来的动力，带动磨盘转动，从而为村落居民生产生活带来便利（图4-441）。

4.非物质文化遗产

高腔：洞溪村人擅长唱高腔，该曲种实属辰河高腔的一种。经初步考证，在清代中期，从怀化市沅陵县境内传入洞溪村。表演者朴实、自然，带有浓郁的乡土气息，具有讲究唱功、多唱传奇本高腔、擅演目连戏的特点。演出时的伴奏乐器包括唢呐、笛子、京胡、二胡、三弦、大鼓、小锣、云锣、钹、小鼓等，特制的高腔唢呐声音高亢优美，能与唱腔融为一体，在帮腔和伴奏中发挥着重要作用。其唱腔特点无曲谱，借用当地的方言自编词曲，在演唱中有很大的灵活性，富有地方特色；声音高亢、嘹亮，风格粗犷、豪放，感情朴实、真挚，音域宽广。该曲种至今广泛流传（图4-442）。

傩言腔：原生态的传统傩言腔山歌唱腔，成为山地人们唱腔中操守的唯一至尊至情至爱至善至美之乐，人们在野外劳作或者劳动间隙，唱歌自娱或解闷排忧、抒意遣怀，也是男女青年人表

图4-439　古井（左）
图4-440　古院墙（右）

图4-441　古碾坊（左）
图4-442　高腔（右）

达爱情的一种最直接的方式。

洞溪村非物质文化遗产中的苗族鼓舞、哭嫁歌、打溜子与默戎镇李家村（见4.4.15）相同。

4.4.22 古丈县双溪乡宋家村

1. 村落概况

1）地理位置与村庄规模

宋家村位于古丈县双溪乡西南部，地理坐标为东经109°62′、北纬28°35′，距古丈县城11km，距吉首市58km。

宋家村村域面积9.73km²，辖10个村民小组、5个自然寨，户籍人口1112人，251户，是一个以土家族为主的村落（图4-443）。

2）自然环境

宋家村坐落于宋家河畔，两岸青山青翠欲滴，背倚"青龙"灯盏山、"白虎"大景山，地势西高东低，地貌形态的总体轮廓以山地为主，兼有丘陵和小平原。风景优美，空气清新，宋家河自西向东汇入古阳河，河水无任何污染，河流清澈见底，稻田养鱼，游鱼历历可数。村内古树名木众多，特别是古树林，茶园层层，稻田星罗棋布，宋家村呈现出一派优美的田园水乡风光。

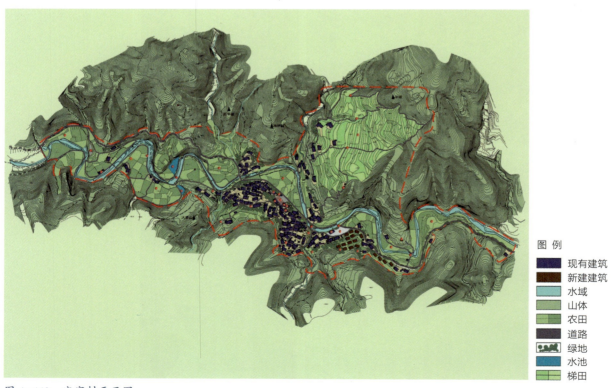

图4-443 宋家村平面图

3）历史源流

关于村名的来历起源于一乡野传说。据传明清时期，当地农户以打猎为生，某日，村里来了一大虫，祸害牲畜，还伤人，几个猎户相约除此一害，便在田野布下陷阱，将其猎杀。因当地民风淳朴，山中野味见者有份，猎户将大虫的肉按男女长幼分好排开，留下了现在的地名排肉（排若），夹住大虫的地方也因此得名：树夹肉。又因当地村民口音较重，问及地名皆答："树夹肉"，让外来人误以为当地人多宋姓，故传为宋家村。

2. 村落布局与空间特点

宋家村村民视土地为珍宝，结合地理条件，顺应自然，其建筑往往是以平地上的耕地为中心，将基址选于山脚下，村落布局体现出典型的农耕文化特点。

村落虽历经百年，但聚落位置基本不变，内部格局基本保存完好。村落坐南朝北，依托左右青龙白虎两山，利用环绕村落的大山——这一保护屏障形成了天然的防御体系。

全村共有5个自然寨，它们依山傍水，一栋栋青砖瓦木楼鳞次栉比地散布在宋家河两岸，前有流水，后有靠山，山高谷深，村寨聚族而居，鸡鸣犬吠，一派田园风光（图4-444、图4-445）。

3. 建筑特征与人文景观

1）建筑特征

建筑多为坐南朝北，正屋堂屋安神龛，祭祀祖先，左右为厢房，并配吊脚木楼。厢房设有火床，安放三脚铁架，为取暖、吃饭之所。后面为主人寝室之所，偏房作为灶房和安放磨碓之用。吊脚楼则作为客房，或用作待嫁闺女卧房。楼下用作牛栏、猪圈，房屋四周种植栽竹、木，使房子掩映于翠竹绿荫之中，甚为幽雅（表4-105、表4-106）。

村内现有建筑多为房屋主体加晒坝，院落为典型的堂厢式，由正屋与厢房构成，根据厢房的数量和布局分为一正一厢和一正两厢，厢房可做成吊脚楼，一正一厢形成一个小院子。一正两厢以三面围和建筑的三合院形式出现，平面呈"U"字形，有开放的前庭。

图4-444 宋家村全景图

图4-445 宋家村建筑群

建筑年代统计表　　　　　　　　　　　　　　　　　　　　表 4-105

年代分类	建筑数量（栋数）	比例（%）
清代	13	9.62
20 世纪 80 年代以后	78	57.79
2000 年以后	26	19.26
2010 年以后	18	13.33
总计	135	100

建筑高度统计表　　　　　　　　　　　　　　　　　　　　表 4-106

层数	建筑数量（栋数）	比例（%）
1 层	25	18.52
2 层	109	80.74
3 层	1	0.74
总计	135	100

除个别砖混结构的民居和杂屋外，其余的民居均为土家族传统的全木构民居形式。村内大部分现有住宅都是村民自发建设，具有典型的自然生长空间形态。宋家村至今完整保留着传统的木构干栏式建筑，形成了别具特色宋家村风景（图 4-446）。

2）人文景观

古墓：村内古树林中有一处古树，后有一古墓，古树为古墓主人所植，古墓主人碑文无文字记载。

古井：村内共 2 处。井水从井底汩汩涌出，清澈透明，甘甜可口，四季不断。

古河道：贯穿村寨，自西向东流淌，河水清澈干净（图 4-447）。

图 4-446　宋家村传统建筑

图 4-447　古河道

图 4-448 古石板路

图 4-449 跳马节

图 4-450 摆手舞

古石板路：村内共 2 处，位于古树林，建于清道光年间（1821~1850 年），保留完好（图 4-448）。

4. 非物质文化遗产

跳马节：源于土家族对土地神的祭祀。每年正月第一个（午）马日，扎马数匹，人站其中，形若骑状。节日活动有许马、扎马、敬神、操旗、跳马以及调年、稀可乐、三棒鼓、传流戏剧、高腔等文化体育活动（图 4-449）。

摆手舞：一种祭祀性舞蹈，后来经过发展，由祭祀性向民俗性转化，成为一种庆丰收、贺新喜的民俗歌舞形式（图 4-450）。

高腔戏：腔戏将宗教与世俗两种不同的文化融为一体，体现了中国传统文化的本质特征。戏中所蕴含的巫傩文化、灵魂信仰以及民俗生活都是民众的世俗精神的展演，因为它的创造者、表演者、欣赏者都来自民间，他们的生活本身就是宗教化的世俗生活。

宋家村非物质文化中的打溜子、哭嫁歌与默戎镇李家村（见 4.4.15）相同，古丈毛尖制作工艺与默戎镇毛坪村（见 4.4.18）相同。

4.4.23 永顺县灵溪镇爬出科村

1. 村落概况

1）地理位置与村庄规模

爬出科村位于永顺县城东北方，地理坐标为东经109°、北纬28°，属于永顺县灵溪镇虎洛村行政区划管辖，距县城22km（图4-451）。

村落四面环山，周围绿树掩映，内有溪流蜿蜒而过，房前屋后瓜果飘香，是传统的土家建筑风情与自然风光的完美结合。

爬出科村村域总面积约5km²，125户，户籍人口450人，全部为李姓族人。

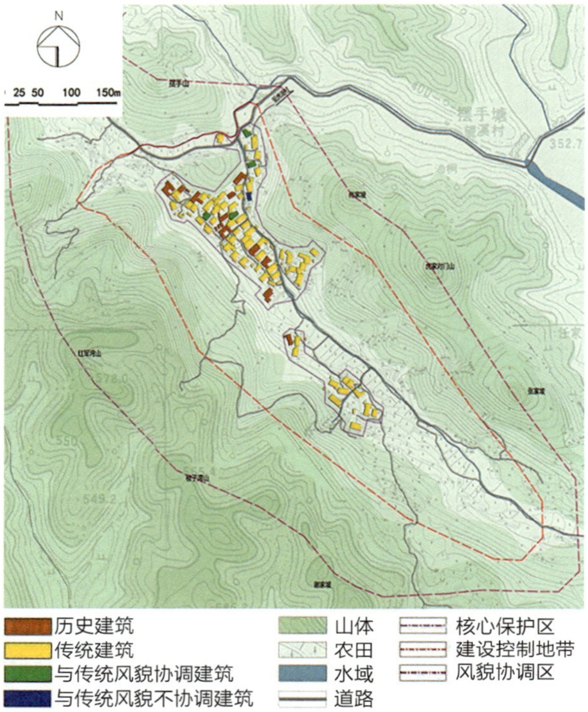

2）自然环境

爬出科村群山环抱，周边有被子湾山、红军湾山、谢家坡、张家坡、虎家对门山、肖家坡等山体。地势起伏较大，海拔一般在372~593m，主要山脉走向与区域构造方向基本一致，向西北—东南方向伸展。山上植被丰富、青山碧树、森林覆盖率高。

图4-451 爬出科村村庄平面图

村落内一条清澈见底的山涧溪流沿一侧山脚线穿寨而过，且地处降水充沛的山区，植被保护较好，水量丰富，水质属中性淡水，含沙量较少。林地分布于村落周围山体中，山林中野生植被较多，景观类型丰富，林地与村落联系紧密。

3）历史源流

爬出科村明代时，李姓人氏从张家界二家河迁徙于此定居，后逐渐繁衍变成现在的爬出科村李姓家族。

2. 村落布局与空间特点

爬出科村四面环山，村落整体形态与山体紧密依存，与地势密切结合，依山势形成阶梯形聚落，建筑群高低错落，空间环境变化丰富，整体风貌可以概括为"一寨两田、青山环绕、绿水长流"。

村寨因地处峡谷深处，交通不便，民居集中在一处长约700m，宽300m的峡谷中，中间宽、两头窄，一条清澈见底的山涧溪流沿一侧山脚线穿寨而过，村寨建筑顺溪依山就势而建，因空间狭小，村落传统木质结构建筑集中呈片状分布，保存完好，俯瞰甚为壮观，村寨单体建筑的朝向均面向远山。耕作农田位于峡谷之外，旱地多、水田少（图4-452）。村落由北向南扩张，逐渐发展至今天的规模，主要对外交通为4.5m宽的虎洛村村道。

图 4-452　爬出科村全景图

3. 建筑特征与人文景观

1）建筑特征

爬出科村历史悠久，有着典型的土家族木质建筑群，村落内现无公共建筑，全部为居住建筑。建筑朝向坐南朝北，结构多为悬山穿斗式木架结构，小青瓦屋面，立柱为柏木，穿拉枋为松木，杉木装板，花格窗，司檐悬空，木栏扶手，吊脚楼悬空下面放置木材，台明用青石垒砌，天坪为水泥地面（图 4-453~图 4-455，表 4-107、表 4-108）。

图 4-453　爬出科村建筑群

图4-454 爬出科村传统建筑（一）

图4-455 爬出科村传统建筑（二）

建筑年代统计表　　　　　　　　　　　　　　　　　　　　　　　表4-107

年代分类	建筑面积（m²）	比例（%）
清代	1511.45	9.86
民国	1348.16	8.79
20世纪50~70年代	11504.61	75.02
20世纪80年代以后	972.03	6.34
总计	15336.25	100

建筑高度统计表　　　　　　　　　　　　　　　　　　　　　　　表4-108

层数	建筑面积（m²）	比例（%）
1层	15103.63	98.48
2层	232.62	1.52
总计	15336.25	100

2）人文景观

爬出科村人文景观数量繁多，有独具特色的古街巷、古石阶、古桥、古涧、古井、石砌围墙等多种类型，体现了土家族传统民居的地域特色和古村特有的历史文化价值。如爬出科村落共有4座古井，是村民饮用水的主要水源之一（图4-456）；一座石砌古桥，是连通因山涧溪流隔开的村落的主要通道；古石阶贯穿整个村落，整体风貌保存完整（图4-457）；房屋旁石砌的排水沟，是古村落建筑群的重要组成部分；还有诸如古家具、石磨、建筑石雕、木雕等。

4. 非物质文化遗产

爬出科村共有3项非物质文化遗产，分别为土家族打溜子、土家族摆手舞、土家族挑花。

图 4-456 古井

图 4-458 土家族挑花

图 4-457 古石阶

土家族挑花：土家族妇女挑花技艺流传久远，是土家族最珍贵的手工艺品。是研究土家族历史发展的活化石，更是研究土家族人的精神追求和价值取向的重要史料。土家族挑花不用画图，全凭绣女想象，飞针走线，运用自如。挑花不需要织机，全凭手工操作，按照布纹的经纬十字交点，用面料底色成反差的线调成图案，就能创作出风味别致、情韵独特、令人赏心悦目的艺术品（图 4-458）。

打溜子与默戎镇李家村（见 4.4.15）相同；摆手舞与古丈县红石林镇列溪村（见 4.4.20）相同。

4.4.24 永顺县灵溪镇博射坪村

1. 村落概况

1）地理位置与村庄规模

博射坪村位于灵溪镇东南部，地理坐标为东经 112°、北纬 28°19′。博射坪村属于永顺县灵溪镇老司城村行政区划管辖，距县城 15km（图 4-459）。全村共有 135 户，户籍人口 485 人，村域面积 7km²。

2）自然环境

博射坪村草木葱茏、溪流淙淙，在其西边有蜿蜒的猛洞河从村寨旁流过，如桃源之境。村落群山环抱，林地分布于周围山体中，西靠包子山、油黄包，东对磨子岩、轿顶山，地势起伏大，山林植被茂盛，景观类型丰富，林地与村落紧密联系，对村落形成围合之势。

3）历史源流

博射坪村始建于明代，紧挨土司王朝，凭借险要的地势成为当时土司王朝军事防御的重要关卡，是土司王当年屯兵、练兵、点将、养马的地方。由于彭氏兄弟在村内勤于练兵，彭世麟代兄出征才屡建功勋，到了明代嘉靖年间（1522~1566年）彭翼南父子率领村内操练的精兵，经过多次会战，最终大败倭寇，自此，江浙地区倭患得以平息，百姓安居乐业，土司的士兵和他们的后人从此在博射坪这片土地上安居乐业。

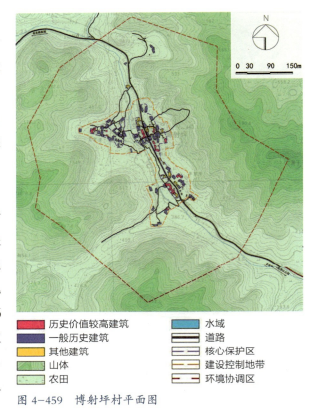

图4-459 博射坪村平面图

2. 村落布局与空间特点

博射坪村基本呈线性衍生的村落格局，保持了青山环绕、农田相依、一寨多片的"山、水、农田、村落"和谐共生的原生态格局。整体风貌可以概括为青山环绕、功能分区明显的"山、水、田、园"格局。

博射坪村依山就势而建，四周群山环抱，西靠包子山、油黄包，东对磨子岩、轿顶山，整体形态与山体紧密依存；中间为平地；村寨西边是猛洞河，东边是土司王朝所在的老司城村。

建筑集中分布在两侧山脚——中间宽两头窄状如船形的狭长平坦地带中，由中间农田向两边山体排开。建筑与地势密切结合，形成阶梯形聚落。

民宅高低错落，空间环境变化丰富，景观风貌特色明晰。远远望去，檐廊衔接、起伏绵延。村里的建筑朝向并不严格遵循"坐北朝南"的定律，而是随山势地形而定，层峦叠嶂，山峰如簇，与周围环境极为协调（图4-460）。

3. 建筑特征与人文景观

1）建筑特征

博射坪村建寨历史悠久，寨中老街与土家民居建筑保存较为完整。建筑特征鲜明，为悬山穿斗式木架结构，小青瓦屋面，立柱为柏木，穿拉枋为松木，杉木装板，花格窗，司檐悬空，木栏

图 4-460　博射坪村全景图

扶手，吊脚楼悬空下面放置木材，台明用青石垒砌，天坪为水泥地面。村内多为单家独院又整体呼应的单层干栏式建筑，建筑沿山体逐层向上，门关雕花、条石铺路、檐廊相接。房屋建筑风格极为一致，每一个院落，屋内都有堂屋、厢房，在山体农田的映衬下显得幽静而恬美（表 4-109、表 4-110，图 4-461、图 4-462）。

建筑年代统计表　　　　　　　　　　　　　　　表 4-109

年代分类	建筑面积（m²）	比例（%）
清代	319.00	1.61
民国	3510.00	17.74
20 世纪 50~70 年代	12499.00	63.18
20 世纪 80 年代以后	3456.00	17.47
总计	19784.00	100

建筑高度统计表　　　　　　　　　　　　　　　表 4-110

层数	建筑面积（m²）	比例（%）
1 层	17461.00	88.26
2 层	2032.00	10.27
3 层	291.00	1.47
总计	19784.00	100

图4-461 博射坪村建筑群

图4-462 博射坪村传统建筑

2）人文景观

彭国斌古宅：建于民国，面积156.70m²。建筑整体保存基本完好，一层木构建筑，围合墙面为木质材料，是传统土家族民居，具有一定研究价值。

古街巷：街巷两侧建筑朝向均一致面向中间的平坦地带，街巷格局、走向及宽度保存完好，大部分传统街巷铺装基本保持原貌（图4-463）。

门庭木雕：博射坪村传统建筑的门窗上都有精美的雕花，一方面起到采光的作用，另一方面具有美化房屋的作用（图4-464）。

雕花石础：博射坪村传统历史建筑的木柱下有一块石础。如此建造是为了减轻木柱与地面接触的腐蚀性，也是为了提升房屋建造的美感。石础上都经过了人工精心雕刻。上面雕刻有各色各样的花卉图案，也有飞禽走兽、民间故事等，内容各异、精彩纷呈，其精美程度可与今日的电脑雕刻相媲美（图4-465）。

4. 非物质文化遗产

土家族织锦：技艺主要分布于湘西永顺、龙山、保靖、古丈等地。土家锦用棉线织成，俗称

图4-463 古街巷

图4-464 门庭木雕

图4-465 雕花石础

图4-466 土家族织锦

"打花"，主要有打花铺盖（土家语西兰卡普）和花带两大品种。其中西兰卡普最具代表性和典型性，它采用"通经断纬"的挖花技术，分为"对斜"平纹素色系列和"上下斜"斜纹彩色系列两大流派。西兰卡普使用古老的纯木质腰式斜织机织造，其技艺流程主要由纺捻线、染色、倒线、牵线、装筘、滚线、捡综、翻篙、捡花、捆杆上机、织布、挑织等12道工序组成，另以"反织法"挑织成图案花纹。花带是土家锦中普及面更广的品种，它采用"通经通纬"的古老"经花"手法，几乎不需专用工具即可在织造者两膝间完成（图4-466）。

博射坪村非物质文化中的打溜子与默戎镇李家村（见4.4.15）相同；摆手舞与永顺县灵溪镇爬出科村（见4.4.23）相同。

4.4.25 永顺县泽家镇砂土村

1. 村落概况

1）地理位置与村庄规模

砂土村位于永顺县泽家镇西南部的高寒山区，地理坐标为东经109°、北纬28°，距离泽家镇约5km，距永顺县城18km（图4-467）。

村域面积12km²，户籍人口1378人，主要以土家族、回族为主。

2）自然环境

砂土村三面环山，分别为大畔山、那他枯和近龙包，山泉水源源不断、树木茂密、古木参天。村落内有两条蜿蜒的沟渠穿田而过。由于地处降水充沛的山区，植被保护较好，绿树荫荫、环境优美，地下蕴藏千年洞水，房前屋后瓜果飘香，传统土家族建筑风貌与自然风光完美结合，十分宜居。

3）历史源流

根据彭氏族谱，砂土村村民从彭祖公开始由彭城得姓，迄今四千余年，历史悠久、后嗣繁衍、

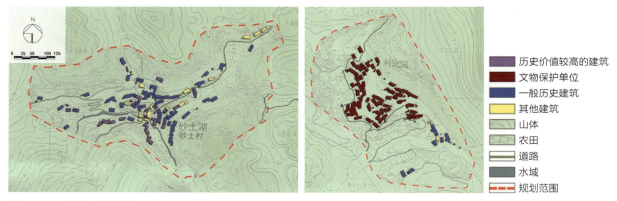

图 4-467 砂土村平面图

遍布华夏。彭族儿女是师杲公后裔的一脉，五个老太公从保靖等地迁来，到"贺乐比条"船头分手，迄今已有 13、14 代人。

砂土村始建于清代道光年间（1833 年），历史悠久。村落内土家族传统木质结构建筑和吊脚楼分布集中成片，保存完好，俯瞰甚为壮观。是汉、土家文化交流融合的历史见证。

2. 村落布局与空间特点

村落群山环绕，坐落在畔山偏坡上，与山体紧密依存。整个村庄布局清晰，底部为大片稻田，接着是山腰上层叠而上的村寨，畔山山腰为玉米地，顶端为苍翠竹林和杂木林，农田耕地位于山间平地之间，形成"山、农田、村落"相互掩映的优美景观（图 4-468）。

图 4-468 砂土村全景图

村寨依山就势而建，因地势原因，被三条原始石板台阶分割成三大组团，分别掩映在古树绿荫中，飞檐翘角若隐若现，竹林土家山寨的原始风情展露无遗。

村落建筑现状集中分布在半山腰上，呈梯级分布。与地势密切结合，依山势形成阶梯形聚落，民宅高低错落。

村落的单体建筑的朝向一致，面向远山，展示了全村团结一心的凝聚力，空间环境变化丰富，景观风貌特色明晰。

3. 建筑特征与人文景观

1）建筑特征

砂土村村内清代建筑1栋，22栋民国时期建筑，95栋传统民居建筑，有着典型的清代和民国时期的建筑特征（表4-111、表4-112）。

建筑年代统计表　　　　　　　　　　　　　　　　　表4-111

年代分类	建筑面积（m²）	比例（%）
清代	188.00	0.57
民国	5240.00	15.96
20世纪50~70年代	22829.00	69.51
20世纪80年代以后	4584.00	13.96
总计	32841.00	100

建筑高度统计表　　　　　　　　　　　　　　　　　表4-112

层数	建筑面积（m²）	比例（%）
1层	24731.00	75.31
2层	7064.00	21.51
3层	1046.00	3.19
总计	32841.00	100

砂土村内建筑分布集中成片，建筑群多为传统木质吊脚楼，寨内吊脚楼建筑的建造技术精妙，建筑风格简约大方，建筑装饰工艺纯熟、内涵深刻，吊脚楼可以平地起吊，对河流冲刷形成的滩地也适用（图4-469）。

吊脚楼建筑排列在半山腰中，分布整齐，样式精致古朴，汇集民族建筑精粹。其多为干栏式建筑，均飞檐翘角，四面均有走廊，悬出木质栏杆上雕有万字格、亚字格、四方格等象征吉祥如意的图案。悬柱有八棱形、六棱形、四方形，底部雕刻有绣球、金瓜等各种图案。窗棂刻有双凤朝阳、喜鹊嗓枝、狮子滚绣球以及牡丹、菊花等各种花草，古朴雅秀，美观实用，具有鲜明个性和民族工艺特色。

图 4-469 砂土村建筑群

图 4-470 砂土村传统建筑（一）

图 4-471 砂土村传统建筑（二）

吊脚楼的形式多种多样，主要有单吊式吊脚楼、双吊式吊脚楼、四合水式吊脚楼等，具有无坎不成楼、无瓜不成趣、不转不成楼等建筑特征。结构独特、形式活泼、特色鲜明且规模宏大，是集建筑、绘画和雕刻等艺术为一体的珍贵的民间艺术结晶，也是中国建筑艺术史上的杰出代表（图 4-470、图 4-471）。

图 4-472 舂米器

图 4-473 窗棂雕花

2）人文景观

千年风洞：洞水沁人心脾，起到传统民居生产生活用水的作用。

舂米器：家家户户基本都有，是中华人民共和国成立前村民用来给稻谷去壳的工具（图 4-472）。

窗棂雕花：在古代主要做摆件起装饰作用的（图 4-473）。

古磨盘：用于制造醋水豆腐。

图 4-474 湘西土家族婚俗

古井：有古井两口，年代久远、水质极佳、井水清澈见底。

4. 非物质文化遗产

湘西土家族婚俗：湘西永顺县民族、民间文化底蕴丰厚，土家族婚俗是最具代表性的习俗之一，自古以来就形成了整套繁复的婚姻习俗。早在新石器时代后期，即出现了"夫妻之道"，到春秋战国时期，婚姻制度较八年（1736年）记："婚礼以牛、羊、银布、猪、酒各物为聘醮不俟服，除联姻不嫌同姓之陋习。"在湘西土家族地区古代婚姻礼数沿袭至今（图 4-474）。

砂土村非物质文化中的打溜子与默戎镇李家村（见 4.4.15）相同，土家族吊脚楼营造技艺与永顺县大坝乡大井村（见 4.4.26）相同。

4.4.26 永顺县大坝乡大井村

1. 村落概况

1）地理位置与村庄规模

大井村位于永顺县大坝乡西北部，地理坐标为东经109°12′、北纬28°15′，距离永顺县城

25km，距吉首市 123km。

大井村村域总面积为 9km²，户籍人口 1232人，多为土家族人口（图 4-475）。

2）自然环境

大井村多面环山，属山地地貌，海拔在 324~450m，分别为翻贝山、后龙坡、枞打福、旋堡和九龙山。村落属于中亚热带北部湿润季风气候区，村内年平均气温 14.2~16.4℃，全年四季分明。大井村水资源丰富，村北有唐坊沟水库，乜车河（属酉水河系）穿村而过，山泉蜿蜒流淌，勾勒出了一道醉人的土家山寨的美丽画卷。

3）历史源流

大井村形成年代为元代，建村已有千年历史，村落由东向西扩张，依九龙山（土语叫泽巴栖）而居，因地形而定名。

2. 村落布局与空间特点

大井村为长条形盆地，东靠九龙山，西倚翻贝山，形如井状，与上下两村以"井"为名，分别为小井、大井、盐井。大井地势平坦开阔、山清水秀、田地肥沃，适宜居养生息。

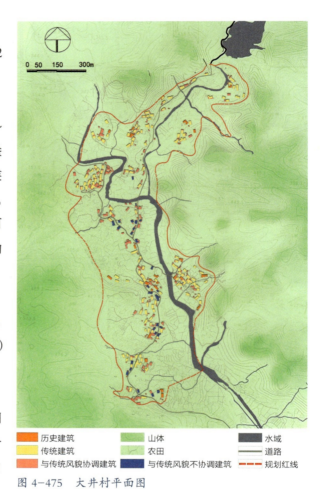

图 4-475　大井村平面图

大井村四周山峦起伏，树木葱葱，自然风光秀丽。乜车河流经村落通往保靖县酉水河，河面宽阔，河与村落之间是大片农田。村落主要沿河两岸分布，逐渐向后山发展，形成"山、水、田、村落"相互交融的空间特点，具有典型的丘陵村落选址与建筑布局特点。整体上，大井村为群山环抱、溪河分隔、分寨而居的村落格局（图 4-476）。

3. 建筑特征与人文景观

1）建筑特征

大井村历史悠久，有着典型的中华人民共和国成立初期的建筑特征。村内清代建筑共 1 栋，为民居建筑；民国建筑共 21 栋，其中 20 栋为民居建筑，1 栋为公房；20 世纪 50~80 年代建筑共 154栋，其中 153 栋为民居建筑，1 栋为公房（表 4-113、表 4-114）。

建筑风貌保存完整，房屋基础由木材砌成，墙体由木结构搭架，使用传统木质门窗。其建筑多为二层吊脚楼和两层木楼。雕花构建较多，有寿字图案窗花、喜字图案窗花配镂空卷草纹图案。吊脚楼有吊瓜、万字格栏杆做装饰，翘角较高（图 4-477、图 4-478）。

图 4-476　大井村全景图

建筑年代统计表　　　　表 4-113

年代分类	建筑面积（m²）	比例（%）
清代	209.49	0.38
民国	4197.56	7.70
20 世纪 50~70 年代	26577.00	48.78
20 世纪 80 年代以后	23496.77	43.13
总计	54480.82	100

建筑高度统计表　　　　表 4-114

层数	建筑面积（m²）	比例（%）
1 层	46121.59	84.66
2 层	8140.62	14.94
3 层	218.61	0.40
总计	54480.82	100

　　土家族吊脚楼多为干栏式木柱建筑，均飞檐翘角，四面有走廊，悬出木质栏杆上雕有万字格、亚字格、四方格等象征吉祥如意的图案。结构独特、形式活泼、特色鲜明且规模宏大，是集建筑、绘画和雕刻等艺术为一体的珍贵的民间艺术结晶（图 4-479）。

图 4-477 大井村建筑群

图 4-478 大井村传统建筑

图 4-479 大井村传统建筑

图 4-480 古井

2）人文景观

古墓：大井村有 2 处古墓，彭家始祖墓与彭施涤墓，其中彭施涤墓为县级文物保护单位。墓葬呈椭圆形，墓碑为七厢碑，青石质，通体碑高 2.5m，碑面宽 2 尺，高 2.9 尺。石柱两旁为对称石鼓。右边浮雕为鹿，左边浮雕为麒麟，周边为卷草纹图案。由于"文革"期间修水利工程，该墓辅助建筑及旁边古树被毁，改革开放后，因墓主人曾为教育事业作过卓越贡献，村民自发捐资复修，但无法复原。

古井：现存三口古井，分别位于九龙山山脚的唐家沟井、进军包中间的进军包井和大坪山山脚的大坪山井。山泉水流入井中，并储存于此，现仍为大井村村民主要生活用水水源（图 4-480）。

古河道：现存古河道近 23000m，位于村落中间，主要为匕车河，曾经起到供水作用。

古桥（花桥）：共有 1 处，位于村落中间的匕车河上，用于村民来往两岸，栏杆雕花在"文革"中被毁（图 4-481）。

古院墙：现存古院墙 1 处。

古碑刻：大井村传统村落现存古石阶近 100m，处于传统居住建筑之间。

图 4-481 古桥

4. 非物质文化遗产

土家族社巴节:又名"调年会""舍巴节",是西那司土家族最隆重的传统祭祀节日,有着严格的祭祀仪式、独特的祭祀方式和丰富的表达内涵,其中有反映土家族男女爱情、婚姻习俗的内容。

大井村非物质文化中的打溜子与默戎镇李家村(见 4.4.15)相同,土家族传统婚俗仪式与永顺县泽家镇砂土村(见 4.4.25)相同。

4.4.27 永顺县列夕乡芷州村

1. 村落概况

1)地理位置与村庄规模

芷州村位于永顺县列夕乡西南部,地理坐标为东经 109°、北纬 29°51′,距永顺县城约 40km,距吉首市 111km。

芷州村村域面积 9.10km²,户籍人口 1072 人,多为土家族人口(图 4-482)。

2)自然环境

芷州村四面环山,左傍青龙山,右依金龙山,前朝大金山,后靠王包牯,地形地貌以山地和丘陵为主,为山间缓坡的谷地。村落属中亚热带山地湿润气候,四季分明、热量较足、雨量充沛、

图 4-482　芷州村平面图

水热同步、温暖湿润。

芷州村有两条河流流经，南面的酉水河与东北面猛洞河交汇于芷州村的东面，自然风光神奇迷人。村内还有天坑溶洞、喀奇沟河谷、密林雾凇等多处自然景观，环境雅静。

3）历史源流

芷州村始建于宋代，形成于明清时期，因当时推行"土司制度"，设"知州府"而得名，是湘鄂川黔等地通商和军事的重要通道，扼守古道交通咽喉，古为地方兵家必争之地。

北宗元祐三年（1088年），土家族始祖彭思聪初至渭州。明代洪武二年（1369年），土知州彭万金升南渭知州，芷州村规划区一直作为南渭知州的军事中心，繁荣数百年。清雍正五年（1727年），知州彭宗国随永顺土司输诚现土，自此村落人口逐渐迁徙到外围。

2. 村落布局与空间特点

芷州村坐东朝西，总体上形成"群山环抱、小溪分隔、村组散居"的格局，远眺如一把巨大太师椅。村后峡谷深邃，曲折险峻，森林密布、遍布天坑溶洞，易于藏身；村前绝壁如切、高余白仞、险峻异常，只有东西两条道路可通行，易守难攻。村落高突于古道之上，周边环境一览无余，可以非常有效的控制地方事态。

整个村落依山就势、层层抬升、数条青石板路交错纵横，直达老司城世界文化遗产地及酉水河。村内山泉蜿蜒流淌，潺潺水声伴随着弯弯乡间小路和依山而建的土家青瓦吊脚楼，与房屋、田野糅合一体（图4-483）。

图4-483　芷州村全景图

3. 建筑特征与人文景观

1）建筑特征

芷州村现存大量明代、清代建筑群和中华人民共和国成立初期的土家族民居，97%以传统木质结构建筑为主，现代建筑仅占3%，这些建筑用料上乘，结构稳固（表4-115、表4-116）。

建筑年代统计表		表 4-115
年代分类	建筑面积（m²）	比例（%）
清代	2519.61	20.06
民国	1543.65	12.29
20 世纪 50~70 年代	4247.34	33.82
20 世纪 80 年代以后	4248.51	33.83
总计	12559.11	100

建筑高度统计表		表 4-116
层数	建筑面积（m²）	比例（%）
1 层	11521.84	91.74
2 层	931.25	7.42
3 层	106.02	0.84
总计	12559.11	100

芷州村具有代表性的土家族建筑类型为青瓦房和土家吊脚楼，大多数建筑板壁会刷上桐油进行防潮处理，泛出乌褐油亮的颜色。其中村落的木质青瓦房架构是：三开间，三柱四挂、三柱六挂、五柱四挂、五柱六挂、五柱八挂穿斗栱梁式。大多村民，还会依照地势朝向，在正屋的或左或右建造供女儿、外姓异族亲朋居住的厢房（俗称"转角楼"或者"吊脚楼"）。

芷州村内建有老司城世界文化遗产系列的史料和物证——知州衙署建筑，建成于明代时期，建筑规模约7000m²，以青石阶为中心，两边布置兵马营房及兵营管控中心。建筑类型包括四合院、吊脚楼、朝门、天井、厢房等，雕梁画栋、青瓦盖顶，用料为楠木等上乘木料，整体保持着古朴稳重的风格，建筑历百年仍结实可居（图4-484）。

整体来说，芷州村特有的建筑风格是全村屋连屋、户连户，恰似《桃花源记》中"屋舍

图 4-484 芷州村建筑群

图 4-485 知州衙署建筑

图 4-486 芷州村建筑群

俨然,鸡犬相闻"的风景。民风纯真质朴,全村人民勤奋团结、和睦相处,胜似陶渊明笔下的世外桃源(图 4-485、图 4-486)。

2)人文景观

古街道:村内保留完好(图 4-487)。

古井:现存五处,有山泉水流入井中,并储存于此,村民从这里挑水以供饮用,是村民饮用水的主要水源之一。

图 4-487 古街道

古应急避险区:芷州村修建了不少的山塘,用作消防池,防木房火灾。还有依据地形地貌形成的溶洞,用于仓储避险,防御外敌。

古堰塘遗址:位于村寨中心的古堰塘有 4 处之多,以防涝防旱为主,辅以解决防火防灾之急。值得赞叹的是,古堰塘不仅有泄洪闸、溢洪道等排灌系统,还有护栏、防渗堤等保护措施,现今仍可在丰水季节储蓄雨水,以备旱时之需。

古官道驿站遗址:芷州村从列夕老码头、三百峒古码头,分别保存有青、红石板路,沿途依据山道大小不一,摆放不规则。

土家摆手堂遗址:相传地处大畔山顶的五谷庙特别灵异。每当遇到天旱时节,当地的土家族民众就会邀请土家老司到五谷庙祈雨。下雨后村民于载歌载舞,煮三牲分食以答谢上苍。

古监狱:现存 1 处,看管以前的犯人(图 4-488)。

记事碑:雍正四年(1726 年)八月修葺,保留完好(图 4-489)。

4. 非物质文化遗产

过赶年:是土家族人最重要的节日,从内容到形式比土家族的其他节日都要隆重,持续时间也最长。芷州村过赶年时,家家户户添柴加薪,一家人团团围坐、话家常、谈明年,有时有亲朋来串门、烤旺火、畅谈来年发展。

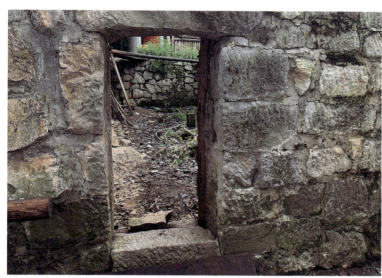

图 4-488 古监狱

图 4-489 记事碑

上梁：上梁仪式大致分以下十大步骤：祭梁—开梁口—制梁—包梁—缠梁—升梁—赞屋场—喝上梁酒—抛梁粑—下梁。土家族"立屋"完成以后，都要举行隆重而又别开生面的上梁仪式，亲朋好友及邻居都携贺礼前来道喜并观看（图 4-490）。

梯玛神歌：记述了土家族的起源、繁衍、战争、迁徙、开疆拓土、安居乐业等内容，有敬祖先、敬土王、敬天子龙王、求子祈福等系列活动，梯玛是一种既带有宗教的仪式性，亦具有艺术表演性的傩文化现象，被誉为土家族的"民族史诗"，梯玛神歌表演常常在盛大活动、六月六、过赶年等节日进行。

茅古斯：是湘西土家族独特的语汇，土家语称为"古司拨铺"，大意即"浑身长毛的打猎人"。表演者身穿草衣树皮，与原始部落人无异。动作粗犷、赤脚醉步、摇头抖肩、变声怪调，以近似戏曲写意、虚拟、假定等技术手法，再现了茹毛饮血的远古时代土家先民开拓荒野、捕鱼狩猎等场景，被称为"中国戏剧的活化石"（图 4-491）。

图 4-490 上梁

图 4-491 茅古斯

芷州村非物质文化中的打溜子与默戎镇李家村（见4.4.15）相同；摆手舞与双溪乡宋家村（见4.4.22）相同；土家族传统婚俗仪式与永顺县泽家镇砂土村（见4.4.25）相同。

4.4.28 永顺县列夕乡列夕村

1. 村落概况

1）地理位置与村庄规模

列夕村位于列夕乡西北部，地理坐标为东经109°49′、北纬28°47′，距永顺县城37km，距吉首市110km。

列夕村村域面积12km²，户籍人口1750人，450户，多为土家族人（图4-492）。

2）自然环境

列夕村群山环绕，地势起伏较大，周边有落老枯、狮子口、岩弄坡、牯牛包、杏子枯等山体，平均海拔为395~661m，主要山脉的走向与区域构造的方向基本一致，从西北向东南伸展，是典型的高地平台型且沿河岸带型拓展的村落。

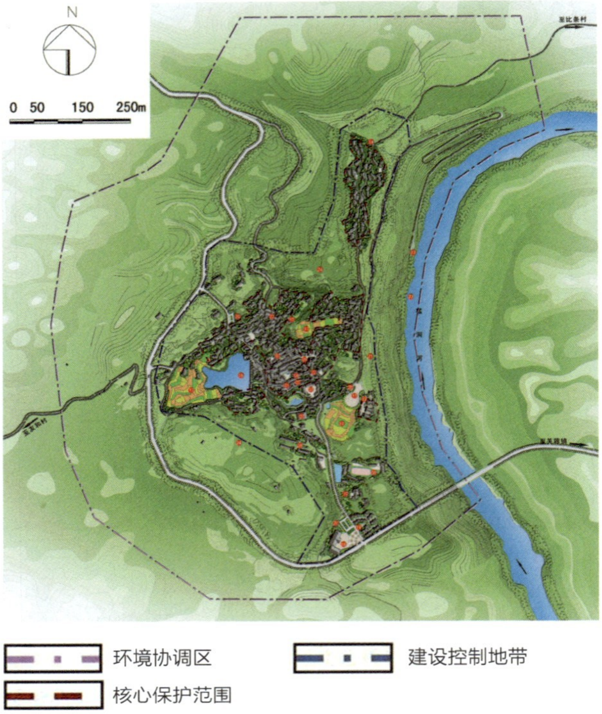

列夕村属于中亚热带山地湿润气候，热量较足、雨量充沛、水热同步、温暖湿润。村内水资源丰富，东临猛洞河，村落处于酉水河与猛洞河交汇处。

图4-492 列夕村平面图

3）历史源流

列夕，土家语读作"雷歇"，意为"河岸上的村子"。雍正五年（1727年）改土归流前后，有许多江西客商看中此地，纷纷来此经营，购置地产，形成今天较具规模的列夕老街。据董氏宗谱记载："考家乘云我族原籍江南继迁江西初过湖南择处三洲至今三百余年"。

2. 村落布局与空间特点

列夕村形制为椭圆形，周边残存部分城墙，村内沟壑纵横，溪水如流，山多地少。在这种自然环境中，土家人结合地理条件，顺应自然，在建筑上"借天不借地，天平地不平"，依山就势，在起伏的地形上建造接触地面少的房子，以河码头为主线，自东向西沿山体等高线逐级灵活布置。

列夕村的布局处处反映了土家族的选址理念，所处的山水环境都非常注重"纳"与"藏"关系，体现了依山而稳、依水而活的精神内涵。全村坐落在群山腹中，地面坡度在10%~30%之间，适宜居住。面朝一片低洼开阔的农田耕地，周围是起伏的丘陵，凹凸有致、悠远而绵长。整体村落格局属于"散落不规则集合格局"；整体风貌可以概括为"一寨两片、青山环绕、绿水相依"（图4-493）。

图 4-493 列夕村全景图

3. 建筑特征与人文环境

1）建筑特征

列夕村历史悠久，有着典型的湘西土家族干栏式建筑特征。村内现存清代建筑共 17 栋，民国建筑共 22 栋，全部为民居建筑。

村落的建筑建造通常背倚山坡，面临溪流或坪坝以形成群落，往后层层高起。层前层后竹树参差，掩映建筑轮廓，十分优美。土家吊脚楼大多置于悬崖峭壁之上，因基地窄小，往往向外悬挑来扩大空间，下面用木柱支撑，同时为了行走方便，在悬挑处设栏杆檐廊。大部分吊脚横屋与平房正屋相互连接形成"吊脚楼"建筑。若从地形上看，吊脚楼往往占据地形不利之处，如坡地、陡坎、溪沟等，而主体部分则位于平整的基地上。

住宅正屋一般为一明两暗三开间，以龛子（厢房）作为横屋，其正房中间为堂屋，后部设祖坛。堂屋两边分别为火堂，有烹制食物、御寒取暖和防卫照明之功能。由于家庭成员的增多，土家人一般在正屋一边或两边各建一厢房，于是分别形成"钥匙头"或"三合水"住宅，而"四合水"庭院则由间或廊四面围合而成（表 4-117、表 4-118，图 4-494、图 4-495）。

2）人文景观

古寺庙遗址：位于秀丽的猛洞河畔，始建于明末清初，清代乾隆初因火焚毁，乾隆二十五年（1760 年）修复。建有灵官殿、文昌阁、钟鼓楼、佛堂正殿，建筑占地面积 2000m^2。

古码头：位于猛洞河与酉水河交汇处，是古代重要商埠码头。

建筑年代统计表 表 4-117

年代分类	建筑面积（m²）	比例（%）
明代~清代	2654.00	2.35
民国	4681.00	4.14
20 世纪 50~70 年代	27830.00	24.60
20 世纪 80 年代以后	77994.00	68.91
总计	113159.00	100

建筑高度统计表 表 4-118

层数	建筑面积（m²）	比例（%）
1 层	62063.00	54.85
2 层	27640.00	24.43
3 层及以上	23456.00	20.72
总计	113159.00	100

图 4-494 列夕村建筑群

图 4-495 列夕村传统建筑

古石桥：该桥建于曾家湾峡谷之上，地形高差约 10m，用红岩条石砌筑于自然岩石之上的单拱桥。

古涵洞：现存 1 处，位于曾家湾村路东侧，解决山地排水而建，由红岩石块砌成，至今水流仍可畅通无阻。

古石磨：现存 2 座，是能够把米、麦、豆等粮食加工成粉、浆的石质生活用具（图 4-496）。

古朝门：列夕村古民居非常注重门厅的形象，现村落内尚存古朝门 8 座，多以石砌或木构（图 4-497）。

烤烟房：烤烟房为种烟农户进行初加工生产用房，村落内现有 30 余座。

古商铺柜台：是列夕曾经商贸繁荣的见证，遗存的古商铺柜台大多做工精美、古朴实用。

图 4-496　古石磨

图 4-497　古朝门

拦河坝：坝高近 6m，坝基为石材；拦水坝中间有一排水口防止涝灾，排水口设有一座休息过亭，曰"悦晚亭"；坝顶铺设大青石，方便周边村民出行。

4. 非物质文化遗产

舞龙灯：是土家族、苗族与汉族文化大融合的具体体现。活动常常举行在列夕村逢年过节、喜庆丰收等重大祭祀仪式中（图 4-498）。

石雕：列夕村是一座建造在猛洞河岸的山地高台上的村落，每座房子几乎都是以自然红岩石为基础，村落内石材来源丰富，传统村民对石材的利用不仅是采石筑基，也更多地利用在装饰上，因此石材雕刻也作为村落一项传统技艺传承了下来，石雕技法有阴刻、影雕、浮雕、圆雕等，雕刻题材包含几何纹、莲花、祥云、如意、波浪、芝草、石狮等，内容各异，精彩纷呈。

木雕：列夕村是传统土家族聚落，建筑形式以传统木结构，干栏式建筑为主要特征，但因其坐落于酉水与猛洞河交汇处，自古交通便利、商业繁华，汉文化与土家文化的融合也体现在建筑的装饰上，以窗棂木材雕刻最具代表性。列夕村大多数正面窗棂上都有雕刻花鸟鱼虫及其他吉祥喜庆图案，有少数干栏建筑木质的栏杆也进行了精细雕刻装饰（图 4-499）。

传统木家具：列夕村现存古家具在用材上讲究的是优良木质；在装饰工艺上，其内容均取自大自然的万物，如花鸟鱼虫、飞禽走兽、山水树木、天上人间，将丰富的想象与美好的寓意贯穿其中。

列夕村非物质文化中的哭嫁歌与默戎镇李家村（见 4.4.15）相同；摆手舞与双溪乡宋家村（见 4.4.22）相同。

图 4-498 舞龙灯

图 4-499 木雕

4.4.29 永顺县万民乡伍伦村

1. 村落概况

1)地理位置与村庄规模

伍伦村位于万民乡的西部,地理坐标为东经109°47′、北纬29°18′,距永顺县城79km,距吉首市170km(图4-500)。

伍伦村村域面积10km²,辖六个村民小组,户籍人口1475人,368户,多为土家族人口。

2)自然环境

伍伦村垂直差异较为明显,村内气候为亚热带湿润性季风气候,雨量充沛。村寨毗邻猛洞河上游,坐落在管龙山下一片宽阔的山谷中,伍伦河从村寨中间流过,另有一条源自后山的袁场坪沟绕寨边而过。

村落以山地地形为主,地形起伏较大,三面群山环抱,林地分布于村落周围的山体中,西靠管龙山,东倚三不老山,山林植被茂盛,景观类型丰富。

图 4-500 伍伦村平面图

3）历史源流

从明代起陆续有人为躲避天灾人祸逃难至此定居，该村姓氏较杂，以刘姓、朵姓为大姓。明代以来至中华人民共和国成立初期，村落隶属于为刘氏宗族管理。在中华人民共和国成立后，村落隶属于"伍伦公社"管理。

2. 村落布局与空间特点

伍伦村依山傍水就势而建，伍伦河穿寨而过，建筑由中间农田向周边山体排开，远远望去起伏绵延，是万马归朝群山走势最集中的地方。

村寨据地势变化成簇状布局，散落在山谷中，建筑与耕地交错夹杂，临沟河依山势而建、拾阶而上、逐级抬升、错落有致。

村里的建筑朝向并不严格遵循"坐北朝南"的定律，随山势地形随机而定，与周围环境相协调。村庄组级路主要为顺应山势地形而形成的1.5~2m的乡间小路，村民步行的可达性高，入户路则多为1~1.5m的土路或青石板路。村庄现存的古巷道石板路面，路宽约为1.5m，路面材质为青石板铺筑（图4-501）。

3. 建筑特征与人文环境

1）建筑特征

村落建筑多为单家独院又整体呼应的单层干阑式建筑，建筑沿山体逐层向上，门关雕花，条石铺路，檐廊衔接。房屋建筑风格极为一致，每一个院落，屋内都有堂屋、厢房，在山体农田的映衬下显得幽静而恬美。

图4-501 伍伦村全景图

村庄内有县级文物保护单位刘氏宗祠。刘氏宗祠修建于清末，修有朝门，朝门横梁描有"富贵双全"图案及文字，房屋主体一正二厢，悬山穿斗式木结构，正屋和左右厢房都为四排三间，木柱硕大沉稳、青石柱础，松木装板，厢房板壁绘有五星图案，天坪铺设青石板。

历史建筑主要包括清代、民国时期建筑，其中清代建筑和民国建筑皆有11栋。建筑为悬山穿斗式木架结构，小青瓦屋面，立柱为柏木，穿拉枋为松木，杉木装板，花格窗，司檐悬空，木栏扶手，吊脚楼悬空下面放置木材，台明用青石垒砌，天坪为水泥地面（表4-119、表4-120，图4-502、图4-503）。

建筑年代统计表　　　　　　　　　　　　　　　　　　　　　　表4-119

年代分类	建筑面积（m²）	比例（%）
清代	2908.00	7.64
民国	2668.00	7.01
20世纪50~70年代	23270.00	61.16
20世纪80年代以后	9203.00	24.19
总计	38049.00	100

建筑高度统计表　　　　　　　　　　　　　　　　　　　　　　表4-120

层数	建筑面积（m²）	比例（%）
1层	34645.00	91.05
2层	2462.00	6.47
3层	942.00	2.48
总计	38049.00	100

图4-502　伍伦村建筑群

图4-503　伍伦村传统建筑

2）人文景观

古祠堂刘氏宗祠：以前为村民集会、活动、祭祖之用。现如今由于年久失修，已成断壁残垣，四处杂草丛生并有少量杂物覆盖的景象。祠堂外墙至今仍留有彩色壁画，虽已褪色不全，但依稀可见曾经做工精致，乃为村落流传一宝（图4-504）。

图 4-504　古祠堂刘氏宗祠遗址

图 4-505　古碑刻

古碑刻：古碑刻有若干处。主要留存于刘氏宗祠内墙面，记录有当时重大历史事件，为珍贵信息传承载体。平面有精美石雕壁画装饰；也有以原木构建为主的，木面有时代符号印记（图4-505）。

古槽门：古槽门共计7处，主要在祠堂、四合院等大型建筑中有布置，现位于刘氏宗祠、袁场坪老屋。

剿匪标语：剿匪标语有2处，分别位于刘氏祠堂和袁场坪大屋（图4-506）。

风雨桥：为沟通水上交通的重要历史建筑，由桥、塔、亭组成，全用木料筑成，桥面铺板，两旁设栏杆、长凳，桥顶盖瓦，形成长廊式走道。塔、亭建在石桥墩上，有多层，檐角飞翘。因行人过往常在此躲避风雨，故名风雨桥。

4. 非物质文化遗产

永顺围鼓（又称打家伙）：是一种清代流行于民间的戏剧活动。曲牌繁复，如今流传民间约40多种，如：切摇、美六井等，至今永顺地方戏演出仍沿用很多围鼓曲牌。据《中国民间器东集成（湖南卷）》载："围鼓在当今社会活动中运用于娶亲嫁女、闹丧送灵、造屋送匾、添丁宴酒、贺寿祝福"等民俗活动。

"梅嫦神"的故事：是土家族最古老的故事之一，主要流传于湘西土家族聚居地，以毛古斯人"狩猎"为主线，世代口碑相传，通过毛古斯人狩猎的各种动作和口诀，用保佑、许愿和还愿、酬谢几种形式，表现了"开天辟地"、人类繁衍、民族祭祀、狩猎等的历史和社会生活内容。在讲述时，以土家语为主要表述语言。在形式上以韵文和散文为综合体，采取浪漫主义和现实主义相结合的创作方法，修辞上有比有兴、词汇丰富、想象奇特、形象生动，具有很强的文学性。

打溜子：是土家族地区流传最广的一种古老的民间器乐合奏，它历史悠久、曲牌繁多、技艺精湛、表现力丰富，是土家族独有的艺术形式（图4-507）。

伍伦村非物质文化中的土家族摆手舞与永顺县灵溪镇爬出科村（见4.4.23）相同；土家族吊脚楼营造技艺与永顺县大坝乡大井村（见4.4.26）相同。

图 4-506 剿匪标语

图 4-507 打溜子

4.4.30 龙山县苗儿滩镇树比村

1. 村落概况

1）地理位置与村庄规模

树比村位于龙山县苗儿滩镇东北部，地理坐标为东经109°54′，北纬28°97′，距苗儿滩镇区7km，距离龙山县约90km（图4-508）。

村域面积3.2km²，由大树比、小树比、狠咱垅、阿苦4个自然村寨组成，现有285户居民，户籍人口1348人，人口以土家族为主。

2）自然环境

树比村属武陵山脉，最高海拔600m，最低海拔280m。四周群山曼妙，山体青翠欲滴，地势东南高，西北低，四周群山呈30°~90°角度向空际突兀。山多梯坡，林荫草茂。岩山脚山北部，有大片百年古树；大树比背后现存原始次森林以及凤岐大界山。靛房河流穿村寨而过，分为南西两岸，流程内水流湍急，水资源丰富（图4-509）。

3）历史源流

树比村始建于明代末清代初，是湘西具有代表性的传统村落。元代末明代初期，王姓从山西太原府迁至常德神州莲花池。当时由于洪涝严重，又搬迁至苗儿滩镇树比村现址。此地气候宜人，物产丰富，适宜居住，多有其亲朋好友来投，逐渐就有了贾、田、舒

图 4-508 树比村平面图

图 4-509　树比村建筑群

等姓氏，王姓人口占全村的 90% 以上，树比王氏至今有 16 代人，约四百多年历史。

村落最先在大树比聚居，由于人口增长，逐步迁移形成分散居住的大树比、小树比、狠咱垅、阿苦 4 个自然寨。树比村排斥了各种外界干扰和战乱灾祸，一直没有间断地保持着近缘聚居。

2. 村落布局与空间特点

树比村寨依山而建，以集中居住为主，部分分散，公共空间整体较为紧凑。地势中间低、四周高，形似盆地。民居的布局充分利用各种地势，盆地中间基本开发为农田，阡陌纵横，民居点缀其中。靛房河穿寨而过，将村落分为南西两岸。

组成树比村的街巷大致可以被分为三个等级，第一等级大致可被认定是盘山而上一直到巴列长屋的主道路，该道路为水泥路面；第二等级为主道路延伸的次要道路，大致呈树干状，为寨子的骨架，决定了村内房屋建筑分布的最主要格局；第三等级为村内大大小小的巷道，供单户村民或者几户村民外出、沟通使用（图 4-510）。

3. 建筑特征与人文环境

1）建筑特征

树比村是典型的土家山寨，民族气息浓厚，有武陵山唯一的土家特色民居建筑——冲天楼，和土家最长的民居巴列长屋。传统建筑主要集中分布在大树比和小树比两个山寨，全村现存木构建筑 130 栋，核心保护区 85 栋。原始面貌保存较好，整体古色古香，部分百年老屋建筑歪斜严重，急需保护。

冲天楼是土家民居的集大成者，不仅包含了所有土家单体民居的建筑形式，同时也包含了转角楼、四水屋等土家合体民居的建筑形式。树比村的土家冲天楼是目前唯一存留的冲天楼建筑范式。房基前

图 4-510 树比村村落格局

图 4-511 冲天楼

图 4-512 巴列长屋

低后高，房身前高后低，有前后两个堂屋，左右两个分区。左右侧、后部配有若干厢房、磨角、拖步。面阔七柱六间，左右后堂屋正上方屋顶为两层冲天楼子，高 10m 左右，飞檐翘角。冲天楼上的空中排水系统采用了"八卦"构造，雨水由正房通过枧槽排向左右偏房瓦面落地，使得这座几百平方米的楼宇终年滴水不漏。冲天楼到如今传了 14 代，400 多年历史，它包罗了土家民居的一切建筑形式和营造法式，是土家民居形制和木工技艺的大汇集，亦是土家民居历史形制的经典范本（图 4-511、图 4-512）。

民居平面构成以单座房屋为基本单元，采用"三明两暗"五开间的平面形式。中间一间为堂屋，是住宅中最主要的房间，一般位于住宅的中轴线上，是会客、就餐、祭祀的地方。堂屋开间一般为 4~5m，进深 7m。堂屋楼面稍高，后隔出一截作为后堂，设有楼梯上堂屋阁楼。接堂背与堂屋之间一般以木板相隔，也有用砖墙相隔的。堂屋两侧为侧屋，侧屋各隔成两部分，后半部分作卧室，前半部分为厨房，一为杂物间（图4-513，表4-121、表4-122）。

建筑年代统计表　　　　　　　　　　　　　　　　　　　　　表4-121

年代分类	建筑面积（m²）	比例（%）
清代	2487.00	12.76
民国	2784.00	14.29
20世纪50~70年代	8961.00	45.98
20世纪80年代以后	2407.00	26.97
总计	16639.00	100

建筑高度统计表　　　　　　　　　　　　　　　　　　　　　表4-122

层数	建筑面积（m²）	比例（%）
1层建筑	15052.00	86.94
2层建筑	1635.00	9.44
3~4层建筑	626.51	3.62
总计	17313.51	100

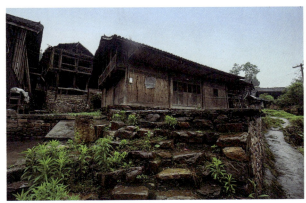
图4-513　古民居

图4-514　古井

2）人文景观

古井：树比村域范围内共有2处古井。古井口都用青石板围合，井口的周围三侧及上方均用方形砖块堆砌，形成一个棚状构筑物，用以保护古井水质（图4-514）。

石板路：村落内有纵横交错的多条青石板路，采用大小规格较一致的卵石板铺成。

4. 非物质文化遗产

树比村历史悠久、人杰地灵，保留着许多的民间习俗。

湘西民歌：湘西民歌是湘西土家族人民在长期的历史发展进程中，在特定的山地自然环境中形成并传唱，以传递土家族历史记忆、社会发展、民族情感、民风习俗、生产生活等信息为内容的歌曲总称。湘西民歌至产生至今，一直以活态的形式进行传承，凡会民歌者，在相互交流或交谈时常常以山歌的演唱形式进行交流。

土家族"阳戏"："阳戏"全称"阳盘戏"，又名"柳子戏"，因是阳春人演的戏而得名。楚文化余绪和少数民族文化都给"阳戏"艺术滋养，在樵歌、秧歌、船歌、傩歌、采茶歌以及其他地方戏曲剧种影响下，形成流行武陵地区稀有剧种——阳戏。

土家织锦：土家织锦是土家族文化的精粹，历史源远流长。为我国少数民族织锦之一。土家织锦民间称为"打花"，传统织锦多作铺盖用，土家语称为"西兰卡普"，意思为土花铺盖。早在千余年前这里就形成了自己独特的文化生活——男耕女织，《大明一统志》称之为"斑布"。宋代称"溪布""溪洞面"。土家锦的主要原料是丝线、棉线和毛绒线。它的织造方法是，沿用古代斜织机的腰机式织法，把经线全拴在腰上，以观背面，织出正面。

苗市腊肉：苗市腊肉生产于龙山县洗车河流域，以苗儿滩镇最为出名，该产品以土家人特殊的腌制和熏烤，工艺复杂、其色泽红艳、香味浓厚，质地不亚于金华火腿，可蒸、可烤、可煮、食法多样，其生产是以千家万户为主，年产量约1700t，目前尚未完成集约化生产，产品在周边久负盛名（图4-515）。

打糍粑、做团馓：过年是土家族最大的节日，比汉族提前一天，俗称"过赶年"。明嘉靖年间（1522~1566年）倭患猖獗，沿海千里备受荼毒。当地土司奉旨率兵赴苏淞抗倭。为提前赶到前线，队伍决定提前一天过年，后相沿成俗，形成勿忘先祖精忠报国之族风。土家过年时间持续长，岁过冬至，各家便忙着杀猪宰牛腌制腊肉，至腊月中旬，便着手打糍粑，做团馓、推豆腐，准备过年物资（图4-516、图4-517）。

图4-515 苗市腊肉

图4-516 打糍粑

图4-517 团馓

4.4.31 龙山县贾市乡街上村

1. 村落概况

1）地理位置与村庄规模

街上村位于龙山县贾市乡。地理坐标为东经109°41′，北纬28°95′。距县城98km，距里耶古城29km。其中古村核心保护区明清古街位于古村西侧，现存街长924m（图4-518）。

古村规划区户籍人口1580人。村域面积约0.38km²，主要民族构成有土家族、苗族和汉族。

2）自然环境

贾市乡整体地势北高南低，街上古村整体位于北部高地。村内地势西高东低，西侧多地势起伏的丘陵山区，东侧临贾市河则多为平坦农地。古村境内河道水系属酉水流域，古村西部紧邻酉水流域的一大支流——贾市河，贾市河发源于咱果乡卡撮村，由北向南流呈"U"形流经古村，

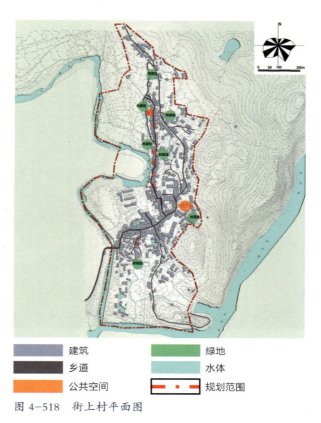

图4-518 街上村平面图

而后经南部银河村出境入隆头镇汇入酉水，古村范围段总长度约600m。此外，村落中还拥有古树300多株，主要树种包括杨柳、金橘等，分布于规划区西侧太古堡（图4-519）。

3）历史源流

街上古村原名贾家寨，元末明初，贾市先人由江西吉安府迁来此处定居。随着里耶古城秦简的出土，考证此地早就有先民居住。

街上古村曾是酉水流域重要中转码头，也是兵家必争之地，清代"太平天国"翼王石达开、1934年红二方面军在此驻扎过；国民党198师、江防队、海三团均在此设过指挥部；1949年解放军一四一师四二二团三营的营部也设在此地。2015年，龙山县进行了县域范围内行政区划的调整，贾市乡并入里耶镇，街上村与高田村合并组成贾市社区。

2. 村落布局与空间特点

街上古村依山傍水而建、地势平坦、稻花飘香，贾市河绕村而过、河水清澈、绿树倒映。村后有龙形山脉延绵数里、翠岭逶迤。自然风光得天独厚。村庄古桥、水田、菜园与山水相衬，造就了街上古村人文与自然和谐交融的田园景观。

街上古村是典型的聚族而居的村落，古村依山傍水，前有贾市河，后又有群山环抱，左右两低丘相卫，处于山水环抱当中。河岸不远处还有山丘对景呼应，构成了经典的山水格局。

图 4-519 街上村建筑群

3. 建筑特征与人文环境

1）建筑特征

明清古街两边古建筑群集中于村落中央，整体保存较为完好。现保存有最具明清时代古朴典雅特色的封火院墙古建筑 10 栋、木瓦结构乡土建筑 108 栋以及土家吊脚楼 30 栋，其中包括清代时期的建筑 15 栋，民国时期的建筑 74 栋（图 4-520，表 4-123、表 4-124）。

建筑年代统计表　　　　　　　　　　　　　　表 4-123

年代分类	建筑面积（m²）	比例（%）
明代	337.00	0.68
清代	4723.00	9.54
民国	5602.00	11.31
20 世纪 50~70 年代	4011.00	8.10
20 世纪 80 年代以后	34859.00	70.38
总计	49532.00	100

建筑高度统计表　　　　　　　　　　　　　　表 4-124

层数	建筑面积（m²）	比例（%）
1 层建筑	30252.00	61.08
2 层建筑	13324.00	26.90
3~4 层建筑	5956.00	12.02
总计	49532.00	100

图 4-520　街上村建筑格局

图 4-521　黄家老屋

现存明清古街及古建筑保存较为完好，风貌依旧。其中尤以蔡家大院、周家大屋、黄家老屋及进士府第最具特色。

蔡家大院：始建于清代，木石结构建筑、青瓦坡屋顶，建筑面积为 420m²。前有青石朝门、中有四合天井、四周有封火院墙，两边耳房系上等木质结构，门窗均有精雕细琢的浮雕装饰，彰显着祖先的富贵与气派。

周家大屋：始建于清末民初，占地面积为 400m²，因当时此地为中转码头，地段繁华，保和隆商号又是贾市当时的首富，该屋建造宏大、一律系木质结构，有门面 20 多个、仓库 12 个、落地柱头 48 根。遗憾的是 1949 年因被土匪抢劫而毁掉一些，重新修复后不如原貌。

黄家老屋：据文物专家考证，黄家老屋始建于清代嘉庆年间（1796~1820 年），为双转式土家转角楼，正屋五架梁三开间，有"江夏名家、黄新顺公、五桂联欢、万宝来朝"的匾额（图 4-521）。

进士府第：始建于清代，木石结构建筑、青瓦坡屋顶，建筑面积为 550m²。进入朝门就是一个青石铺成的大院坝，步入正屋的里面是木质吊脚楼，上面有精美的万字格，屋内四合天井，四面的装饰和黄家老屋一模一样，经能工巧匠们精雕细琢而成（图 4-522）。

2）人文景观

古码头：古码头始建于清朝，位于古村核心区内的半圆形码头，曾一度成为湘鄂渝川黔的边区重镇和物资集散地（图 4-523）。

古桥：即问津桥，位于古村核心保护区明清古街中段，为明清早期石板人行桥。建造手法完全依照官式则列施工，十分工整，历经百年仍十分坚固。

明清古街：街上古村境内的明清古街始建于明代万历年间（1573~1620 年），古街原总长 1144m、宽 3m，街面一律用青石板铺成，街两边的古民居系清一色木石结构建筑。后来，上街因火灾烧掉 100m、修公路毁掉 120m，现存 924m（图 4-524）。

图 4-522　进士府第

图 4-523　古码头

图 4-524　明清古街

图 4-525　高脚马

古井：街上古村中现存古井有两口，始建于明清时代，孕育着世代居住的古老村民，至今水流清甜，水流量大，即使旱季还能满足现有村民的饮用水。

古寨门：位于古村下街村口处，为木质结构门楼，始建于清代。门楼主体木构、石基保存基本完整。门楼匾额因年代久远已遭破坏。

4. 非物质文化遗产

街上古村民族文化底蕴厚重，在长期的劳作过程中，当地百姓依据劳动的动作、时令等创作了土家小摆手舞、茅古斯、高脚马等独具土家特色的文化娱乐活动。其中，高脚马，又称竹马，土家语称其为"卡展筏"，是土家族地区民间盛行的一项民间传统体育活动，其形式为双脚踩踏于踏镫上，手脚协调配合做各种走马、跑马、转身、跳跃等"人杆合一"的手脚协调运动。20世纪80年代，在国家弘扬民族文化政策的鼓舞下，高脚马又从土家族地区民间变成了一种体育比赛项目，骑高脚马进行比赛的方式也较多，主要有竞速和对抗两项。除此而外，还可以举行越野、障碍赛和竞技比赛（图 4-525）。

4.4.32 龙山县贾市乡巴沙村

1. 村落概况

1）地理位置与村庄规模

巴沙村位于龙山县贾市乡，地理坐标为东经109°41′、北纬28°97′，巴沙村距离贾市社区中心约2km，距离里耶镇镇区31km（图4-526）。

巴沙村现辖4个村民小组，共236户，1300人。人口以土家族为主，民族文化氛围浓厚，民风淳朴。村域面积12km²。

2）自然环境

巴沙村地处云贵高原东部、武陵山脉中段、湖湘之西、酉水支流贾市河源头。

村域内地势基本西高东低，全村四周被山脉环抱，海拔高度为240~900m。村内有小型水库巴沙水库，牛头湾、奈湖溪以及岔溪流经整个村域，还有众多湖塘水面。村落主要河流为巴沙湖河，源自巴沙水库，汇入冷水溪河；村域内多条溪流都沿山沟和山谷顺流而下，汇集于巴沙湖河（图4-527）。

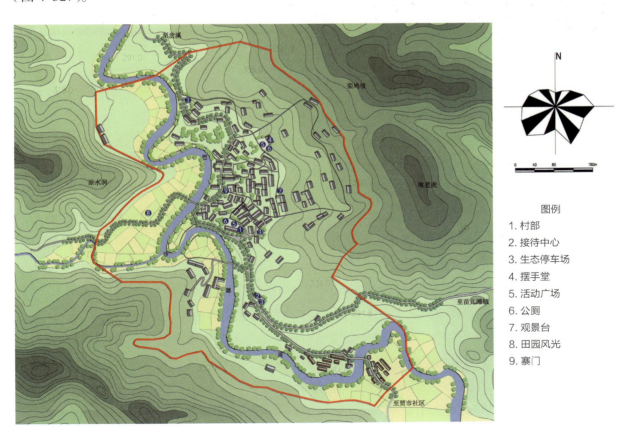

图4-526 巴沙村全平面图

图 4-527 巴沙村全景

3）历史源流

巴沙人的先辈，先是从沅陵搬迁至永顺，于明代崇祯年间（1628~1644 年）从永顺经龙山捞车里迁至巴沙湖定居。他们利用这里山大地广的资源，大力开垦荒地，种植经济作物油桐，纵横三十多里都成了向家的油桐领地。清代光绪以后，随着国家海禁的开放，油桐出口价格大幅度上升，巴沙湖的油桐生产进一步扩大。

通过开发油桐，到清末民初，巴沙的繁荣达到了鼎盛，真正变成了富甲一方的"封建领主"。巴沙村向氏大购田地，西到如今的重庆酉阳县可达岭，北到本县的召市镇，东到凤溪、土车，南到内溪，还在常德开启了"元春号"桐油直销商铺。

民国初年，国内局势混乱，巴沙建立起了有百余人枪的团防武装，势力和影响不断扩大，"湘西王"陈渠珍亲自委任向恢忠为第七支队长，人枪扩大到三百多号。

民国三十四年（1945 年）农历三月十四清晨，瞿伯阶部下贾松青在巴沙湖内奸的策应下，攻进了古寨，烧杀掠夺，十五栋四合大院被付之一炬，仅留下断壁残垣，巴沙元气大伤，直到中华人民共和国成立后，巴沙人才逐渐得以继续安居乐业。

2. 村落布局与空间特点

村落选址讲究贴近自然，讲究以山水为血脉，以草木为毛发，以烟云为神采。巴沙古村落依

图 4-528　巴沙村空间格局

山傍水而建。凉水洞山、栾鸠坡山、坡老虎山成为巴沙村寨西、北、东宽阔三重的"靠山",村落前有巴沙湖河由北向南穿村而过向东注入冷水溪河,整体上形成"山起西北、水聚东南"的山水格局,古村落坐落于河岸东侧,形成临水望山景观格局。放眼村寨四周,寨外风景优美,青山叠翠,树影摇曳,山因水更奇,水因山更秀,山水相映,蔚然成趣(图4-528)。

3. 建筑特征与人文环境

1) 建筑特征

村落内有众多清末民初的土家族民居建筑,现存木构建筑115栋。其中有明代建筑3栋、清代建筑22栋、民国建筑13栋。古建筑成片相接,形成一道道极具观赏价值的宁静古朴的湘西传统民居群风景线。在村落许多角落处也分散着许多有土家韵味十足的吊脚楼和明清特色的封火院墙。

其中最具典型代表的就是向氏"六大家"的庄园,向氏"六大家"的庄园由十四栋封火墙大宅院组成,均依山造势、高低错落、依序排列、雄峙寨中,组成气势恢宏的庄园格局。每栋都是三进深,每进之间设有廊道、天井,以供采光。这两廊、三厅、十六室、门窗交错、雕梁画栋、锦堂玉璧、皆出自名匠之手。院、墙建筑更为讲究,曲翘得度的封火墙、贴上蓝色、黛色瓷饰或琉璃饰片,再配以彩塑彩绘的花鸟虫鱼,在朝晖夕照下映得满寨辉煌。门额上分别题有"德润心""静致远""谦受益"等治家格言。寨子四周是向家百年积蓄的林地,四季林木苍郁、鸟语花香、不是桃源,胜似

图 4-529　古民居

图 4-530　建筑细部

桃源。整个村庄民风古朴、乡风文明，生活气息与文化气息相融相生，呈现一派古朴幽静、祥和安宁之景，是个保存较为完好的湘西传统村落（图 4-529、图 4-530，表 4-125、表 4-126）。

2）人文景观

古井：巴沙村域范围内共有3处古井。古井口都用青石板围合，井口三侧及上方均用方形砖块堆砌，形成一个盒子状构筑物，用以保护古井的水质。

古庵：水月庵位于村寨东南方不到300m处巴沙小河的左岸一座独立挺拔的大石山上，巴沙先人们在此建了一座敬奉观音的庵堂，一条石路直达峰顶，另一面临水，悬崖百丈。在庵门前石台上，白天可俯首观看清清的河水汩汩而流，在夜晚可以看到皓月和点点繁星映入碧绿的庙堂中。故此得名"水月庵"。

石板路：村落内有纵横交错的多条青石板路，采用大小规格较一致的卵石板铺成并延伸。由古建筑、民间文化、习俗等紧密相连、多方组合，演绎出至今使人难以忘怀、积淀深厚的历史文化。

古树：巴沙村内有古树名木500余棵，其中巴沙古村落内有古树3棵。分别是村落西南角的古枫香树、村落北边的枫香树和桂花树（图4-531）。

4. 非物质文化遗产

沙村拥有众多土家族节日民俗。节庆活动有"过赶年""四月八""六月六""七月半""九月九"等；宗教信仰有对自然崇拜和信仰，如土地、岩石、山、河、水等皆可为崇拜对象；有图腾崇拜，如鹰、白虎图腾、特别是以白虎为祖先神；文化、戏艺活动有传统土家织锦、土家摆手舞、毛古斯（图4-532）、土家山歌、咚咚喹等。还有起房上梁、嫁女拦门、哭嫁等传统习俗。

咚咚喹也称"呆呆哩"，土家语称"早古得"，土家族单簧竖吹乐器。咚咚喹制作虽然简单，却能吹出欢快清脆的旋律，故深受土家族妇女、儿童的喜爱。咚咚喹可独奏或重奏，经常两支在一起对奏，音色明亮，曲调轻快活泼。流行于湖南省湘西土家族苗族自治州龙山、桑植、保靖、永顺，湖北省鄂西土家族苗族自治州来凤、鹤峰等地。

建筑年代统计表　　表4-125

年代分类	建筑面积（m²）	比例（%）
明代及以前	601.62	3.01
清代	3266.30	16.31
民国	1650.31	8.24
20世纪50~70年代	10225.33	51.06
20世纪80年代以后	4281.79	21.38
总计	20025.35	100

建筑高度统计表　　表4-126

层数	建筑面积（m²）	比例（%）
1层建筑	18144.33	90.61
2层建筑	1472.09	7.35
3~4层建筑	408.23	2.04
总计	20025.35	100

图4-531　古树

图4-532　毛古斯

第 5 章 | 湘中地区

- 益阳市
- 娄底市

5.1 益阳市

5.1.1 桃江县桃花江镇花园洞村

1. 村落概况

1) 地理位置与村庄规模

花园洞村位于桃江县桃花江镇,地理坐标为东经112°80′,北纬28°31′,距桃江县城区约4.5km。村落现辖20个村民小组,总面积10km²,现有户籍人口4680人,多为汉族(图5-1)。

2) 自然环境

花园洞村地处湘中偏北,坐落于山间盆地,处南方低山丘陵地带,平均海拔约480m,依山傍水,于缓坡和空旷地带而建。村内外水渠环绕,村内有野鸭塘水库、磁上水库和中七里水库3个小型水库,以及大小水塘64口,基本能满足农田灌溉需求。周围山林中建材丰富,树木繁茂,生长着大量的楠木、杉木、油茶树。形成了以自然山体为背景,以耕地为中心的聚落整体空间环境。

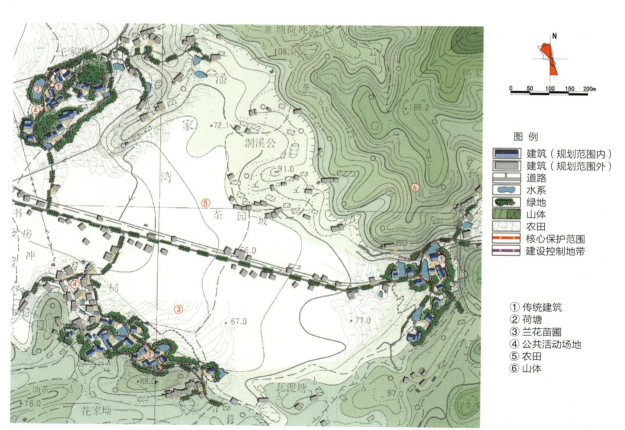

图5-1 花园洞村平面图

村落属亚热带大陆性季风湿润气候，境内雨水充沛，年平均降水量在 1041~2255mm。生产方式以农木业种植、茶叶种植、兰花培育为主。

3）历史沿革

花园洞村是宋代由于人口迁徙、繁衍自然形成的。清同治《益阳县志》载："林壑幽邃，有石鼓数座，莫知所自，传为屈原读书处，有屈女绣英墓，洞口有三间桥"。据考证，花园洞或因屈原在这里生活了 12 余年，并且在这里种花上百亩而得名。

2. 村落布局与空间特点

村庄坐落于群山环抱之中，四面环山，背依山丘，前有对景，左右两侧有丘陵环护，处于山间盆地之中，桃花江东干渠绕村而过，坐北朝南，前景开阔、田园阡陌、风景如画（图 5-2）。

花园洞村空间尺度十分宜人，乡土建筑沿巷道或环水塘整齐分布。地面主要以鹅卵石铺设为主，尽端都有道路相连，网格化的街巷布局对整个村落的通风采光都起到了至关重要的作用，同时，利用人行通道构建交通空间的方式有利于节约用地，同时有助于村落的可持续发展。

花园洞村规整、理性的空间形态，一方面体现了中国传统礼制文化的内涵，尊崇规制，讲究严谨的布局模式，这与自由集聚布局为主的常见传统村落不同，主要原因是由于花园洞村村民入仕较多，在一定程度上促进了村落相对规整形态的形成。同时，村庄的布局也体现了"因地制宜"的特征，如现有传统巷道的布置顺应了村落西高东低的现状，不仅与地域环境相契合，也有利于村落明沟排水。

3. 建筑特征与人文景观

1）建筑特征

村落保有完好的明清时（1938~1840 年）古建筑，尤其是书房冲原为三间大夫屈原读书之处，有一片密集的古代民居建筑，保留了原汁原味的木质结构、飞檐造型与青色瓦顶。花园洞村房屋布局多呈"一""L""凹"字形，面阔三五间不等，穿斗结构，2 层楼房。屋基多用河卵石和碎石砌成，屋顶多盖杉树皮或瓦片。山坡上房屋多吊脚楼，两厢悬于崖壁上、沟壑间（图 5-3、表 5-1）。

图 5-2　花园洞村建筑群

图 5-3　古民居

建筑高度统计表　　　　　　　　　　　　　表 5-1

层数	建筑面积（m²）	比例（%）
1 层	3336.53	15.03
2 层	17487.81	78.80
3~4 层	1370.23	6.17
总计	22194.57	100

图 5-4　青龙寺

图 5-5　青龙寺香炉

青龙寺：青龙寺位于花园洞村中七里组，竹林环绕，景色优美。该寺由工部尚书王政奉敕而建，始建年代为唐龙朔二年（662 年），翌年改名。元、明、清各代多次重建、修葺和补绘。现存建筑系元、明遗物，占地约 600m²，分前后两进院落，大小殿宇 3 座（图 5-4、图 5-5）。

2）人文景观

花园洞村钟灵毓秀，优美的自然环境孕育出了村落独特的人文景观，是见证历史的象征，主要包括春秋战国墓群、为纪念屈原而建的三间桥跨溪而过等。

春秋战国古墓群：古墓群于 1986 年发现，经 1989 年、1990 年、2009 年 3 次考古挖掘，清理春秋时代墓葬 400 余座，现存面积 24 万 m²，对长江以南地区的楚越文化分布、内涵、特征以及文化的融合与交流方面的研究。

三间桥：桥头两块石碑记述自清咸丰（1850~1861 年）以来两次修桥的情况，原三间桥为清咸丰八年（1858 年）由乡里集资修建，现存三间桥为 1988 年因村溪改道，老桥坍塌后重建的。此前，历代有古桥，均称"三间桥"。

跃龙塔：该塔由花岗石砌成，是一座 7 层 8 面宝塔，高 25.5m（图 5-6）。

图 5-6　跃龙塔

图 5-7　耍龙灯

4. 非物质文化遗产

耍龙灯："耍龙灯"这一活动从每年大年初一、初二开始举行。刚开始准备一定的竹条、布条、木棒、蜡烛用来做"龙"，待"龙"做好后就开始拜龙神，然后开始出灯。刚出灯是在本地耍，由 15 个人将龙灯举着去每家每户，边走边敲锣、放鞭炮，还有两人抬着的大鼓，热闹非凡，寓意为带来好运、带走厄运。待在本村耍完后，便去邻村。最后，就是送灯，

图 5-8　赛龙舟

送灯时由本村年长的人给他们一个大红包，寓意大吉大利、年年好运（图 5-7）。

赛龙舟：每逢农历五月初五至初七，举行赛龙舟活动，以这种最古老、最隆重的方式来纪念伟大诗人屈原。

龙船人数额定三十六人，叫作"一槽"，这就是俗称的"三十六香官"。如是小龙，船身十三档，划船的二十六人，船面管旗一，后梢二，唱神一，司鼓二，掌锣二，托香斗二，正合三十六之数。大龙有十八档，两旁划船的三十六人，加鼓、梢、锣、旗、唱神、托香斗六种执事十二人，就需四十八人。划船者穿衣，一船均依旗色。在苍南等地，白衣白帽子的人则是悼念屈原的人（图 5-8）。

5.2 娄底市

5.2.1 双峰县荷叶镇硖石村

1. 村落概况

1）地理位置与村庄规模

硖石村位于双峰县荷叶镇西部，地理位置为东经112°38′，北纬25°27′。距离荷叶镇区约8km，距双峰县城约34km。

硖石村村域面积2.1km²，户籍人口970人，主要为汉族居民（图5-9）。

2）自然环境

荷叶镇域处中亚热带季风湿润气候区，受季风环流影响，四季分明、光照充足。硖石村地形狭长，位于两座山脉之间，背倚卧龙山，面朝菠萝峰、山高林茂、古树参天，全村海拔202~577m。河谷盆地为水稻田，溪河纵横、田园阡陌，是一个典型的丘陵村落。村域内有多处自然河流与水塘，其中万年河从西向东流过，河流宽度在3~6m之间，水量充沛。

村内现存多棵古树木，主要为银杏、香樟、石楠、马尾松等，位于村落内山林茂密处或万宜堂古宅附近，目前保存良好，古树群仍郁郁葱葱。万宜堂庭院中有5棵大树，树龄50年以上，以香樟为主。

3）历史源流

咸丰九年年底（1859年），曾氏家族分家，曾国藩兄弟各立门户，曾国潢分得修善堂，同治十二年（1873年）曾国潢兴建万宜堂后，就从修善堂搬迁入住到了万宜堂。曾国潢

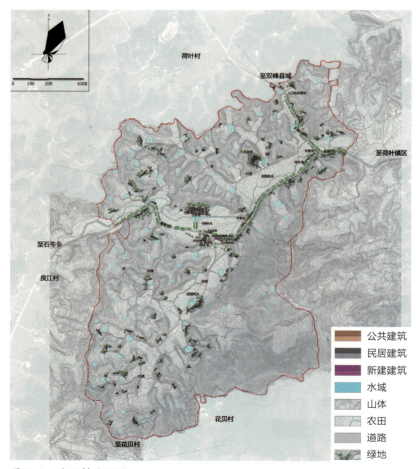

图5-9 硖石村平面图

死后，他的两个儿子曾纪梁和曾纪湘分家，各占一头。2006年12月，经娄底市人民政府批准，设立曾国藩故里管理处，负责包括万宜堂在内的曾国藩故里文物保护管理和开发利用。

2. 村落布局与空间特点

硃石村居于两列山脉之间，地形狭长，整体空间格局可以概括为"两山、两带、多节点"。"两山"即指村域范围内的东南部菠萝峰与西北部的卧龙山等丘陵。"两带"为周边山体围合的农田种植带，依据山势形成南北两条。"多节点"意为村域范围内根据地势形成的多个传统聚落组团。

村落的整体形态大到整个空间风貌，小到街巷的空间布局、建筑的形式与空间形态多受制于山地环境的影响。由于村落的选址特点，所处地势起伏变化较大，村落布局依据丘体高低错落、自然紧凑，多数村落与外界的交通道路也是蜿蜒盘旋、迂回而至。

3. 建筑特征与人文景观

1）建筑特征

民居大多为房屋主体加晒坝，院落为典型的堂厢式，由正屋和厢房组成，根据厢房的数量和布局分为一正一厢和一正两厢。其余居民分散在山脉山脚各处，大多保持小青瓦屋面，花格护窗、封火山墙，飞檐翘角的传统风貌，充分体现了湘中明清建筑特色（图5-10、表5-2）。

万宜堂现为省级文物保护单位，建筑面积约6700m²，总体布局呈"凹字形"，为对称式六纵二横二层楼房，平面形态规矩，主次分明、中轴对称，平面组织为当地常见的"外庭院—内天井"格局和"干支式"结构。"干支式"结构即以纵轴为主干，内部按长幼划分居住用房。万宜堂主要轴线有一纵一横，纵轴为主轴，主轴上布置正厅，置神龛，为建筑场所的精神内核。主轴的左边、右边发出横轴，横轴置前后厅与花厅。厢房、杂屋均衡扩展，以天井和回廊所形成的庭院作为空

图 5-10　建筑群

图 5-11 万宜堂（1）

图 5-12 万宜堂（2）

间组织的中心，建筑通过天井采光、通风和排水。空间布局遵循高下有等、内外有别、长幼有序的等级观念，形成了以中为尊、东为贵的礼仪制度（图 5-11、图 5-12）。

该堂是曾国藩大弟曾国潢的住宅，主楼为一进，东、西跨院各有三纵，外墙体均使用青砖，其余使用土坯砖，较多的使用彩绘和堆塑等装饰工艺，精致美观（图 5-13）。

村内现存 21% 左右的清代及民国传统建筑，总体来说以 20 世纪 50 年代 ~70 年代建筑数量最多，建筑高度以二层为主（表 5-2）。

图 5-13 建筑细部

建筑高度统计表　　　　　　　　　　　　　　　表 5-2

层数	建筑面积（m²）	比例（%）
1 层	8133.4	12.76
2 层	41665.4	65.39
3~4 层	13923.5	21.85
总计	63722.3	100

2）人文景观

古河坝：村落内现有三处古河坝，位于村落中北部，用青石垒起而成，主要用于农业灌溉（图5-14）。

古桥：古桥位于村落万年河上，万宜堂两侧各有一处，用长条状石板铺建而成，两侧都是农田，建成初主要用于万宜堂的出行，现主要用于村民日常交通出行。

陈述犹墓古墓：位于村落西部，万宜堂西南角山林处，为县级文物保护单位。

图5-14　古河坝

4. 非物质文化遗产

硖石村属于典型传统村落，民俗文化遗产众多，保留至今、传承较好的主要包括曾氏家风、南岳香歌、辣酱晒制工艺、红薯淀粉制作、粉条粉片工艺等。

曾氏家风：荷叶镇除了富厚堂，曾氏家族还建有白玉堂、大夫第（敦德堂、奖善堂）、万宜堂、华祝堂、黄金堂、修善堂、有恒堂、文吉堂等庄园，与富厚堂一起，合称"九处十堂"。曾国藩兄弟五人的发达及其后世子孙的有为，在其家乡荷叶影响深远，曾氏可以说是名门旺族，对其庄园有顺口溜曰："修善奖善，敦德有恒，黄金白玉，富厚万宜"，其意是指曾府庄园气派。

南岳香歌：为了表示对菩萨的虔诚，进香都要朝拜，而南岳进香除此之外还要唱歌，为的是心思专一，不含杂念，歌曲内容则是千百年来经过不断修改、完善的《南岳香歌》。湖南不同地区传唱发放不尽相同。硖石村位于双峰县南端，与南岳山相去不远，公路不发达时期到南岳山进香的人途经此处，络绎不绝，这里因而盛唱"南岳香歌"。在硖石村目前南岳香歌已经传承100年以上，能完整颂唱的不足10人，处于濒危状态（图5-15）。

自此冠以"贡品"美名。随着旅游开发，永丰辣酱的名声日益扩大，成为重要的地方特色产品，并由于其独特制作工艺和味美、色佳、香浓而被大众喜爱（图5-16）。

图5-15　南岳香歌

图5-16　辣酱晒制

5.2.2 涟源市三甲乡铜盆村

1. 村落概况

1)地理位置与村庄规模

铜盆村位于三甲乡西南部,地理坐标为东经111°65′,北纬27°61′(图5-17)。

村域面积7.3km²,辖27个自然小组,村域户籍人口2025人,共595户,为汉族聚居地。

2)自然环境

铜盆村自然环境优美,四周坐落着玉屏峰、大山寨、狮子山、尖山岭、贺家岭等山体。境内河流纵横交错,从山上发源,流入涟水河,主要包括有墨河与沿田江两条河流,还有荷叶水库、龙门水库等水体。全村森林覆盖率高,植被品种多样,北边实竹岭种满了各种经济农作物,如草莓、奈梨等。

3)历史源流

图5-17 铜盆村平面图

梁姓七十世祖太义公于宋高宗绍兴年间(1131~1162年)迁来安化县南端的三衙冲,即今涟源市境内,在这片兵荒马乱、虎豹出没的地方繁衍生息。经过十几代人的艰苦创业,建成一个名为三甲、颇具规模的村落群。南宋淳熙三年(1176年),公迁来时,这里叫三衙冲。中华人民共和国成立后,三甲古村的行政区划几经改变,现划分为三甲、玉屏、玉峰、荷叶、新屋、六甲、铜盆共7个行政村。

2. 村落布局与空间特点

铜盆村东边是高入云端的尖山岭,白云缭绕,与巍巍龙山遥相呼应,北边是仿如梯级的实竹岭,陡峭的狮子山横坐于村庄南边,似一座巨大的屏风,村西南的古楠木林、铜盆水库、四季青绿、风光秀美,给铜盆村增添了几分灵气。一条小溪在村中向东蜿蜒流淌,绕世业堂、务三庄、大队部、步三庄而过,流入村北的荷叶水库。自然村落坐落在山谷间,多选择沿山丘脚下的小盆地,民居围绕农田而建。村落分为上、中、下三部分组成,下部居住于荷叶水库岸边,依山傍水,中部为新老屋建筑聚居区,上部为海拔约400m的山区(图5-18)。

3. 建筑特征与人文景观

1)建筑特征

铜盆村现存大量保存较好的清代建筑,占建筑总数的20%以上,民居以双层为主,砖木结构。屋顶多为出檐较为深远的悬山式,屋面上覆以青瓦(图5-19)。

图 5-18 铜盆村建筑群

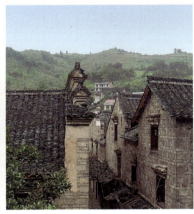

图 5-19 铜盆村古民宿

墙体有外墙与内墙之分，外墙体多使用土培砖，也有采用夯筑的，主体建筑多为青水砖墙，基础以当地产的麻石或红砂条石砌筑，部分重要建筑会在外墙墙裙处采用不同的图案装饰，或采用不同的门窗形式丰富外立面。大屋居民多用穿斗式和抬梁式木结构，木构做法比较注重表现材料质感，同时注重建筑端头，构件结头、收头的艺术处理，手法简洁得体（图5-20）。

世业堂位于铜盆村的东南角，始建于清乾隆年间（1736~1795年），至今200多年历史。主体建

图 5-20 细部装饰

筑由6栋大厅堂、6个天井、近200间大小正房组成，占地约8600m²，有主副两扇槽门和两扇侧门及三扇后卫门。四周有一道2m多高的护卫围墙，院内多栋房屋、檐巷走廊相连，回廊交错相通，各栋之间有10扇二重门和三重门，八字槽门朝东边开，风火墙呈圆形，建筑保存基本完整（图5-21）。

图5-21 世业堂

务山庄占地约1600m²，采用坐北朝南中轴建筑，主堂三进三偏，结构严谨，古典气息浓厚（图5-22）。

步山庄主人梁卓轩为道光时期举人，任皖北同知知事，同治六年（1867年）扩建其父房屋，并请同乡举人以书法闻句安化的黄自元题写庄名和门联：步三庄，三步两条桥，一门万卷书。

图5-22 务山庄

大队部是民国时期建立的党支部，现保存完好，占地800m²（图5-23）。

2）人文景观

古桥：铜盆村现有古桥6座，其中3座为石拱桥，其一为步三桥，康熙六年（1667年）建造，距今351年仍完整无损，总跨度约4m，宽2m左右，保存完好；其二位于村落北部，在溪流与荷叶水库相交处，宽4m，结构稳定，可通行车辆，与乡道167相接，是连接河两岸的重要交通线路；其三位于村落两条溪流交汇处，是世业堂通往又一园的必经之路，桥跨度4m，宽2m左右。其余三座为石板桥，宽度皆为60cm，长2~3m。

茶马古道：青石板茶马古道是清代蓝田至宝庆的必经之道，道路崎岖，由于时代的变迁仅部分留存至今。

4. 非物质文化遗产

特色饮食：铜盆地方群众借助盛产的葡萄酿制玉峰葡萄酒，酒质醇厚香甜、引人回味。用地方土产红薯、蜂蜜等手工制糖在民间也很流行，一般作为走亲串户的礼品或自家享用。

特色风俗：木偶戏、孔明灯和舞龙舞狮的习俗在铜盆境内也比较流行，一般在过年或清明祭祀等重大节日的时候有舞龙舞狮的习俗，纪念亲人亡故的时候放孔明灯（图5-24）。

传统手工艺：铜盆古村建筑的雕、塑、绘，都是本村具有高超技艺的工匠完成的。世业堂有个叫梁治蜡的木匠，因在家族中排行第九，人称"九木匠"，又因主修大屋、祠宇，雕技精湛，巧夺天工，又被誉为"木秀才"。"九木匠"天资聪颖过人，拜师仅三个月，出门做工只带斧头锉子，

图 5-23 大队部

图 5-24 木偶戏

就用这两件工具把花草、禽兽、人物刻得活灵活现、栩栩如生。世业堂等知名建筑的木雕就是他留下的杰作。

5.2.3 新化县水车镇楼下村

1. 村落概况

1）地理位置与村庄规模

楼下村位于新化县水车镇，地理坐标为东经110°99′，北纬27°71′，距镇政府所在地4km。距新化县城55km。

村域面积2.4km²，辖15个村民小组，270户，户籍人口1068人（图5-25）。

2）自然环境

楼下村地势西北高东南低，低处海拔约400m，高处海拔约1200m，属中亚热带湿润季风气候区，温暖湿润，四季分明，村域内受地形影响温差大，具有属山地气候特征。

楼下村有四山，呈环抱之势，马轭寨屏障东北，凤形山倚靠西南，鼓楼山系西北的峻岭，高峰寨耸峙于东南，远近山脉，任其弯曲，但山势总是向着村之中心，人称"五马合槽"。四山的清泉亦在村北汇成沧溪，从村中向东流，注入锡溪河。村寨倚山

图 5-25 楼下村规划图

而建，面向数百亩良田。人们无论登上哪个山头，居高临下，楼下村风光尽在眼底，有诗赞曰："揽古楼春色，挹沧溪清流""阳春烟景，大块文章""朝看云封山顶，暮观日挂林梢"等（图5-26）。

图 5-26 建筑群

图 5-27 楼下村总体格局

2. 村落布局与空间特点

村庄居民集中区坐落于山环水绕的自然环境和特征突出的空间之中，山坡上亦有部分住户居住；其背靠依大山而拓、层层上升的梯田，梯田上部山脉延绵；沧溪与其小支流从村中穿流而过，形成山溪傍村的格局（图 5-27）。

楼下村街巷布局呈混合式，主村道随水走，连通村里重要公共设施，支路依山线，纵向联系村道，铺地为石板路或土路。这种布局整体有利于通风采光，同时街巷的走向因地制宜，顺应地形地势，利于排水灌溉，充分体现了传统村落理性、科学的设计理念。

楼下村内部的传统沟渠系统至今保存十分完整，并且一直在使用，村落的排水、小气候调节、灌溉给水、防火以及开放空间的组织都依托沟渠系统展开，延续至今的使用价值和生产与生活的关系仍在延续和传承的特点，集中体现了生态和谐与可持续发展的理念，具有突出的社会经济价值。

楼下民居为本地特色木质板屋，是典型的多民族文化交流融合的产物。100 多栋民居以罗氏祭室为中心，圈层式散落于田园阡陌之间，依山而建，多为"一"字形，也有"L"形和三面围合形，房屋多为两层，走势随等高线，朝向不固定，配着当地独有的白色石灰墙窗。屋靠梯田，前有水塘或菜园，山上溪水绕院落而过。远远望去，院落林林总总、错落有致，于青山绿水梯田间，默契不突兀，自然成景。

楼下村内部格局肌理清晰，整体布局严谨，风貌完整，反映了中国传统村落规划建设的一种形式与发展模式，体现了南方丘陵地区农业型村落的布局特征。

3. 建筑特征与人文景观

1）建筑特征

楼下村民居现有木板屋 100 多栋，其中中华人民共和国成立前兴建的达 54 栋，以院落组合为主，围合成天井，主要有老屋院、庠地院、月形院、五房院、香花凼上院和下院、南林公院和新庄院。建筑外部形式普遍采用穿斗式木结构房屋，多为两层，面阔三到五间，1 层用木板围合，2 层呈现出非常自由的局部开敞或者完全开敞的格局，作为储存等附属功能。主体建筑往往在一侧增建"耳

图 5-28 古民居

房",作为贮藏等附属空间或者交通空间。因为空气湿度大,大部分屋舍都建筑在较高的毛石砌台基上,以解决1层潮湿的问题。屋顶采用悬山顶,上盖青瓦,挑檐深远。建筑挑檐较深远,空间开敞一面尤其深,在廊下有两梁挑出,形成一个走道形式的阳台,阳台与2层的局部开敞空间结合,形成一些储存或者晾晒的空间。开敞空间往往安排在开间的正中(图5-28,表5-3、表5-4)。

建筑年代统计表　　　　　　　　　　　　　　　　　　　表 5-3

年代分类	建筑面积（m²）	比例（%）
明代及以前	754.00	1.95
清代	4121.00	10.66
民国	994.00	2.57
20 世纪 50~70 年代	1260.00	3.26
20 世纪 80 年代以后	31535.00	81.56
总计	38664.00	100

建筑高度统计表　　　　　　　　　　　　　　　　　　　表 5-4

层数	建筑面积（m²）	比例（%）
1 层	3304.00	8.55
2 层	19326.00	49.98
3~4 层	16034.00	41.47
总计	38664.00	100

建筑的山墙面十分别致,村民们往往使用两种以上的材质进行空间围合。其中一种是常见的木板墙,另一种则是竹编夹泥墙。山墙面的屋顶三角部分较常使用夹泥墙封闭,夹泥墙上涂白色抹灰,原色的穿斗式木构架在白色的墙面上显露出来,对比鲜明。2层与1层的墙面大部分使用木

板框架封闭，墙面的上部分留空装窗棂或者内嵌竹编夹泥墙。较老的建筑木制窗棂非常精美，较新的建筑则常使用玻璃。许多建筑在2层木板墙上涂上橙黄色，而一层保留木头的颜色，有些则是在1层涂颜色，2层留原色。这样建筑的山墙面呈三段式，美观清秀。

2）人文景观

石阶铺地：村落石阶较多，颇具历史意义。石阶材料为村落随手可拾的石块，尺寸多样，通过精心的堆砌，形成一条条石板路，经久耐用，容易维修，与自然环境融为一体（图5-29）。

井泉沟渠：依小山溪而建立的给水排水系统，分则给，合而排，用于灌溉和蓄养家禽。是自宋代传承至今的古老智慧（图5-30）。

古鱼塘：楼下人建房，必有菜地、沟渠和池塘，池塘可以储水养鱼和农业灌溉也有防火灭火之功能。

古庙：位于古樟树旁的沧溪庙，始建于宋代初期，为求上天保佑，辖地平安，罗姓先祖彦一公在沧溪河边修建此庙，曰"沧溪庙"。"文革"期间，沧溪庙被夷为平地，2004年复修沧溪庙（图5-31）。

碑刻：古樟树下，沧溪庙入口旁有一碑刻，是2004年复修沧溪庙时所立，其内容为赞颂楼下村人杰地灵的一首诗词。

传统产业遗存：楼下村历史悠久，有着深厚的农耕文化积淀，传统产业遗存较多。如吹秕谷的老风车、磨豆子的石磨、制作糍粑的石钵，储存红薯的地窖，纯手工制作的蓑衣、木梯、板车、板凳、簸箕、竹篮、各类篱笆等。

4. 非物质文化遗产

草龙舞：香草龙为敬拜天地之龙，用稻草、青藤编织，上插线香，舞时请师公发猖，到各家各户转（图5-32）。

梅山山歌：梅山山歌中，楼下村的歌谣更具原真性，如劳动互助挖土歌，至今仍保留瑶人的习俗，为五句式山歌。

图5-29　石阶铺地　　　　　图5-30　古沟渠　　　　　图5-31　古庙

梅山武术：梅山地区民间习武者处处皆是，以耙、棒、刀、铜、枪、箭等用具，作为攻击的武器（图5-33）。

竹编、制铳：村民会编蓑衣、织箩筐、扎龙头；铁匠制铳；村内有专雕窗花。

傩戏：梅山傩戏是大梅山地区传统民间举行祈福等活动时扮演的娱乐戏剧。在梅山地区已流传数千年，主要由本土土著巫傩师以家传和师传两系传承至今。傩面具是梅山文化的活化石，具有神秘的宗教色彩，可以将傩面具制作成各式各样的旅游纪念品或工艺品。还有傩面狮子舞，舞狮祝福的对象主要是那些新婚或新建了房屋的居民。在新人家堂屋，一对公母狮子要表演孕育小狮子的舞蹈，以表祝贺新人早生贵子（图5-34）。

图5-32　草龙舞

图5-33　梅山武术（一）

图5-34　梅山武术（二）

第6章 | 结语

- 湖南传统村落保护传承方法
- 湖南传统村落发展与规划展望

中国是世界上农耕文明传承历史最悠久的国家，传统村落记载着我国农耕文明的历史和文化，是中华民族优秀传统文化的载体，是维持传统农业循环经济特征的关键。当前，中国提倡循环经济，在某种程度上说就是要向传统的农耕文明学习，从原始的生态文明中汲取经验和智慧。传统村落使农民能够就近就地进行耕作，能够适应当地的气候，能够把当地的土壤、地质和耕种技艺有机结合起来，培育出许多独特的具有地方风味的传统产品。这种人类充分的了解自然、适应自然、利用自然同时更好的保护自然生活智慧与生产方式，是中华民族千年以来的农耕文明留给后人的最好馈赠。因此，作为不可再生的宝贵文化遗产，传统村落具有较高的历史、文化、科学、艺术、社会、经济价值，也是发展乡村旅游、创新农村农业发展道路的基础。

但是随着我国城镇化进程的快速推进，城市和村庄都在急速地扩张，尤其是村庄建设缺少规划与监管，传统村落的格局正在遭受到严重的破坏。为此，如何提高人们对传统村落价值的认识，切实加强传统村落的保护，使得传统村落的历史文化、建筑风貌、人文环境和自然生态得到更好的保护、传承和利用，已成为当前社会的重要课题。

6.1 湖南传统村落保护传承方法

1877 年，英国艺术家威廉·莫里斯创造了第一个全国性的古迹保护团体"古建筑保护协会"，开始关注历史文化遗产的相关研究和保护工作。1964 通过的《威尼斯宪章》——遗产保护界的纲领性文件——明确指出文物古迹"不仅包括单个建筑物，而且包括能够从中找出一种独特的文明、一种有意义的发展或一个历史事件见证的城市或乡村环境"。20 世纪 70~80 年代，联合国教科文组织及国际古迹遗址理事会先后通过的《关于保护历史小城镇的决议》《关于历史地区的保护及其当代作用的建议》《保护历史城镇与城区宪章》等一批重要的历史文献，都对历史小城镇、古村落的保护提出了相关规定和措施。

但欧洲无论是建筑艺术风格还是文化体系都与我国环境大相径庭，因此在保护过程中，不能对其生搬硬套，而应该结合实际情况具体分析出最适合的保护传承模式。例如，《威尼斯宪章》中曾提出：实实在在的文物建筑，包含着从过去文明传过来的信息……我们必须一点不走样地把它的全部信息传下去。也就是非常强调文物的原真性原则，不认同以新换旧的保护方式。但跟以毁损率较低的石材为主要原料的欧式古建筑不同，中国古代建筑大多以木质结构为主，寿命较短，则必须使用带有特殊的历史信息的建筑形态和修建方式去翻修、替换和还原。由此可见，中国传统村落的保护传承方法也有着自身的理论依据和行为模式。

6.1.1 保护对象

根据传统村落评鉴标准可知，村落的景观格局形态、传统建筑群落，及其民族、地域文化等影响因素，以及其他传统的、富有生命力的非物质文化遗产都位于传统村落保护对象范围之内。

（1）自然环境要素

对自然环境要素的保护指对村落范围内以山体、水体、林地等自然格局为主体的景观环境要素的保护。

（2）人工环境要素

传统村落中的基本格局，包括传统建筑群落、各文物建筑、历史遗迹，以及各类石阶铺地、塔桥亭阁、井泉沟渠、农业生产遗存等物质文化要素。

（3）人文环境要素

对传统村落千百年来形成的居民社会生活、风俗习惯、生活情趣、文化教育、工艺美术、名特物产等方面所反映的民俗文化等人文环境特征的保护。

6.1.2 保护原则

为给予传统村落的各类属性要素更完善的保护方案，并调整好保护与发展之间的关系，树立一些基本的约束性原则是必要的。

（1）整体性原则

对传统村落的保护应立足于整体景观风貌和文化特性的整理和提升，将村落周边的自然环境，包括山体、河流、田园、湿地等生态环境，村落自身的历史风貌、生活形态等都应列入保护范围。

（2）传承性原则

传统村落的形成和发展，就是文化的不断传承和创新。这种传承和创新之所以具有强大的生命力，原因在于村落住民生生息息，在传统文化引领下，不仅融合地域和民族元素，孕育出本土文化，而且对它们的核心价值给予认同和传承。所以保护传统村落，一定要注重历史文脉的传承性，采取有效措施延续历史，而不是割断或抛弃历史。

（3）可持续原则

可持续发展是传统村落转型的持续动力，没有可持续发展便不会有任何成功的保护和再造。可持续发展需要将人与人之间、社会与自然之间形成新的动态平衡，使建筑及其环境既保持风貌特色又符合现代生活需求，提升村落的整体品质。

（4）参与性原则

传统村落的改造和再造不是政府单独的事务，而是与村落居民乃至全社会休戚相关的公共事业。因此，传统村落保护需要汇聚各个利益攸关方共同参与。

村民是传统村落的真实生活者，也是利益相关者。村民对保护的认知和理解是传统村落保护至关重要的一环。因此，村民和基于村民的村集体应当在传统村落保护中真实的参与，发挥自身作用，维系他们生活的空间。

6.1.3 保护措施

（1）自然环境保护

维护生态系统平衡，保持村落周围梯田等独特的自然景观的延续性；严格控制建设性的破坏，保护山体植被、农田与河湖水系以及自然地形地貌，尽可能地控制会造成水污染的旅游和建设活动，保护地质土层、防止水土流失；保护生物资源的多样性，严禁掠夺性的资源开发。

（2）村落整体风貌保护

主要保护策略为保护村落基本形态，慎重维修及合理利用各种类型的人工环境要素。严格控制传统建构筑物保护范围内的新建建构筑物，必须要做到和整个保护区内的环境相协调，即建筑要体现当地性、乡土性要求，体现当地的传统建造技术和建造技艺；严禁各类破坏传统建筑外部界面的改建活动，建设活动应以建筑的维修、整理、修复及内部更新为主，并根据历史资料整理与缝合已失落的连续性空间体系，其外观造型、体量、色彩、高度都应与保护对象相适应。

（3）非物质文化遗产保护

非物质文化遗产保护不仅包含村落当地的地域文化、民族特色习俗等的保护与传承，还要求延续村落的传统文化环境和历史文脉。保护重点在于维护及创建村落居民的现实社会生活网络，补充及重现社会生活所需的场所空间，重视体现地方性与民族性的传统文化的整理与创造发展，重视对居民与外来人口的教育与熏陶。例如可开展民族民间文化进课堂、进住户活动；编撰乡土教材，全面普及非物质文化遗产知识，进行文化情感培养，增强青少年及人们的文化自觉意识；或将自然风光与饮食文化、民俗风情等相结合，形成旅游产业优势，为非物质文化的保护提供充实的物质基础。

传统村落保护需要村社、政府、知识机构、商业机构系统的整合和推动，不能简单地归结为"现代化"，而是要重塑作为主体的传统村落共同体，在传统性和现代性、主流族群与少数族群之间展开对话，并找到适当的载体。

6.2 湖南传统村落发展与规划展望

6.2.1 规划目标

坚持"保护为主、合理利用、改善环境、有效管理"的指导思想，在保护的基础上制定发展规划，探究村落转型发展的并存性，在寻求多元的经济发展方向的同时，协调解决遗产保护与村民生活发展的矛盾，完成整体的、可持续的保护与活态传承，实现保护与发展的相互促进和良性循环。

6.2.2 规划任务

通过对村内的梯田、建筑、主要道路、重要空间节点地段以及自然山林环境、溪河沟渠等的不同程度和等级地整治、修复，实现村庄环境风貌优化的全面整治目标；以历史要素为依托，有序进行旅游开发活动，深度挖掘村落的建筑文化、历史文化、民族文化，开展生态型、体验型、文化型旅游活动。合理配套村落内各项基础设施及公共服务设施，改善村内人居环境，增加村民收入，提高村民生活质量水平的同时加强精神文化的补充，提升村民对村落历史环境以及文化遗产的保护意识。

6.2.3 规划原则

（1）原真性原则

尊重村庄生活中历史环境所具有的不可替代的价值与作用，贯彻"保护为主，抢救第一"的文物保护工作基本方针，注重保护历史文化遗存的历史真实性。

（2）整体性原则

从整体层次上综合考虑区域山水格局、村落环境、建筑及细部等物质性要素的保护，以及民俗、文化、技艺等非物质要素的传承、弘扬，进而确定保护神头村历史文化的各项措施，对该村特有的传统风貌予以充分的重视和保护，对整体风貌格局进行结构性保护和利用。

（3）协调性原则

协调好历史文化资源保护与利用之间的关系，应从发展的角度认识保护的含义，在该村保护性发展的进程中不断完善本村风貌格局，保护其特色，挖掘功能潜力，充实文化内涵，整体上制定具有弘扬、发展本村历史文化特色的规划，使之既适应现代生活的需要，又切实保护历史文化遗产，使保护与利用协调发展。

（4）用地功能的混合利用原则

提倡功能混合，使居民生活和旅游度假结合，共同使用被保护资源及其相关设施，这样既可以满足度假游客对原乡村生活体验的需求，又可以提供给居民就业的机会，而且可以保证旅游淡季房屋得到维护和使用。

（5）永续利用原则

从系统的角度研究传统村落的历史变迁、文化传承、建筑空间格局以及相关的社会、经济、技术、环境等在内的广泛领域，在保护和修缮的同时采取恢复建筑遗产生命力的行动，尤其要注意濒临破坏的历史文化遗产的抢救和保护，努力实现历史文化遗产的永续利用。

6.2.4 规划发展方式

就如何协调传统村落保护与发展的关系这个核心问题，主要形成两种观点：其一是着眼于保护与发展的冲突，强调对古村落进行"原汁原味"的保护；其一则强调要在保护中谋求发展。围绕这两种观点又细分出以下8种常用模式（表6-1）。

传统村落发展模式列表　　　　　　　　　　　　　　　　　表6-1

侧重方向	保护方式	具体措施
原汁原味的保护	博物馆式保护	强调保护和保存的文化遗产的真实性、完整性和原生性。这种保护方式对有价值的东西不搬迁不复制，而是就地保护，同时保护使其得以存续的环境
	集散为整的保护	将分散的经典建筑集中于一处进行保护
	历史街区保护	对较为孤立存在的历史街区或代表性院落进行就地重点保护
	分区式保护	原有的古村落不动，在其旁边再建一个新区，以供村民居住和生活
	原生态保护	强调保持当地原住民的原生态生活
保护与发展相得益彰	旅游开发式保护	在大多数古村落都采取这种方式进行，其理想状态是一方面通过旅游开发吸引更多资金投入到村落的保护与发展上；另一方面，古村落旅游业的开展，促使该地区的居民更关注古建筑和古文化的保护，增强当地居民保护文物的意识
	景观设计式保护	因地制宜，建设文化景观村落
	特色产业式保护	结合古村落自身资源特点，发展古村落特色产业，如花卉、编织、盆景、园艺、农产品和水产品等

传统村落的发展市场广阔、方式众多，各有优劣。各个村落的根据自身的实际情况从保护和利用历史文化遗产、提高居民生活环境等基层方向入手，选择适宜的发展道路，才能使保护与发展的关系和谐共融，焕发新的生机，真正实现二者的良性循环。

附 录

《湖南传统村落（第二卷）》村落名单

1	岳阳市	平江县上塔市镇黄桥村
2		汨罗市新市镇新市村
3		汨罗市长乐镇长新村
4	湘潭市	※湘潭县石鼓镇顶峰村
5		湘乡市壶天镇壶天村
6	衡阳市	衡南县宝盖镇宝盖村
7		※衡南县栗江镇大渔村
8		※衡东县草市镇草市村
9		衡东县荣桓镇南湾村
10		※耒阳市小水镇小墟村
11		耒阳市太平圩乡寿州村
12		耒阳市上架乡珊钿村
13		※常宁市白沙镇上游村
14		常宁市西岭镇六图村
15		※常宁市罗桥镇下冲村
16	郴州市	※北湖区鲁塘镇陂副村
17		北湖区鲁塘镇村头村
18		苏仙区坳上镇坳上村
19		苏仙区望仙镇长冲村
20		※桂阳县和平镇筱塘村
21		桂阳县正和镇阳山村
22		※宜章县迎春镇碛石村
23		宜章县长村乡千家岸村
24		※永兴县油市镇坪洞村
25		嘉禾县石桥镇仙江村
26		※嘉禾县石桥镇石桥铺村
27		嘉禾县珠泉镇雷公井村
28		临武县汾市镇南福村
29		临武县麦市镇上乔村
30		临武县大冲乡乐岭村
31		汝城县土桥镇金山村
32		汝城县卢阳镇东溪村
33		汝城县卢阳镇津江村
34		汝城县文明镇沙洲瑶族村
35		汝城县马桥镇石泉村

续表

36	郴州市	※汝城县永丰乡先锋村
37		资兴市三都镇辰冈岭村
38		资兴市三都镇流华湾村
39		资兴市三都镇中田村
40		※资兴市程水镇星塘村
41		资兴市程水镇石鼓村
42		※资兴市东坪乡新坳村
43	永州市	零陵区大庆坪乡芬香村
44		祁阳县大忠桥镇蔗塘村
45		祁阳县肖家村镇九泥村
46		※祁阳县进宝塘镇陈朝村
47		祁阳县下马渡镇元家庙村
48		东安县横塘镇横塘村
49		双牌县江村镇访尧村
50		道县清塘镇楼田村
51		※道县清塘镇小坪村
52		道县祥霖铺镇田广洞村
53		宁远县湾井镇下灌村
54		蓝山县祠堂圩乡虎溪村
55		新田县三井镇谈文溪村
56		江华瑶族自治县东田镇水东村
57		江华瑶族自治县大圩镇宝镜村
58		江华瑶族自治县大石桥乡井头湾村
59	邵阳市	新邵县潭溪镇爽溪村
60		新邵县坪上镇仓场村
61		新邵县潭府乡小白水村
62		隆回县山界回族乡老屋村
63		※绥宁县东山侗族乡横坡村
64		※绥宁县鹅公岭侗族苗族乡上白村
65		城步苗族自治县儒林镇清溪村
66		城步苗族自治县蒋坊乡杉坊村
67	张家界市	永定区王家坪镇伞家湾村
68		永定区四都坪乡庙岗村
69		桑植县洪家关白族乡洪家关村
70	怀化市	中方县中方镇荆坪村
71		中方县铜湾镇黄溪村

续表

72	怀化市	中方县铁坡镇江坪村
73		中方县接龙镇桥头村
74		沅陵县明溪口镇浪潮村烧火岩
75		沅陵县明溪口镇胡家溪村
76		※沅陵县二酉苗族乡莲花池村
77		沅陵县荔溪乡明中村
78		※溆浦县黄茅园镇金中村
79		溆浦县小江口乡蓑衣溪村
80		溆浦县九溪江乡光明村
81		溆浦县横板桥乡株木村阳雀坡村
82		※溆浦县横板桥乡乌峰村
83		※会同县广坪镇吉朗村
84		会同县高椅乡翁高村
85		新晃侗族自治县天堂乡道丁村
86		※新晃侗族自治县贡溪乡天井寨村
87		※靖州苗族侗族自治县甘棠镇燎原村
88		靖州苗族侗族自治县甘棠镇寨姓村
89		※靖州苗族侗族自治县坳上镇九龙村
90		※靖州苗族侗族自治县坳上镇木洞村
91		※靖州苗族侗族自治县平茶镇江边村
92		靖州苗族侗族自治县寨牙乡岩脚村
93		靖州苗族侗族自治县寨牙乡大林村
94		靖州苗族侗族自治县三锹乡地笋村
95		靖州苗族侗族自治县铺口乡林源村
96		※靖州苗族侗族自治县藕团乡老里村
97		通道侗族自治县播阳镇上湘村
98		通道侗族自治县播阳镇陈团村
99		通道侗族自治县锅冲乡占字村
100		※通道侗族自治县黄土乡半坡村
101		通道侗族自治县坪坦乡高步片
102		通道侗族自治县坪坦乡高团村
103		通道侗族自治县甘溪乡洞雷村
104		※洪江市沅河镇沅城村
105		洪江市茅渡乡洒溪村
106		洪江市湾溪乡埋上古村
107		※洪江市湾溪乡山下陇古村

续表

108	怀化市	洪江市洗马乡古楼坪村
109		※吉首市矮寨镇坪年村
110		吉首市寨阳乡坪朗村
111		※吉首市寨阳乡补点村
112		※泸溪县梁家潭乡芭蕉坪村
113		※泸溪县梁家潭乡椰木溪村
114		泸溪县八什坪乡欧溪村
115		※凤凰县茶田镇塘坳村
116		※凤凰县吉信镇大塘村
117		※凤凰县吉信镇火炉坪村
118		凤凰县山江镇东就村
119		※凤凰县都里乡塘头村芭蕉冲
120		※凤凰县三拱桥乡泡水村
121		※凤凰县麻冲乡扭光村
122		※凤凰县千工坪乡香炉山村
123		凤凰县千工坪镇关田山村
124		凤凰县木里乡黄沙坪村
125		※凤凰县米良乡米良村
126	湘西土家族苗族自治州	花垣县雅酉镇高务村
127		※花垣县雅酉镇五斗村
128		花垣县排碧乡十八洞村
129		※花垣县排碧乡张刀村
130		花垣县排料乡芷耳村
131		花垣县排料乡金龙村
132		※花垣县雅桥乡油麻村
133		※保靖县水田河镇金落河村
134		※保靖县葫芦镇新民村
135		保靖县葫芦镇木芽村
136		※保靖县葫芦镇傍海村
137		※保靖县葫芦镇黄金村
138		保靖县清水坪镇魏家寨村
139		保靖县夯沙乡吕洞村
140		保靖县夯沙乡夯吉村
141		保靖县夯沙乡梯子村
142		古丈县默戎镇李家村
143		古丈县默戎镇中寨村

续表

144	湘西土家族苗族自治州	古丈县默戎镇九龙村
145		古丈县默戎镇毛坪村
146		古丈县默戎镇翁草村
147		古丈县红石林镇列溪村
148		古丈县岩头寨镇洞溪村
149		古丈县双溪乡宋家村
150		永顺县灵溪镇爬出科村
151		永顺县灵溪镇博射坪村
152		永顺县泽家镇砂土村
153		永顺县大坝乡大井村
154		永顺县列夕乡芷州村
155		永顺县列夕乡列夕村
156		永顺县万民乡伍伦村
157		※永顺县泽家镇西那村
158		※龙山县洗车镇老洞村
159		龙山县苗儿滩镇树比村
160		龙山县贾市乡街上村
161		龙山县贾市乡巴沙村
162	益阳市	桃江县桃花江镇花园洞村
163		※安化县南金乡九龙池村
164	娄底市	双峰县荷叶镇硖石村
165		涟源市三甲乡铜盆村
166		新化县水车镇楼下村

注：※为本次未编入本书的传统村落。

图书在版编目（CIP）数据

湖南传统村落. 第二卷 / 何韶瑶，湖南省住房和城乡建设厅编著. —北京：中国建筑工业出版社，2021.3
ISBN 978-7-112-25777-5

Ⅰ. ①湖… Ⅱ. ①何… ②湖… Ⅲ. ①村落—介绍—湖南 Ⅳ. ① K926.45

中国版本图书馆 CIP 数据核字（2020）第 266228 号

责任编辑：杜　洁
责任校对：王　烨

湖南传统村落（第二卷）
何韶瑶　湖南省住房和城乡建设厅　编著
*
中国建筑工业出版社出版、发行（北京海淀三里河路9号）
各地新华书店、建筑书店经销
北京雅盈中佳图文设计公司制版
北京富诚彩色印刷有限公司印刷
*
开本：880毫米×1230毫米　1/16　印张：30$\frac{1}{2}$　字数：617千字
2021年4月第一版　　2021年4月第一次印刷
定价：288.00元
ISBN 978-7-112-25777-5
　　（37010）

版权所有　翻印必究
如有印装质量问题，可寄本社图书出版中心退换
（邮政编码 100037）